커플 및 가족을 위한 인지행동치료

Cognitive-Behavioral Therapy with Couples and Families

Frank M. Dattilio 저

김진숙 역

학지사

역자 서문

우리는 가족을 떠나서 살기 어렵다. 급변하고 있는 현대사회에서도 우리는 여전히 공동체의 문화를 기반으로, 부모로 배우자로 형제로 자녀로 모두 얽힌 채 그 안에서 기쁨과 행복뿐만 아니라 슬픔과 절망도 공유하며 살아간다. 그런 만큼 만일 가족이 무언가 적절하게 기능하고 있지 않다면 개인의 삶 또한 큰 영향을 받을 수밖에 없다.

배우자와의 문제 혹은 가족 내에서의 문제로 심리치료를 찾아오는 내담자들은 개인치료에 오는 내담자에 비해 치료에 대한 만족도가 떨어진다는 견해들이 있다. 관계의 복잡성과 역동성으로 인해 부부와 가족을 치료하는 작업이 쉽지만은 않은 이유에서일 것이다. 개인치료와 달리 부부나 가족은 관계를 중심으로 치료가 진행된다. 관계의 상호성에 대한 이해를 기반으로 구성원들의 역동을 파악하며 개입해야 할 핵심주제들을 잡아나가고 행동의 변화를 이끌어 내는 일련의 과정은 정밀한 치료전략을 필요로 하는 것이다.

부부나 가족에 대한 치료전략을 다루는 서적이 아직은 국내에 충분히 소개되어 있지 않은 듯하다. 이 책은 인지행동치료의 전략을 부부와 가족에게 적용하는 상세

한 과정이 안내되어 있다. 개인에게 적용하는 인지행동치료 전략을 관계 안에 있는
내담자들에게 적용할 때의 고려점, 부부관계와 가족관계의 특성을 고려한 전략 등
을 사례와 함께 다루고 있다. 따라서 국내의 부부와 가족치료의 현장에서 관계 개선
을 위해 고심하는 치료자들에게 실질적으로 도움이 될 것이다. 치료 이론과 방법을
연마하고 있는 수련 중인 치료자들에게 특히 도움이 될 것이라고 믿는다. 우리나라
를 방문한 적이 있는 Dattilio 박사의 강연을 역자도 오래전에 경청한 경험이 있다.
도움을 구하는 부부와 가족을 위해 헌신하는 모습이 인상 깊었던 기억의 잔상이 여
전히 남아 있다. 이 책이 부디, '끈끈한' 우리 문화 속의 관계의 세계를 '평온함'으로
확장하는 데 일조할 수 있기를 기대한다.

추천사

Frank Dattilio 박사가 커플과 가족을 위해 종합적인 인지행동치료 교과서의 제작
이라는 실로 야심찬 작업에 착수해 매우 기쁩니다. 심리치료의 무대에 인지치료를
소개한 이후로 50년 이상의 세월이 빠르게 흘렀습니다. 정신건강 치료 분야에서 인
지치료는 가장 대중적이고 효과적인 현대의 치료방법 중 하나로 전 세계에서 대대
적으로 성장해 왔습니다. 인지치료를 커플에게 활발하게 적용하기 시작하면서 커
플 인지치료가 1980년대에 정착을 하였습니다. 그러면서 관계에서의 불화와 정서
및 행동에 영향을 미치는 인지과정의 역할에 대한 연구도 급증했습니다. 1980년대
후반부터 1990년대에 와서 인지치료가 크게 확장되었고, 변화 과정에서 심리도식
의 역할뿐만 아니라 가족 역동까지 망라하게 되었습니다.

『사랑만으로는 살 수 없다(Love Is Never Enough)』(Beck, 1988)에서 나는 일반 대
중이 인지치료를 실제로 적용해 볼 수 있도록 하였습니다. 이로 인해 관계의 고통
을 다루는 과정에서 인지치료가 얼마나 효과적인지에 대해 사람들이 한층 더 인식
하게 된 것 같습니다. 나의 제자였고 주도적으로 커플과 가족에게 인지치료를 적용
하였던 Frank Dattilio는, 가족치료 현장에서 인지치료가 확장될 수 있도록 여러 동

료와 함께 중요한 역할을 해 왔습니다. 호평을 받았던 그의 저서『커플 및 가족 치료 사례연구: 체계이론 및 인지적 관점(Case Studies in Couple and Family Therapy: Systemic and Cognitive Perspectives)』(Dattilio, 1998a)은 당대 가족치료의 주류 안으로 인지치료를 통합시켰고 전 세계에 있는 커플과 가족 치료자들에게 인지치료의 수용을 촉진하였습니다.

인지치료가 폭넓게 적용될 수 있었던 여러 요인이 있지만, 그중 가장 중요한 것은 어느 치료 양식에서보다 잘 통제된 치료 효과 연구가 가능하다는 점입니다. 치료 효과를 지지해 주는 연구 증거는 커플 치료 및 가족 치료 현장을 고무시키고 있으며, 특히 치료가 증거에 기반한 것이어야 함을 더욱 요구하고 있습니다. 인지치료는 실용적이고 예방적인 측면에서 문제의 해결과 관계의 역기능 감소에 필요한 기술 습득을 중요하게 여기는 내담자에게 흥미를 유발합니다. 치료자와 내담자(들) 사이의 협력 관계에 대한 두드러진 강조는 당대의 커플 치료자와 가족 치료자들에게 점점 더 큰 호소력을 지니게 해 주었습니다.

이 책은 커플과 가족에게 적용할 수 있는 인지치료의 발달을 개관하고 있습니다. 관계 심리도식뿐만 아니라 관계 신념 체계에 원가족이 영향을 미치는 방식과 역기능적 신념 체계의 재구성을 새롭고도 중요하게 강조하고 있습니다. 사례 자료가 예시되어 있으며 그중에는 특수 사례도 포함되어 있어서 읽기가 용이하고 폭넓게 적용 가능합니다. 임상적 평가와 개입을 위한 방법이 구체적 항목들로 제시되어 있어 독자들은 실제로 다양한 형태의 관계 역기능을 효율적으로 다루는 방법을 학습할 수 있습니다. 간단히 요약하자면 이 책은 다양한 치료 양식을 가지고 있는 정신건강 전문가들에게 훌륭한 지침서라고 할 것입니다.

펜실베이니아 의과대학원 및 필라델피아 벡 협회

의학박사, 정신과 교수

Aaron T. Beck

저자
서문

커플의 43%가 결혼한 지 15년 이내에 이혼하며, 재혼의 경우 실패 가능성이 초혼보다 훨씬 더 높음을 시사하는 조사 자료가 있습니다(Bramlett & Mosher, 2002). 커플과 가족 문제는 심리치료자의 상담실을 찾는 전체 방문객의 거의 절반을 차지합니다. 최근 조사는 가족치료를 전문으로 하고 있는 대부분의 치료자들이 주로 커플과 작업한다는 것을 말해 주고 있습니다(Harvard Health Publications, 2007). 그러나 전문적인 커플 치료에서의 성공 실적은 불행히도 인상적이지 못했습니다(Gottman, 1999). 함께 치료를 받은 커플들의 30% 이상이 장기적인 치료 효과를 보여 주는 데 실패했습니다(Baucom, Shoham, Mueser, Daiuto, & Strickle, 1998). 1990년대 중반에 수행된 야심찬 소비자 보고 조사에서 이러한 점이 더욱 강조되었는데, 이 조사에서는 심리치료 고객들 가운데 가족치료에 참여한 사람들의 만족도가 가장 낮았습니다(Seligman, 1995). 그런 반면, 전혀 어떤 처치도 하지 않는 것과 커플치료를 비교하는 다른 연구에서는 커플치료가 무 처치보다 뚜렷하게 만족감을 더 증가시켰다는 결론을 얻었습니다(Christensen & Heavey, 1999).

그렇다면 증거기반치료라는 현재의 흐름에도 맞는 당대의 훌륭한 커플 및 가족

치료 양식임에도 불구하고, 왜 내담자들 중에는 여전히 그렇게 많은 불만이 있는 것일까요?

이 실망스러운 결과에 대한 몇 가지 설명이 가능합니다. 한 가지는 배우자나 가족 구성원이 그들의 상대나 주변 가족들에 대해 그리고 관계 변화의 가능성에 대해 경직된 신념을 지니고 있어서일 것입니다. 많은 커플 및 부부 치료에서는 그 구성원들이 매주 와서 그들의 다툼과 의견충돌을 묘사합니다. 치료자는 이들을 진정시키며 이들이 감정을 상세히 표현하고 서로에게 귀를 기울이도록 돕습니다. 구성원들은 더 나은 기분이 되어서 집에 돌아가며, 그러고 나면 다음 다툼이 있기 전까지 잘 기능합니다. 커플과 가족은 쉽게 변화하지 않습니다. 흔히 가족 구성원 개개인의 성격은 매우 복잡하며 서로 잘 안 맞는 행동 방식을 지니고 있을 수도 있습니다. 아마도 많은 사람이 자신은 변화하지 않기를 바라며, 대신에 자신은 정당성을 입증 받고 상대나 다른 가족 구성원들은 변화하도록 만들기 위해 치료에 옵니다. 관계에 대한 비현실적인 기대를 고집하는 사람들의 사례를 보면, 흔히 그들은 스스로를 철저하게 돌아보고 자신에게 변화가 필요한 것에 전념하기를 회피합니다. 가족 구성원들이 자신을 괴롭히는 문제에서 스스로가 어떤 역할을 하는지 인식하지 못한다면, 그들은 아무런 변화의 동기를 가지지 못할 것입니다. 덧붙이자면, 많은 커플과 가족은 치료를 시작하는 것을 머뭇거립니다. 이혼하려고 하는 커플들을 대상으로 한 연구에서, 이혼 절차를 시작하기 전에 결혼 상담가로부터 도움을 구했다고 보고한 사람은 1/4 미만이었습니다(Albrecht, Bahr, & Goodman, 1983; Wolcott, 1986). 치료를 찾아오지 않은 사람들이 그 이유에 대한 질문을 받았을 때, 그들은 배우자의 치료 참여 거부(33%), 무언가 잘못되었다고 하는 불신이나 어떤 형태의 개입을 받기에는 너무 늦었다는 생각(17%)을 이유로 들었습니다(Wolcott, 1986).

이 책은 커플과 가족에 대한 인지행동치료(CBT)의 포괄적인 모형을 제시합니다. 체계 접근을 배경으로 심리도식의 재구성을 특히 강조하면서, 신경생물학, 애착, 정서 조절 영역을 다룹니다. 덧붙여, 이 책은 종종 임상가들이 다루기 몹시 힘들다고 여기는, 경직된 사고와 행동 방식에 빠져 있는 힘든 가족들과의 작업에서 핵심 요체가 되는 측면들을 다룹니다.

여러 해에 걸쳐 커플 및 가족의 인지행동치료는 엄밀하게 초점을 맞춘 통합적인 접근으로 발달되어 왔습니다. 이 치료는 다른 치료 양식을 가지고 있는 치료자들이 응용하기에 좋습니다. 사실, 최근의 조사에서 치료자들의 절반 이상이 다른 방법과 조합하여 CBT를 사용한다고 말했습니다(Psychotherapy Networker, 2007). 심리도식의 개념은 전통적인 CBT를 넘어서서 커플과 가족에게로 확장되어, 다양한 방식으로 변화를 촉진하는 초석이 되었습니다. CBT는 신념 체계 및 정서와 행동에 중대하게 영향을 미치는 그런 요소들의 중요성을 비중 있게 강조합니다.

30년도 더 전에 커플과 가족에게 인지행동 전략을 사용하기 시작했을 때, 현장에서 보다 전통적인 모형을 옹호하는 가족치료자들의 상당한 반대가 있었습니다. 그들은 '너무 단선적'이거나 '피상적'이라며 비판했고, 관계 역기능에서 발견되는 '순환성(circularity)이나 이면의 역동(underlying dynamics)' 개념을 다루지 못한다고 비판했습니다(Nichols & Schwartz, 2001; Dattilio, 1998a). 나의 동료들 중에서도 CBT가 가족 구성원의 정서적 요인을 무시하면서 사고와 행동에만 관심을 두었다고 느낀 사람들이 많았습니다. 동료들의 비판이 일정 부분 의미가 있음을 종내는 나도 인식하게 되었습니다. 그들의 의견개진에 힘입어 CBT 접근이 치료 과정에서 이러한 중요 요소들을 포용하기 위해 어떻게 재정의될 수 있는지를 재고하였습니다. 커플 및 가족 CBT 대부분의 개입이 아주 효과적이면서 다른 양식들과도 잘 융합된다는 사실에도 불구하고, 처음에 묘사되었던 방식이 불행히도 경직되고 유연하지 못한 접근이라는 인상을 많이 주었던 것입니다. 예컨대, 커플 및 가족과의 초기 작업에서는, 치료의 체계이론적 차원을 고려하지 못하거나 개인의 신념 체계가 원가족에 의해 어떻게 영향을 받는지 조명하지 못했습니다(Datilio, 1989; Dattilio & Padesky, 1990). 그러나 그 이후로 나는 동료 Norman Epstein과 Donald Baucom의 영향을 크게 받았습니다. 이들은 커플과의 작업에서 정서에 좀 더 중점을 두도록 CBT를 강화시킨 사람들입니다. 이 두 사람은 경험적 문헌에 상당한 공헌을 했습니다. 가족에게 CBT의 적용을 발전시키고 확장하는 과정에도 영향을 주었습니다. 이 분야에서 CBT의 최근 학술 작업은 체계이론적 조망을 배경으로 하는 확장된 모형을 수용하였으며 치료에서 정서적 요인의 강조도 받아들였습니다. 이 개정된 모형은 다른 치료 양식들과 더 유연하게 통합 가능하며 (Dattilio, 1998a, 2005a, 2006a), 이로 말미 암아 이 접근의 영역을 더 확장시켜 줄 수 있습니다.

두 가지 이유가 이 책을 저술하게 된 추진력이 되었습니다. 하나는 커플과 부부에 대한 CBT의 최신판을 제공하고자 한 것이며, 다른 한 가지는 구체적으로 심리도식에 역점을 두어 효과성을 증진시키기 위한 것입니다. 1990년대 초반부터 임상적/사례 문헌뿐만 아니라 경험적 문헌들이 상당수 출판되었으며, 이것은 이제까지 전통적인 CBT로 간주되었던 CBT의 모습을 변화시켰습니다. 이 책은 CBT의 기본 요소들을 담고 있으며 심리도식의 파악과 재구성에 큰 비중을 두고 그 요소들을 적용합니다. 이 책의 일부 내용은 Jeffrey Young과 동료들의 훌륭한 연구에 기반하고 있지만(Young, Klosko, & Weishaar, 2003), 개개인에 대한 임상 작업에서 발견된 관계 역동과 체계이론적 상호작용에 대한 인식을 반영하기 위해 상당히 확장되었습니다.

몇 가지 이유로 이 책을 저술하는 것은 하나의 도전이었습니다. 첫째로는 과거 20년간 커플 및 가족 치료의 다양한 측면을 다루는 전문적 문헌이 급증했는데, 이러한 내용 중 많은 부분이 중요하기는 하지만, 하나의 교재 안에 다 다루기에는 무리가 있습니다. 그런 연유로 핵심적인 것과 그렇지 않은 것을 집대성하는 것은 힘든 시도였습니다. 그 결과 이 책은 수많은 연구를 나열하기보다는 임상 실제에 비중을 두어, 가족에 대한 CBT 실전의 종합 안내서가 되도록 계획되었습니다.

둘째로 심리치료의 현장은 전반적으로 증거-기반 실제(evidence-based practice)의 방향으로 흘러가고 있습니다(Sue & Sue, 2008). 그렇기 때문에, 치료자들이 엄격한 과학적 증거를 내놓지 않고도 스스로 치료에 효과적이라고 발견한 것을 그냥 기술할 수 있었던 지난 과거보다 이제는 더 실증적으로 저술되어야 합니다. 입증되지 않은 일화식의 기술은 치료 현장에서 더 이상 과거만큼의 비중을 지니지 못합니다. 그러나 실증적 증거를 보고하는 것과 관련하여 큰 문제는 그 기록이 생생한 임상 실제에 역점을 두지 못하는 참고문헌에 지나지 않게 된다는 점입니다.

흥미롭고 임상 실제의 세부적인 면을 보여 주는 교재에 공을 들이면서도 한편으로 과학적이고자 하는 시도는 나에게 어려운 과제였습니다. 모쪼록 이 책이 임상가에게 유용한 현대 커플 및 가족 CBT의 확장판이 되기를 희망하며, 커플과 가족 치료의 일반적인 현장에서뿐만 아니라 인지행동치료의 문헌에서 필요한 부족한 부분을 채우게 되기를 희망합니다.

〈저자 메모〉

이 책에서 '커플'이라는 용어는 결혼을 했든 하지 않았든, 동반자 관계임을 지칭하기 위해 사용되었고, '가족'이라는 용어는 자녀를 포함한 동반자 관계를 지칭하기 위해 사용되었습니다.

차례

Chapter 01   서론 … 17

Chapter 02   커플과 가족의 변화기제 … 29

Chapter 06 인지행동치료 기법 … 169

Chapter 07 특별한 주제 다루기 … 237

Chapter **01**

서론

◇◇◇◇◇◇◇◇◇◇

커플 및 가족에 대한 현대 인지행동치료 개관

커플과 가족에 대한 인지행동치료(CBT)는 이제 현대 가족치료의 주요 흐름이 되기 시작했으며 이 분야 대부분의 전공 도서에 비중 있게 등장한다(Sexton, Weeks, & Robbins, 2003; Nichols & Schwartz, 2008; Goldenberg & Goldenberg, 2008; Becvar & Becvar, 2009; Bitter, 2009).

미국 결혼 및 가족치료 협회(American Association for Marriage and Family Therapy: AAMFT)가 10년에 걸쳐 실시한 전국적인 연구조사에서, 결혼 및 가족 치료자들은 "자신의 주된 치료 양식"이 무엇인지 응답하였다(Northey, 2002, p. 448). 치료자들이 응답한 27개의 치료 양식 중에서 가장 빈도수가 높았던 것은 인지행동 가족치료였다(Northey, 2002). 후에 컬럼비아대학과 협력하여 실시한 추가 조사에서는 2,281명의 응답자 중에서 1,566명(68.7%)이 다른 방법과 조합하여 CBT를 자주 사용한다고 답변하였다(Psychotherapy Networker, 2007). 이 조사 결과는 커플 및 가족에 대한 CBT의 유용성과 효과성을 말해 주며 이를 반영한다.

친밀한 관계에서 생기는 문제에 CBT의 적용은 50년보다 훨씬 전에 도입되었는데, 부부 문제에서 인지가 중요한 역할을 한다고 하는 Albert Ellis의 초기 저술에서 소개되었다(Ellis & Harper, 1961). Ellis와 그의 동료들은, 관계 역기능이 (1) 관계 및 관계의 상대방에 대해 비합리적이거나 비현실적인 신념을 지니고 있을 때, (2) 관계 및 관계의 상대방이 그러한 자신의 비현실적인 기대에 부응하지 않는 경우 부정적인 평가를 할 때 발생한다고 제안했다. 이 부정적인 인지 과정이 발생하면, 사람들은 강한 부정적 정서(분노, 낙담, 괴로움)를 경험하고 상대를 향해 부정적인 방식으로 행동하게 된다. 고통을 겪고 있는 커플치료에서 Ellis의 합리적 정서치료(rational-emotive therapy: RET)의 원칙들은 커플들이 지닌 사고의 비합리성에 도전하며 적용되었다(Ellis, 1977; Ellis, Sichel, Yeager, DiMattia, & DiGiuseppe, 1989). 그러나 각각의 많은 문제에 대한 개인치료 및 집단치료의 형태로 RET가 호평을 받았음에도 불구하고, 1960년대와 1970년대에 커플 및 가족 치료자들은 친밀한 관계에 적용하는 RET에 미온적인 반응을 보였다. 이 20년간이 커플 및 가족 치료 분야의 초기 발달 기간이라고 할 수 있는데, 이 시기는 체계이론에 기반한 가족 상호작용 방식과 순환적 인과론 개념(circular causal concept)을 지지하면서 심리적 과정 및 선형적 인과론(linear causality)에 역점을 둔 모형에는 거리를 두는 이론가와 임상가들이 주도하였다(Nichols & Schwartz, 2008). 개인의 인지를 강조하면서 개인의 비합리적 신념이 생활 사건에 대한 그의 정서 및 행동 반응을 매개한다고 하는 Ellis의 'ABC' 모형의 전반적인 선형적 속성은 가족 체계이론과 양립할 수 없는 것처럼 보였다.

◇◇◇◇◇◇◇◇◇◇◇◇
학습이론 원리

1960년대와 1970년대 초반, 심리치료에서 또 다른 중요한 발달 흐름은 행동치료자들이 아동과 성인의 다양한 문제 행동을 다루기 위해 학습이론 원리를 활용한 것이다. 개인치료에서 성공적으로 사용되었던 행동 원리와 기법은 후에, 고통을 당하고 있는 커플과 가족에게도 적용되었다. 예를 들면, Stuart(1969), Liberman(1970),

Weiss, Hops 및 Patterson(1973)은 고통을 겪고 있는 커플들에게서 더 만족스러운 상호작용을 촉진시키기 위해 사회교환이론과 조작적 학습 전략을 사용했다. 유사하게, Patterson, McNeal, Hawkins 및 Phelps(1967)와 다른 이들(예: LeBow, 1976: Wahler, Winkel, Peterson, & Morrison, 1971)은 부모가 공격적인 아동의 행동을 통제하는 데 조작적 조건형성과 유관계약 절차를 적용했다. 이 조작적 접근은 충분한 경험적 지지를 제공했으며 행동이론 지향의 치료자들 사이에서 인기를 끌었으나, 여전히 커플 및 가족 치료자들로부터는 주목받지 못했다.

관찰 가능한 행동과, 그 행동에 영향을 미치는 대인관계 요인에 대한 주목은 행동주의 이론이 가족체계 접근과 공유한 부분이었다. 그러나 행동치료가 많은 커플 및 가족 치료자들에게 호소력을 지니지 못했던 근본적인 차이점이 있다. 첫째, 자극과 반응을 강조하는 행동 모형은, 체계이론을 지향하는 치료자들에게는 지나치게 직선적인 인과론으로 보였다. 둘째, 체계이론가들은 증상을 보이는 개인의 행동이 가족 기능을 돕는 역할을 했다고 믿었는데, 이것은 문제 행동에 앞선 선행사건과 문제 행동에 뒤따르는 결과에 대해 "기능적 분석(functional analysis)"을 해야 한다는 행동주의자들의 생각과 양립 가능한 것으로 보였다. 가족치료자들은 대개 더 커다란 가족 문제에 대한 상징적 의미를 지닌다는 점에서 개인의 증상에 행동치료자보다 더 많은 주목을 했다. 따라서 행동적 가족치료의 초기 형태가 부모와 자녀의 행동이 서로에게 미치는 상호적인 영향에 관심을 두었기는 했지만, 커플 및 가족 치료자들은 행동적 가족치료가 복잡한 가족 상호작용을 상대적으로 단선적이고 너무 단순화하여 설명한다고 보았다. 초기 행동적 가족치료는, 구체적이고 관찰 가능한 용어로 경험에 근거한 구체적인 치료 전략을 설계하면서 가족 문제들을 명시함으로써 조명을 받았다. 이러한 전략은 구체적인 행동 목표 달성에 얼마나 효과가 있는지 경험적으로 분석되었다(Fallon & Lillie, 1988).

Robert Liberman(1970)은 가족치료자나 가족이나, 가족 체계의 변화를 만들기 위해 특별히 가족 역동을 이해할 필요가 없음을 주장한다. Liberman은 주의 깊은 행동분석이면 충분하다고 믿었다.

그러나 고 Ian Falloon(1998)은, 가족 내에서 작동하는 복합적인 영향력을 조사하는 열린 체계 접근을 받아들이도록 커플 및 가족을 치료하는 행동치료자들에게 권유했다. 그는 가족, 사회, 직장 및 문화적-정치적 네트워크 안에서 발생하는 대인간 교류와 더불어, 개인의 인지적, 행동적, 정서적 반응뿐만 아니라 생리적 상태에도 초점을 둘 것을 강조했다. "어떤 개별 체계도 주변이 없이 중심만 존재하지는 못한다."(p. 14) 그렇기 때문에 Fallon은 맥락적인 접근을 한층 옹호했는데, 맥락적 접근에서 각각의 인과적인 요인은 다른 요인들과의 관계에서 고려되어야 한다. Arnold Lazarus(1976)는 이 맥락적 접근을 다중모형 평가 접근(multimodal assessment approach)으로 정교화하였다. 역설적으로 가족 체계 접근은 가족 외적인 스트레스 요인은 대개 무관하다고 보고, 가족 내의 역동에만 거의 초점을 두어 왔다. 행동분석의 목적은 각 배우자나 가족 구성원 개개인에게 작동하여 지금의 문제들을 낳는 모든 체계를 탐색하는 것이다. 행동주의 가족치료의 선구자인 Gerald Patterson(1974)이, 도움을 주는 기관이라든지 학교 혹은 직장처럼 상이한 환경에서 평가가 이루어질 필요가 있다는 점을 강조했던 것은 이런 이유 때문이다.

행동주의 치료자들이 커플과 가족에 대한 치료에 의사소통 및 문제해결 기술 훈련을 포함시킴에 따라(예: Falloon, 1998; Falloon, Boyd, & McGill, 1984; Jacobson & Margolin, 1979; Stuart, 1980), 그러한 치료 개입을 전통적인 가족치료자들도 받아들였다. 이러한 통합의 한 가지 이유는, 체계이론 치료자들이 일반적으로 의사소통 과정을 가족 상호작용의 핵심으로 간주했으며 가족 구성원들이 서로에게 보내는 불명확한 메시지를 감소시키는 구조화된 기법에 가치를 두었기 때문으로 보인다.

그러나 체계이론 치료자와 행동주의 치료자 사이에는 가족 기능 내에서 의사소통의 역할을 무엇으로 가정하는지에 대해 여전히 차이점이 있었다. 이중-구속 가설(double-bind hypothesis: Bateson, Daveson, Haley, & Weakland, 1956)은 부모의 상충되면서도 강요적인 메시지가 정신병적 사고를 발달시킨다고 상정하는데, 그와 같은 개념의 유산으로 말미암아 체계이론 치료자들은 의사소통 훈련이, 가족 안에서 지명된 환자(identified patient)의 장해 행동이 지니는 항상성 기능을 감소시키는 수단이라고 보았다. 이중-구속 이론은 그 후로 반박되어 오고 있다(Firth & Johnstone, 2003; Kidman, 2007).

가족 의사소통과 정신장애에 대한 연구는, 왜곡된 의사소통이 정신장애를 일으
킨다는 관점보다는 왜곡된 의사소통이 스트레스 유발요인으로 작용하여 장애에 대
한 개인의 생물학적 취약성에 영향을 미친다는 관점을 지지했다(Mueser & Glynn,
1999). Falloon과 그 동료들(1984)처럼 행동적 가족치료자들은, 주요 생활 스트레
스 중 하나이자 정신병리 증상이 발현될 가능성을 증가시키는 불명확하고 부정적
인 가족 의사소통을 변화시키는 데 집중했다. 표현된 정서(expressed emotion) 또는
가족 구성원들이 주요 정신장애를 진단받은 한 구성원에게 나타내는 비판, 적대감
및 정서적 과잉관여의 정도에 대한 연구는, 가족 내의 그런 상태가 환자로 지명된
구성원(identified patient)이 치료를 통해 개선될 가능성을 감소시키고 재발 가능성
을 증가시켰음을 보여 주었다(Miklowitz, 1995). 나아가 행동적 가족치료자들은, 명
확하고 건설적인 사고와 감정의 표현, 공감적 경청 및 효율적인 문제해결 기술이 부
부 갈등이나 부모−자녀 갈등과 같은 가족 구성원들 사이의 갈등 해결에 매우 중요
하다고 보았다. 여러 나라에서의 연구 결과들은 의사소통과 문제해결 기술 훈련 등
의 행동치료가 가족 기능의 유의미한 개선을 가져왔음을 시사했다(Mueser & Glynn,
1999). 뿐만 아니라 Christensen(1988)과 Gottman(1994)과 같은 연구자들은 커플 의
사소통에 대한 연구에서 파트너들 사이의 공격적인 행위를 감소시키는 것은 물론
이고 회피적인 행동의 감소도 중요함을 시사하였다. 이러한 행동치료의 발달을 제
대로 인식하지 못하는 사람들은 행동치료가 지나치게 단순하다는 생각에 빠져 있
는 듯 보인다.

고통스러운 관계로 이어지는 가족 상호작용의 수정을 위해 더 포괄적인 방법을
행동치료자들이 개발함에 따라, 그들의 방법은 체계이론의 지침을 따르는 커플 및
가족 치료자들에게 더 호소력을 지니게 되었다(Falloon, 1988). 그렇다 하더라도, 행
동 방식의 수정을 강조한 가족치료 학파들(예: 구조적−전략적 접근과 문제해결 접근)
은 행동치료자들이 커플 및 가족에게 사용한 것들과는 상이한 개입을 일반적으로
계속 사용했다(예: 지시, 역설적 처방, 일시적으로 한 가족 구성원의 편을 드는 것과 같은
균형 깨기 개입).

◇◇◇◇◇◇◇◇◇◇
인지치료 원리

인지가 치료의 한 요소로 행동 패러다임 안에 도입되었던 것은 1970년대 후반에 이르러서였다(Margolin & Weiss, 1978). 행동치료자들은 인지적인 기법이 신뢰롭게 측정되기 어렵다고 인식하여 처음에는 인지적 기법을 도외시했다. 그러나 새로운 연구 결과들이 나오면서 이 생각은 점차 변화되었다. Jocobson(1992), Hahlweg, Baucom 및 Markman(1988) 등의 행동주의 연구자들은, 커플치료에서 인지적 전략을 체계적으로 사용한 사례들을 보여 주었다. 다툼을 촉발하는 요인을 인식하여 자신들의 행동을 다시 조정하도록 배우자들에게 가르치기가 그런 사례이다. 이와 관련하여 여러 연구자들의 후속 연구가 있었으며, 특히 Baucom과 Epstein(1990)이 대표적인 연구자이다.

1980년대에, 인지적 요인은 커플에 대한 연구 및 치료 문헌에서 더욱 주목받는 영역이 되었다. 어떤 커플 및 가족 치료 이론 지지자들보다 행동주의 치료자들(예: Baucom, 1987; Dattilio, 1989; Eidelson & Epstein, 1982; Epstein, 1982; Epstein & Eidelson, 1981; Fincham, Beach, & Nelson, 1987; Weiss, 1984)에 의해서, 인지는 더 직접적이고 체계적인 방식으로 다루어졌다. 다양한 가족치료 이론에서 가족 구성원들의 사고 과정이 중요하게 간주되어 온 것은 분명하다[예: 전략적 접근에서의 재구성(reframing), 해결—초점 치료에서의 "문제—이야기(problem-talk)", 이야기치료에서의 삶의 이야기들]. 그러나 원래의 주류 가족치료 이론 중에는 친밀한 관계에서의 인지를 평가하고 다루는 인지행동치료의 개념과 그 체계적인 방법을 사용하는 이론은 없었다. 전통적인 가족치료자들은 인지를 검토했다 하더라도 상당히 단순한 방식으로 했는데, 가족 구성원들이 표현한 특정 사고를 다루고 그들이 분명하게 인식하는 태도를 다루는 것과 같은 것이었다. 그러나 인지치료자들은 가족 구성원들의 상호작용을 만들어 내는 이면의 신념 체계를 다루는, 보다 철저하고 복합적인 방식을 개발하는 데 열심이었다.

인지행동치료자들은 개인치료를 통해 확립된 인지적 평가 및 개입 방법을 커플

치료에 적용하였는데, 파트너들이 서로에게서 경험하는 왜곡된 인지를 포착하고 수정하는 것이었다(Baucom & Epstein, 1990; Dattilio & Padesky, 1990). 개인 심리치료에서와 마찬가지로, 커플을 대상으로 한 인지행동 개입은 파트너들의 의사소통 기술과 건설적으로 문제를 해결하는 기술은 물론이고, 문제가 되는 인지를 평가하고 수정하는 기술을 향상시키기 위해 고안되었다(Baucom & Epstein, 1990; Epstein & Baucom, 2002).

유사하게, 행동주의 가족치료는 서로에 대한 가족 구성원들의 인지를 포함하는 정도로 확장되었다. Ellis(1982)는 RET 접근을 사용하여, 가족치료에 인지적 관점을 소개한 최초의 인물 가운데 한 사람이었다. 동시에 Bedrosian(1983)은, Barton과 Alexander(1981)가 했던 것처럼 역기능적 가족 역동을 이해하고 다루기 위해 Beck의 인지치료 모형을 적용했으며, 이것은 발전하여 후에 기능적 가족치료(functional family therapy)로 알려지게 되었다(Alexander & Parsons, 1982). 1980년대와 1990년대에 인지행동 가족치료(CBFT) 모형은 급속히 확장되었으며(Alexander, 1988; Dattilio, 1993; Epstein & Schlesinger, 1996; Epstein, Schlesinger, & Dryden, 1988; Falloon et al., 1984; Schwebel & Fine, 1994; Teichman, 1981, 1992), CBFT는 이제 가족치료 전공 서적(예: Becvar, 2008 Goldenberg & Goldenberg, 2000; Nichols & Schwartz, 2008; Bitter, 2009)에서 주요 치료 접근으로 자리 잡았다.

◇◇◇◇◇◇◇◇◇◇◇
다른 치료 양식과의 결합

불행히도, 가족을 대상으로 하는 인지행동치료의 경험적인 효과 연구들은 매우 적다. Faulkner, Klock 및 Gale(2002)은 1980년부터 1999년까지의 부부/커플 및 가족 치료 문헌에 게재된 논문들의 내용을 분석했다. 『The American Journal of Family Therapy, Contemporary Family Therapy, Family Process』 및 『The Journal of Marital and Family Therapy』 등은 매우 우수한 학술지인데, 여기에 게재된 양적인 연구 방법론을 사용한 131개의 논문들이 조사되었다. 이 131개의 논문 중 효과 연구는 절반에 미치지 못했다. 검토된 이 연구들 가운데 CBT를 고려한 연구는 전혀 없었다. 더 뒤에 검토된 많은 전문 문헌에서도 이 수치는 변함이 없었다(Dattilio, 2004a).

그러나 인지행동 커플치료(CBCT)는 어떤 치료 양식보다도 더 통제된 효과 연구를 진행해 왔다. 대부분의 연구들이 의사소통, 문제해결 훈련 및 행동 계약 등의 행동 개입에 주로 초점을 두었고 인지적 재구성 절차의 영향을 조사하는 연구는 몇 안 되기는 했지만, 관계에서 CBT의 효과성을 시사하는 실질적이고 경험적인 증거가 커플치료 효과 연구에서 나타났다(효과에 대한 엄격한 기준을 적용한 논평은 Baucom et al., 1998 참고). Baucom 등(1998)은 효과 연구에 대한 논평에서 CBT가 관계 고통을 감소시키는 데 효과적임을 시사했다. 정서 초점 커플치료(Johnson & Talitman, 1997) 및 통찰 지향 커플치료(Snyder, Wills, & Grady-Fletcher, 1991)와 같은 다른 부부 및 가족 치료 접근들에서도 그 숫자는 적지만 점점 연구가 증가하고 있는데, 그런 연구에서는 인지행동 접근과 필적할 만한 성과를 보여 주고 있으며 어떤 경우들에서는 심지어 더 나은 효과가 있음을 시사하고 있다. 이러한 경험적으로 지지된 치료들의 효과 비교에 대한 결론을 이끌어 내기 위해서는 추가적인 연구들이 필수적이지만, 고통을 받고 있는 많은 커플에게 도움이 될 수 있는 치료로서 인지행동치료, 정서초점치료 및 통찰 지향치료들은 고무적이다(Davis & Piercy, 2007).

조현병(정신분열증)이나 아동 품행장애와 같은 개별 장애들에 포괄적으로 적용한 연구는 더 적다. 성과 연구들에서는, 그러한 장애에 대한 행동치료적 가족 개입(심리교육 및 의사소통과 문제해결 기술 훈련)이 효과적임을 보여 주었는데(Baucom et al., 1998), 인지적 개입 그 자체는 평가되지 않았다. 정신건강 분야에서 점점 경험적으로 타당화된 치료에 역점을 두게 됨에 따라, 인지행동치료는 커플 및 가족 치료자들을 포함하여 임상가들 사이에서 인기를 얻으며 높이 평가되고 있다(Dattilio, 1998a; Dattilio & epstein, 2003; Epstein & Baucom, 2002; Davis & Piercy, 2007). Sprenkle(2003)은 커플 및 가족 치료의 연구에서 치료 효과라는 기준이 더 엄격하게 적용되고 증거-기반 원칙(evidenced-based discipline)의 방향으로 전반적인 분야가 움직이고 있는 점을 주목했다. 뿐만 아니라 가족치료 문헌에서 사례 보고는 더욱 큰 관심을 받고 있다. 전통적으로, 사례-기반 연구(case-based research)는 통제 조건이 없고 객관성이 부족하다는 점 때문에, 현장에서 많은 사람이 과학적이라고 간주하지 않았다. 그러나 적절하게 설계된 임상 사례에서 인과 추론을 이끌어 내는 토대로 사례연구 자료가 사용될 수 있으며(Dattilio, 2006a), 여러 방식으로 학생 및 훈련생들 사이에서 선호되는 것으로 보인다.

Dattilio(1998a)가 책임 집필한 교재에서는, 다양한 이론의 부부 및 가족 치료 전문가들 대다수가 인지행동적 기법을 자신의 치료 접근에 추가하여 도움이 되고 있음을 인정한다. 이 전문가들 대부분이 실제로는 동일한 기법들을 사용하면서도 이를 다른 용어로 알고 있는 듯하다.

커플 및 가족 치료자들이 점점 더 인지행동 방법론을 적용하게 된 것은 인지행동치료의 효과성을 지지하는 연구 증거들과 함께 다른 몇 가지 요인들 덕택으로 보인다. 첫째로, CBT 기법은 문제를 해결하고 가족들이 앞으로 있을 어려움에 대처하는 데 필요한 기술을 연마하는, 실용적이면서 한층 예방적인 접근을 가치있게 생각하는 내담자에게 호소력이 있다(Friedberg, 2006). 나아가 CBT는, 치료자와 내담자 사이의 협력적인 관계를 강조하는데, 이러한 관점은 커플 및 가족 치료에 대한 탈근대적인 접근으로서 그 인기가 증가하고 있다. 친밀한 관계를 다루기 위해 CBT(더 자세한 내용은 Epstein & Baucom, 2002 참고)는 최근 커플이나 가족의 물리적, 대인관계적 환경(예: 대가족 직장, 이웃 환경, 국가의 사회경제적 조건)에서 고려되는 맥락 요인들을 확장시켰다. 예를 들어, 최근의 시도는 친밀한 관계에서의 정서조절 곤란을 치료하기 위해 변증법적 행동치료(DBT)와 같은 개입에 CBT를 통합하는 것이다(Kirby & Baucom, 2007).

CBT 이론은 주요 흐름이 되었으며 다양한 전문가들의 창의적인 노력으로 진화를 계속하고 있다. 경험주의를 중시하고 연구를 통해 어떤 방법이 효과가 있고 어떤 것이 효과가 없는지를 구별하며 임상 효과를 최대화해 가면서, 인지행동 모형은 항상 변화를 흔쾌히 받아들였다. 인지행동치료가 적용하기 쉽고 커플 및 가족 관계의 변화가 인지, 정서, 행동 영역에서의 변화를 내포한다는 가정을 여러 다른 치료 양식과 공유한다는 점에서, CBT는 다른 치료 접근들과의 통합 가능성이 매우 높다

(Dattilio, 1998a; Dattilio & Epstein, 2005).

일부 연구에서는 커플 및 가족(Dattilio, 1998)에게만이 아니라 개인치료(Alford & Beck, 1997)에 인지행동치료를 통합했을 때의 위력적인 효과를 강조했다. 인지행동치료자들은 다른 치료 이론에서 유도된 개념과 방법을 점점 더 통합해 나갔다. 예를 들어, 구조적 가족치료에서 강조되었던 체계 경계, 위계(통제)의 개념, 발달상의 변화에 적응하는 가족의 능력(Minuchin, 1974) 등은 Epstein과 Baucom(2002)의 커플 작업에서 중요하다.

커플 및 가족이 인과관계의 연결망 안에서 직접 혹은 간접적으로 연관되어 있는 복잡한 역동을 지니고 있기 때문에, 체계이론을 바탕으로 CBT를 진행할 필요가 있다. 즉, 개입의 효과를 높이기 위해서는 가족 구성원들이 서로 영향을 주고받음에 있어 상호성을 띠며 여러 방향의 흐름이 있음을 고려해야 한다. 체계이론의 관점에서 가족기능의 속성은 가족이 상호작용하는 부분들로 구성된 전체라는 것이다. 따라서 가족 관계에서 어떤 행동을 이해하기 위해서는 한 단위로서의 가족의 특징뿐만 아니라, 구성원들 사이의 상호작용을 살펴보아야 한다. 마찬가지로, 인지행동적 관점도 가족 구성원들의 기대, 신념 및 귀인이 상호 연관된 속성을 지닌다는 점을 특별히 강조하면서 가족 구성원들 사이의 상호작용에 중점을 둔다. 이런 의미에서, 인지행동치료와 전통적 가족치료인 체계이론은 공통적으로, 영향을 주고받는 다각적이고 상호적인 측면과 특정 맥락에서의 행동을 살펴야 할 필연성을 강조하고 있다.

인지행동치료의 개념들이 대개는 다른 양식과 통합될 수 있지만 인지행동치료와 기본적으로 양립하기 어려운 그런 양식도 있을 것이다. 예를 들면, 해결중심 치료자들은 원하는 변화를 실행하기 위한 노력에 중점을 두면서, 현존하는 가족 문제의 현재와 과거의 모습은 흔히 도외시한다(Nichols & Schwartz, 2001 참고). 또한 인지행동치료자는 내담자에게 존재하는 강점을 찾아 구축하고 내담자의 문제 해결 능력을 개선시키고자 함과 동시에 뿌리깊이 자리 잡고 있어서 변화하기 어려운 내담자의 인지적, 정서적, 행동적 문제 패턴을 평가하고 이에 대해 개입한다. 그러므로 다른 치료 방법을 훈련하는 치료자들은 인지행동의 개념과 방법이 자신들의 치료 양식의 핵심 측면을 얼마나 강화하는지 혹은 반대로 그러한 측면에 역행하는지를 결정할 필요가 있다. 다른 치료 양식에서 나온 치료 방법을 인지행동 절차에 추가하여 그 효과 검증을 연구자들이 계속하고 있기 때문에, 임상 실제에서 통합의 가능성은 앞으로 더 증가할 것이다.

Chapter 02

커플과 가족의 변화기제

◇◇◇◇◇◇◇◇◇◇

인지 과정

지각

당신이 선택적으로 주목하고 주의를 기울이는 것이 당신의 경험을 만든다.

–William James, 19세기 철학자

우리 모두는 사람에 대한 그리고 일반적인 삶에 대한 지각(perceptions)이 있다. 사람이나 상황에 대한 지각은, 자신에게 특정한 의미를 지니는 범주에 잘 들어맞는 그런 측면들과 연관되어 있다. 커플 및 가족관계에서, 지각은 우리가 어떻게 상호작용하는지 그리고 그 상호작용 과정을 통해 배우자나 가족 구성원들을 어떻게 지각하는지와 관련된다. 예를 들자면, 어떤 남편이 아내라든지 아니면 형제 중 한 사람을 '화를 잘 낸다.'거나 '지나치게 예민하다.'고 볼 수 있다. 결과적으로, 지각은 우리가 사람들을 어떻게 보는지 결정하기 때문에 귀인, 기대, 가정 등의 다른 인지들로 개념화되기도 하는데, 이 점은 이어지는 절에서 서술된다. 이와 동시에 이러한 인지들은 뒤따르는 정서에 영향을 주고 우리의 지각에 영향을 주며 나아가 우리의 지각을 변화시킬 수 있다. 결과적으로, 지각은 우리가 맞닥뜨리는 새로운 정보에 맞추어 변화하기 쉽다. 그렇지만 우리의 경험이 영향을 미치게 되면 지각이 변경되기 어려울 수도 있다. 예를 들어, 만일 한 남자가 자신의 아내를 대체로 '인정 많은' 사람이라고 처음에 지각한다면, 아마도 이 지각을 아내에 대한 자신의 전반적인 관점으로 통합할 것이다. 따라서 아내와 더 많은 일을 경험하게 되면서 새로 얻은 정보는 그 처음의 지각 범위에서 항상 판단될 것이고, 그래서 수많은 '이기적인' 행동을 무시하거나 용서할 것이다.

때로, 배우자나 가족 구성원들과의 경험 과정이 어떤지에 따라서 지각적 편향이 발생할 수 있다. 이러한 편향은 이어지는 논의에서 서술된다.

기대 및 기준

인지 과정은 관계 역기능에 대한 인지행동 접근의 근간이다. Baucom, Epstein, Sayers 및 Sher(1989)는 관계 갈등 상태에서 흔히 드러나는 인지의 유형을 개발했다. 각 유형이 인간 인지의 정상적인 형태이기는 하지만, 각각은 왜곡되기 쉽다 (Baucom & Epstein, 1990; Epstein & Baucom, 2002). 이 과정은 다음과 같다.

1. **선택적 주의**(selective attention): 관계에서 발생하는 사건의 어떤 측면만 주목하고 다른 것은 간과하는 경향(예: 파트너의 말에 집중하면서 행동은 무시하기)
2. **귀인**(attributions): 파트너의 행동에 영향을 준 요인들에 대한 추정(예: 파트너가 관계를 통제하고 싶어 하기 때문에 질문에 답하지 못했다고 결론 내림)
3. **기대**(expectancies): 특정 사건이 관계에서 발생할 가능성에 대한 예측(예: 파트너에 대한 감정을 표현하면 파트너가 더 화를 낼 것이다)
4. **가정**(assumptions): 사람과 관계의 일반적인 특징에 대한 신념(예: 남자는 정서적 애착을 원하지 않는다는 아내의 가정)

5. **기준**(standards): 사람과 관계가 '지녀야만 하는' 특징에 대한 신념(예: 파트너들은 모든 생각과 감정을 상대와 공유하여 서로 간에 아무런 경계가 없어야 한다)

일반적으로 특정 대인관계 상황에는 매우 많은 정보가 있기 때문에 어느 정도의 선택적 주의는 불가피하지만, 그러한 선택적 주의를 통해 부부와 가족 구성원들이 서로에 대한 편향된 지각을 형성하게 될 가능성이 있다는 점이 중요하다. 또한 귀인 및 기대와 관련된 추론은 타인의 행동을 이해하고 그들의 미래 행동을 예측하는 인간 정보 처리의 정상적인 측면이다. 그러나 이러한 추론에서의 오류는 커플과 가족 관계에 해로운 영향을 줄 수 있으며 특히 한 사람이 다른 상대방의 행위를 부정적 성격특성(예: 악의적인 의도)으로 귀인하거나, 상대방이 자신의 행위에 어떻게 반응할지를 오판할 때 더욱 그렇다. 가정은 개인과 관계에 대한 현실적인 표상일 때 적응적이며, 타인을 학대하는 것은 부당하다는 도덕적 기준과 같이 개인이 지니는 많은 기준들은 가족 관계의 질을 유지하게 해 준다. 그러나 부정확하거나 극단적인 가정과 기준은 다른 사람들과의 부적절한 상호작용을 유발할 수 있는데, 예컨대 자녀가 부모의 집에 얹혀 살고 있는 한 자녀의 의견과 감정은 고려할 필요가 없다는 기준을 부모가 지니고 있다면 그 예가 될 수 있다.

Beck과 그의 동료들은(예를 들어 Beck, Rush, Shaw, & Emery, 1979; J. S. Beck, 1995) 시시각각 변하는 의식의 흐름인 생각과 심상을 자동적 사고라 칭한다. "남편이 또 방 바닥에 옷을 던져놓았네. 내 감정 따위 안중에도 없구만."이라거나 "부모님은 나를 기꺼이 도와줄 마음이 없기 때문에 이번에도 '아니야'라고 말하고 있는 거야." 등이 예가 될 수 있다. 인지행동치료자들은 사람들이 어떻게 자동적 사고를 액면 그대로 받아들이는지 주목해 왔다. Baucom 등(1989)에 의해 확인된 인지의 다섯 가지 유형 모두 개인의 자동적 사고에 반영될 수 있지만, 인지행동치료자들은 시시각각으로 변하는 선택적 지각과 아마도 대부분 개인이 인식하고 있을 귀인 및 기대와 관련된 추론을 강조해 왔다. 가정과 기준은, Beck의 인지모형에서 심리도식으로 간주되는, 개인이 지닌 세계관의 광범위한 기저 측면으로 생각된다(Beck et al., 1979; J. S. Beck, 1995; Leahy, 1996).

Kelly(1955)가 처음 기술한 개인의 구성개념처럼, 인지 모형은 개인의 지각과 추론의 내용이 상대적으로 안정적인 기저 심리도식이라든가 인지구조에 의해 형성된다고 본다. 심리도식(schema)은, 사람들이 삶에서 그리고 그들의 관계에서 안내하는 대로 따라가는 지도와 같다. 심리도식은 상대적으로 안정적인 것으로 간주되며, 때로는 경직될 수도 있다. 관계에 대한 그리고 가족 상호작용의 속성에 대한 많은 심리도식들은 원가족, 문화전통, 관습, 대중 매체, 초기의 관계 경험 등으로부터 생의 초기에 학습된다. 애착이론가들이 기술해 온 타인들과의 관계에서 자기의 모형(the models of self)은 중요한 타인(significant others)에 대한 개인의 자동적 사고 및 정서적 반응에 영향을 주는 심리도식의 형태로 나타난다(Johnson & Denton, 2002). 파트너나 가족 구성원들이 관계로 가지고 오는 심리도식에 덧붙여, 각 구성원들은 현재의 관계에 따른 특정 심리도식을 발달시킨다.

가족 구성원들 사이의 수년간에 걸친 상호작용 결과로 개개인은 가족 심리도식을 구성하는 공동의 신념을 발달시킨다(Dattilio, 1994). 가족 심리도식이 인지적으로 왜곡되어 있을수록, 역기능적 상호작용을 유발한다. 가족 구성원들이 집단적으로 한 명의 형제를 신뢰할 수 없는 사람으로 본다고 가정해 보자. 그 형제의 문제해결을 위해 그들은 습관적으로 돕고 나서는데, 그렇기 때문에 그 형제는 신뢰할 수 없는 행동을 할 수 있는 것이고, 또한 그렇기 때문에 그런 상황은 계속 유지된다.

관계에 대한 심리도식은 개개인의 마음속에 명료하게 인식되지는 않으며, 존재와 당위에 관한 모호한 관념으로 존재한다(Beck, 1988; Epstein & Baucom, 2002). 심리도식이 일단 형성되면, 심리도식은 새로운 상황에서 개개인이 정보를 연속적으로 처리하는 방식에 영향을 준다. 예를 들자면, 심리도식은 개인이 무엇을 선택적으로 지각하는지에 영향을 주고, 다른 사람의 행동의 이유를 짐작하는 추론에 영향을 주며 그가 가족 관계에 만족하는지 만족하지 않는지에 영향을 준다. 한번 형성된 심리도식이 수정되기는 어렵지만, 그러나 중요한 사람들과의 반복적인 새로운 경험은 심리도식을 변화시킬 수 있는 가능성을 지닌다(Epstein & Baucom, 2002; Johnson & Denton, 2002). 여러 가지 면에서, 심리도식은 좀처럼 검증되지 못하는 공포증과도 같다. 사람들은 자신에게 두려운 것을 그저 피할 뿐이다. 만일 한 아버지가 딸이 자문화 내의 사람과 결혼해야만 한다고 확신한다면 그는 이 신념을 확고부동하게 유지할 것인데, 그의 신념 체계가 변화되기 위해서는 딸이 그녀가 선택한 상대와 함께 있는 것이 얼마나 행복한지를 그가 직접 보는 그런 새로운 정보가 있어야 한다. 대개 새로운 정보가 개인의 신념을 수정하기에 충분히 강력할 때 심리도식은 변화한다.

커플 및 가족에게 흔한 인지적 왜곡

Beck 등(1979)은 자동적 사고 및 심리도식 외에도 사람들의 삶에서 불편감과 갈등의 근원이 되는 인지를 유발하는 인지적 왜곡 혹은 정보처리 오류를 밝혀냈다. 인지적 왜곡이나 정보처리 오류는, Baucom 등(1989)의 유형분류 용어로 하자면 왜곡되거나 부적절한 지각, 귀인, 기대, 가정 및 기준을 초래한다. 다음의 목록은 이러한 인지적 왜곡을 기술하고 있는데, 커플과 가족의 상호작용 과정에서 인지적 왜곡이 어떻게 발생하는지에 대한 예도 제시되어 있다.

1. **임의 추론**(arbitrary inference): 실재하는 증거가 부재한 상태에서 결론이 도출된다. 예를 들어, 청소년인 딸이 통행금지 시간을 30분 넘겨 집에 도착했는데, 딸을 기다리면서 아버지는 '얘가 또 못된 짓을 하고 있구나.'라고 결론 내린다.

2. **선택적 추상화**(selective abstractions): 정보가 맥락을 벗어나며, 중요한 정보는 무시되는 반면 특정 세부적인 것이 강조된다. 예를 들어, 아내가 자신의 질문에 한 단어로 대답하는 반응을 할 때 남자는 '아내가 나한테 화가 났군.'이라고 결론 내린다.

3. **과잉일반화**(overgeneralization): 별개의 사건 혹은 두 가지 사건이, 관련이 있든 없든 간에 모두 유사한 상황을 표상하는 기능을 한다. 예를 들면, 친구와 함께 외출하겠다는 자녀의 요구를 부모가 허락하지 않자, 자녀는 '부모님은 나를 아무것도 못하게 한다.'라고 결론 내린다.

4. **의미확대 및 의미축소**(magnification and minimization): 상황을 적절한 수준보다

더 특별하게 지각하거나 별로 중요하지 않게 지각한다. 예를 들면, 성난 남편이 통장의 잔고가 맞지 않음을 발견하고 버럭 하면서 '우리 이제 망했다.'라고 말한다.

5. 개인화(personalization): 결론을 내리기에는 증거가 불충분한데도, 외부 사건을 자신에게로 귀인한다. 예를 들면, 남편이 아내가 만든 음식에 소금을 더 넣자 아내는 '남편은 내 요리를 싫어하는구나.'라고 추측한다.

6. 이분법적 사고(dichotomous thinking): 경험이 흑 또는 백, 완벽한 성공 또는 완전한 실패로 처리된다. 이것은 다른 말로, 양극화된 사고(polarized thinking)로 알려져 있다. 예를 들어, 남편이 장롱을 옮기고 있는데 아내가 농 하나의 위치를 문제 삼자, '아내는 내가 뭘 해도 절대로 행복하지 않아.'라고 혼자 생각한다.

7. 낙인찍기 및 잘못 낙인찍기(labeling and mislabeling): 한 사람의 정체성이 과거에 저질렀던 결함과 실수를 바탕으로 묘사되며, 이러한 결함과 실수는 스스로를 정의하는 데에도 사용된다. 예를 들면, 식사를 준비하면서 거듭된 실수를 한 후, 아내는 자신의 실수를 가벼운 것으로 인식하는 것이 아니라 '나는 쓸모없는 사람이야.'라고 생각한다.

8. 터널 시야(tunnel vision): 배우자들은 때로 자신이 보기를 원하는 것만 보거나 자신의 현재 마음 상태에 맞는 것만 본다. 아내가 '자신이 원하는 방식대로만 한다.'고 믿는 한 남성은 아내가 순전히 이기적인 이유로 선택을 한다고 비난한다.

9. 편향된 설명(biased explanations): 이것은 파트너들이 갈등을 겪는 동안, 상대의 의도 이면에 부정적인 다른 동기가 있다고 무의식적으로 가정하면서 발달시키는 사고 유형이다. 예를 들면, 한 여성이 '그는 내가 부탁을 들어주길 바라기 때문에 완전 '닭살'로 행동하고 있는 거야. 나에게 덫을 놓고 있어.'라고 자신에게 말한다.

10. 독심술(mind reading): 이것은 언어적 의사소통을 하지 않고도 다른 사람이 생각하는 것을 알 수 있다는 마술적 재주이다. 어떤 배우자들은 결국 서로 상대에게 비열한 의도가 있다고 탓한다. 예를 들어, 한 남자는 '나는 그녀 마음속에

무슨 일이 일어나고 있는지 알아, 내가 순진해서 그녀가 뭘 하고 있는지 모를
거라고 그녀는 생각하고 있어.'라고 혼자서 생각한다.

선택적 주의

우울증에 대한 초기 인지치료 연구에서, Aaron Beck과 동료들(Beck et al., 1979)
은 우울증을 겪고 있는 사람들이 상황 또는 사건의 선별적인 측면에 집중하면서 동
등하게 중요한 다른 측면들은 인식하지 못한다고 제안했다. 이것은 사람들이 '편향
된 해석(biased interpretation)'을 하고 있다고 하는 Beck 이론의 근간이었다. 가족 구
성원들도 종종 같은 편향에 빠지는데, 서로 갈등 상태에 있을 때나, 관계가 긴장 상
태일 때 특히 그렇다. 사건이 어떻게 발생했는지 또는 다투면서 무슨 말이 오갔는지
에 대해 가족 구성원들이나 커플들 사이에 의견이 일치하지 않을 때, 치료에서 이런
지각적 편향이 종종 나타난다. 이 편향은 개인이 선택적 주의를 두는 것에 긍정적인
귀인을 하거나 혹은 부정적 귀인을 할 때 발생할 수 있다. 부모님이 자신이 잘못했
던 것만 이야기하고 자신이 잘 하는 것은 칭찬하지 않는다고 주장하는 한 청소년의
사례는 대표적인 예이다. 파트너 혹은 가족 구성원들은 자신들 관계 불화의 주요 영
역 중 하나인 선택적 주의에 대해 종종 항의한다.

가족 구성원들이 서로의 부정적 측면에 선택적으로 주의를 기울이면 관계에 치
명적인 결과를 가져올 수 있다. 그러한 선택적 주의 혹은 편향에 빠져 있는 사람들
이 과거에 있었던 대화나 사건 혹은 상호작용이 어떠했는지에 대해 낮은 동의율을
보이는 것은 놀라운 일이 아니다(Epstein & Baucom, 2002). 선택적 주의는 분명히 인
지적 왜곡을 낳을 수 있고 더 나아가 소외를 불러올 수 있다.

자신의 파트너 혹은 가족 구성원에 대한 더 균형 잡힌 시각을 개발하는 것은 CBT
의 핵심이다. 부정적인 상호작용이 일정 기간 동안 발생하면, 그런 편향된 지각이
몸에 배게 되고 서로가 서로를 소외시킬 수 있다. 아주 좋은 예로 한 여자 아이의 사
례가 있는데, 이 소녀의 여동생은 부모님의 눈에 '완벽한 아이'-나쁜 짓을 할 리가
없는 아이-로 보인다. 따라서 그 소녀는 여동생이 모든 것을 교묘히 잘 모면하고

있다고 여기면서, 동생을 더 잘 대해 주라는 부모님의 꾸중을 듣게 하는 동생에게 분노가 쌓일 수 있다. 이것은 향후 질투와 부정적인 정서를 촉발시키면서, 그 소녀의 분노를 더 가중시키고 자매가 서로 더 소원해지도록 만들 것이다. 이럴 때, 치료자의 목표는 개개인이 자신들 관계 내의 역기능을 감소시킬 수 있도록 균형을 회복하기 위한 시도를 하는 것이다.

이 장의 초반부에 소개했던 인지과정 세 가지, 즉 귀인, 기대, 가정에 대해 보다 상세하게 설명하고자 한다.

귀인

상호작용은 원인−결과의 역동이라고 할 수 있으며, 상호작용을 하는 각각의 상대는 인과 방향에 대한 각자의 설명이 있다. 구체적으로 말하면, 한 가족 구성원이 상호작용의 특정 행동에 초점을 두게 되면, 그 사람은 그러한 행동을 설명하고자 추론을 한다. 이 추론은 귀인(attributions)이라고 불리며 관계 사건들을 설명하는 기능을 한다. 귀인은 한 사람의, 관계에서의 주관적 경험의 핵심 요소이다.

데이브와 브렌다의 사례

데이브와 브렌다는 첫아이를 출산하러 병원으로 운전해 가고 있었다. 도중에 데이브는 두통이 생길 수도 있다는 생각에 아스피린을 사려고 약국에서 멈추었다. 브렌다는 약국에서 차를 세운 남편 데이브의 결정이, 시간에 맞추어 자신을 병원에 데려가는 것보다 남편 자신의 욕구를 채우는 것이 더 중요하기 때문이라고 해석했다. 데이브의 주된 걱정은 그가 두통이 와서 집중을 못하게 되지는 않을까 하는 것이었다. 그는 아내가 아이를 낳는 동안 아내 곁을 지키지 못할 상황을 예방하고 싶었다. 남편의 설명에도 불구하고, 브렌다는 약국에서 차를 멈추는 그의 욕구가 이기적인 것이라는 자신의 해석을 고수하였는데, 그것은 편향된 해석이었고 수년간의 결혼생활 동안 계속해서 그들을 따라다닌 것이었다. 사실, 매번 브렌다는 데이브를 이기적이라고 비난했으며, 판단의 기준점으로서 그들의 첫아이 출산과 '자신의 욕구를 중시하는' 데이브의 욕망을 거론했다. 이 빈정거림은 계속해서 따가운 주제가 되었고 그들의 첫아이 출산의 기억을 오염시켰다. 그 사건은 데이브와 브렌다 모두에게 강렬하고 경멸적인 정서를 촉발시켰고, 결국 싸움의 중요한 골자가 되었다.

수많은 경험적 연구는 갈등을 겪고 있는 파트너들이 그렇지 않은 파트너보다, 문제에 대해 서로를 비난하며 상대의 부정적 행동을 광범위하고 변할 수 없는 특성으로 귀인하는 경향이 있음을 시사한다(Bradbury & Fincham, 1990; Epstein & Baucom, 2003). 사실, 귀인 편향(attributional bias)은 환멸을 느끼는 커플들의 고통을 지속시키는 원인으로 인식된다(Holtzworth-Munroe & Jacobson, 1985). 갈등이 심한 가족 구성원들은 다른 구성원의 부정적인 행동을, 견뎌야 하는 특성(traits)으로 지각하는 경향이 있는데, 이것은 이러한 행동이 변화되기 어려운 것이며 고정불변할 것이라는 관점을 강화시킨다. 가족 구성원들이 자신의 행동을 다른 구성원의 부정적인 행동 패턴에 대한 반응이었다고 설명한다거나 정당화시키곤 하는 일은 흔하다. 결과적으로, 그들은 바람직하지 않은 것을 강조하고 바람직한 것을 경시하는 상황에 빠질 수 있으며, 때로는 관계에 바람직한 행동을 운이나 외부 요인으로 귀인하기조차 한다. 데이브와 브렌다 사이의 관계를 생각해 보라. 언제든 중요한 사건이 발생했을 때, 브렌다는 데이브가 어느 누구의 욕구보다 그 자신의 욕구를 중시할 것이라 기대하였고, 따라서 그의 행동에서 결점을 찾아서 그것을 남편 자신의 잇속을 차리는 것으로 해석했을 것이다. 이런 이유로, 불화의 주기가 반복되면서 자신의 정서와 행동에 영향을 미치는 인지적 왜곡에 빠졌을 것이다. 이러한 관점은 의사소통뿐만 아니라 문제해결 행동에도 영향을 주며, 더 나아가 부정적 행동 교환을 부채질하는 경향이 있다(Bradbury & Fincham, 1990; Miller & Bradbury, 1995).

기대

개개인이 상대방의 행동에 대해 가지는 귀인은 그들로 하여금 미래 행동에 대한 예측을 하게 만든다. 그러한 귀인은 기대(expectancies)를 만들어 낸다. 기대는 관계가 나아갈 과정에 대한 예측의 형태를 띠며 점점 몸에 베어들게 된다. 기대는 사람 및 사람들이 처신하는 방법에 심대한 영향을 미친다. 치료를 받으러 오는 가족들이, 자신들은 완전히 '끝장'이 났으며 아무런 희망의 불빛이 보이지 않는다고 불평하면서, 그와 관련된 기대들로 가득 차 있다는 것이 드문 일이 아니다. 어떤 파트너들은 치료를 받는 것이 가족을 지키기 위한 '최후의 발악'이라고 공표하며 관계의 회복에 대해 거의 아무런 낙관을 하지 않는다.

가족 구성원들이 서로의 행동 방식을 예측하려는 시도를 하게 되면, 관계 개선의 방향으로 움직이기 어렵다. 부정적 예측과 기대는 커플과 가족에게 무망감을 만들어낸다.

테드와 도리스의 사례

테드는, 아내 도리스가 어렸을 때 '버르장머리 없는 아이'였으며 그녀가 원하는 것은 무엇이든지 하도록 부모님이 허용해 주었다는 확고한 믿음을 지니고 있다. 도리스의 부모님이 그녀의 응석을 다 받아주었고 그녀의 '비합리적인 요구들'을 강화시켰다는 것이 테드의 주장이었다. 그 결과로, 자신들의 결혼 관계에서 갈등이 발생하게 되었을 때, 도리스가 자신이 원하는 것은 무엇이든지 할 거라고 테드는 믿게 되었는데, 왜냐하면 아내의 부모님이 아내가 어떤 행동을 하든 상관없이 계속 편을 들어주었기 때문이었다. 따라서 테드는 관계가 변화할 가능성이 전혀 없다고 보았다. 반면에 도리스는, 테드가 다른 사람들에게 동정을 받고 싶을 때 끌어다 쓰는 편리한 핑계로 그런 불평을 이용했다고 느꼈다.

기대가 홀로 발생하는 일은 드물다. 기대는 대개 부정하거나 반박하기 매우 어려운 진실 몇 가닥에 토대를 둔다. 기대와 귀인은 항상 단단히 결합되어 있다. Pretzer, Epstein 및 Fleming(1991)의 흥미로운 연구에서는, 배우자들이 관계 문제를 자신의 행동으로 귀인하고 상대 배우자의 행동이나 외부 요인으로는 덜 귀인했을 때, 배우자들은 자신의 관계 문제가 앞으로 개선될 것이라고 예상했다. 본질적으로, 파트너들이 서로에 대한 비난을 고집할수록, 그들의 가정은 더 비관적으로 된다. Epstein

과 Baucom(2002)은 선택적 주의, 귀인 및 기대가 각각 서로에게 그리고 정서와 필수적인 연관성이 있음을 저술했다. 즉, 가족 중 한 사람이 상대방의 탐탁지 않은 행동에 선택적으로 초점을 둔다면, 그는 이러한 행동을 그 상대방의 성격특징으로 간주할 가능성이 더 높다. 그 결과로 그는 상대의 행동이 변화하기 어렵다고 지각할 것이며, 이것은 향후 관계에 비관적인 기대를 하도록 유도할 것이다. 더욱이, 그런 비관적인 인지는 우울감에서부터 미래에 대한 불안감에 이르기까지, 불편한 정서를 발생시킬 가능성이 높다.

가정

가정(assumptions)은 가족 구성원들이 관계에 대해 지니고 있는 신념과 관계가 있다. 가정은 세상에 대한 그리고 타인이 어떻게 행동하는지에 대한 사람들의 생각을 좌우하거나 제한하며, 인생이라는 항해에서 길을 찾기 위해 사용하는 일종의 틀이다. 가족이나 커플처럼 친밀한 관계의 사람들은 모두 자신의 배우자나 가족 구성원들이 삶에서 어떻게 기능하는지에 대한 기본적인 틀을 지니고 있다. 이 틀은 기분, 행위, 행동, 호, 불호 등등을 담고 있다. 만일 한 어머니가 자신의 딸을 상냥하고 온화하며 천성이 착한 아이로 보고 있다면, 딸이 누군가에게 무례하게 틱틱거릴 때 어머니는 아이가 '스트레스를 받고 있어서'라거나 혹은 '기분이 좋지 않은 것뿐'이라면서, 딸에게 아량을 보일 것이다. 이렇게 하면서 어머니는 딸 행동의 비일관성을 설명하고 착한 딸이라는 이미지를 견고하게 유지한다. 어머니의 이러한 지각은 딸에 대한 지각을 근본적으로 변화시키는 중대한 사건들이 연속해서 일어나지 않는 한, 쉽게 그 부당성이 확인되지 않는다. 안타깝지만, 가족 구성원들이 서로에 대해 가장 나쁜 면을 가정하는 경우에도 마찬가지이다.

가족 구성원들은 근본적인 가치 체계와 연관되어 있는 서로에 대한 가정을 상시적으로 한다. 이러한 가치 체계는 사람들의 생활방식을 좌우하곤 한다. 부정적인 사건이 파트너나 가족 구성원들에 대해 사람들이 지니고 있는 근본적인 가정을 붕괴시키게 되면, 그 부정적 사건은 트라우마로 경험된다는 점을 Gordon

과 Baucom(1999)은 밝혔다. 자신을 흠모하는 아내의 지각과 상반되게 처신하는 남편은 아내를 비탄에 빠지게 하거나 충격으로 몰아넣을 것이다. Epstein과 Baucom(2002)은 관계에서 가정이 붕괴될 때 그 붕괴가 너무 엄청난 것이어서, 배우자는 더 이상 상대의 행동을 어떻게 해석할지 혹은 상대에게 어떻게 처신할지를 알지 못한다고 지적한다. 배우자가 외도할 때보다 더 당황스러운 일은 없다. 외도로 배신당한 배우자는 "내가 결혼한 사람이 어떤 사람인지 모르겠어." "이 사람은 내가 사랑에 빠졌던 그 사람이 아니야." "이런 일이 일어나리라고는 꿈에도 생각하지 못했어!"와 같은 말을 하곤 한다.

톰과 제니퍼의 사례

톰이 사업차 여행 중, 술집에서 만났던 한 여성과 하룻밤 외도를 했을 때, 제니퍼는 "저의 세계가 뒤죽박죽 엉망이 되었어요."라고 말했다. 제니퍼는 남편이 왜 그런 짓을 했는지 이해하기 위해 싸웠으며, 받아 마땅한 관심과 정서적 지지를 받지 못했기 때문에 화가 났고 그녀에게 거리감이 생겼다는 남편의 말을 듣고서 놀랐다고 했다. 톰의 말은 관계 전반에 대해 제니퍼를 완전히 혼란스럽게 만들었다. 이어서 그녀는 "제가 거짓 인생을 살고 있는 것 같아요. 우리의 결혼이 훨씬 더 의미 있는 것이라고 믿었어요. 이제 저는 무엇이 진짜인지 모르겠어요."라고 말했다. 외도는 톰과 제니퍼의 자녀들에게 비슷하게 파괴적인 영향을 주었는데, 특히 아버지가 그들에게 '바위처럼 든든한 사람'이며 '어떤 잘못도 하지 않을' 사람이라고 믿었던 10대의 딸들에게는 더욱 그랬다. 언니인 아넬리스는 가족 회기 동안 "이 일로 인해 저는 대부분의 남자들이 신뢰할 만한 사람들인지 큰 의문이 들었어요. 이런 일이 일어날 수 있는 거라면 저는 어떤 관계도 원하지 않아요."라고 말했다.

가정(assumptions)은 관계를 좌우하는 강력한 인지이다. 그것은 보통 명료하게 드러나지 않는데, 덮개를 벗기고 정체가 드러나게 할 필요가 있다.

기준

앞서 논의한 것처럼 귀인은 사람들이 하는 행위의 이유에 대한 설명이며, 기대는 사람들이 앞으로 어떻게 행동할지에 대한 예측이다. 가정은 자신의 파트너의 그리고 친밀한 관계의 특성에 대해 개개인이 지니고 있는 신념이라고 할 수 있다. 귀인과 달리 기준(standards)은 당연히 그러해야 한다고 믿는 개인의 신념, 원칙에 토대를 두고 있다. 또한 앞에서 언급했던 바와 같이 가족 심리도식은, 구성원들이 특정 방식에 따라 행동하도록 되어 있는 그런 가족의 관념에서 나온다(Dattilio, 1993). 커플과 가족 모두는 각 구성원의 행동이 관계에서 적절한지 그리고 용인될 수 있는 것인지를 평가하기 위해 일반적으로 기준을 사용한다. 기대되는 행동 방식에 대한 과거 경험을 모형으로 삼아, 그런 기준들은 따라야 할 대략적인 지침 역할을 한다. 애정이 어떻게 표현되어야 하는지 혹은 가족 구성원들이 서로 어떻게 관계를 맺어야 하는지 기준은 알려줄 것이다. 관계 바깥에 있는 타인들과 대외적인 접촉을 어떻게 해야 하는지도 기준은 정할 것이다. 기본적으로, 기준은 서로에 대한 그리고 세상에 대한 우리의 관계 안에서 삶을 어떻게 관할해야 하는지를 안내해 준다. 많은 남성이 오랫동안 고수해 온 신념 중 한 가지는, 여성은 가정을 지키며 가족과 더불어 존재해야 하고, 남성의 직업은 생계부양의 역할을 한다는 것이었다. 이 기준은 관계에서 상당한 갈등을 가져왔으며, 현대 사회에서는 특히 더욱 그렇다. 결국, 결혼생활에서 경계나 역할에 대한 기준을 가지고 있는 개개인과 가족들은 이러한 기준에 근거하여 일어난 일들을 평가할 것이다. 따라서 가족 상황에서 문제가 발생하게 되면, 그 문제는 경계의 문제 및 그런 경계의 위반으로 귀인될 가능성이 크다(Baucom, Epstein, Daiuto, Carels, Rankin, & Burnett, 1996).

로레나와 바트의 사례

로레나와 바트는 서로 상충되는 기준을 지녔다. 바트의 가족에서는 기준이란 이런 것이었는데, 즉 가족에게 선물을 받으면 언제나 잘 간직하거나 유용하게 사용한다. 절대 해서는 안 되는 행동이 받은 선물을 다른 사람에게 주어 버리는 것이다. 이러한 행동은 선물을 준 사람에 대한 대단한 무례의 신호이다. 멕시코 혈통이었던 로레나의 가족에서 기준이란, 누군가 당신이 가지고 있는 것에 감탄한다면 그 사람에게 그것을 주라는 것이다. 그래서 여러 대에 걸쳐 남편 가족에게 전해 내려온 스카프를 시어머니에게서 받았을 때, 스카프에 찬사를 보내며 감탄하는 친정 어머니에게 스카프를 준 것이 그토록 큰 불화를 야기할 것이라고는 전혀 생각하지 못했다. 자신의 행동이 시어머니와 친정 어머니 모두를 존중하는 방식이라고 로레나는 여겼다. 그러나 로레나의 남편과 시어머니는 모욕감을 느꼈고 로레나의 행동이 무례함의 표현이라고 보았다.

　기준은 다양한 곳에서 나온다. 대중매체에의 노출, 종교적이거나 문화적인 경험, 개인의 과거 관계 혹은 사회적 상호작용의 결과로 기준이 발달할 수 있다. 기준은 원가족 경험과 상당히 밀접한 관련이 있을 것이다. 가족 구성원들이 지니고 있는 기준 그리고 그들이 가정하는 행동의 적절한 경계는 복잡해진다. Schwebel(1992)은 가족 구성원들이 일종의 '가족 구성체(family constitution)'를 형성한다고 제안했다.

　예컨대, 행동과 정서가 표현되는 방식 그리고 가족 내에서 권력과 통제의 관리 등과 같이 많은 기준은 가족 구성원들 간의 상호관계를 다룬다. Schwebel(1992)은 또한 집안일이 어떻게 할당되고 누가 무엇을 할지와 관련된 노동의 분배에 대한 기준, 무엇이 용인되고 어떻게 해결책을 찾고 균형을 회복할지와 관련된 갈등을 다루는 기준, 무슨 경계를 어떻게 그어야 하는지 그리고 누가 무엇을, 언제 하는 것이 허용되는지 하는 경계와 사생활에 대한 기준을 제시했다. 그는 친구와 지인에게 그리고 확대 가족 구성원들에게 적용하는 절차처럼, 가족 구성원이 가족 단위 밖의 개개인을 다루는 데 필요한 기준도 제안했다.

　세대를 초월해 전수되는 심리도식에 관한 문헌이 주목을 끌었는데, 이러한 심리도식은 흔히 부부관계로 전해 내려오고 이어서 가족 상호작용으로 전해지는 구체적인 기준들을 담고 있다(Dattilio, 2005b, 2006a). 가족치료의 선구자인 Murray Bowen은 초기의 많은 연구에서, 우리가 생각하는 것이 세대를 통해 전해 내려온 것이며 이것이 가족전통과 소속감에 중대한 영향력을 지닌다는 관점에 중점을 두었다. 사람들이 물려받은 기준에 자신의 개인적인 경험에 근거한 가치를 부가하면서 기준을 더욱 강화시킴에 따라, 어떤 기준들은 개인적인 성질 또한 지닌다. 이러한 기준은 일반적으로 성적 행동, 정직함, 진실성 같은 것들에 적용된다. 이것은 영적 혹은 종교적 성향을 공유하는 사람들이 더 충만한 결혼 생활이나 가족 생활을 유지하는 경향이 있다는 연구 결과가 왜 나타나는지를 설명해 준다(Clayton & Baucom, 1998). Baucom, Epstein, Daiuto 및 Carels(1996)는 관계 지향 기준(relationship-oriented standards)을 지니고 있는 커플이 자신들의 관계에서 더 많은 보상을 찾는 경향이 있다고 하였다. Baucom과 Epstein(2002)은, 대부분의 경우 친밀한 관계에 대한 개개인의 기준이 매우 깊게 몸에 배어 있으며 상당한 중요성을 지닌다고 주장했다. 저자들은 나아가 개개인의 삶에서 관계 기준의 중대성이 적어도 다음의 세 가지 면에서 차이가 있음 주장했다(p. 73).

1. 대인관계에 대한 여러 가지 기준을 발달시키고 이 기준들을 명확하게 표현하는 정도
2. 이러한 내적 기준이 행동에 영향을 미치는 정도
3. 기준이 충족되지 않을 때 감정적으로 화가 나는 정도

Baucom, Epstein, Rankin 및 Burnett(1996)은 개인이 어떤 특정 기준을 가지고 있느냐와 무관하게, 기준들이 관계에서 충족이 된다면 더 행복하게 느끼는 경향이 있음을 발견한다. 그런 이유로, 적절한 범위 내에서 자신의 기준을 충족시키는 것이, 어떤 기준을 가지고 있는지와 상관없이 관계에 대한 만족감을 가져온다.

따라서 가족치료자들이, 관계에 대한 가족 구성원들의 기준이 무엇인지 그리고 그러한 기준이 어떻게 작용하는지 이해하려고 노력할 필요가 있다. 기준들이 충족되는지 아닌지를 알 수 있도록 내담자를 돕는 과정에 이러한 이해는 아주 유용할 것이다. 이 생각은 내가 초심자일 때 다른 문화에서 성장한 젊은 부부와 작업하면서 절실하게 느낀 것인데, 이 커플은 아내가 남편을 부도덕하다고 여기면서 결혼생활에 심각한 갈등을 겪었다.

살과 모렌의 사례

살은 미국에 있는 형을 방문하러 갔다가 모렌과 만났다. 살은 시칠리아 중앙의 작은 산동네 출신이었다. 모렌은 미국 출생이며 아일랜드 혈통이었다. 살과 모렌은 결혼한 지 1년밖에 되지 않은 시점에 중요한 문화적 차이가 드러나기 시작했다. 모렌은 어느 누구와도 대화가 가능한 사람이라는 평을 받는 생기 넘치는 빨강머리의 여성이었다. 그녀의 친구와 가족은 '모렌의 친화력은 전염된다.'고 말하곤 했다. 모렌의 사교성이 그가 사랑에 빠진 특성 중 하나임을 살은 인정했다. 그러나 그가 귀가하다가 미혼의 이웃 남자와 뜰에서 술을 마시고 있는 모렌을 발견했던 날, 이 특성은 그에게 언짢은 것이 되어 버렸다. 혼자 있는 집에서 젊은 유부녀가 다른 남자를 술 접대 하는 것, 이 행동은 시칠리아인 가족들에게는 중대한 기준 위반이었다. 살은 모렌이 그러한 경멸스러운 행동을 했다는 것에 격노해서 그녀를 매춘부라고 부르기 시작했다. 모렌은 남편이 '어이가 없다.'고 생각했는데, 왜냐하면 모렌의 가정교육은 완전히 정반대였고 그런 사회적 행동에 아무런 잘못이 없다고 보았기 때문이었다. 이 갈등은 신뢰의 문제이며, 배우자라면 서로에 대한 충분한 신뢰를 가지고 상대가 부부 관계를 위반하지 않을 것이라고 믿어야 한다는 것이 사실 모렌의 신념이었다.

다른 형태의 인지들보다 귀인과 기준에 대한 연구들이 훨씬 더 많다(Baucom et al.[1989]의 유형론과 Epstein & Baucom, 2002 참고). 커플 귀인에 대한 꽤 많은 연구는 갈등이 심한 커플이 그렇지 않은 커플보다 상대 파트너의 부정적인 행동을 전반적, 안정적인 특성(예: 부정적 의도, 이기적인 동기, 애정 부족)으로 귀인할 가능성이 더 높음을 시사한다(Bradbury & Fincham, 1990; Epstein & Baucom, 2002 참고). 이에 더해, 갈등 관계의 커플이 상대의 바람직한 행동을 전반적, 안정적 원인으로 귀인할 가능성은 더 적다. 이런 편향된 추론은 가족 구성원들이 관계 개선을 비관적으로 생각하며 부정적인 의사소통을 하도록 만들고 문제해결을 위한 노력을 기울이지 않게끔 유도한다.

분명히, 기준뿐만 아니라 가정, 기대, 귀인은 많은 인지적 왜곡을 한다는 점에서 공통점이 있다. 가족 치료자는 다음 경우처럼, 치료에서 복합적인 힘들을 항상 확인하고 파악해야 한다.

닉과 앨리스의 사례

닉과 앨리스는 결혼 15년차인 40대 초반 커플이었다. 그들은 재정상태에 관한 의견 차이로 관계에서 극심한 긴장감을 호소하면서 치료를 받으러 왔다. 닉은 앨리스의 과도한 소비 때문에 파산 지경이라고 주장했다. 닉과 앨리스는 이것이 그들의 전반적인 결혼생활에 늘상 있어 왔던 패턴이라 했고, 그것이 결국 그들의 발목을 잡았다고 닉은 믿었다.

이 관계에서 패턴이라고 하는 것은 앨리스가 형편 이상으로 많은 소비를 하는 것이었다. 그녀가 그럴 때마다, 닉은 그 지출을 메꾸기 위해 초과근무를 했을 것이다. 그가 더 많은 시간을 일하여 그 지출을 메꿔놓을 때마다, 앨리스는 자신들이 이제 돈이 충분하니 안심하고 더 써도 된다고 느꼈다. 재정문제로 그들이 자주 다투었음에도 불구하고, 앨리스가 분수에 넘치는 생활을 고집했다고 닉은 주장했다. 앨리스는 관계에서 일찍이 돈과 소비에 대해 이런 태도를 보였다. 앨리스는 외동딸로 자랐고, 부모님은 해 줄 만한 형편이 되든 안 되든 상관하지 않고 앨리스가 원하는 것은 무엇이든지 해 주었다. 닉은 앨리스의 '원하는 것은 무엇이든 얻기'의 악순환은 그녀의 부모님이 시작했다고 주장했다. 앨리스와 결혼했을 때 닉은 자신이 이 악순환의 희생물로 전락했음을 느꼈다. "앨리스를 행복하게만 해 주고 싶었는데, 앨리스가 절제를 못하기 때문에 끊임없이 초과근무를 해야 하죠. 이젠 제가 빠르게 도는 쳇바퀴가 멈추지 않도록 계속 돌려야 하는 다람쥐 같아요." 왜 이것을 참고 있는지 질문을 받았을 때, 닉은 만일 원하는 것을 충족시켜 주지 못한다면 앨리스가 자신을 떠날 것이 두려웠다고 말했다. "그러나 지금은 우리가 거의 파산할 지경이어서, 어찌해야 할지 모르겠어요." 한편으로, 앨리스는 닉이 과장하고 있다고 느꼈다. "우리는 항상 잘 빠져나왔어요."라고 그녀는 말했다. "뭐가 큰 일이라는 건지 모르겠어요. 닉은 너무 지나치게 걱정해요, 우리는 파산을 앞두고 있지 않거든요." 앨리스는 과도한 지출을 인정하면서도 단언했다. "여보, 인생은 한 번 사는 거예요. 돈이 뭐하자고 있는 건데요?"

닉은 다른 원가족 환경을 가지고 있었다. 부모님은 가난했고 돈이 많았던 적이 없었다. "제 어머니는 많지는 않았어도 아버지가 벌어 오신 것으로 만족하셨고 그게 다였어요. 과소비 때문에 다투시는 일은 한 번도 없었어요. 우리는 항상 충분했죠." 이렇기 때문에 이 상황에 대한 귀인은 '앨리스가 소비를 절제할 수 없기 때문에 우리는 빚을 지고 있고, 나는 그녀를 행복하게 해 주고 싶기 때문에 그녀가 과소비를 할 수 있도록 해 준다.'였다. 이것이 관계에서 작동하는 인지 과정이라는 것, 그리고 그들이 그 악순환에 똑같이 기여하고 있다는 것에 둘 다 동의했다. 닉은 자신이 초과 근무를 해서 반복적으로 기꺼이 '자신들을 긴급구제'했던 것이 악순환을 가능하게 해 주는 자기 쪽의 행동이었다는 사실을 인식했다고 말했다.

기대에 관해 이야기하자면, 그들 중 누구도 자기 방식을 기꺼이 변화시키려고 하지 않는 만큼, 둘 다 이 행동의 악순환이 계속될 가능성이 높다고 믿었다. 여러 해에 걸쳐 뿌리 깊게 몸에 배어 버린 행동 패턴에 둘 다 책임이 있으며, 여러 측면에서 이제 통제불능 상태로 돌아가고 있는 것 같았다.

닉이 지니고 있었던 기본 가정은, '어쩔 수 없다.'였다. 앨리스는 항상 자신이 원하는 것은 가져야 한다고 생각했기 때문에 절대로 스스로 절제할 수 없었다. 닉은, 아내의 불행과 그녀가 자신을 떠날 가능성을 무릅쓰면서 그녀의 요구를 거절하는 것이 두려웠기 때문에 앨리스의 행동에 어떤 한계를 부과하기가 쉽지 않았다. 그래서 최악─앨리스가 그를 떠나는 것─을 피하는 수단으로 계속해서 이 행동이 가능할 수 있도록 했다.

이런 이유로, 둘 다 상황이 변화되거나 수정되어야 한다는 것을 알았더라도 그 관계에서의 기준은 그 상황에 대해 거의 아무런 역할을 하지 못했다. 모든 것을 잃을 위험이 있을 정도로 그렇게 많은 빚을 그들이 지도록 했다는 점에서 특히 그렇다. 원하면 소비할 수 있어야 한다는 한 가지 기준을 앨리스가 지녔던 반면에, 닉의 기준은 더 절약해야 하고 더 절제해야 한다는 것이었다. 이 갈등은 관계에서 두 사람 모두에게 통제의 문제와도 관련되었다. 흥미롭게도, 두 쪽 다 가능한 절충안(소비의 조정)을 무시하는 것으로 보였고 자신들의 행동과 전반적인 상황에 대한 책임감이

거의 없었다.

의사소통과 문제해결 기술의 결함

　갈등 속에 있는 가족 구성원들은 여러 가지 역기능적인 방식으로 사고와 감정을 표현한다고 하는 상당한 경험적 증거가 있다. 빈약한 경청과 문제해결 기술의 곤란 또한 고통을 야기하는 요인으로 확인되었다(Dattilio & Ban Hout, 2006; Epstein & Baucom, 2002; Walsh, 1998). 사고와 감정의 표현은 자의식, 자신의 경험을 묘사하는 데 적절한 어휘, 경청하는 사람이 거부할지도 모른다는 두려움 같은 억압 요소들로 부터의 자유, 그리고 자기통제(예: 당신을 화나게 한 사람에게 보복하고 싶은 충동에 굴복하지 않는)의 정도와 관련된다. 효과적인 문제해결은 문제의 특성을 명확하게 정의하고, 대안이 되는 잠재적 해결책들을 만들어 내고, 다른 가족원들과 협력하여 해결책 각각의 장단점을 평가하고, 최선의 해결책에 대한 합의에 도달하며 그 해결책을 실행에 옮길 구체적 계획을 강구하는 능력을 말한다. 그래서 효과적인 가족문제해결은 좋은 기술과 좋은 의도를 모두 요한다.

　의사소통과 문제해결에 있어서의 결함은 다양한 과정의 결과로 발생하는데, 예컨대 원가족에서 사회화되는 동안 학습한 부적응적인 패턴, 인지 기능의 결함, 우울증 등의 정신병리 형태, 중요한 사람들과의 상호작용에서의 트라우마 경험으로 인해 다른 사람의 인지, 정서 및 행동반응(예: 격노라든지 공포)에 취약해지는 것 등이 해당될 수 있다. 커플 관계에서는 서툴게 의사소통하는 사람들이 상대적으로 중립적인 외부 사람들과의 관계에서는 건설적인 의사소통 기술을 보여 준다고 하는 연구가 있는데, 이것은 친밀한 관계에서의 만성적인 문제가 생산적인 의사소통을 방해함을 시사한다(Baucom & Epstein, 1990). 이 주제들은 5장에서 더 깊게 논의된다.

과도한 부정적 행동과 결핍된 긍정적 행동

고통 속에 있는 커플 및 가족들에서 문제가 되는 상호작용 행동이 파괴적이고도 비효율적인 의사소통과 문제해결 기술만 있는 것은 아니다. 가까운 관계의 구성원들은 통상적으로 서로를 향해 다양한 형태의 비언어적 의사소통 행동을 유도한다 (Baucom & Epstein, 1990; Epstein & Baucom, 2002). 다른 사람의 감정에 영향을 주려고 의도된(예: 선물을 주거나 잊어 버리고 선물 주지 않는 것) 긍정적인 행동 및 부정적인 행동들(집안일 끝내기 혹은 못 끝내기처럼, 목표 달성을 위한 작업 수행하기)이 그러하다. 이러한 비언어적 의사소통 행동들은 기본적으로 함축적인 메시지가 행동에 담겨 전달되지만, 사고와 감정이 솔직하게 표현되지는 않는다. 고통스러운 관계의 구성원들이 그렇지 않은 사람들보다 서로에게 더 많은 부정적인 행위를 하며 긍정적인 행위는 덜 한다는 점이 연구결과로 나타났다(Epstein & Baucom, 2002). 나아가, 고통 속에 있는 커플이 비생산적인 방식으로 상호교환할 가능성이 더 높기 때문에 갈등과 고통이 가중될 수밖에 없다. 결국, 인지행동치료(CBT)의 기본 전제는 바람직하지 않은 행동의 빈도는 감소되고 생산적인 행동의 빈도는 더 증가되어야 한다는 것이다. 생산적인 행동이 관계 만족도에 미치는 영향보다, 바람직하지 않은 행동이 관계 만족도에 더 큰 영향을 주는 경향이 있기 때문에(Gottman, 1994; Weiss & Heyman, 1997), 치료자들은 바람직하지 않은 행동에 더 큰 주목을 해 왔다. 이러한 관점이 기본이기는 하지만, 그럼에도 파트너들이 대개 자신의 욕구 충족을 위해 생산적인 상호작용을 강구하고 있기 때문에, 이러한 생산적 행동 역시 아주 중요하다. 치료자는 행동 기법을 다루고 있는 6장에 기술된 보상전략(quid pro quo strategies)을 사용하여 커플을 도울 수 있다. 이 기법은 고통스러운 관계에 교착되어 있는 커플에게 매우 효과적이라고 알려져 있다.

가족치료 연구자들이 바람직한 행동과 그렇지 않은 행동들의 세세한 측면들을 조명하고 있지만, Epstein과 Baucom(2002)은 대부분 파트너 각자에게 중요한 의미가 있는 행동 패턴이 관계만족에서 기본이라고 보았다. 주요 핵심 문제로는 커플이나 가족 및 그 주변 사람들과의 경계선 문제, 권력과 통제의 분배 문제, 각자가 관계에 쏟는 시간과 에너지 양의 문제 등이 있다. 앞에서 주목했듯이, 개개인이 관계에서 지니고 있는 이런 차원들에 대한 기준은 관계 만족 및 의사소통과 밀접하게 관련되어 있으며, 이러한 행동 패턴이 가족 상호작용의 핵심 측면이라고 할 수 있다 (Epstein & Baucom, 2002; Walsh, 1998).

Epstein과 Baucom(2002)은 또한 일반적으로 커플 관계에서 서로의 욕구 충족을 방해하는 파괴적인 상호작용 방식을 기술했다. 이러한 방식에는 상호(주고받는) 공격, 요구−철회(한 사람은 쫓아가고 다른 사람은 피하는), 상호 회피 및 철회 등이 있다. 예컨대, 일체감이냐 자율성이냐의 사이에도 서로 선호가 다를 수 있는데, 동반자로서 함께 협력하여 그러한 문제들을 해결해 나가야 하지만, 그렇게 되기 전까지는 이러한 패턴을 내담자가 개별적으로 감소시키도록 치료자는 도와야 한다. 가족 구성원들에게도 마찬가지이다.

◇◇◇◇◇◇◇◇◇◇
애착과 정서

애착 모형과 안정적인 정서 연결

1940년대와 1950년대 초반에 영국의 정신분석학자인 John Bowlby는 애착이론 (attachment theory)을 개발하였다. Bowlby는 이 이론을 대상관계이론, 진화론 이후의 인류학, 현대의 인지 발달 심리학, 인공두뇌학(통제 체계 이론들) 및 지역사회 정신의학을 아우르는 통찰을 통해 발달시켰다(Mikulincer & Shaver, 2007).

애착이론이 창시된 이래, 많은 연구 문헌들이 초기 아동기의 애착이 우리의 삶에 얼마나 영향을 미치는지에 대한 주제를 다루고 있다(Ainsworth, Blehar, Waters, & Wall, 1978; Cassidy & Shaver, 1999; Mikulincer & Shaver, 2007; Mikulincer, Florian, Cowan, & Cowan, 2002; Wallin, 2007). 이 개념은 커플 및 가족 구성원들이 서로를 어떻게 대하는지, 서로를 대하는 방식이 그들의 과거 애착 역사에서는 어떻게 나타나는지에 주목한다. 애착이론에 대한 선구적인 연구들은 John Bowlby와 Mary

Ainsworth로 거슬러 올라간다. Bowlby(1979)는 유아-양육자 간 상호작용에서 나타난 사람의 애착 패턴이 '요람에서 무덤까지'의 일평생에 걸친 인간 발달에서 지속적으로 절대적인 역할을 한다고 믿었다(p. 129). 또한 그는 애정 관계 및 부부 관계 맥락에서 애착 체계의 기능에 개인차가 있다는 점을 처음으로 다루었다. 성인기의 낭만적 애착 결합이 매우 중요하다는 관점을 지속적으로 제시한 사람은 Shaver, Hazan, 그리고 Bradshaw(1988)였는데, 그들은 이 애착 결합이 유아가 자신의 초기 양육자와 형성하는 결합과 유사하다고 보았다. 그들의 작업은 계속해서 커플의 애착 양식에 관한, 그리고 애정 관계와 부부 관계에서의 성공이나 실패에 관한 방대한 연구로 이어졌다(Johnson & Whiffen, 2003).

장기간에 걸쳐 낭만적 관계의 형성, 강화 및 유지에 영향을 미치는 애착 과정, 그리고 이 낭만적 관계가 관계의 질, 관계 만족도 및 관계의 안정성에 미치는 영향과 같은 그런 문제들이 이 논제에 포함된다. Bowlby는 애착 결합이 네 가지 기본 행동에 의해 특징 지어진다고 피력했는데, 그 네 가지는 (1) 근접성 유지(proximity seeking), (2) 안전한 피난처 행동(safe haven behavior), (3) 분리 불안(separation distress), (4) 안전 기지 행동(secure-base behavior)이다(Bowlby, 1969, 1973). 배우자들이 특히 스트레스를 받는 기간 동안 서로에게서 받고 싶어 하는 위안과 안전감을 관찰해 보면, 이러한 기본 행동들이 매우 뚜렷하게 나타난다고 Bowlby는 믿었다.

애착 양식

Mary Ainsworth(1967)는 유아가 자신의 애착 대상(대개는 어머니)을 탐험에 필요한 안전 기지로 이용한다고 보았다. 유아가 위협을 느끼면, 아이는 보호와 위안을 찾아 돌봐주는 사람에게로 돌아올 것이다. 이 패턴에서의 편차는 애착의 두 가지 불안정 전략에서 뚜렷하게 나타난다. 회피 전략(avoidant strategy)에서 유아는 애착 추구를 억제하는 경향이 있고, 저항 전략(resistant strategy)에서 유아는 엄마에게 매달리며 탐험을 회피한다(Nichols & Schwartz, 2008, p. 108).

애착 양식은 상호 연결되어 있는 인지, 정서, 행동 및 생리 반응을 담고 있는데,

이러한 것은 개개인이 관계에서 사용할 수 있었던 기술이 발달한 결과이다. 애착 양식은 삶의 초기에 시작되고 부모님이나 돌봐주는 사람과의 관계에 기반하며 성장하면서 다른 관계로 전이되지만, 낭만적인 관계에 빠지게 되면 재구성된다. Hazan과 Shaver(1987)는 성인들이 파트너나 배우자와 애착을 형성하고 이어서 성숙한 낭만적 관계에 대한 내적 작동 모형을 발달시킨다는 관점을 제안했다. 기본 이론은 Bartholomew와 Horowitz(1991)에 의해 더 확대 발전되었는데, 그들에 의하면 성숙한 애착 양식은 신념 혹은 심리도식의 기본에 잘 들어맞는 사고 과정이라는 특징을 지닌다. 예컨대, 자신이 사랑할 만한 사람인지 아닌지, 가까워질 만한 가치가 있는지 없는지에 대한 자신의 생각과 일반적인 타인을 신뢰할 만한 사람으로 보는지 그렇지 못하다고 보는지가 잘 들어맞는가 하는 것이다. Bartholomew와 Horowitz(1991)는 나아가 이 개념을 다음의 네 가지 애착 양식으로 확장했다.

1. **안전한**(secure): 자신은 가치 있는 사람이며 타인은 믿을 만하다고 하는 관점으로, 친밀감과 자율성의 느낌을 주어 편안하게 해 준다.
2. **집착하는**(preoccupied): 자신에 대해서는 부정적인 관점을 유지하지만 타인에 대해서는 긍정적인 관점을 유지한다. 가까운 관계에 과도하게 몰입하도록 만들며 자기가치감을 얻고자 타인에게 의존하게 한다.
3. **두려운-회피하는**(fearful-avoidant): 자기 자신과 타인 모두에 대한 부정적인 관점으로, 친밀감을 두려워하고 다른 사람들과의 관계를 회피하게 만든다.
4. **무시하는**(dismissing): 자신에 대해서는 긍정적인 관점을 유지하지만, 타인에 대해서는 부정적인 관점을 지닌다. 타인과의 관계를 회피하게 만들며, 독립적인 것을 선호하고 친밀한 관계를 꺼린다.

성인 애착과 관계 만족감 사이의 정적인 상관이 연구에서 지지되었다(Mikulincer et al., 2002). 관계에서 두 파트너가 안전하게 애착되어 있을 때, 자신들의 애정 관계에 최고의 만족감을 보고했다(Senchak & Leonard, 1992)

나아가, 애착을 추구하는 성향이 관계에서의 전념과 인내뿐만 아니라 친밀감의 진전에도 영향을 미치는 것으로 보인다는 연구 결과가 있었다. 성인기 애착을 종합해 놓은 저서에서, Mikulincer와 Shaver(2007)는 애착 결핍으로 인해 불안정감을 느끼는 사람들이 안정 애착을 경험한 사람들보다, 호의를 보이지 않는 상대방의 행동에 더 적대감과 역기능적인 분노를 표출하며 용서에는 인색하게 반응함을 시사해 주는 연구들을 인용했다. 그들은 또한 대인관계의 갈등을 다루는 것도 어려워한다.

애착 문제는 가족 관계에서 절대적으로 중요하다. 애착단절과 부정적인 가족 환경은 아이들이 취약성과 사회적 스트레스를 완충시키는 데 필요한 내적이고 대인관계적인 대처기술의 발달을 막는다(Diamond, Diamond, & Hogue, 2007). 따라서 생의 초기에 애착 곤란으로 인해 불안정하게 되면, 배우자에 대한 존중, 칭찬, 감사를 표현하는 정도에 영향을 받는다. 이것은 장기적인 관계를 지속할 때 심대한 영향을 준다(Gottman, 1994). Markman, Stanley 및 Blumberg(1994)는 자신의 파트너에 대한 긍정적인 존중을 표현하는 것이 헌신, 친밀감, 용서와 더불어 네 가지 결정적인 관계 가치를 형성한다고 상정했다. 애착 불안정이 커플 관계의 질을 떨어뜨린다면, 의심할 여지없이 그 피해와 어려움은 가족의 다른 하위체계로 확산되어 하나의 단위로서의 가족 기능에 영향을 미칠 수 있다(Paley et al., 2005; Leon & Jacobvitz, 2003). 부모에서 자녀로 계속 이어지는 세대전달 효과는 심각해질 수 있다.

애착의 인지 과정

정서가 애착에서 중요한 역할을 하는 것과 마찬가지로 인지과정 역시 중요한 역할을 한다. 관계에서 애착 문제를 다루고 변화를 만들어 내고자 할 때 특히 인지과정의 역할이 크다. Young과 동료들은 초기 부적응적인 심리도식을 사용해 애착에 대한 견해를 밝혔다. 부적응적인 심리도식 중 특히 주목할 만한 한 가지가 단절 및 거절 영역(disconnection and rejection domain)인데, 다른 말로 유기도식(abandonment schema)으로 알려져 있다(Young et al., 2003). 이 유형의 심리도식을 지니고 있는 사람들은 자신에게 가장 가까운 사람을 잃을 것이라고 끊임없이 예상한다. 그들은 질병과 죽음으로 인해서 혹은 누군가에게 버림을 받아서 생길 수 있는 유기를 두려워한다. 누군가 필요하다고 느낄 때면 특히, 왠지 버림받을 것이라고 예상한다. 이 심리도식의 징후는 자신이 사랑하는 사람들의 일거수일투족을 지켜보며 만성적인 불안을 보이고 있는 것이다. 슬픔이나 우울의 형태로 표현될 수도 있다. 실제로 상실이 발생하게 되면 상실은 비탄을 낳을 것이며, 그 비탄이 견디기에 너무 고통스럽다면 비탄은 분노를 일으킬 것이다. 또한 이 심리도식을 가지고 있는 사람은 관계에 매우 '집착'하는 경향이 있거나 또는 소유하거나 통제하려고 하는 행동—유기를 방지하기 위해 질투가 흔히 사용된다—을 나타내는 경향이 있다. 어떤 사람들은 버림받는 데서 오는 예상된 고통을 피하기 위해 친밀한 관계 모두를 회피하기도 한다.

Young 등(2003)은 또한 유기도식(abandonment schema)이 복종도식(subjugation schema)과 같은 다른 심리도식들과 연결되어 있는 경우가 많다고 보았다. 이러한 경우에 그 사람은 배우자가 원하는 것을 자신이 하지 않는다면, 배우자가 자신을 떠날 것이라고 믿는다. 앞서 닉과 앨리스의 사례에서 우리는 이러한 점을 보았다. 이런 이유로, 자기 자신의 통합성을 상실할 지경에 이르도록 스스로를 상대방에게 내주어 버리기도 한다. 유기는 의존/독립도식(dependence/independence schema)과도 종종 연결되어 있는데, 이 도식을 가지고 있는 사람은 배우자가 자신을 떠난다면, 혼자서는 역할을 다할 수 없을 것이라고 확신한다. 다음 사례는 이러한 심리도식 유형의 대표적인 예이다.

윌마와 찰스의 사례

윌마라는 이름의 중년 여성은 남편에게 너무 의존적이어서 남편과 절대 언쟁을 하지 않았다. 그녀는 전적으로 수동적이었고 남편이 환멸을 느껴서 자신을 떠날 것이 두려웠기 때문에 남편인 찰스에게 절대 맞서지 않았다. 한번은 찰스가 비서와 불륜을 저지르고 있음을 알았다. 찰스가 그의 분별없는 행동을 인정했을 때, 윌마는 자신을 떠나지 말아달라고 그에게 사정했으며 심지어는 자신과의 결혼을 계속 유지해 준다면 외도에 대해 불평하지 않겠다고 약속했다. 윌마는 남편이 자신을 두고 외도했다는 것을 아무도 알지 못하도록 자녀들과 함께 찰스를 보호해 주기까지 하였다. 자신들의 '작은 비밀'로 언제까지나 남아 있으리라고 그녀는 장담했다. 이런 병리적인 애착 유형은 혼자가 되는 것을 피하기 위해 자신의 정체성과 가치를 포기하게끔 하는 경직된 유기도식(a rigid abandonment schema)에 흔히 뿌리를 두고 있다. 자신의 행동에 대한 이유를 질문했을 때, 윌마는 "홀로 인생에 맞서는 것보다는 찰스의 외도를 참는 편이 더 나아요. 혼자서 살 수 없어요. 그의 불륜에 '장님'이 되는 것은 제 인생에 그가 있다는 안전함을 느끼는 대가를 지불하는 거죠." 윌마에게, 그런 안전감은 그녀의 생존에 필수적인 것이었다.

한편, 찰스는 윌마가 지닌 거부에 대한 공포가 자신이 원하는 것을 하도록 허용해 주었기 때문에 그로 인해 어느 정도는 좋다고 느꼈다. 그러나 나중에는 그녀의 의존적인 행동들이 지겹고 흥미도 없다는 것을 알게 되었다.

심리도식의 재구성

애착 문제를 다루다 보면 정서 조절의 문제가 연관되어 나타난다. 따라서 치료에서 애착 문제에 대해 작업할 때, 원가족 경험에서 유래하는 친밀한 애착에 관한 심리도식과 그에 수반하는 정서가 무엇인지 내담자가 살펴보도록 돕는 것이 좋다. 심리도식을 재구성하는 대부분의 표준적인 방식은 관계에서 친밀해지는 것에 대한 두려움이 있는 개인의 심리도식에도 적용된다. 자기 정체감과 자율성을 상실할지도 모른다는 두려움이 흔히 그런 저항의 근거일 것이다. 한 배우자의 과묵함은 너무 가까워지는 것에 대응하는 것이라고 설명할 수도 있으며 이 경우 그 사람의 삶에서의 초기 애착 문제들과 관련이 있을 것이다. 인지치료 저술(Beck, 2002; Young, Klosko, & Weishaar, 2003)은 핵가족 안에서 초기에 발달한 애착과 결합에 관한 부적응적인 심리도식이 가장 강력한 심리도식이자 변화에 가장 저항하는 심리도식임을 강조했다. 이러한 심리도식들은 대개 삶의 후반 경험들로 강화된다. 정서 조절곤란 및 애착의 문제를 이해하기 위해서는 초기 아동기 경험의 검토가 중요하다고 하는 이유가 이것이다. 어린 시절 형성된 버림받을 것이라는 혹은 사랑받지 못할 것이라는 뿌리 깊은 신념은 관계에서 유대감 형성이나 감정의 표현을 방해하고 결국 못하게 하는 중심에 자리 잡고 있다. 다음에 이어지는 제나의 사례는 그러한 심리도식이 어떻게 발달하는지를 보여 주는 아주 좋은 예이다. 이 이야기는 나아가, 아버지는 물론이고 약혼자와의 관계 문제를 다루기 위해 인지행동 기법이 어떻게 적용되는지를 보여 준다.

제나의 사례: 정서적 마비

41세 여성 제나는 48세의 약혼자 켄과 함께 치료자를 방문했는데, 그와 정서적으로 관계를 형성하기 어렵다는 것이 찾아온 이유였다. 제나는 자신이 몇 년간 여러 남성과 데이트를 했지만 어떤 경우도 오랜 기간 관계를 유지한 적이 없었다고 설명했다. 이런 관계들은 그녀가 정서적으로 소통할 수 없었기 때문에 단지 몇 개월 지속되다가 끝나곤 했다. 제나와 데이트를 했던 대부분의 남성들은, 그녀가 냉정하고 자신들에게 너무 엄격하다고 불평하면서 그녀에게 실망하고 결국에는 관계를 끝냈다. 처음으로 제나는 지난 1년 반이나 되는 오랜 기간 동안 켄을 만났다. 그는 제나의 경직성에도 불구하고 그녀의 행동에 너그러웠으며 그녀와 사랑에 빠졌다. 제나도 켄을 아주 많이 사랑했지만 그들은 관계에서 어려움을 겪고 있었다. 왜냐하면 그녀가 정서적으로 친밀해지는 것에 어려움이 있었고 애정을 표현할 수 없었기 때문이었다. 켄과 신체적으로는 가깝게 지낼 수 있었지만 정서적인 친밀감 문제로 고심했고, 그가 다가올 때 사랑한다고 말한다든지 하는 식의 정서적 반응을 할 수가 없었다는 설명을 제나는 계속했다. 가령, 켄이 제나에게 애정을 느꼈을 때 그녀를 포옹해 주는데, 제나는 충분한 시간 동안 켄을 포옹하고 있기가 힘들었다. 포옹하고 몇 초가 지나면, 그녀는 그를 밀어낸다. 그러나 켄은 제나가 더 오래 껴안아 주기를 원했으므로 그녀에게 좌절하게 된다. 제나는 사랑을 나누는 동안, 성적 관계를 맺을 수 있었고 어느 정도까지 친밀해질 수 있었으나 그것이 오래가지는 못했다. 왜냐하면 켄에게 너무 깊게 '빠져' 있는 것에 경계심을 느꼈기 때문이었다.

그녀가 묘사한 이 모든 어려움에도 불구하고, 제나는 자신이 켄을 아주 많이 사랑하며 처음으로 결혼하고 싶다고 느낀 사람이라고 말했다. 그러나 그들이 약혼을 하기는 했지만, 지속적으로 친밀한 관계에 온전히 참여할 만큼 충분히 제나가 정서적으로 긴장을 풀 수 있는지에 대해 두 사람 모두 걱정이 많았다.

제나의 원가족

제나의 가족 역동과 자라 온 과정을 더 잘 이해하기 위해 그녀의 성장배경을 다루고 원가족을 조사하는 데 시간을 좀 갖기로 결정했다. 제나는 아버지가 지극히 통제적이고 지배적인, 세르비아계 미국인 가족에서 성장했다. 그러나 어머니는 수동적이고 온순하였다. 제나(10대로서 자기주장적이었던)는 아버지와 대립하였고 아버지와 매우 긴장된 관계가 형성되었다. 군림하면서 오만한 태도와 방식으로 어머니를 대하는 아버지를 그녀는 '혐오스럽다.'고 묘사했다. 아버지와의 정서적 유대를 전혀 느끼지 못했으며, 사실 아버지라고도 하지 않고 아버지의 이름을 불렀다. 제나는 자신이 우울증뿐만 아니라 청소년기에 섭식장애로 고통을 받았다고 말했다. 아버지의 오만이 그토록 혐오스러웠기 때문에 결국, 18세에 그녀는 집을 떠났다. 그녀는 아버지처럼 주식 중개인으로 아주 잘 나갔지만, 아버지와는 거의 왕래 없이 지냈다. 그를 '아버지라는 존재'로 대하기는 했지만, 어머니가 마치 하인이라도 되는 것처럼 아버지에게 굴종하는 방식에 화가 났다. (흥미롭게도, 제나의 남동생은 어머니와 더 닮았으며, 아버지처럼 지배적인 여성과 결혼을 했다.)

따라서 제나는 자신이 '남자에 의해 소진'되지는 않을지 경계했으며 자신의 취약성이 관계에서 지나치게 노출되는 것이 결단코 싫었다고 말했다. 아버지로 인해 '정서적인 트라우마'가 생겼고, 이것이 남자가 가까이 다가오는 것을 허용하지 않는 차단벽을 치도록 유도했노라고 말했다. 켄은 가까운 거리가 허용된 최초의 남자였으며, 이것이 자신에게 아주 어려운 일이었음을 그녀도 인정했다. 제나는 나아가, "그가 너무 가까이 오게 되면 나 자신의 일부를 잃어버릴 것만 같고 통제를 상실할 것 같은 느낌이 들어요."라고 설명했다.

초기 애착의 문제

제나와의 치료 작업에서 많은 부분이 아버지에 대한 그녀의 초기 애착 문제들을 중심으로 다루어졌다. 그녀는 아주 어렸을 때 '아빠의 어린 소녀'이고 싶었다고 회상했는데, 하지만 그녀는 아버지의 기대에 결코 부응할 수 없었다. 제나는 아버지가 여러 방식으로 자신을 비판하고 항상 극도로 많은 요구를 하면서 자신을 밀어냈다고 느꼈다. 자신이 열 살이었을 때 있었던 한 사건을 회상했다. 거의 전부가 A였고 하나가 B였던 성적표를 가지고 집에 왔는데, 아버지는 "나약하고 건방져서" B를 받았다며, 거의 완벽할 수 있는 성적표를 망쳤다고 그녀를 계속 질책했다. 제나는 아버지가 폭군이었고 합리적이지 않은 기대를 했으며, 이것이 그녀를 분노하게 만들었다고 회상한다. 그럼에도 불구하고, 그녀는 아버지의 사랑을 얻기 위해 아버지의 기대에 부응하려고 계속 노력했다. 이런 맥락에서, 제나는 절대로 남자를 크게 신뢰하지 말라는 것을 학습했고 아버지와 형성했던 미숙한 애착을 일반적인 남성과의 낭만적 관계로 전이시켰다. 그녀는 어머니와 아주 가까워지는 것으로 보상하려고 했으며 남성과의 관계를 스스로 차단시켰다.

자신이 아버지와 가까워지려고 할 때마다, 아버지는 자신을 비판하거나 폄하시켜서 자존감을 깎아내리는 것으로 "굴욕을 주었다."고 부언했다. 제나가 처음 데이트를 시작하였을 때, 남자친구들 다수가 비슷하게 행동했으며 기본적으로 자신을 이용해서 성관계를 하고 싶었던 것일 뿐이라고 생각했다. 수년간 이런 경험은 제나를 더욱 단호하게 만들었고 어떤 남성과도 너무 가까워지지 않도록 스스로를 차단하게 했다. 자신이 남자들에게 그들의 육체적 욕구를 충족시키는 것 이상의 다른 가치가 없다고 하는 심리도식을 형성하였다. 이 신념 체계는 어떠한 정서에도 한층 단호하였고 정서로부터 스스로를 차단하게 만들었다.

나는 제나가 자신의 아버지 나이뻘의 남성 치료자를 선택한 것이 흥미롭다고 지적했다. 이것은 제나가 치료자를 통해 대리적으로 아버지 상과의 유대를 재연할 기회로 보이지만, 그래도 내가 가까이 다가가면 나를 거절하고 결과적으로 자신의 치료를 거부한다는 점에서 아이러니였다. 제나는 자신의 감정에 대해 나에게 아주 개방적이고 솔직했는데, 그것을 나는 아버지와 재애착하고자 하는 그녀의 욕구라고 해석했다. 그녀는 나를 신뢰하는 것 같았는데, 그녀를 절대 비판하지 않으려고 내가 특별히 조심했기 때문이었다.

치료의 초점

제나가 자신을 좀 풀어주고 켄에게 스스로를 개방하는 방법을 배우도록 돕는 것이 우리가 함께 역점을 둔 작업이었다. 이 치료의 대부분은 어떻게 느낄지를 배우려는 그녀의 질문에 모아졌다. 제나는 종종 "켄에게 저 자신을 정서적으로 개방하고 싶은데, 하지만 당신이 '정서적으로 마비된' 경우라고 한다면 어떻게 하시겠어요?" 라고 말했다. 나는 제나가 사용한, '정서적으로 마비된'이라는 이 용어가 아주 흥미롭다고 생각했다. 물론 그것은 그녀를 잘 기술하는 용어였다. 제나에게 방어를 줄이도록 가르치는 것은 치료에서 주요 과제가 되었다. 켄과의 애착 결여와 그를 믿는 것에 대한 두려움에 대해 우리는 상당히 많은 작업을 했다. 내가 치료를 위해 활용한 영역은 켄과의 성적 관계였다. 그들의 성적 친밀감에 대한 정보 수집 과정에서, 제나는 켄과의 성관계 동안에 절정 기분을 느낄 수 있다고 알려 주었다. 이것은 어려운 문제가 아니며 자신이 성관계를 즐긴다고 말했다. 경계심과 취약함을 느끼지 않으면서, 그녀가 자신을 풀어놓고 절정 기분을 느낄 수 있었던 것이 어떻게 가능한 일이었는지에 대해 구체적으로 물었다. 제나는 '그 순간에 집중'하는 것 이상의 달리 어떤 방법을 설명할 수 없었다. 나는 제나가 자신을 내려놓고 켄과 함께 정서를 경험하도록 돕는 과정에서 하나의 틀로 이것을 이용했다. 예를 들면, 그녀에게 여러 가지 행동적이고 인지적인 훈련을 하였는데, 그 훈련에서 켄에게 의도적으로 접근하여 포옹해 달라고 요구하도록 시켰으며, 이 경우에 일부러 포옹을 더 길게 해 보라고 지시했다. 또한 그녀가 이렇게 하는 것이 어떻게 느껴지는지 살펴보고 취약성이나 통제의 상실에 대한 구체적인 사고를 확인하도록 하였다.

첫 번째 연습 과정에서, 제나는 부여해 준 과제를 다 할 수 있었지만, 자신의 사고를 명확히 가려낼 수는 없었다고 말했다. 그녀는 그냥 아무런 생각이 들지 않았고 정서적인 감각이 마비되었다. 이것은 특이한 일이 아니며 인지적 회피(cognitive avoidance)라고 불린다. 제나에게 몇 차례 그 연습을 반복시켰는데, 이번에는 포옹하는 동안 그들 각자의 호흡에 집중하는 것뿐만 아니라 켄의 몸에 대한 느낌과 그둘이 함께 했을 때의 온기에 집중하도록 했다. 켄의 체격이 제나보다 훨씬 더 컸기 때문에 켄의 팔에 안기는 따뜻한 느낌에 그녀가 접촉하도록, 그러면서 동시에 '두려움과 취약성'의 느낌을 기억해 내도록 한동안 격려했다. 자신이 느끼고자 하는 것은 무엇이든지 느끼라고 격려함과 동시에 자신의 느낌이 적절한지에 대한 어떤 판단도 하지 말라고 격려하면서 몇 차례 노출 훈련을 반복시켰다.

제나에게 오랜 시간 반복해서 스스로 노출하도록 했고 자신이 느낀 것에 대해 어떤 생각이 들었는지를 비롯하여 자신이 느낀 것을 큰 소리로 말하도록 격려했다. 또한 싱크대 안에 설거지하지 않은 그릇들을 남겨두는 것처럼, 어떤 일에 일부러 늑장을 부리고, 자신에게 부과했던 많은 경직된 경계를 의도적으로 넘어서게 하는 여러 가지 활동에 그녀를 참여시켰는데, 이것은 그녀의 반복되는 강박적 행동 패턴을 깨기 위한 것이었다.

원가족 치료 회기

덧붙여서 나는, 치료 회기에 제나의 아버지를 초대하여 같이 관계를 다루자고 제안했다. 그녀의 동의하에 아버지에게 연락하여 공동 치료 회기로 아버지를 초대했다. 처음에, 제나는 이 제안에 예민하게 반응하면서 상황이 어떻게 전개될지에 대한 의구심을 표현했다. 그러한 공동 만남이 가져올 수 있는 이익에 대해 계속 논의하면서 마침내 제나가 동의했다. 놀랍게도, 제나의 아버지는 치료 회기에 오는 것에 아주 개방적이었고 딸에 대한 자신의 미숙한 관계로 수년 동안 괴로워했으며 관계 개선을 위한 노력을 하고 싶다고 말했다. 제나는 이 발상에 상당히 거부적이었지만, 켄이 격려와 지지를 해 주자 동의했다. 우리는 가족 역동을 논의하기 위해 처음으로 제나와 그녀의 어머니 그리고 아버지를 함께 만났다. 제나의 어머니는 아버지에 대한 제나의 관계 때문에 자신이 수년간 불편했으며 그 둘이 치료에 같이 참석하기로 한 것은 좋은 생각이라고 여겼다.

제나와 그녀의 아버지 조지와의 회기를 몇 차례 진행했으며, 이 회기에서 우리는 애착과 정서적 유대에 대해 이야기했다. 제나의 아버지는 자신이 어머니와 정서적 유대를 형성하는 방법을 전혀 알지 못했기 때문에 정서적 유대 관계를 경험하지 못했음을 인정했다. 그의 어머니는 엄격한 세르비아계 이민자였는데, 그는 어머니를 '정서가 없는' 사람으로 묘사했다. 그의 아버지는 아주 젊은 나이에 심장마비로 사망했다. 따라서 제나의 어머니를 만나기 전까지 그는 정서를 표현하는 것이 아주 어려웠다. 그의 아내가 매우 다정했고 지지적이었지만, 조지는 강렬한 정서를 다루는 것이 어려웠기 때문에 그녀의 접근을 자주 거부했다고 했다. 이 많은 것들이 제나에 대한 조지의 관계에 어떻게 영향을 주었는지 우리는 논의했으며 그 두 사람이 형성하지 못한 정서적 유대감에 대해 이야기했다. 이 과정은 거의 8개월이 걸렸으나, 제나가 마음을 열고 느끼도록 스스로를 내버려 두는 것을 배우는 데 그 과정이 상당히 많은 도움을 주었음이 입증되었다. 아버지 역시 개인치료를 시작했다고 밝혔을 때, 제나는 또한 충격을 받았다. 이로 인해 자신의 주제에 더 열심히 작업하려는 제나의 동기가 한층 강화되었다. 제나는 종종 "내가 다시 느낄 수 있으려면 감각이 마비된 모서리를 그냥 싹둑 잘라내 버리는 게 좋겠어요."라고 말했다. 우리는 제나에게 '무감각'하게 느껴지는 것이 실제로는 보호 양식으로서 그녀 자신이 스스로에게 부과한 차단벽이라는 생각에 대해서도 논의했다. 그녀는 과거에 감정을 전혀 경험한 적이 없었기 때문에 느낄 수 없는 것이라고 믿었다. 나는 그녀의 회상이 껍데기 안으로 움츠러드는 거북이의 행동처럼, 스스로를 보호하는 수단이었음을 그녀에게 조언했다.

이 사례는 초기 애착이 커플 관계에서 얼마나 중요한지, 그리고 초기 애착 기간 동안의 상처가 후의 관계에 어떻게 지속적으로 영향을 미치는지 보여 준다.

정서 조절의 역할

흔한 오해에도 불구하고 정서는 항상 인지행동치료 과정에 중요한 부분으로 역할을 해 왔다. 치료자가 치료 과정의 출발에서부터 일반적으로 직면하게 되는 것이 정서이기 때문에 정서를 무시하는 것은 현명하지 못할 뿐 아니라 불가능한 일이다. 가족들은 대개 강렬한 정서적 격변이나 위기가 발생한 후에 치료를 찾아온다. 부부치료를 원하는 147쌍의 기혼 커플에 대한 한 조사에서, 치료를 찾게 되는 가장 흔한 이유는 의사소통 문제와 애정 결핍이었다(Doss, Simpson, & Christensen, 2004). 정서적 소원함은 의사소통 문제만큼이나 부부치료를 찾는 흔한 이유임이 분명하다. 많은 연구 문헌에서는 정서가, 환경에 대한 특정 방식의 반응을 선호하면서 행동을 위한 준비 상태를 만들어 주는 대개 무의식적인 정신 과정임을 말해 준다(Siegel. 1999). 준비 상태는 이러한 무의식적인 정신 과정에 의해 활성화되어 후에 의식적인 정신 과정을 만들어 낸다. 정서는 방대한 정신 과정을 지배하는 마음 상태의 흐름에 영향을 준다.

대부분의 정서 이론가들에게는 몇 가지 공통 주제가 있다. 한 가지는 환경과의 지속적인 상호작용 속에 존재하는 복잡한 과정의 단계들이 정서에 담겨 있다는 것이다. 이러한 상호작용은 최소, 인지 과정(의미의 평가나 판단 등), 지각, 신체 변화(내분비계, 자동각성 및 심혈관계의 변화 등)와 관련된다.

4장에서 논의되는 것처럼, 정서를 조절하고 정서의 활성화 상태를 조직화하는 타고난 능력은 뇌의 구조에 의해 촉진된다(Gleick, 1987). 정서 과정을 조절하는 마음의 능력은 회로를 통해 각성 및 활성화의 흐름을 조절하는 두뇌의 능력에서 나온다. 일차적인 정서 과정은, 정서 표현과 기분에 따라 뇌에서 변경될 수 있다. 널리 알려져 있는 정서 조절이라는 개념은 정서 과정의 다양한 요소를 바꾸는 마음의 능력을 일컫는다. Siegel(1999)은 "여러 면에서 마음의 자기 조직화는 정서적 상태의 자기 조절로 결정된다. 우리가 세계를 경험하는 방식, 타인과 관계하는 방식, 그리고 삶에서 의미를 찾는 방식은 우리의 정서를 어떻게 조절해 왔는지에 달려 있다." (p. 245)고 말한다. 그러나 얼마나 많은 인지 과정이 조절을 담당하는가? 부모가 어린 자녀들에게 어떻게 하는지가 아동의 발달 결과에 상당한 영향을 미친다는 것은 의심의 여지가 없다. 종단적 연구는 이러한 결과가 매우 뚜렷함을 강조한다(Milner, Squire, & Kandel, 1998). 기질 및 애착의 과거역사 모두는, 자신의 정서를 조절하는 능력에서 성인들 사이에 보이는 두드러진 차이를 낳는다(Siegel, 1999). 예를 들면, 임상적으로 우울한 어머니를 둔 유아에 대한 연구에서, 기쁨과 신나는 기분을 경험하는 유아의 능력이 두드러지게 감소했으며, 특히 어머니의 우울증이 생후 1년 이상 지속되었을 때 더욱 그렇다는 것을 Dawson(1994)은 발견했다. 그런 경험은 아동기를 거쳐 성인기에 이르기까지 정서 활성화의 전반적인 강도와 영향력을 결정할 수 있다.

정서 조절(emotional regulation)이라는 용어는 정서 처리의 다양한 요소들을 변경시키는 마음의 전반적인 능력을 일컫는다. 의심할 나위 없이, 마음의 자기 조직화는 여러 가지 측면에서 정서 상태의 자기 조절에 의해 결정된다. 그러므로 우리가 세계를 경험하고, 타인과 관계 맺고, 삶에서 의미를 찾아온 방식은 우리가 자신의 정서를 어떻게 조절해 왔는지에 달려 있다. 정서는, 마음이 외적 그리고 내적 사건들에 가치를 부여하고 나아가 이러한 표상 과정에 주의 자원의 할당을 정하는 기본적인 방식을 드러내 준다.

정서 강도와 정서 초점

타인에게 이해받고 싶은 강한 욕구를 경험할 때—또한 자신이 취약하다는 느낌을 아주 강하게 경험할 때—가 흔히 정서가 가장 강렬해지는 순간이다. 이것은 존중받지 못한다고 느낄 때 다수의 커플 및 가족 구성원들이 물리력을 행사하거나 혹은 움츠러드는 이유일 것이다.

정서 초점 치료(Emotionally Focused Therapy: EFT)로 알려진 최근의 접근은 커플에 대한 개입을 위해 도입되었다(Johnson, 1996, 1998). 시간이 지나도 긍정적인 성과가 유지됨을 보여 주는 몇 안 되는 커플치료 중 하나가 바로 이 접근이다(Johnson, Hunsley, Greenberg, & Schindler, 1999). EFT는 안정적인 정서적 유대를 해치는 요소와 부정적인 상호작용 패턴에 집중한다. 관계 갈등을 바라보는 EFT의 관점은 정서 반응에 초점을 두며 경직되고 자기강화적인 상호작용 패턴을 중시한다. EFT의 핵심은 문제가 있는 커플들이 각자 방어를 사용하여 상호작용하고 있다는 점이다. 치료에서, 그들은 방어를 풀고 자신의 더욱 취약한 감정을 드러내도록 배운다. EFT는 구성주의적 접근이며, '상호작용 댄스(interactional dance)'의 맥락에서 파트너 개개인이 그들의 계속되는 경험과 자기 및 타인의 정체성에 대한 심리도식을 어떻게 능동적으로 조직하고 창조해 내는지의 과정에 초점을 둔다(Johnson, 1998). 한 커플에서 두 사람은 서로에 대한 자신의 정서적 반응을 조절하고, 정보처리하며, 조직화하는 각자의 특정 방식에 '붙들려' 있으며, 따라서 이러한 점이 그들 사이의 상호작용을 제한하고 안정적인 정서적 유대의 발달을 방해하는 것으로 보인다. 제한된 상호작용 패턴은 이어서 부정적인 감정 상태를 불러일으키며 이 방식을 지속시키고, 이것이 당연히 관계에서의 어려움을 만들어 낸다는 것이 EFT의 철학이다.

EFT의 흥미로운 측면은 정서적 유대의 형성에 필요한 애착 행동을 결정짓는 것이 우선적으로 정서 요인이라고 보는 점이다. 이것은 커플치료에서 변화의 긍정적인 동력이다. 정서를 극복되어야 할 측면, 인지적 재구성을 통해 대체되어야 할 측면으로 바라보지 않고, EFT는 애착이론에 토대를 두고 애착 관계(결혼 관계나 다른 친밀한 동반자 관계 등의)에서 정서가 다른 단서들에 우선하는 경향이 있다는 관찰에서 시작한다. 이런 이유로 제목이 '정서 초점(emotionally focused)'으로 되어 있다. 사실상, CBT 기법을 EFT와 통합하는 데 있어 난제는, 합리적 절충과 행동 계약에 중점을 둔 사회교환이론의 관점이 아니라, EFT가 애착 용어들로 관계를 바라본다는 점이다.

EFT 접근에는 여러 유용한 측면들이 있는데, 의식하지 못하는 감정과 그 이면의 상호작용하는 성질을 찾아낼 수 있다는 것도 그런 측면들이다. 자기 경험의 확장, 충족되지 않은 애착 욕구의 순환 및 자신에게 내재해 있는 욕구의 증진이라는 면에서 문제의 재구성을 강조하는 것 역시 그렇다. 이러한 여러 측면들은 인지행동 접근의 흐름 안에 포함될 수 있는데, 커플과 가족 구성원들이 지니고 있는 심리도식에 대한 생각과 '정서적 심리도식'에 관한 개념화를 발전시킨다면 가능하다. 앞에서 설명했듯이, 심리도식의 개념은 최근까지 확장되어 왔으며, 정서, 생리 및 행동의 세부적이고 복합적인 측면들을 포함하고 있다. 한 가지 중요한 면이 기억구조를 강조하는 것인데, 인지적이고 행동적인 요소들뿐만 아니라 정서 및 생리적이고 신경학적인 다른 감각 자극들과 관련되는 기억 구조를 강조한다(James, Reichelt, Freeston, & Barton, 2007).

인지행동 접근은 EFT와는 다른 방식으로 정서의 측면을 통합한다. 앞서 논의했던 제나의 사례는, 정서가 어떻게 인지행동 관점에서 다루어지는지를 보여 준다.

인지적(cognitive) 그리고 행동적(behavioral)이라는 용어가 정서와 상관없는 것처럼 보일지 모르겠지만, 사실 정서 반응은 인지행동 접근의 핵심 요소이다. 인지행동 기법이 정동과 정서에 대해 충분히 강조하지 않았다는 것과 정서를 피상적인 것으로 치부되도록 했다는 점에서 비판을 받아왔다(Webster, 2005; Dattilio, 2005e). 그러나 이것은 CBT에 대해 흔히들 하는 잘못된 지각이며 정확한 묘사가 아니다. CBT 이론은 인지가 정서, 생리학적 반응 및 행동에 상당한 영향을 미치며 이들 영역 사이에 상호적인 과정이 존재한다는 견해를 지지한다(Dattilio & Padesky, 1990). CBT 는 사고, 감정, 행동 및 생체생리학 사이의 여러 분야에 걸쳐 있는 복합적인 관계에 주목한다. 커플과 가족 구성원이 변화하도록 돕는 과정에서 이러한 요소들을 다루기 위한 특정한 방법이 선택되었다. 정서 과정은 생존에 결정적인 것으로 간주되며 정보처리 과정에서 심리도식만큼 강력한 영향이 있다. Beck(1967)은 초기 연구에서 개개인이 인지, 정동, 동기, 행동 반응들의 조합을 통해 자극에 반응하며, 이 체계들 각각은 서로 상호작용한다고 하였다. 대부분의 치료자들은 심리치료 개입의 한계를 인식하는데, 특히 커플과 가족의 치료에서 한계를 많이 느낀다. 심리치료 분야에서 CBT가 특별해진 것은 치료 과정에서 정동을 처리하고 정서를 다루는 방식 때문이다. Epstein과 Baucom(2002)의 연구에서는 중요한 타인들에 대한 감정 표현뿐만 아니라 친밀한 관계에서 경험하는 개개인의 정서 경험에서 결핍 혹은 과잉과 관련되는 문제들에 대해 자세히 기술했다. 다음은 커플과 가족 문제에서 그러한 정서적 요인들에 대해 간략히 요약한 내용이다.

　어떤 사람들은 자신의 정서 상태에 거의 신경을 쓰지 않는다. 이것은 가까운 관계에서 자신의 감정이 무시되도록 하는 결과를 낳을 수 있다. 또한 자신의 정서를 살피지 못하는 사람은 자신의 배우자나 가족 구성원들을 학대하는 행동을 하는 식의 파괴적인 방식으로 자신의 정서를 돌출적으로 표현할 수도 있다. 자신의 정서를 인식하지 못하는 이유는 다양한데, 감정을 표현하는 것이 '부적절'하거나 '위험'하다는 경험을 원가족에서 학습했기 때문일 수도 있다. 따라서 아주 가벼운 정서를 표현하는 것조차도 그들의 평형 상태를 깨게 될 것이라는 두려움(아마도 외상후 스트레스장애나 불안장애 유형과 관련되는)을 가질 수 있다. 혹은 우리 가족은 감정에 관심이 없다는 기대를 형성할 수도 있을 것이다(Epstein & Baucom, 2002).

이와는 대비적으로, 어떤 사람들은 자신의 정서를 조절하는 데 곤란을 겪으며 심지어 사소한 생활 사건들에 대한 반응에서조차 강렬한 수준의 정서를 경험한다. 불안, 분노, 슬픔 등의 조절되지 않은 정서의 경험은 커플과 가족 관계에서 만족감을 저하시키며 다른 가족 구성원들과의 갈등을 촉진하고 증가시키는 방식으로 상호작용하게 만들 수 있다. 조절되지 않은 정서 경험을 낳는 요인들은, 정서 표현을 조절하지 못하는 가족 환경에서 성장하면서 겪은 개인의 트라우마(예: 학대, 유기)와 관련될 수 있으며, 경계선 성격장애와 같은 정신병리의 형태와도 관련될 수 있다(Linehan, 1993).

매트와 엘리자벳의 사례

매트와 엘리자벳은 정서를 조절하여 표현하는 데 어려움이 있었는데, 이들은 매트가 불륜을 저지른 후 부부상담을 찾아왔다. 이 위기는 부부 관계에 잠재되어 있는 문제를 표면에 떠올렸는데, 그 문제는 두 사람이 오랫동안 참고 있었던 쟁점들이었다. 매트는 상당한 죄책감에 휩싸였기 때문에 자신의 부도덕함을 아내에게 밝히기로 결국 결심했다. 매트가 자신의 불륜을 고백했을 때 그와 엘리자벳은, 엘리자벳이 서로에 대한 '신경증적 유대감(hysterical bonding)'이라고 부른 짧은 기간을 경험했는데, 둘은 약 1주일 동안 신체적으로나 정서적으로 친밀해졌다. 이것은 드물지 않은 반응인데, 일부 커플들은 서로 친밀감을 형성하려고 시도하거나 서로에게 밀착하면서 위기를 다룬다. 다년간의 임상 경험 과정에서 비슷한 상황에 있는 많은 커플에게서 이러한 점을 보아왔다. 그들이 명백한 위기를 맞은 상황임에도 불구하고, 매트와 엘리자벳은 모두 서로에게 항상 강력한 지적 유대를 지녀왔으며 같은 모험 정신을 공유해 왔음을 느꼈다고 말했다. 이것은 중요하며 이제까지의 관계에서 강점이었었다. 이것이 매트의 외도가 엘리자벳에게 그런 충격으로 다가온 이유인데, 왜냐하면 엘리자벳은 자신들의 관계에서 무엇을 놓치고 있었는지 이해하지 못했기 때문이다.

관계 문제들

치료의 초기 단계에서, 우리는 관계에서 정서적인 문제를 낳게 되는 차이를 살펴보고자 했다. 엘리자벳의 가족에 비해 매트는 정서 표현을 훨씬 덜 하는 가족에서 성장했다. 가족 구성원들은 행동의 이유를 스스로 설명해야했다. 가족 구성원들 사이에 친밀감이라고는 거의 없었다. 매트에게 정서란, 표현하기 어렵기만 한 것이고 덮어두는 것이 더 편안하게 느껴지는 그런 것이었다. 그러나 엘리자벳은 정서를 표현하고 지지받는 것에 익숙한 가정에서 자랐다. 또한 자신의 부모님과 긍정적인 애착을 경험하였는데, 매트와는 완전히 다른 환경이었다.

매트의 외도에 대한 엘리자벳의 눈물은 아내에게 지지를 표현하는 길로 들어서도록 매트를 이끌었다. 그는 자신이 할 수 있는 가장 최선의 방법으로 엘리자벳에게 자신의 지지를 보여 주기 위해 애썼다. 그간 두 사람의 관계 방식은 서로에게 정서 표현을 매우 힘들게 만들었었다. 대개, 엘리자벳이 관계에서 발생한 어떤 일에 상처를 받고 화가 났는데, 주로 매트가 과거에 했던 행동이나 말에 대한 것이었다. 그녀는 먼저 남편이 정서를 좀 표현해 주기를 기대했지만, 남편은 감정을 드러내지 않았다. 결과적으로, 엘리자벳은 방어적으로 되었고, 화가 났으며, 마음의 문을 닫고 분노하게 되었다. 엘리자벳이 이렇게 하자 매트는 그녀의 분노와 씨름했다. 엘리자벳이 '스스로 담을 쌓고' 방어적이 되었으며, 그래서 자신들의 소원함이 생긴 것이라고 매트는 느꼈다. 그가 양육된 방식으로 이 상황을 보자면, 이것은 그에 대한 개인적 공격임이 확실하다고 해석했다. 엘리자벳의 방어가 그 또한 방어적이게 만들었고, 뒤로 물러나서 그가 하고 싶은 대로 하게끔 만들었다. 그는 자신의 가족이 전혀 감정을 드러내지 않았음을 회상한다. 어떤 형태의 갈등이 있든지 간에, 상대방이 생각하고 행동하는 것이 무엇인지 알아내기 위해 노력해야 한다. "제 가족은 각자의 감정을 교류하지 않았어요. 우리는 정서적으로 성장이 저지된 것과 같은 거죠."라고 그는 말했다.

이 모든 것이 매트와 엘리자벳 사이에서 끊임없이 지속되는 소외감을 낳았다. 엘리자벳은 그런 소원함이 발생했을 때, "서로에게 말을 걸기보다, 그저 둘 다 자신의 안전지대로 가서 얼마 동안 시간이 지나가길 기다렸어요."라고 말했다. 사람의 동맥 내벽의 플라그가 적체되면 시간이 지나면서 더욱 굳어져서 혈액의 흐름을 제한하게 되는 것과 이 상황이 얼마나 유사한지에 대해, 그리고 이것이 대부분의 심장발작이 발생하는 방식이라는 점에 대해 매트와 엘리자벳에게 이야기했다. 관계에서 이 정서적 교착 상태가 시간에 따라 진전되면서, 서로에게 점점 더 소외되었으며 결국 그들이 어떤 정서를 표현하는 데 둔감해져 버렸음을 설명했다. 이것은 매트가 관계 밖으로 눈을 돌리게 된 하나의 이유로 가설화되었는데, 왜냐하면 그는 다른 사람과 소통할 필요를 느꼈으며 또한 엘리자벳과의 관계에서 일어나고 있는 일에 화가 났기 때문이었다.

엘리자벳은 매트와의 관계에서 가장 큰 좌절이, 항상 뭔가를 그에게 지적해야만 했다는 것이라고 말했다. 그녀는 "아무것도 그냥 되는 건 없었어요."라고 불만을 터트렸다. 매트의 설명은 자신이 엘리자벳의 분노에 대처할 수 없었고, 그래서 그냥 회피했을 뿐이며, 이것은 평생 자신이 해 온 익숙한 방식이라는 것이었다.

부부치료에서 우리가 한 공동 작업 대부분은 몇 개월간 정서를 점진적으로 주고받을 수 있도록 하는 것이었다. 흥미롭게도, 인지적인 전략과 행동적인 전략 모두를 사용하여 이 과정이 촉진되었다. 매트와 엘리자벳 모두 자신들을 '이성적인 유형'이라고 묘사했지만, 매트가 인지적으로 지향된 사람에 가까웠기 때문에, 인지적 전략 및 행동적 전략의 사용은 특히 중요하다. 엘리자벳이 보다 정서적이라는 사실에도 불구하고, 초반에 행동의 상호작용에 초점을 두고 그러고 나서 정서의 교환을 증가시키는 쪽으로 방향을 잡기로 합의가 되었다. 오로지 행동적인 수준에서 서로를 회피했던 방식을 수정하도록 하는 작업은 변화에 대한 그들의 사고와 그 사고에 결합되어 있는 특정한 정서의 문제를 결국에는 우리가 다룰 수 있는 여지를 주었다. 예를 들면, 신경이 날카로워지는 일이 생길 때 부부가 서로 떨어져 있지 말고, 어떤 말로 표현하기 전에 침묵을 지키면서 매트에게 엘리자벳의 손을 잡아보라고 제안했다. 이렇게 하는 것은 적어도, 덜 위협이 되는 방식 안에 그들이 머물러 있게 하는 효과가 있다.

치료의 한 회기를 잡아서, 어떤 감정을 표현할 때 매트에게 경험하는 불쾌한 생리적 반응에 대해 논의했다. 그는 자신의 '이성적 능력'에 제동이 걸리는 것을 두려위했으며 스스로를 '다가오는 차의 전조등에 포착된 사슴'과 유사하다고 묘사했다. "정서를 표현하는 것은 저의 약점을 공개하는 것을 의미해요. '멘탈이 붕괴되는' 일입니다. 이성적인 기능이 없다면, 길을 잃은 느낌이 들지요." 이 점은 매트에게 있어서 정서 조절의 분명한 문제였는데, 왜냐하면 그가 내면의 감정을 묻어두는 경향이 있었고 자신이 '스스로에게 감정을 느끼도록 허용'하게 되면, 자신의 감정이 '정서의 폭포'가 되어 쏟아질 것을 두려워했기 때문이다. 그는 '모 아니면 도'의 상황으로 묘사했는데, 후에 나는 이런 부분이 인지적 왜곡임을 그에게 지적했다. 이러한 양상은 분노를 표현하는 경우에서 더욱 그랬는데, 나는 이것이 그의 불륜 이면에 있는 것이라고 가설을 세웠다.

흥미롭게도, 엘리자벳의 반응은 매트의 설명이 교묘한 조종이라는 것이었다. "매트가 어떤 정서를 표현할 때 엄청나요. 감정을 표현하는 저에 대한 반응으로 표출하는 거죠. 제가 속이 상해서 그에게 표현하려고 하면, 그러면 그는 바로 뒤로 물러나 버리고 저를 차단해 버리는데, 그러면 그게 끝이에요." 매트는 또한 엘리자벳이 감정을 표현했을 때마다 그녀에게 화를 내며 엘리자벳을 공격했을 것이고, 이것은 엘리자벳이 말한 바대로 하면 '나를 물러서게' 만드는 것일 것이다. "그리고 나서 그는 저를 무시하는 것으로 저에게 상처를 주려고 했어요. 자라면서 그의 형이 그에게 했던 방식이죠."

치료 과정

이 커플과 함께 한 나의 작업 대부분은 인지적이고 정동적인 수준 둘 다에서 그들의 정서를 조절하는 방법을 논의하고 그에 부응하여 그들의 행동을 조절하는 것이었다. 한 회기 동안, 엘리자벳은 자신에게 위로가 필요할 때 매트가 자신에게 위안을 줄 수 없었다는 것에 대한 주제를 꺼냈다. 그녀는 "그는 무엇을 할지 아무런 생각이 없었어요."라고 말했다. 매트는 그녀의 어깨 위에 자신의 머리를 기대곤 했는데, 그때 자신이 그녀를 위로해 주고 있다는 생각을 했다. 사실은, 엘리자벳에게 필요한 것은 그의 어깨 위에 그녀의 머리를 기대는 것이었다. 매트는 "아내가 1인용 의자에 앉아 있는데 제가 어떻게 그렇게 할 수가 있겠어요? 아내는 제가 그렇게 행동할 수 있도록 어떤 제안도 하지 않았어요."라고 대답했다.

그들이 서로에게 위안이 되는 법을 배우도록 돕기 위한 많은 작업은, 상대에게 정서적으로뿐만 아니라 신체적으로 필요한 것이 무엇인지 정확하게 그들에게 보여주면서, 행동 연습을 하며 그들 움직임을 안무에 가깝게 짜는 것이었다. 엘리자벳이 또 다른 문제제기를 한 것은 그 시점이었다. "이것은 대본을 읽는 것이고, 위선 같아요. 무엇을 할지 그는 왜 모르는 거죠?" 무엇을 할지 항상 매트가 알기를 기대하는 것은 인지적 왜곡이라는 점을 그녀가 인식하도록 도우면서, 인지적 재구성 작업으로 들어갔다. 여기서 왜곡은, 무엇인가 진정성이 있기 위해서는 항상 자발적이어야만 한다는 신념이었다. 건강한 관계, 물 흐르듯 자연스러운 관계를 가능하게 하는 요소는 파트너들이 그들이 필요로 하는 것이 무엇인지 서로에게 알려줄 수 있는 것이다—비록 그 구성이 안무가 짜여진 댄스 같다고 하더라도. 자발성은 나중에 따라올 것이며, 처음에는 대본으로 해야만 상대가 필요로 하는 것이 무엇인지 그들 둘 다 배우게 될 것이라고 강조했다. 행동 과제는 그들이 위로가 필요할 때 서로에게서 원했던 것이 무엇인지를 매트와 엘리자벳이 정확하게 기록하도록 하는 것이었다. 이것은 서로를 쓰다듬기라든가 간간이 미소짓기와 같은, 일관성 있는 정서적이고 행동적인 전시이다. 때로는 아무런 말도 할 필요 없이, 그저 상대에게 자신의 팔을 두르거나 상대의 머리를 쓰다듬는 비언어적 의사소통으로 충분했다.

개인이 정서를 경험하는 방식뿐만 아니라, 다른 사람들에게 경험한 감정을 표현하는 정도와 방법이 커플 및 가족 관계의 질에 중요하게 영향을 미칠 수 있다. 어떤 사람들은 표현을 억압하는 반면에, 다른 사람들은 구속받지 않고 감정을 표현한다. 조절되지 않은 정서를 표현하게 하는 요인들은, 과거에 강렬한 정서 표현이 중요한 사람들의 관심을 효과적으로 끌었거나 팽팽한 정서적 긴장을 일시적으로 경감시키는 유일한 수단이었으며 제한적이나마 스스로를 진정시키는 기술이 되었던 경험과 관련된다. 엘리자벳은 매트가 때로 우울해져서 며칠 동안 누워 지낸다고 말했다. 그는 엘리자벳이 '자신을 간호하는 보모'로 자기 옆에 앉아 있기를 원하곤 했다. 놀라운 일이지만, 엘리자벳은 그녀의 부모님에게서도 이런 식의 대우를 받은 적이 전혀 없었다. "부모님은 우리를 결코 간호하지 않으셨어요, 심지어 우리가 몸이 아팠을 때조차 말이에요." 그것은 자부심의 문제였으며, "너는 어려움을 인내하고 스스로 견뎌야 한다—그래야 스스로를 책임 있게 돌보는 것이다."라고 이해되었다. 매트는 부모님의 보살핌을 받았던 유일한 때는 그가 아팠을 때였다고 회상했다. 그래서 자신이 아팠을 때는 대부분 엘리자벳에게 위안을 구했음을 인정했다. 엘리자벳의 부모님은 이런 행동을 용납하지 않았기 때문에 매트의 행동은 그녀에게 혐오감을 주었으며 나약함의 징표로 간주되었다. 매트의 행동이 자기연민으로 보였고 이에 실망감을 느끼곤 했다. 이런 형태의 상호작용을 변화시키도록 하는 것이 치료의 목표였다. 치료 과정 동안, 우리는 엘리자벳에게 불쾌하지 않은 매트의 대안행동을 논의했다. 매트가 이 새로운 행동을 시도하고 엘리자벳은 그에게 언어적인 피드백을 주는 과제가 할당되었다.

감정을 드러내지 않는 가족 구성원이 있을 때, 다른 가족 구성원들은 그 사람의 감정을 마주하지 않아서 편하다고 생각하기도 한다. 그러나 어떤 가족 구성원들은 결핍된 의사소통에 좌절하면서 상대에 끈질기게 따라붙을 수 있다. 이것은 매트와 엘리자벳에게서 보았던 반복적인 요구—철수(demand-withdraw) 패턴이다. 이와 대조적으로, 한 가족 구성원이 정서를 조절되지 않은 방식으로 표현할 때 나머지 가족 구성원들은 대개 고통스러워하며 공격적으로 반응하든가 아니면 상대방으로부터 철수한다. 만일 한 개인의 걷잡을 수 없는 감정 표현이 타인에게 자신의 욕구를 충족시키고자 하는 의도를 지닌 것이라면, 그 방식은 대개 역효과를 낳는다(Epstein & Baucom, 2002; Johnson & Denton, 2002).

대개의 경우, 가족들은 자신의 정서적인 면에 초점을 두는 치료에 이른다. 정서는 내면의 혼란과 대인관계에서의 갈등이 밖으로 표현된 것이다. 정서가 인지적 과정 및 행동과 흥미진진하게 상호결합을 하기 때문에, 특정 개인이나 커플에게 무슨 일이 일어나고 있는지 식별하기 어려운 경우도 많다. 대부분의 내담자가 상대에게 어떻게 느끼는지를 가지고 배우자나 가족 구성원들과의 정서적 유대를 설명한다. 여러 가지 측면에서, 다양한 사고와 행동을 불러일으키는 것이 곧 자신의 정서이며 관계에서나 일반적인 삶에서 상호작용을 이끌어 주는 것이 곧 자신의 정서라고 말하곤 한다. Palmer와 Baucom(1998)은 한 연구에서, 결혼생활이 지속되는 방식 및 그들이 헤어지지 않고 관계를 유지하는 것이 어떤 요소들 때문이라고 배우자들이 설명하는지 살펴보았다. 저자들은 고통을 겪고 있는 커플들이 상대로부터 긍정적인 정서반응과 부정적인 정서반응 양쪽 모두가 없는 상태에 깊은 불행감을 느꼈기 때문에 치료를 찾았음을 시사했다. 본질적으로, 배우자들은 파트너에게서 긍정적이고 부정적인 정서의 적절한 조화를 보고 싶어 한다.

Gottman(1999)은 분노 감정과 경멸감 사이를 구별하는 것이 중요함을 강조했다. 배우자 또는 가족 구성원들 사이의 정서 교류에서 분노 그 자체는 조롱이 아니지만, 비판과 경멸의 표현에 분노가 덧붙여지면 매우 부정적인 것으로 변화한다. 이럴 경우 대인관계상에서 강렬한 상호교환이 일어나기 때문에 파괴와 관련되는 이러한 감정과 작업하는 것이 여기에서의 초점이다. 배우자나 가족 구성원들을 향한 내담자의 부정적인 감상이나 태도와 연관된 정서에서 정서와 인지의 역동적인 작용을 볼 수 있으며 이때 인지의 역할이 드러난다. 내담자가 치료에 오는 이유나 불만족감의 지표로 내담자가 으레 인용하는 것이 흔히 부정적인 정서임은 의심의 여지가 없다.

관계에서 부정적인 정서가 확인되었다면, 이러한 정서들의 뿌리와 그 확산 정도를 결정하는 것이 중요하다. 관계의 흐름에서 곧 소멸되며 관계를 광범위하게 침식하지 않는 순간적인 정서는, 더 지속적이면서 관계를 악화시키는 정서와는 구별되어야 한다. 예를 들면, 한 가족 구성원이 상대에게 느끼는 분노가 비판적이고 조소적인 행동 표출로 이어졌더라도 이것이 타인에게 느끼는 단순한 상황적인 분노일 수도 있다. 그러나 어떤 정서의 표현은 드물게 발생하더라도 상대방에게 오래도록 기억되는 심각한 사건들과 연합되어 있다면, 파괴적일 수 있다. 예를 들어, 지나친 낭비를 지적하는 남편에게 화가 난 아내는 저녁 파티에서 몇 명의 친구들에게 남편이 성관계를 잘하지 못했던 사건에 대해 말하는 것으로 보복을 했다. 부부 모두 그날 모임에서 분노가 사그라졌지만, 남편은 이후 친구들 면전에서 창피를 당했다는 느낌이 계속되었으며 아내가 얼마나 잔인할 수 있는지를 알려주기 위해 아내에게 그 문제를 자주 상기시켰다.

긍정적인 기분과 부정적인 기분

'긍정적인 기분과 부정적인 기분' 혹은 관계에서의 정동의 개념에 대한 많은 연구가 있다. Watson과 Tellegen(1985)의 초기 연구들은 일반적인 경향뿐만 아니라, 상황 특정적인 기본 정서들로서 긍정적인 정동과 부정적인 정동의 문제를 다룬다. Schuerger, Zarrella 그리고 Hotz(1989)는 나아가 긍정적인 정동이 부정적인 정동보다 더 높은 관계 안정성을 가져온다는 것을 보여 주면서, 다양한 기간에 걸쳐 정서의 안정성을 연구했다. Beach와 Fincham(1994)은 또한 관계에서의 긍정적인 정동과 부정적인 정동을 보다 상세히 설명했는데, 높은 수준의 부정적인 정동을 지닌 사람들과 비교하여 높은 수준의 긍정적인 정동을 경험한 사람들이 더 나은 안녕감과 사회적 주도성을 나타냈음을 시사했다. 결과적으로, Beach와 Fincham(1994)은 긍정적인 정동을 지닌 사람들이 부정적인 정동이 높은 사람들보다 긍정적인 기분, 사회적 상호작용, 그리고 성적인 친밀감을 가져오는 상황에 더 잘 반응한다고 추론했다. 후자는 불안, 거절에 대한 민감성, 슬픔을 더 경험하기 쉬웠다. 놀라울 것 없이, 정동은 매일매일의 기분과 개인의 환경에 상당한 영향을 지닌다. 후속 연구는 이 가설을 뒷받침했다. 특히 결혼의 안정성에 대한 종단 연구에서 Cook 등(1995)의 연구에서, 결국 이혼을 한 배우자들과 비교했을 때 계속 함께하는 배우자들이 좀 더 긍정적인 경향을 지녔으며 외부 자원들에 의해 덜 영향을 받았고 더 안정적이며 꾸준했다. 또한 계속 함께하는 커플들이 서로에게 긍정적으로 영향을 주었으며, 반면에 이혼에 직면한 배우자들은 부정적인 방향으로 서로에게 영향을 주었다.

정서를 경험하고 표현하기

커플치료의 처음 회기에서는, 남편 거스가 무엇을 느꼈는지 전혀 알지 못했다고 글로리아가 푸념했다. "어떨 때는 낯선 사람과 사는 것 같았어요." 아내가 그렇게 푸념할 때 어떻게 반응했는지 묻자 거스는, "제가 느낄 수 없는 것을 어떻게 표현할 수 있겠어요? 느낌이 전혀 없다니까요."라고 말했다.

정서를 표현할 수 있으려면, 먼저 정서를 경험해야만 한다. 이것은 치료자들이 치료 과정에서 내담자들과 흔히 직면하는 문제 영역이다. 명백하게, 성격 구조는 정서를 경험하고 표현하는 방식에 상당한 영향을 준다. 어떤 성격장애를 지닌 내담자는 정서를 경험하기는 하지만, 파편화된 방식으로 경험한다. 따라서 자신이 무엇을 느끼는지를 구체적으로 확신하지 못한다. 이러한 경우 정서 경험이 드러나는 데에는 시간이 걸릴 수 있으며, 일정한 시간이 흘러야만 정서의 표현이 가능할 것이다.

분노는 다양한 방식으로 표현되는 정서이다. 어떤 내담자는 부모가 허락한 이상으로 돈을 쓰거나 형편을 생각하지 않고 소비해 버리는 등의 일종의 수동-공격적인 방식으로 분노나 좌절을 표현하기도 하며, 이런 방식의 표현은 상대를 더욱 짜증나게 한다. 어떤 경우에는 물건을 부수거나, 고함을 지르거나, 격렬한 분노를 드러내면서 자신들의 분노를 더욱 공공연하게 표현하기도 한다. 또한 자신의 분노를 언어로 표현하지만 물건을 부수거나 누구에게 상해를 입히지는 않는 경우도 있다.

커플과 가족 관계에서 생겨나는 복잡성은 이러한 표현들에 대한 상대방의 반응 때문이며, 이로 인해 흔히 부정적인 상호교환 패턴이 형성된다. 많은 가족 구성원들은 갈등을 진정시키는 방식 아니면 갈등을 일으키는 방식으로 파트너나 가족 구성원들의 정서 표현 방식에 적응한다. 상호작용에서 경멸의 부정적인 감정이 표현될 때 관계가 부정적으로 치달을 가능성이 높다. 이것은 John Gottman(1999)의 연구에서 발견된 의미 있는 결과이며, 연구에서 그는 이혼에 대한 가장 좋은 단일 예측치는 파트너들의 상호작용에서 표현되는 경멸의 양(amount of contempt)이라고 결론 내렸다. 그는 경멸이 관계의 전 과정에 걸쳐 서서히 발달하는 포괄적인 감정이며 고통이나 갈등의 특정 순간에 표현되는 것이라고 주장했다. Gottman은 나아가, 상대방에 대해 오래도록 경멸감을 품고 있는 사람들보다는 분노 감정을 즉각적으로 표현하는 사람들이 관계의 문제를 더 잘 해결한다는 점을 발견했다. 그렇기 때문에 감정을 억눌러서 나중에 순전히 파괴적인 방식으로 방출하는 것보다, 감정과 접촉하고 적절하게 표현하도록 내담자를 도움으로써 정서의 표현을 촉진하는 것이 관계 치료의 과정에서 중요하다. 앞에서 논의한 매트와 엘리자벳의 사례에서, 매트의 정서 표현을 더 잘 조절하기 위한 인지적, 행동적 기법의 사용이 그들의 관계 개선에 필수적이었다. 그가 인지적인 자기대화(self-talk)를 사용하고 고조되기 전에 분노를 표현함으로써 자신의 분노를 더 잘 조절하는 것을 배우게 되자, 관계에서의 이러한 정서적인 변화가 그 커플의 일상적인 긴장을 상당히 개선시켰다.

애착이론과 사회학습이론에 근거한 치료 접근에서는, 사람들이 내담자가 위협적이거나 받아들이기 어려운 정서를 피하면서, 덜 위협적이거나 더 받아들일 만한 정서로 대체한다는 점에 동의한다(Kelly, 1979). 정신역동적 관점에서는 이를 내담자가 수용되지 못하는 감정을 회피하기 위해 사용하는 방어 기제라고 언급한다. 심지어 그것을 반동형성(reaction formation)이라고 치환시키기도 하는데, 반동형성은 실제로 느끼는 것과 반대로 표현하는 것을 말한다. Johnson과 Greenberg(1988)는 정서를 표현하는 것이, 친근함 및 친밀감 등의 애착과 애착 안정감을 조절하는 주요 방식일 수 있다고 본다. 따라서 한 파트너는 상대방에게 더 많은 친밀감과 안정감을 유도해 내는 방법으로써 배우자나 가족 구성원들에게 부드러운 배려의 감정과 따듯함을 표현할 것이다. 만일 이것이 거절당하게 되면 분노, 거부감, 불만족감 등과 같은 이차 정서 혹은 반응적 정서가 출현할 것은 분명하다. 이러한 이차 정서는 상대방으로 하여금 죄책감을 유발하여 긍정적으로 반응하게 만들거나 혹은 응징의 수단이자 상처 표현의 방법으로 작용하게 될 것이다. 흔히, 관계의 한쪽이 상대방보다 감정 표현을 덜 하면서 이를 편안하게 느낄 때 난관이 발생하는데, 이것이 관계에서 거리감을 만들 수 있음은 자명하다.

정서 표현에 대한 사고와 신념

관계를 다루는 인지행동치료의 대표적 특징 중 하나는 정서 표현에 대한 인지와 관련된다. CBT는 사람들이 자신의 정서를 경험하고 표현하는 것에 대해 저마다의 사고와 신념을 지니고 있어서, 이것이 정서를 드러내고 표현하는 방식을 통제한다고 상정한다.

인지가 정서에 영향을 주는 것보다 정서가 인지에 훨씬 더 큰 영향을 미치는 것인지에 대한 상당한 논쟁이 있다. 앞에서 논의한 것처럼, Johnson과 Greenberg(1988)

와 같은 정서 초점 이론가들은, 정서가 개인 경험의 근간이며, 사람들은 이 정서에 뒤따르는 인지를 발달시키는 것이라고 보았다. 그러나 인지행동치료자들은 사람들이 지닌 신념이 특정 정서를 경험하게끔 하며 특히 정서 경험 방식에 영향을 미친다는 관점을 강조한다. 정서를 표현하고 정서 표현에 부여하는 중요성에 대해 남성보다 여성들이 더 편안하게 받아들이는 것이 보통이다(Brizendine, 2006). 따라서 정서를 어떻게 표현해야 하는지에 대한 신념은 관계에서 매우 중요하다. 한 가지 추가적인 쟁점은, 정서를 그다지 표현해 본 적이 없는 내담자라면 그러한 정서를 표현하는 충분한 기술이 결핍되어 있는 것은 아닌지 하는 것이다. 바로 지금 경험하고 있는 자신의 정서와 접촉할 수 없다는 것, 그리고 이러한 내면의 감각을 표현으로 드러낼 수 없다는 것은 일부 남성 내담자들에게 심각한 장애물이 되기도 한다.

적정한 수준의 강도와 표현을 지닌 조절된 양식으로 정서를 표현하지 못하는 것은 많은 사람이 힘들어하는 영역이기도 하다. 특히, 분노를 느끼고 화를 내는 것이 정당하다고 느끼는 경우, 자신의 정서 표현을 조절하려고 하지 않는 사람들에게서 이것은 흔히 관찰된다. 사람들은 자신의 감정을 강력하게 또는 직접적인 방식으로 터트리지 않는다면, 감정이 내면에 쌓여서 병이 될 것이라고 느낀다.

Epstein과 Baucom(2002)은 고통스러운 관계에 있는 사람들의 경우 특히 이분법적인 용어로 분노를 경험하며, 따라서 어떤 성격장애가 없더라도 정서 조절이 매우 빈약하다고 보았다. 즉, 그들은 분노와 같은 정서를 '전부 아니면 전무(all-or-nothing)'의 방식으로 표현하려는 욕구를 느낀다. 그렇기 때문에, 정서 조절을 다루는 것이 결정적일 것이다. 전문적인 문헌들에서는 고통스러운 관계에서의 정서 조절에 대한 연구가 대부분의 관심사이지만, 정서 조절을 다루는 전략에 대해 저술된 일부 자료들도 있다(Heyman & Meidig, 1997).

앞서 언급했던 것처럼, 대부분의 이론가들은 정서가 인지 및 행동과 통합적으로 연관되어 있다고 간주한다. 인지와 행동이 정서를 동반하지 않는다고 가정하는 것은 지나치게 순진한 일일 것이다. 인지, 행동, 정서가 상호 영향을 주고받는다고 보는 것이 논리적인 사고이다. 따라서 현실적인 질문은 '가장 좋은 개입 방법이 무엇인가?' 하는 것이다. 치료 현장에서 개입은, 감정이나 인지 두 가지 다를 가지고 시작할 수 있지만, 감정에 집중하는 치료자들은 인지를 다루는 것도 염두에 두어야 하며, 그 반대도 마찬가지이다. Albert Ellis(1982)는 사람들이 일반적으로 인지 과정이 발생한 후 행동한다는 것을 처음으로 제안했다. 그것은 개인이 정서적으로 반응하는 그런 인지에 토대를 두고 있다. 다른 이론가들은 다양한 기분 상태가 상이한 정보처리 양상을 만들어 낸다고 주장한다(Bless & Bohner, 1991; Bless, Hamilton, & Mackie, 1992; Johnson & Greenberg, 1988). 예컨대, 사람들이 부정적인 기분일 때, 더욱 인지적 자기성찰에 잘 몰입한다는 것이다. 연구가 시사하는 바에 따르면, 음울함과 같은 부정적 정서가 인지적 과정을 진척시킬 것은 분명하며, 부정적 기분, 비관주의 등은 매우 강렬한 마음 상태를 만들어 내는데, 항상 어두운 면을 보면서 '절망적인' 태도를 유지하는 한 배우자에게서 그런 경우를 볼 수 있다(Gottman, 1994).

Gottman(1994)은 부정적인 기분(negative mood)이 부정적인 인지 과정을 일으키며, 이어서 부정적인 사건에 선택적인 주의를 두도록 유도함을 밝혔다. 이 선택적 주의로부터 부정적 귀인이 발생하며 이 부정적 귀인은 미래에 대한 부정적 기대를 유도한다. Beck은 이것이 부정적 프레임(negative frame)이며 취약한 내담자에게 상황을 편향된 시각으로 바라보게끔 한다고 기술했다. 부정적인 기분은 더욱 초점화된 세밀한 인지 과정을 낳는다(Epstein & Baucom, 2002). 이런 연구들은 기분이, 부정적인 상황이나 부정적인 사건들이 저장되어 있는 기억을 편향되게 해석하고 회상함으로써 기억에 영향을 주는 경향이 있음을 발견했다. 정서적으로 고통스러울 때 많은 커플과 가족들이 교착상태에 반복적으로 빠지게 되는데, 이 교착상태의 악순환이 서로에 대한 긍정적인 기억 대신 상호작용에서의 부정적인 기억을 더 잘 회상하도록 만들 것이다.

이를 반영하는 적절한 예가 파트너에 대한 불만을 한 단어의 형용사를 사용하여 묘사해 보라고 할 때 등장한다. 그 뒤에, 서로에게 끌렸던 것을 한 단어의 형용사로 묘사해 보라고 하면, 그 단어는 종종 상대방에게서 힘들었던 것을 기술하는 데 사용했던 단어의 정반대로 나타난다.

제프와 마쥐의 사례

제프에게 아내 마쥐에 대해 짜증이 났었던 것을 한 단어의 형용사로 묘사해 보라고 했을 때, 다음과 같이 나열하였다. 경솔한, 피상적인, 무책임한, 충동적인, 감정적인, 변덕스러운. 그리고 나서 마쥐에게 끌리는 점을 기술하면서는 다음과 같은 한단어 형용사를 나열하였다. 멋진, 매력적인, 태평한, 자발적인, 활기찬, 장난기 있는. 이 목록을 정렬하면 다음의 표와 같다.

짜증나는 특성들	끌리는 특성들
경솔한	멋진
피상적인	매력적인
무책임한	태평한
충동적인	자발적인
감정적인	활기찬
변덕스러운	장난기 있는

이들 형용사가 어떻게 정렬되는지를 보고 제프는, 처음의 목록에 있는 것들 중 어떤 것은 두 번째 목록에 있는 것과 동일한 특성이지만, 당시 자신의 기분과 지각 때문에 다른 면으로 보였던 것 같다고 인정했다. 제프는, 많은 커플들처럼 부정적 프레임에 매어 있었다. 마쥐에 대한 그의 관점은 부정적인 마음의 프레임으로 영향을 받았다. 그래서 예전에는 배우자에게서 매력적인 특성이라고 보았던 것이 이제는 그에게 재앙적인 것으로 지각되었다.

정서 상태는 관계에 심대한 영향을 준다. 정서는 가족 관계의 결정적인 측면이며 종종 일상적 상호작용의 분위기를 정서가 정한다는 것은 의심의 여지가 없다. 그러나 중요한 것은 가족 구성원들이 다양한 수준에서 정서의 긍정적인 교환과 부정적인 교환 사이에서 편향되지 않고 균형을 유지하는 것이다. 인지행동치료의 주요 초점은 가족 구성원들이 부정적인 정서 교환에 대해 반응하고 행동하는 방식을 관찰하는 것이다. Epstein과 Baucom(2002)은 『커플 인지행동치료 증보판(Enhanced

Cognitive-Behavior Therapy for Couples)』에서 친밀한 관계에서의 개인 경험을 채색하는 인지적이고 정서적인 다양한 요인들을 세밀하게 요약 기술했다. 여기에는 인지와 정서 사이의 중요한 상호 영향의 개요가 명확하게 서술되어 있다(pp. 103-104).

개인, 관계, 환경을 둘러싼 생활상 요구에 적응하는 문제

한층 개선된 가족에 대한 인지행동치료는 전통적인 인지행동 원리에 가족 스트레스 및 대처 이론(예: McCubbin & McCubbin, 1989)의 측면을 통합한다. 가족들은 적응해야만 하는 다양한 요구에 직면하게 되고, 그들의 대처 노력의 질은 관계에 대한 만족도와 관계 안정성에 영향을 준다. 커플 혹은 가족의 요구는 세 가지 주요 원천에서 파생된다. (1) 개별 구성원들의 특성(예: 한 가족 구성원의 우울에 대한 대처), (2) 관계 역동(예: 한 사람은 성취와 성공 지향적이고 다른 한 사람은 공유하고 친밀감을 형성하는 데 중점을 두고 있는 경우, 이들 두 배우자 사이에서 요구의 차이 해결 또는 그 차이에 대한 적응), (3) 대인관계 환경의 특성(예: 형편이 안 좋은 친척이라든지 요구가 많은 상사)과 물리적 환경의 특성(예: 이웃집의 소음이라든지 시골에서의 고립상태). 인지행동치료자들은 이러한 요구에 대처하기 위한 가능한 자원이나 기술뿐만 아니라, 다양한 요구들의 빈도, 심각성, 그리고 누적된 영향을 평가한다. 스트레스 대처 모형에서처럼, 커플 혹은 가족 역기능의 위험성은 요구의 정도와 자원의 결핍 정도에 따라 커진다. 요구 및 자신들의 대처 능력에 대한 가족 구성원들의 지각 또한 스트레스 대처 모형에서 두드러진 역할을 한다. 왜곡되었거나 부적절한 인지를 평가하고 수정하는 기법은 가족들의 대처 기술을 개선하는 데 매우 유용하다고 할 것이다.

행동 변화의 역할

사회교환이론

사회교환이론(social exchange theory)은 인지행동 가족치료에서 항상 중요한 요소이다. 경험에 기반한 커플치료 대부분은 행동치료에 토대를 두고 있는데, 긍정적인 교환은 최대화하고 부정적인 교환은 최소화하여 행동을 직접 변화시키는 데 초점을 두고 있다(Jocobson & Margolin, 1979; Weiss et al., 1973). 이러한 발상은 대부분의 불행한 커플들이 긍정적인 사건보다 부정적인 사건의 일상 빈도를 더 높게 보고한다는 점을 고려하면 특히 중요하다(Johnson & O'Leary, 1996).

사회교환이론은 관계와 연관된 비용과 보상에 초점을 두고 있다. 예컨대, 기혼 또는 미혼처럼, 특정 사회적 조건들은 엄밀히 따졌을 때 덜 긍정적인 면이 있을 수 있다. 그 덜 긍정적인 면이 개인의 마음에 우세한 순간들에는 그 사회적 조건이 비관적으로 보인다. 사회교환이론은 Homens(1961)에 의해 처음 태동되었으며 후에 Thibaut와 Kelley(1959)에 의해 정교화되었다. Thibaut와 Kelley는 사회교환의 개념을 친밀한 관계의 역동성에 적용하여 상호의존 방식을 파악했다. 사회교환이론은 경제이론에 기반을 두고 있으며 비용과 보상의 교환이라는 렌즈를 통해 커플 상호작용을 바라본다. 단순하게 말하면, 비용은 바람직하지 않은 관계로 간주되는 근거들이며, 반면에 보상은 관계를 유지하는 근거들과 관련된다. 만일 당신이 배우자와의 관계에 대해 생각해 본다면, 여러 비용과 보상을 발견할 수 있을 것이다. 어떤 비용은, 과소비라든지 배우자의 신경질처럼 배우자의 안 좋은 습관일 수도 있다. 그러나 이러한 비용은 보상으로 강력하게 상쇄될 것이며, 그러한 보상들에는 배우자의 친절함과 세심함, 그리고 변함없는 신뢰와 지지가 있다. 커플이 관계에 만족하는지 아닌지를 좌우하는 것은 대개 비용과 보상의 균형 문제이다.

이것은 가족 구성원들에게도 동일하게 적용된다. 형제자매 간에도 자신이 베푼 친절함과 유사한 정도로 상대가 자신에게 친절할 것이라고 인식한다면 상대에게 친절하게 대할 가능성이 높다. 가족 갈등을 진정시키고 가족 상호작용에서 균형을 회복시킬 수 있는 것이 공평한 교환(give and take)인 경우가 많다.

비용과 보상의 비율 개념은 여러 중요한 용도로 사용된다. 부부나 커플 관계에서 만족의 정도나 관계의 지속 또는 헤어짐의 헌신 수준은 비용 대비 지각된 보상이라는 맥락에서 고려될 수 있다.[1]

사회교환이론에서 한 가지 중요하게 다루어야 할 점은 가능한 대안들이 가져올 보상을 비교하는 개인들이 특정한 경향을 가지고 있다는 것이다. 그런 비교는 상호 연관된 인지적 현상으로 이루어진 복잡한 과정이며, 이러한 복잡한 과정에는 지각, 명명 및 기대가 포함된다. 예컨대, 남편이 불륜을 저질렀을 때 아내는 이렇게 생각할 수 있다. '남편이 이번 한 번만 그런 거고 다시는 이런 일이 일어나지는 않을 거야.' 결과적으로, 그녀는 남편 없이 살아야 하는 비용과 대비하여 상처(배신에 대한 기억)와 더불어 살아야 하는 '비용'을 저울질하고 전자가 후자보다 더 크다고 결론내린다. 그러한 결론이 가져오는 보상은 일어날지도 모르는 이혼이라는 결과를 회피하는 것이다.

한 배우자가 자신의 관계에서 적절하고 바람직하며 용인되는 행동을 무엇으로 보는지와 관련된 기대는 상대 배우자의 행동을 판단하는 기준을 만든다. 그러한 기대는 개인의 자기감, 개인적인 가치 체계 및 과거의 사회적 경험들로부터 나온다. 낮은 자존감을 지닌 사람이 배우자의 행동을 더 적절하고, 받아들일 수 있는 것으로 평가할 수도 있으며, 반면 높은 자존감을 지닌 사람은 같은 행동을 반대로 바라볼 수도 있다. 집안 재정상태와 관련된 중대한 결정을 부부가 함께 공유하지 않는 경우, 그 행동에 가치를 두지 않는 사람에게는 이것도 그다지 중요한 것이 아닐 수 있다. 부부 만족도를 분석할 때 거론되는 서로에 대한 배우자들의 기대 또한 비교 수준의 결정에 중요한 변인이다(Baucom & Epstein, 1990).

상호의존의 핵심 요소는 한 배우자가 개인적으로 또는 관계의 외부에서가 아니

---

[1] 가족 구성원들의 경우에는 좀 다를 수 있는데, 왜냐하면 그들이 함께하기를 원하는지 아닌지의 선택권을 거의 가질 수 없기 때문이다. 가족 구성원들은 원가족에서 탄생했고 자신의 친척을 선택하지는 못하기 때문에, 그들의 상황은 거의 선택지가 없다.

라 관계 안에서 보상을 얻으려고 하는 정도이다. 어느 정도로 서로의 욕구와 목표를 관계 안에서 만족시키고자 하는지에 따라 서로가 원하는 바를 이루기 위한 커플의 노력이 달라질 수 있다. 어떤 경우에는 비록 커플이 중요한 정도로 서로 의지하며 기능하면서도, 그중 한 명이나 아니면 당사자 모두가 상대와는 별도로 또는 혼외로 충족되는 어떤 배출구를 가지고 싶어 할 수 있다.

Kelly(1979)는 관계 안에서 자신의 목표와 요구의 만족을 어떻게 그리고 어느 정도로 추구하는지에 따라, 커플들의 상호의존성은 시간이 지나면서 계속 변화된다고 보았다. 또한 이 과정에서 발생하는 갈등의 몇 가지 측면을 제시하였다.

1. **의존의 상호성**(mutuality of dependence): 배우자들이 서로 상호의존적인가? 아니면 한 배우자만 일방적으로 의존하고 있는가?
2. **의존의 정도**(degree of dependence): 의존성이 높을수록, 그 강도 또한 더 크다.
3. **결과와의 상응관계**(correspondence of outcome): 바라는 결과가 자신의 선택에 달려 있는가 아니면 배우자의 선택에 달려 있는가? 또는 그 둘의 조합에 달려 있는가?

Kelly(1979)는 사람들이 대안이 될 만한 것들을 어떤 수준으로 비교하는지에 대해 강조했다. 고통을 겪고 있는 배우자들은 결혼하지 않고 혼자 사는 삶이나 지금의 배우자가 아닌 다른 사람과 사는 삶이 지니는 보상과 비용을 생각하면서, 현재 관계에 계속 남아 있을 경우 얻을 수 있는 보상과 발생 비용을 저울질한다. 어떤 배우자는 이혼이 심각한 경제적 어려움을 가져올 것이라고 지각할 수도 있다. 혹은 이혼이 도덕적으로 잘못된 것이라는 강한 믿음을 가지고 있을 수도 있다. 이런 경우들에서는, 비록 그 결혼을 유지하는 것에 대한 보상이 아주 낮다 하더라도 현재 결혼의 대안들에 대한 지불 비용이 너무 크다고 지각할 수 있다.

사람들은 자신 앞에 놓인 선택지들의 비용과 보상의 비율을 비교한다. 관계를 유지하는 데 들어가는 비용 대비 관계에서 얻는 보상이 관계 밖의 대안들과 비교되어 평가되는데, 그 결과 관계에 더 많이 헌신하거나 더 적게 헌신하겠다는 최종 결론이 내려진다. 이것은 앞 장에서 기술했던 윌마의 사례에서처럼, 배우자의 반복적인 신체적 학대나 외도를 경험하면서도 왜 관계를 지속하고 있는지 부분적으로 설명해 준다. 사회교환이론은, 한 내담자가 관계에서의 보상이 낮은데도 불구하고 낮은 보상에 대해 높은 인내를 한다면, 배우자에게 상당히 의존적이라는 것을 알려준다. 이런 조건과 결합되면, 그 사람은 어떤 비용을 치르더라도 결혼 관계가 지속되어야 한다는 강력한 시각을 가질 수 있다. 또한 이혼 후 심각한 경제적 어려움, 홀로 살아가는 데 있어서의 정서적 불안전감을 예상하고, 이혼이 가족을 파멸시키고 자녀들에게 심각한 영향을 미친다고 생각할 것이다. 본질적으로, 관계를 끝내는 것에 대한 높은 비용(다른 대안들과 비교하여)과 더불어 관계에서 극단적인 의존성 및 관계에 걸고 있는 기대는, 관계가 얼마나 불만족스럽든 혹은 심리적으로 어떤 손상을 입든 간에 그 관계를 유지하게 하는 경향이 있다.

관계에서 상호성

상호성은 두 가지 의미로 가족치료에서 사용된다. 세간의 지혜에서도 그렇지만, 행동주의자들이 강조했던 생각은 더 많이 줄수록 더 많이 받을 것이라는 점이다－오는 것이 있으면 가는 것이 있다(quid pro quo, '뿌린 대로 거둔다'의 라틴어). 또 다른 의미는 체계이론가들이 제안했던 것으로, 관계에서 가족 구성원 한 명의 행동은 부분적으로 나머지 구성원들의 기능이라는 것이다. 즉, 어떤 가족 구성원의 행동은 나머지 다른 가족 구성원들과의 관계 속에서 이해되어야 한다는 것을 말한다(Minuchin & Nichols, 1998. Dattilio, 1998a에서 인용).

보상이 되는 행동의 교환뿐만 아니라 보상이 되지 않는 행동의 교환도 상호성을 띠고 있다는 점을 인식하도록 배우자들을 훈련시키는 것도 부분적으로 사회교환이론에 기초를 두고 있으며 전문적인 서적에서도 상당히 주목하는 부분이다.

Neil Jacobson과 그의 동료들은 갈등 중인 커플들에서 보상적인 사건과 처벌적인 사건 두 가지 모두가 관계에 즉각적인 영향을 미치는 경향이 있음을 발견했다(Jocobson, Follette, & McDonald, 1982). 그에 반해서, 갈등이 적은 커플들은 부정적인 행동에 반응하지 않는 특성을 지니는 것으로 보인다. 이러한 커플에서는, 처벌 행동들이 별다른 반응 없이 흡수된다. 이렇게 즉각적인 대응 반응을 하지 않는 것은 커플에게서 강렬한 부정적인 상호교환의 연쇄 작용이 확대되지 않도록 막아 준다. 예컨대, 메리는 남편이 그녀에게 화가 났다는 이유로 나갈 때 쓰레기를 들고 가지 않는 것을 목격했지만, 이에 반응하기보다는 그냥 넘어가기로 작정했다. 이러한 아내의 행동은(즉, 반응하지 않은 것), 아내 메리가 잔소리하지 않고 자신의 행동을 넘어가 준 것을 인지한 남편에게 긍정적인 영향을 주었을 것이며, 아내가 기회만 생기면 자신을 비난한다고 하는 남편의 생각을 변화시켰다. 이러한 비반응 특성은 갈등이 적은 파트너들 사이에서 높은 비율로 긍정적인 교환이 계속된 결과일 것이다. 물론, 나중에 파괴적인 방식(즉, 수동-공격적인 행동들)으로 표출될지 모를 분노를 쌓아두지 않으려면, 배우자들이 그런 행동에 대한 자신의 인지를 관찰하는 것이 중요하다. John Gottman은 긍정적인 투자가 비상호성의 상황에서도 커플을 지속적으로 견디게 해 준다고 하는 부부 교환에서의 '은행 계좌' 개념을 기술했다(Gottman, Notarius, Gonso, & Markman, 1976). 기본적으로, 긍정적 행동의 교환이 쌓이면서, 부정적 행동이 상호 교환되지 않고 보복되지 않는다. 이러한 결과는, 부정적 행동 교환을 감소시키는 것과 동시에 긍정적 교환의 비율을 증가시키도록 커플에게 장려하는 근거이다.

사회교환 모형은 행동적 부부치료의 효과를 보증하는 특징 중 하나가 되었으며 이를 사용하여 상당한 성공을 거두었다. Epstein과 Baucom(2002)은 배우자들 사이에서 발생하는 다양한 비율의 행동적 교환을 치료자들이 잘 고려한다면 사회교환 모형이 최적으로 작동할 것이라고 보았다. 파트너의 행동에 얼마나 호감이 가는지 혹은 기분 좋은지에 대한 각 배우자들의 주관적인 평가가 중요하다. 파트너가 관계에서의 교환이 일어나는 동안 상대의 행동을 어떻게 귀인하면서 절대로 양보하지 않는지 그 이유와 더불어, 어떻게 구성되어야 공평한 교환이라고 보는지에 대한 각 배우자의 기준이 대단히 중요하다. 덧붙여 앞으로 일어날 교환에 대한 배우자들의 기대는 향후의 상호작용 기조를 정하는 작용을 할 것이다.

상황 수준의 행동과 거시적 수준의 상호작용 방식

Epstein과 Baucom(2002)은 커플의 상호작용에서 미시적 수준의 행동과 거시적 수준의 패턴을 구분하여 설명했다. 간략히 말하자면, 미시적 수준 행동은 특정한 상황에서 발생하는 반면에 거시적 수준 행동은 수많은 상황에 걸쳐 있는 광범위한 패턴이다.

그들은 한쪽 파트너가 커플 관계에서 지배력을 유지하려고 시도하는 경우에서처럼, 커플의 거시적 수준의 상호작용에 중점을 둘 필요가 있다고 강조한다. 전통적으로 커플에 대한 인지행동치료에서 초점은 미시적 수준의 행동들이었다. 예컨대, 각 상대방의 행동에 대한 배우자들마다의 고유한 평가와 그러한 평가가 유쾌하거나 불쾌한 행동을 일으키는 방식(즉, 커플 구성원들 사이에서 일체감 대 자율성의 정도 또는 친밀감의 정도)이 무엇인지 주목하는 것이다. 더 구체적으로는, 배우자 및 자신의 행동에 대한 귀인과 상호작용에 대한 각자의 다양한 해석에 초점이 모아진다.

그러나 최근에는 거시적인 행동 또한 커플 관계에서 중요하다는 생각에 더 많은 주목을 하게 되었다. 전통적으로 체계이론가들은 커플 관계를, 더 큰 체계들로 겹겹이 둘러싸인 아주 작은 사회 체계로 이해한다(Nichols Schwartz, 2008). 커플을 둘러싼 더 큰 체계라는 것은 핵가족, 확대가족, 지역주민, 나아가 지역 공동체 등의 체계들을 말하며 이러한 체계가 커플 관계에 상당한 영향을 미친다. Epstein과 Baucom(2002)은 더 큰 체계들이 개인의 요구와 공동의 요구에 긍정적인 영향과 부정적인 영향 모두를 지닐 수 있다고 보았다. 필연적으로, 커플 또는 가족 환경은 관계에 부담과 압박을 지우지만, 그들을 지지해 주는 긍정적인 자원 또한 제공한다. 거시적 수준의 행동 패턴이 관계에 영향을 미치는 한편 상황 수준에서 특정 행동 변화를 포착하는 데 지침으로 사용될 때 관계 개선에 효과적일 것이 분명하기 때문에, 거시적 수준의 행동 패턴을 파악하는 것의 중요성이 강조되고 있다.

다음 절에서는 개인 지향의 요구와 공동 지향의 요구를 충족시킬 수 있는 상황 수준의 행동 패턴에 대해 논의한다.

의식처럼 하는 행동

의식처럼 하는 행동(rituals)은 커플이나 가족이 규칙적으로 반복하는 일정 부분 타당한 의미를 지니는 행동들이다. 예를 들면, 잭과 루페는 그들이 첫 번째 데이트를 했던 작은 레스토랑에서 정기적으로 식사를 한다. 이것은 그들의 관계가 싹트던 시절에 느꼈던 정서를 회상한다는 의미에서 상징적이다. 그들은 또한 지역사회에서 그들의 지위를 강화해 주고 행복한 커플임을 느끼게 해 주는 주민들 및 다른 지지자들과의 사회적 관계를 발달시켰다.

경계를 정해 주는 행동

서로 공유하는 행동과 독자적인 개별 행동들 사이에서 커플 및 가족이 취하는 균형은 가지각색이다. 예를 들어, 헬렌은 일주일의 하루 저녁을 시 수업에 참가하는데, 거기에서 그녀는 자신의 사회관계 망을 발달시켜 왔다. 한편, 토비는 단짝 친구들과 함께 포커를 하는데, 이 친구들은 헬렌이 자주 만나지 않는 친구들이다. 결혼생활이나 가족 범위의 외부에서의 이러한 상호작용은 개별적인 영역을 확장하면서 헬렌과 토비에게 기분전환 수단을 제공한다. 이런 유형의 기분전환이 이 커플에게 주는 한 가지 이익은 다른 커플들 가운데서 여전한 자신들만의 응집력을 가지고 사회적으로 기능하면서 그들 각자의 경계도 세우도록 도와준다는 점이다.

사회적 지지 행동과 상호작용

어떤 커플은 자선 운동을 위해 함께 그들의 시간을 기증하고, 다른 커플은 공동의 목적을 가지면서 함께하는 또 다른 커플과 협력한다. 사회에 선이 되는 어떤 일을 하는 것에서 오는 만족 이외에도, 그들은 사회적 상호작용과 지지라는 이익을 공유한다.

상황 수준의 행동 패턴을 파악하는 것의 한 가지 강점은 자신들의 공동의 요구를 배우자들이 어떻게 다루는지를 시사해 준다는 점인데, 공동의 요구에는 그들의 개별 요구가 은연중에 반영되어 있다. 예를 들어, 그들의 시간을 자선활동에 보내는 위의 배우자들은 좋은 목적으로 함께 활동함으로써 관계에서의 충만감과 함께 그들의 주변 환경에 기여함으로써 개인적인 만족감을 모두 경험할 것이다.

Chapter **03**

인지행동치료의 심리도식 요소

◇◇◇◇◇◇◇◇◇◇
심리도식의 개념

심리도식(schema)이라는 용어는 그리스어의 어근 scheen에 그 기원을 두고 있는데, 이것은 '지니는' 또는 '형성하는'이라는 의미를 지닌다. 덧붙여서 '복잡한 상황이나 자극 세트에 특정한 조직화 방식을 사용하여 인지적으로 지각하고 반응하는 것과 관련된 경험들의 정신적 집대성'이라고 정의할 수 있다(Webster's New World College Dictionary, 1989). 또한 심리도식이라는 용어는 많은 다른 분야와 연관되어 다양한 의미를 지닌다(자세한 설명을 위해서는 Young, Klosko, & Weishaar, 2003 참고).

Aaron Beck은 자유연상, 심상 및 꿈에서 반복적으로 나타나는 주제를 설명하는 데 있어 심리도식이 핵심적인 역할을 한다고 제안했다(1967, p. 284). 왜냐하면 심리도식이 작동되고 나서도 사실상은 활성화되지 않거나 환경 자극의 입력 형태가 변화하면 빠르게 비활성화된다고 믿었기 때문이다. Beck은 초창기의 저술에서 다소 정제되지 않은 개념으로 심리도식에 대한 생각을 묘사했으나, 나중의 저술들에서는 심리도식에 대한 개념을 계속 확장시켰다(Beck et al., 1979).

후에 심리도식에 대한 원래의 개념을 다른 이론가들이 한층 더 확장시켰다. 예를 들어, Segal(1988)은 심리도식이 "과거 반응과 경험이 조직화되어 있으며, 이 조직화된 요소들이 상대적으로 응집력 있고 지속적인 지식체계를 형성하면서 일련의 지각과 평가의 지침이 된다."고 서술했다(p. 147). Young(1990)은 심리도식에 초점을 둔 접근을 성격장애에 적용하여 소개하면서 이 개념을 확장하였다. Young은 "Beck과 그의 동료들이(1979, p. 304) 치료에서 심리도식의 중요성을 언급했지만, 지금까지 치료 프로토콜 내에서 제공한 치료 지침은 매우 부족했다."고 지적했다. 이런 이유로, Young은 심리도식에 대한 Beck의 모형을 계속 확장했고 네 가지 수준의 이론(four-level theory)을 제안했다. 이 네 가지는 (1) 초기 부적응적 심리도식, (2) 심리도식 유지, (3) 심리도식 회피, (4) 심리도식 보상이다. 이 개념은 특히 성격장애에 적용되었으며, 『심리도식치료(Schema Therapy: A Practitioners Guide)』(Young, Klosko, & Weishaar, 2003)라는 제목의 인기 있는 교재에서 Young과 동료들에 의해 한층 더 발전되었다. 사실 Young은 문헌들에서 심리도식치료를 발전시킨 것으로 명성이 높으며(1990, 1999), 이 치료는 전통적인 인지행동 처치와 개념을 의미 있게 확장하였다. Young에 따르면 심리도식치료는 인지행동, 애착, 게슈탈트, 대상관계, 구성주의, 그리고 정신분석 학파들의 요소를 풍부하고 통일된 개념의 치료 모형에 혼합한 것이다(Young et al., 2003). 그러나 Young의 모형은 주로 견고하고 만성적인 심리 장해, 즉 성격장애를 지닌 사람들에게 알맞은 심리치료 체계로 고안되었다. 전통적인 CBT가 임상 장애(즉, 기분장애, 불안 및 섭식장애, 물질 남용 등)에 매우 효과적이라고 이야기될 수 있는 반면에, 심리도식치료는 성격장애에 더 효과를 보인다(Young et al., 2003). 그러나 커플과 가족 치료의 영역에서는 관계의 세대 간 속성이 있기 때문에, 초점이 CBT와 체계 접근 사이의 지점에 놓인다.

커플과 가족에 대한 심리도식 중심의 치료(schema-focused therapy)가 자기(self)에 대한 개인의 심리도식에 어느 정도 주목은 하지만, 관계 체계 및 관계 내에서 자기를 둘러싸고 특정적으로 발달하는 심리도식에 더 강조점을 둔다. 또한 원가족뿐만 아니라 개인과 가족 구성원들의 초기 삶의 경험을 탐색하고 이해한다.

Young은 처음에 만성적인 성격 문제를 지닌 사람들을 치료하기 위해 심리도식치료를 개발했다(Young et al., 2003, p. 5). 커플이나 가족에게 적용할 만한 심리도식치료의 세부적인 내용은 Young의 저서 어느 곳에도 없었다. Young이 심리도식치료가 커플에게도 성공적으로 사용될 수 있음을 언급하기는 했지만, 커플과 가족에게 심리도식치료를 적용하는 것은 더 후에 다루어졌다(Dattilio, 2005b, 2006b).

커플과 가족에 적용하게 되면서 심리도식치료는 관계 역동을 반영하는 핵심적인 주제들을 다룬다. 분석적이고 구조화된 양식으로 이들 주제를 다룸에 따라, 심리도식치료는 내담자가 갈등 및 교착 상태를 이해하고 관계 문제를 낳는 역기능적 상호작용 패턴을 이해하도록 돕는다. 심리 교육과 정확한 직면은 커플과 가족 구성원들에게 사고와 행동을 인식하도록 돕고 변화하고자 하는 방향의 효율적인 행동을 취하도록 돕는다. 치료자는 또한 배우자나 가족 구성원들에게서 이들 행동과 작동하고 있는 패턴을 지속시키는 요인을 파악하기 위한 조력자로서 기능한다.

앞에서 언급했듯이, 심리도식의 개념은 우울한 사람들에 대한 Aaron T. Beck의 초기 연구를 다룬 수십 년 전의 인지치료 문헌에서 처음으로 소개되었다(Beck, 1967). Beck의 이론은 우울한 사람들이 지니고 있는 자기 자신, 자신을 둘러싼 세계, 그리고 자신의 미래에 대한 부정적 신념과 주로 관련되었다. Beck의 연구는 심리도식 형성에서 Piaget의 동화(accommodation)와 순응(assimilation)에 대한 논의(Piaget, 1950)와 같은 발달심리학 초기의 인지적 이론들로부터 유도되었다. 인지적 구성개념에 관한 George Kelly의 연구는 Bowlby의 애착이론(1969)에도 영향을 미쳤지만 Beck의 심리도식이론을 형성하는 데 기여했다(Kelly, 1955). 심리도식이라는 개념은 이후 당대 인지행동치료의 초석이 되었다. 심혈관계가 인간 신체의 기능에 중추적인 것처럼, Beck은 심리도식이 개인의 사고와 지각에 중추적이며 정서와 행동에 필연적인 영향을 미친다고 제안했다. 본질적으로, 심리도식은 사람이 정보를 처리하는 방법일 뿐만 아니라 개인들 삶의 경험에 틀(template)로 사용된다. Beck에 이어서, 다른 많은 연구자와 임상가들은 심리도식 자체뿐만 아니라 대인관계에 있어서 심리도식의 영향이라는 분야에서 상당한 연구를 수행했다(Baldwin, 1992; Epstein & Baucom, 2002; Epstein & Baucom, 1993; Epstein, Baucom, & Rankin, 1993; Epstein & Baucom, 2003; Dattilio, 1993, 1998a, 2001b, 2002, 2005b, 2006b).

체계이론이 그러한 것처럼, 인지행동 가족치료는 가족 구성원들이 서로의 사고, 감정, 행동에 동시에 영향을 주고 영향을 받는다는 것을 전제하고 있다(Dattilio, 2001a; Leslie, 1988). 본질적으로, 전체 가족 체계를 알아야 개별적인 부분들 및 그 부분들이 어떻게 상호작용하는지를 알 수 있다. 가족 구성원은 다른 구성원들의 반응에서 오는 단서뿐만 아니라 자기 자신의 인지, 행동, 정서를 관찰하면서 가족 역동에 대한 가정을 형성하며, 그러한 가정이 발달하면 상대적으로 안정적인 심리도식(schemas) 또는 인지 구조(cognitive structures)가 형성된다. 가족 구성원의 이러한 인지, 정서, 행동이 다른 구성원들로부터 반응을 이끌어 내는데, 이러한 반응은 시시각각으로 이루어지는 가족 구성원들 간의 상호작용 대부분을 구성한다. 이 상호작용은 더 안정적인 심리도식에서 나오는 것이며, 심리도식은 가족 기능의 토대로 작용한다(Dattilio, Epstein, & Baucom, 1998). 달리 말하자면, 지각을 조직화하는 심층 인지구조는 가족 구성원들이 어떻게 상호작용하는지, 더 중요하게는 그들의 상호작용을 어떻게 해석하는지에 강력한 영향을 준다. 이러한 순환과정이 인지, 정서 및 행동 반응에 영향을 주는 부정적인 내용과 연관되면, 가족 구성원들이 부정적인 갈등의 소용돌이에 취약하게 되어 가족 역동의 변동성이 증폭되는 경향이 있다. 가족 구성원의 숫자가 늘어날수록, 더 많은 감정의 부추김과 긴장이 증폭 과정에 더해지면서, 역동의 복잡성 또한 증가한다.

가족 내에서 특히, 인지적, 정서적, 행동적 요소와 관련되는 이 증폭 이론을 지지하는 경험적 연구는 불행히도 거의 없다. Gerald Patterson과 그의 동료들(Patterson & Forgatch, 1985; Forgatch & Patterson, 1998; Patterson & Hops, 1972)의 이론이 가족 상호작용 개선에 중요한 공헌을 했지만, 이들의 연구는 인지 과정에는 거의 주의를 기울이지 않았고 행동적 개입에만 초점을 두었다. 그에 반해, 인지를 다루는 중요한 연구가 커플들에게 수행되었다(Epstein & Baucom, 2002).[1]

커플의 역동이 가족 역동과 매우 밀접한 관계를 지니기 때문에, 커플 상호작용 모델의 많은 이론적 요소들이 가족에 또한 적용될 수 있으며 전문적 문헌에도 상세히

---

1) 다른 저술에서, Dattilio(2004)는 가족에게 경험적인 과정 연구가 진행되지 못한 잠재적 이유를 설명한다.

기술되어 있다(Dattilio, 1993, 2004a; Epstein et al., 1988; Schwebel & Fine, 1992, 1994). 가족 상호작용에 대한 가족 구성원들의 지각은 가족 심리도식을 발달시키는 정보를 제공하는데, 개별 구성원이 그런 상호작용을 반복적으로 관찰하게 되면 특히 강력한 정보가 된다. 개인이 그런 관찰을 통해 추론하는 패턴은, 가족 관계라는 세계를 이해하고 가족 내에서 앞으로 일어날 일을 예측하는 데 사용되는 심리도식 또는 틀(template)을 형성하는 기초가 된다. 가족 심리도식은 사람들이 생활 경험의 여러 측면을 통해 발달시키는 광범위한 심리도식 범위의 한 부분이다.

◇◇◇◇◇◇◇◇◇◇◇
자동적 사고와 심리도식

자동적 사고는 인지행동이론에서 인지의 또 다른 핵심 형태이지만, 심리도식과 중첩되는 점이 있어서 심리도식과 가끔 혼동되곤 한다. 자동적 사고는 순간적으로 발생하며 대부분 의식적이고 쉽게 확인 가능한 자연발생적인 인지로서 Beck(1976)에 의해 처음 정의되었다. 따라서 인식이 가능한 자동적 사고는 개인의 이면에 있는 신념이나 심리도식을 드러내 주는 경로가 된다. 예를 들자면, 가족 구성원들의 부정적 정서 표현을 참지 못하는 한 어머니는 '인생에서 나약함은 용납되지 않는다.'고 하는 자동적 사고를 경험했을 수도 있다. 이것은 나약하게 보이면 그것이 곧 약점이 될 거라는 이면의 신념 또는 심리도식으로부터 도출된 것이다. 때로 인지가 개인의 의식적인 자각의 범위를 넘어서서 발생할 수도 있다. 이면의 광범위한 심리도식은 개인의 자동적 사고를 통해 흔히 노출되지만, 모든 자동적 사고가 심리도식의 표현인 것은 아니다. 예컨대, 많은 자동적 사고는 관찰한 사건들의 원인에 대한 그 사람의 귀인을 나타낸다(예: "자신의 아내와 아이들이 나보다 훨씬 더 중요하기 때문에 내 아들이 나에게 전화를 하지 않은 것이다.").

Beck(1976)이 처음 인지치료를 도입한 이래로, 인지치료는 심리도식에 상당한 강조점을 둔다(Beck et al., 1979; DeRubeis & Beck, 1988). 개인의 삶의 여정에서 정보의 처리를 설명하기 위해 다른 형태의 심리도식이론이 제안되기도 하였다. 대부분의 이론은 사람들이 환경과의 상호작용을 통해서 지식 구조를 발달시킨다고 하는 관점을 유지한다. Epstein 등(1988)은 개인의 심리도식이 "세상이 어떻게 작동하며 자신은 그곳에 어떻게 위치하고 있는지에 대해 사람들이 지니고 있는, 장기간 지속적이며 상대적으로 안정적인 기본 가정"이라고 말한다(p. 13). 어떤 특성이나 과정들이 통상적으로 일어날 것인지에 대한 그러한 가정들은 개인의 경험을 의미 있는 방식으로 조직화하고 환경의 복잡성을 감소시켜 주기 때문에 적응적으로 기능한다. 심리도식은, 개인이 이용할 수 있는 정보를 선택적으로 제한하고 안내하고 조직화하면서 효과적인 사고와 행동이 가능하도록 해 준다.

한편으로는 이러한 장점들이 있지만, 사람들이 정보를 처리하면서 흔히 저지르는 오류, 왜곡 및 누락이 왜 발생하는지를 설명하려는 목적으로 심리도식이 연구되었다(Baldwin, 1992; Baucom et al., 1989; Epstein, Daucom & Rankin, 1993). 예컨대, 만일 한 아이가 바람직한 특정 행동을 드러낼 때만 부모로부터 사랑과 관심을 받는다면, 그 아이는 '사랑과 관심은 조건이 따른다.'는 심리도식을 발달시킬 수 있다. 신념이 환경에서 강화를 받을수록 그 신념은 더 깊게 몸에 밸 것이고, 그 아이는 친밀한 관계에서는 조건에 따라 사랑을 주고받는다는 기대를 더 할 것이다. 성인이 되어서는 자신의 부부 관계와 자녀 관계 같은 인생의 다른 관계에 이 심리도식을 적용할 것이다. 부모는 성장과정에서 장기간에 걸쳐 형성한 각자의 심리도식을 현재의 가족에 가지고 온다. 따라서 부모-자녀 관계는 부모가 가지고 온 심리도식들과 현재의 가족 상호작용 위에서 발달하는 자녀들의 심리도식 모두의 영향을 받는다.

결론적으로, 가족에 CBT를 적용할 때 심리도식은 상당히 중요하다. 심리도식은 사람들이 타인 및 자신들의 관계에 대해서 가지고 있는 장기간 지속되어 온 신념이다. 심리도식은 안정적인 인지구조이며 순간적인 추론이나 지각이 아니다. 그것은 지각(사람이 환경에서 알아차리는 것 또는 간과하는 것)과 다르며 개인이 주목하는 사건들에서 이끌어 내는 추론(귀인 및 기대)과도 다르다. 개별 가족 구성원들의 사고를 다루는 것은 인지행동 가족치료(Cognitive-Behavioral Family Therapy: CBFT)에서 핵심이다. 인지행동이론이 가족의 모든 행동을 인지 과정이 야기한다고 주장하는 것은 아니다. 인지행동이론은 가족 구성원들의 인지적 평가가 구성원들의 상호작용 행동 및 서로에 대한 정서적 반응에 중요한 영향을 준다는 점을 강조한다(Epstein et al., 1988; Wright & Beck, 1993). 사람들은 자신, 자신의 세계 및 자신의 미래에 대한 각자의 기본적인 심리도식을 지니고 있는 것과 똑같이, 원가족의 특성에 대한 심리도식 또한 발달시킨다. 이것은 통상적으로 어느 정도까지는 다른 친밀한 관계에 대한 생각으로 일반화된다. 따라서 개별 가족 구성원들의 개별 인지만이 아니라 가족 심리도식(family schema)―이것은 가족 단위 안에서 다년간의 상호작용이 통합되어 만들어진 가족 구성원들 사이의 신념이 모여 유지된다―을 파악하는 데 훨씬 더 많은 강조점을 두어야 함이 제안되고 있다(Dattilio, 1993).

가족 심리도식이 전형적으로는 가족 현상에 대해 공동으로 지니는 신념이지만, 문화적, 정치적 혹은 영적 주제들과 같은 가족 이외의 영역과도 관련된다. 대부분의 가족 심리도식은 공유된다. 그러나 때로 개별 가족 구성원들은 공동의 심리도식에서 벗어나기도 한다.

개인들은 다음의 두 가지 별개의 가족에 대한 심리도식을 지닌다. 즉, (1) 자신의 원가족에서 부모의 경험과 관련된 가족 심리도식, (2) 일반 가족과 관련된 심리도식 혹은 Schwebel과 Fine(1994)이 가족생활의 개인 이론으로 언급한 것이다. 앞에서 주목한 것처럼, 자신의 원가족에서 비롯된 각자의 경험과 지각이 현 가족에 대한 심리도식 일부를 형성하는 데 기여한다. 이 심리도식은 또한 현재의 가족 관계에서 발생하는 사건들로 인해 수정된다. 예컨대, 어떤 남성이 당장의 같이 사는 식구들 이외 누군가와 가족문제를 논의해서는 절대 안 된다는 신념을 갖도록 양육되었다면, 만일 아내가 아내의 원가족 중 누구와 개인적인 일을 공유할 때 불편해질 것이다. 만일 그가 가까운 친구들과 개인적인 일을 공유하는 것은 좋은 것이라는 생각을 지니도록 양육된 여성과 결혼하게 된다면, 이 문제는 특히나 두드러질 것이다. 외관상의 그런 차이가 우선 갈등을 야기할 것이고, 그 다음으로는 가족의 일을 타인과 공유하는 것에 대한 그들 자녀의 심리도식 및 자신들의 신념에 영향을 미칠 것이다. 만약 한 남성이 '아내는 부부 관계에서 수동적인 역할을 해야 한다.'는 뿌리 깊은 심리도식을 지니고 있다면, 아내가 자신에게 동의하지 않을 때, 그는 '아내가 이 관계를 주도하려고 하고 있다.'는 부정적인 귀인을 하기 쉬울 것이다. 이 심리도식은 그의 과거 경험에서부터 삶의 전 과정으로 발달했을 것이며, 이제는 이 심리도식이 그의 순간순간의 사고를 형성한다. 결과적으로, 그와 아내 사이의 그러한 신념과 상호작용에 노출되면서 자녀들은 남성과 여성 그리고 관계에 대한 신념을 발달시킨다. 이것은 [그림 3.1]에 묘사된 것처럼, 그들의 양육 과정에서 노출되었던 것에 의해 강하게 영향을 받는다.

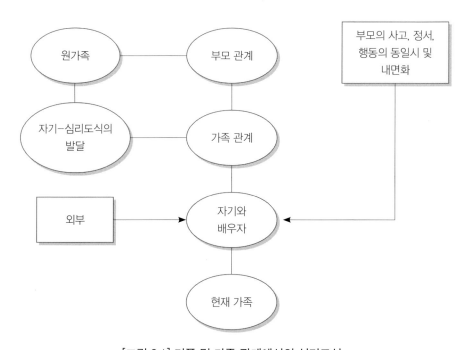

[그림 3.1] 커플 및 가족 관계에서의 심리도식

배우자들의 원가족은 현재의 공유된 가족 심리도식을 형성하는 데 결정적인 역할을 한다(Dattilio, 1993, 1998b, 2001b). 원가족에서 발달한 신념은 인식될 수도 있고 혹은 인식의 범위를 벗어날 수도 있으며 외현적으로 표현되든 안 되든, 그 신념은 공동의 가족 심리도식을 형성하는 데 기여한다. 가족 심리도식 발달에 대한 이러한 과정이 [그림 3.2]에 보다 세부적으로 제시되어 있다.

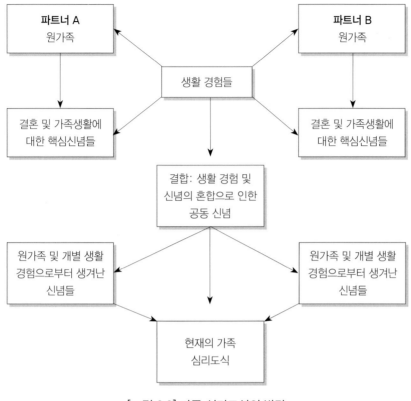

[그림 3.2] 가족 심리도식의 발달

◇◇◇◇◇◇◇◇◇◇◇◇
기저의 심리도식과 인지적 왜곡

앞의 1장과 2장에서 대략적으로 서술한 것처럼, Baucom 등(1989)은 관계 문제와 연관된 인지의 유형을 분류하였다. 이러한 인간의 인지는 모두 자연스러운 것으로 간주되지만, 왜곡이 일어나기도 쉽다(Baucom & Epstein, 1990; Epstein & Baucom, 2002).

대인관계 상황에서 이용할 수 있는 정보가 상당하기 때문에, 어느 정도의 선택적 주의는 불가피하다. 그러나 커플이 서로에 대해 편향된 지각을 형성할 가능성이 얼마나 있는지는 파악되어야 한다. 귀인 및 기대와 연관되어 있는 추론은 타인의 행동을 이해하고 다른 사람의 미래 행동을 예측하는 인간 정보처리의 정상적인 측면이다. 그러나 이러한 추론에서 오류가 발생할 경우 관계에 부정적인 영향을 미칠 수 있다. 개인이 다른 사람의 행동을 부정적인 성격 특성(예: 악의적인 의도)으로 귀인하거나 타인이 자신의 행동에 어떻게 반응할지를 잘못 판단한다면 특히 그럴 수 있다. 가정(assumptions)은 사람과 관계에 대한 현실적인 표상인 경우 적응적이다. 예컨대, 타인을 학대하지 말아야 한다는 도덕적 기준처럼, 개인이 지니고 있는 많은 기준(standards)들은 커플 관계의 질에 긍정적인 영향을 미친다. 그렇지만 부정확하거나 극단적인 가정 및 기준은 타인과 부적절한 상호작용을 유도할 수 있다. 일례로 부모의 집에 얹혀살고 있는 동안에는 아동이나 청소년 자녀의 의견과 감정은 고려 대상이 아니라는 기준을 부모가 가지고 있다면 이런 경우일 것이다.

관계에 대한 심리도식은 개인의 마음속에 명료하게 있는 것이 아니라, 관계가 어떤 것인지 또는 관계가 어떠해야 하는지에 대한 모호한 개념으로 존재하는 경우가 많다(Beck, 1988; Epstein & Baucom, 2002). 이미 형성된 심리도식은 새로운 상황에서의 정보처리 방식에 영향을 준다. 즉, 그 개인이 선택적으로 지각하는 것에 영향을 주며, 타인 행동의 이유를 추론하는 과정에 영향을 주고, 관계에 만족하는지 아닌지에 영향을 준다. 기존의 심리도식은 수정되기 어려울 수 있지만, 중요한 타인들과의 반복되는 새로운 경험을 통해 변화될 수 있다(Epstein & Baucom, 2002; Johnson & Denton, 2002).

◇◇◇◇◇◇◇◇◇◇
원가족의 심리도식과 그 영향을 확인하기

파트너 각각의 사고를 다루는 것은 커플과 작업하는 치료에서 핵심이다. 사람들은 자기 자신(자기-개념), 자신의 세계, 자신의 미래에 대한 기본 심리도식을 지니고 있는 것과 똑같이, 특정 관계의 특성뿐만 아니라 친밀한 관계의 일반적 특성에 대한 심리도식 또한 발달시킨다. 기저에 있는 심리도식에 충분히 주의를 기울이지 않고 무시하거나 혹은 아예 주의를 기울이지 않는다면 중대한 임상적 오류를 범할 수 있다. 이와 관련된 사례가 생각난다. 실수를 하는 것 그리고 실패의 위험을 무릅쓰는 것에 대한 샤론의 취약성 심리도식을 치료자가 고려하지 못한 채 샤론이 주도적인 책임을 져야 하는 과제를 샤론과 남편에게 할당하였다. 그러면서 중요한 문제가 발생했다. 그녀는 실패를 두려워했기 때문에 과제가 너무나 압도적이었다. 치료자의 개입은 역효과를 낳았고, 샤론은 다음 치료 회기에 오기를 거부했다.

종종 심리도식은 커플과 가족 갈등의 중심에 존재한다(Dattilio, 2005a). 평가는 치료의 전체 과정에서 지속적으로 진행하는 것이 좋으나, 심리도식은 치료의 초기 단계 동안에 다루어져야만 하는 이유가 바로 이것이다.

원가족에서 유래된 심리도식을 평가하는 데 사용되는 지침으로 Richard Stuart의 원가족 검사(Family of Origin Inventory, 1995)가 있다. Stuart의 상세하고 종합적인 검사를 통해 배우자들 각자의 원가족이 어떻게 그들의 삶, 결혼 및 가족에 영향을 미치는지를 배우자들이 묘사할 수 있다. 이 검사에서 종합된 정보를 가지고 치료자는 커플 및 가족 관계에 관한 중요한 심리도식이 드러나도록 하는 구체적인 질문을 만들 수 있다.

커플치료의 과정에서, 한 배우자나 혹은 배우자 모두가 가지고 있는 경직된 심리도식이 표면에 드러나면서 관계의 부정적인 상호작용 패턴을 수정하는 과정의 진전을 방해하는 경우도 많다. 이러한 심리도식의 일부는 현재의 관계 과정에서 발생한 경험에 근거하고 있지만, 또 다른 심리도식은 과거의 관계 경험으로부터 유래된다. 예를 들면, 한 남성이 '부부싸움을 하면 아내는 쉽게 운다.'는 믿음을 지니고 있을 수 있는데, 그로 인해 다툼이 고조될 때마다 아내가 그럴 것이라고 예상한다. 이러한 기대는 일반적인 여성의 특성과 감정에 대해서 그가 지니고 있는 더욱 뿌리 깊고 포괄적인 자신의 심리도식과 부합하는 것이다. 그러한 심리도식은 그의 예전의 낭만적인 관계나 그의 삶에서 여성에 대해 학습한 바에도 토대를 두고 있다.

그러나 어떤 심리도식은 원가족에서의 경험에 깊게 뿌리를 두고 있기 때문에 더욱 깊숙이 체득되어 있어서 치료에서 중요한 도전을 야기한다. 그러한 심리도식은 문화에 기반해 있으며 개인의 성격형성 시기에 일찍 만들어지프로 변화에 훨씬 더 저항적이다. 원가족에서 탄생한 신념 체계는 대개 강력하고 일관되게 강화되어 인생의 중요한 성장기 동안 내면화된다(Dattilio, 2005b, 2006c).

댄과 마리아의 사례: 평화 유지하기

댄, 마리아 그리고 그들의 어린 아들 조쉬의 사례가 있다. 그들의 가족상황은 댄의 성장과정에서의 경험에 크게 영향을 받았는데, 그 경험은 다툼에 대한 댄의 심리도식을 형성하였다. 댄의 부모님은 늘 싸웠는데 싸우고 나서 댄의 어머니는 두 번 가출을 했다. 그 결과로 댄은 버림받는 것에 대한 깊은 두려움을 지니게 되었고 애착 곤란을 경험하였다. 그는 어머니가 자신의 삶에서 두 번의 결정적인 시기에 떠났다고 회상했는데, 한 번은 그가 12세 때였으며 다른 한 번은 16세 때였다. 두 번째에는 어머니가 집을 영영 떠났으며 자신이나 아버지를 보러 돌아오지 않았다. 그로 인해 댄은 분노 감정, 부적절감, 거부와 유기에 대한 두려움을 발달시켰다. 사실, 어머니는 그와 아버지를 제외하고 집에서 거의 모든 것을 가져갔다. 어머니는 자신의 돌연한 가출이나 그녀가 했던 일들을 사과한 적도 결코 없다. 이러한 것은 자신이 마치 그런 버림을 받을 만한 뭔가 나쁜 짓을 했음에 틀림없다는 감정을 댄에게 남겨 놓았다.

더욱 중요한 것은, 댄이 다툼과 논쟁은 이별과 이혼을 낳게 되며, 그래서 사람은 '평화를 유지할 수만 있다면 어떤 것이라도 해야'만 한다는 심리도식을 발달시켰다는 것이다. 댄에게는 이것이, 부정적인 결과가 두려우면 감정을 숨기고 어떤 분노도 나타내지 말라고 말해 주었다. 자신의 감정을 숨기는 것은 아내와의 관계에서 많은 어려움을 가져왔다. 결과적으로, 그의 감정은 내면에 쌓여 있다가 분노 폭발로 표현되곤 했다. 몇 번은 댄이 스스로에 대한 통제를 상실하고 아내에게 폭력을 행사했다. 아내는 그를 떠났으며 아들 조쉬를 데리고 갔다. 댄은 자신이 압도되고 평정을 상실한 후에만 감정을 드러낼 수 있었음을 기억한다. 아내의 가출은 어린 시절 댄의 유기 공포를 상기시켰다. 이번에는 그의 아내와 아들이 모두 가 버린 것이다.

불행하게도, 이 심리도식은 아들 조쉬에게 전해졌는데, 조쉬 또한 자신이 중재자가 되어야 한다고 느꼈고 가족 내의 갈등에 대한 자신의 분노를 표출할 수 없었다. 조쉬는 좀처럼 자신의 감정을 표현하지 않았는데, 이러한 것이 그가 성장하여 청소년기가 되고 데이트를 시작하면서 여자 친구와의 관계에 영향을 미쳤다.

이 가족과의 작업에서 상당한 부분은 '다툼은 이혼을 낳는다.'고 하는 댄의 경직된 심리도식에 집중되었다. 그가 더 자기주장을 할 수 있도록 돕고 더욱 조절된 양식으로 자신의 감정을 표현하도록 시도했다. 예를 들면, 아내 마리아에 대한 자신의 부정적인 감정 일부를 먼저 표현해 보는 것으로 시작하였다. 마리아에게는, 댄의 말을 지지적으로 잘 들어주는 경청자가 되라고 다소 무례하지만 내 마음대로 코치했다. 이것은 거부와 버림받는 것에 대한 댄의 공포를 상당한 정도로 둔감화시키는 데 도움이 되었다. 또한 '좋은 논쟁과 건강한 다툼'이라는 것들이 있으며 논쟁과 불일치가 모두 이별과 이혼을 하게 만드는 것은 아니라는 관점을 발달시키면서, 동시에 의사소통 기술을 그에게 가르쳤다. 이러한 심리교육적 요소는 아들 조쉬가 함께한 자리에서 수행되었고, 따라서 조쉬는 아버지의 변신을 관찰할 수 있었다.

댄의 원가족에서 유래하는 심리도식이 아들 조쉬에게 전달되었으며 현재의 관계를 침식시키는 결과를 낳았다. 구체적인 의사소통 기술, 자기주장 훈련, 행동 연습 등의 인지행동기법과 애착 문제를 다루는 인지행동기법들은, 그의 아들 조쉬가 미래에 타인과 관계를 맺는 것뿐만 아니라, 아내와 자신의 관계를 변화시키도록 댄을 돕는 데 필수적이었다. 댄이 불일치와 유기에 대한 자신의 심리도식을 재구성하기 위해 의식적인 노력을 하는 것 또한 중요하다. 불일치해도 괜찮으며 불일치가 항상 파국적인 결과를 낳지는 않는다는 점을 그가 스스로에게 재확인시키는 몇 가지 인지적 시연도 포함되었다. 아들 조쉬가 아버지를 존경했기 때문에, 자신과 아내를 위해서뿐만 아니라 아들을 위해서도 댄이 이러한 문제들을 다루는 것이 중요했으며, 전체 가족이 그 변화 과정에 함께하는 것이 중요했다.

부모 또는 다른 1차 양육자는 아동의 신념 체계의 발달에 강력한 영향을 미친다. 그 신념이 강력한 문화적 토대의 맥락에서 전달되는 것이라면 더욱 그렇다. 예를 들면, 서구문화에서는 얼마 전까지만 해도 여성은 가정주부, 남성은 생계를 책임지는 가장의 역할을 하는 것으로 간주되었다. 이것은 한 세대로부터 다음 세대로 전수되는 가치로서 많은 표준 기대가 되었다(McGoldrick, Giordano, & Garcia-Preto, 2005). 당대의 사회적 규준이 변화하면서 이러한 기준도 상당히 변동되었지만, 일부 남성과 여성들은 여전히 여성의 역할이 가정 밖에서 일하는 것이 아니라 가정 내에서의 책임에 집중하는 것이라는 심리도식을 지니고 있다. 유사한 맥락으로, 전통적인 성역할 신념은 여성 부모는 가정에서 애정을 나누어 주는 데 책임이 있고 남성 부모는 훈육에 책임이 있는 것으로 묘사하곤 한다. 그런 기준들이 현대의 많은 관계에서 상당한 갈등을 야기하는 것은 명백하며, 두 배우자가 이와 관련하여 서로 다른 심리도식을 지니고 있다면 특히 그렇다. 그러나 제2차 세계대전 후세대로 성장한 많은 노부부들은 여전히 전통적인 성역할 기대를 배우자들과 공유한다.

물론 사람들은 가족생활, 성역할 그리고 여타의 문제들에 대해 내면에서 상충되는 태도를 지니는 경우도 흔하다. 예를 들어, 한 여성이 전문 경력을 추구하고자 하는 동기가 매우 높고 친구와 가족들은 이 목표를 지지한다. 그럼에도 내심 어떤 것들이, 그녀의 삶에서 진정한 직업은 남편과 자녀들에게 봉사하는 것이라고 느끼도록 만든다. 이 상반되는 태도는 모호한 약점이라든가 뭔가 찔리는 느낌을 낳을 수 있다(즉, "나는 자존감을 높이기 위해서는 내 직업적 경력을 추구할 필요가 있다. 하지만 남편과 아이들이 불평을 하면 죄책감을 느낀다.").

가족 심리도식은, 위에 언급한 그런 것들처럼, 직접적으로 특정 주장을 통해서든지 혹은 좀 더 모호하게 가족 내의 상호작용을 자녀들이 관찰을 해서든지 간에, 다양한 방식으로 부모에서 자녀에게로 전달될 것이다. 예컨대, 어떤 가족들에서는 청소년기와 초기 성인기에 특히, 여성이 자신의 성생활을 어머니에게 털어놓는 것이 세대를 통해 전수되는 전통이었다. 그런 부분을 딸이 공개할 것이라는 기대를 어머니가 딸에게 직접 말하지 않더라도, 딸은 한편으로 어머니가 자신의 성행동에 대해 사무적인 질문을 하기도 하고 또 한편으로는 부모에게 인정을 받고자 하는 마음도 있어서, 그런 공개가 정상적인 엄마−딸 사이의 대화라고 추론하기 쉽다. 이러한 대화는 엄마와 딸 사이에 특별한 유대를 형성하는 데 통상적으로 도움이 될 수 있다. 그러나 그런 의사소통이 딸이 성인기가 되어서도 지속된다면, 배우자는 자신들의 침실에서 일어난 일을 아내가 친정어머니에게 누설한 것이기 때문에 마음이 불편해질 것이다. 경계 및 사적인 영역에 대한 남편의 심리도식과 아내의 심리도식 사이의 불일치는 기쁠 관계에 상당한 영향을 미칠 수 있다. 여기에서 중요한 요점은 결혼한 부부들은 일반적으로 자신들의 부모로부터 자신의 태도를 형성한다는 것이다.

선구적인 가족치료자인 Virginia Satir(1983)는 '부모는 가족을 건축하는 사람'이라고 말했다. Satir는 저서에서 역할에 대한 기대가 어떻게 한 세대에서 다음 세대로 전달되는지를 강조했다. 만일 평가와 치료 과정 동안 부모의(또는 파트너들의) 원가족 신념 체계를 철저하게 탐색하지 못한다면 치료자는 중요한 정보를 놓칠 것이다. 그런 정보는 원가족 경험들이 어떻게 현재의 관계에서 내담자 각각의 생각에 영향을 주는지를 치료자가 더 잘 볼 수 있게 해 준다.

[그림 3.3]은 원가족 심리도식의 낙수 효과를 도표로 나타내고 있다. 원가족 이론에서 가장 주목할 만한 연구들이 1960년대부터 1980년대에 걸쳐 Murray Bowen에 의해 처음으로 수행되었다(Bowen, 1966, 1978; Kerr & Bowen, 1988). Bowen의 이론은 가족 및 관계의 기능에서 세대를 초월하는 흐름이, 가족 구성원들의 기능이 세대를 넘어 규칙적이고 예측 가능하도록 연결하는 관계 과정을 반영한다고 상정한다. 이 유산은 한 세대에서 다음 세대로 전달되는 신념, 가치, 정서를 담고 있다(Kerr & Bowen, 1988; Miller, Anderson, & Kaulana Keala, 2004). Bowen은 특히 "대부분의 세대 전달은 오랜 기간 지속되는 유대에 토대를 두는 것으로 보인다."고 주장했다(Kerr & Bowen, 1988, p. 315). Bowen이 의미하는 것은 세대 전달의 강도가 대개 가족 관계의 강도 및 기간에 달려 있다는 것이다.

Bowen에 따르면, "대부분의 세대 전달은 서로 친밀해지고자 하는 인간 깊숙한 곳의 성향과 연결되는 것으로 보인다"(Kerr & Bowen, 1988, p. 315). 이러한 점에서, 성인이 된 자녀들은 자신의 결혼과 현재의 가족에서 부모의 상호작용을 모방하는 경향이 있다. Bowen은 또한 가족 기능에서의 단순한 노출이 세대 간 전달 과정을 충분히 설명하지는 못한다고 경계했으며, 실제 전달 과정은 대개 기복이 있으며 정서적인 수준에서 발생됨을 강조하였다(Larson & Wilson, 1998). 이러한 견해는 이면에 있는 사고를 의식적으로 인식하지 않더라도 드러날 수 있다는 것과 관련된다.

Bowen이 말한 가족 투사 과정(family projection process)을 통해 '분화'의 수준 및 기능의 패턴이 부모에게서 자녀로 전달된다(Kerr & Bowen, 1988). Bowen에게 분화란, (1) 타인과 독립하여 자율적으로 기능하는 개인의 능력, (2) 인지를 정서와 분리하는 개인의 능력(즉, 불안과 같은 정서적 상태의 간섭을 크게 받지 않고 논리적으로 사고

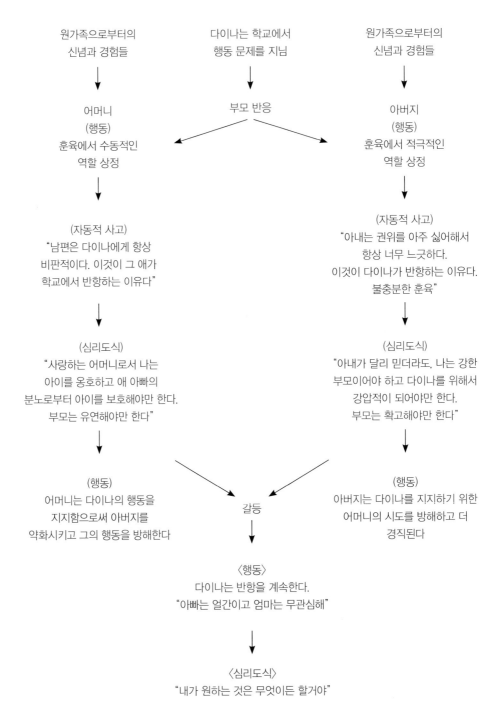

[그림 3.3] 가족 심리도식

하는 능력) 두 가지를 의미하였다. Bowen은 부모와 자녀가 정서적 애착이나 자녀 측의 자율성 사이에서 균형 있는 발달을 하지 못하고 실패한 정도가, 자녀가 성장하면서 자신의 삶 속에서 얼마나 잘 기능하는지에 영향을 준다는 가설을 세웠다. 이 영향은, 성인 자녀의 개인적 기능뿐만 아니라 그 자녀의 원가족의 기능에서도 직접 표출된다. 특히 그 자녀의 결혼 관계 내에서 역기능의 역할을 하는 것은 명백하다 (Bowen, 1978).

그러나 Bowen이나 그의 동료들은, 세대를 뛰어넘는 가족 융합으로 인해 발달되는 심리도식을 상세하게 다루지는 않았다. 아이가 특정한 가족 신념 체계를 받아들이는 구체적인 방식은 단순히 모방의 문제가 아니라 깊이 뿌리 내린 내면화 과정을 통해서이며, 기초 신념을 형성하는 원가족 경험에 다년간 노출되면서 이러한 내면화 과정은 정밀해진다.

예컨대, 돈을 취급하는 일은 파트너들이 원가족에서 습득한 그들의 태도 때문에 다수의 커플에게 쟁점이 된다. 어떤 가족은, 돈은 절약해야 하며 꼭 필요할 때만 써야 하는 것이라고 믿는다. 이런 가족은 검소한 삶을 살면서 미래를 위해 저축하는 것에 가치를 둔다. 다른 가족은, 돈은 도구이며 지금 이 자리에서 사용되어야 하는 것으로 생각한다. 그런 가족들은 돈의 지출을 부정적으로 보지 않으며, 돈이 어떻게 사용되어야 하는지에 관한 책임이 덜할 것이다.

배우자들이 돈에 관한 철학이 매우 다른 가족에서 성장했다면 심각한 갈등이 이어질 수 있다. 돈을 절약해야 한다는 압박감이 있고 얼마간의 돈이 확보되어 있다는 것이 확인되어야 안정감을 느끼는 원가족에서 자란 사람은, 배우자가 돈의 사용에 대해 다른 가치를 두고 있는 경우 그 안정감이 흔들릴 수 있다. 그러나 '죽을 때 돈을 가지고 가지 못한다.'고 믿는 가족에서 성장한 파트너라면 배우자가 돈에 관해 보수적일 경우 숨이 막힌다고 느낄 수 있다. 결혼 생활에서 돈을 어떻게 소비해야 되는지의 방식에 그 커플의 부모님이 계속 상당한 영향력을 행사하고 있다면 부부의 갈등은 한층 복잡해진다.

◇◇◇◇◇◇◇◇◇◇
세대를 초월하는 심리도식과 인지

홍미롭게도, 구체적인 인지를 다루는 전문 연구문헌이 거의 없는데 세대를 뛰어넘는 심리도식은 자녀의 인지 과정에, 특히 자녀들의 결혼 관계 방식에 영향을 미친다. 얼마 전까지는 가족 관계 내의 인지적 요인에 대한 연구 문헌들에서, 가족 심리도식 및 그러한 심리도식이 세대 간 어떻게 전달되는지가 주목을 많이 받지 못했다(Dattilio, 2001a, 2005b, 2006c; Dattilio & Epstein, 2003; Dattilio et al., 1998).

세대를 넘어 전수되는 심리도식은 내용 면에서 긍정적이거나 부정적일 수 있고, 의식적이거나 무의식적인 수준 모두에서 존재할 수 있다. 심리도식이 부정적인 내용을 지니고 있고 부정적인 정서와 연합되어 있다면 심리도식의 변화가 특히 어렵다고 하는 점을 임상가들은 공통적인 경험을 통해 시사하고 있다. 이것은 기초 인지 심리학 연구의 발견과도 일치한다(Baldwin, 1992). 더욱이, 바람직하지 않은 심리도식들이 삶의 경험을 통해 반복적으로 강화되고 시간이 지나면서 강력해지면 변화하기가 더욱 어렵다. 게다가 사람의 의식적인 인식 내에 실재하지 않는 심리도식을 수정하기란 더욱 어려운 일이다. 만일, 한 젊은 여성이 배우자의 학대 행동이 결혼의 일부이기 때문에 참아야 할 의무가 있다고 믿으면서 스스로를 학대의 대상이 되도록 놔둔다면 이 여성의 심리도식을 고려해 보아야 한다. 그러면 원가족의 영향으로 형성된 그녀의 심리도식이 개인력 조사를 통해 드러날 것이다. 배우자 역할에서 이러한 형태의 관계 방식은 아마도 그 여성의 부모님이 보여 주었을 것이고, 이러한 점은 그녀의 잠재의식 속의 신념 체계에 심대한 영향을 주었을 것이다. 그녀의 원가족에서 그러한 역할 모형에 반복적으로 노출되었음을 생각해 보면, 어떻게 이 여성이 결혼의 의무에 대한 그런 심리도식을 발달시켰을지를 어렵지 않게 알 수 있다(Dattilio, 2006c).

권위와 싸우기

체코슬로바키아계 미국인 3세대 가족이 있었다. 열 살 된 아들이 학교에서 적대적 반항 행동을 보여 치료를 찾아오면서 이 가족을 만나게 되었다. 초기 평가를 통해, 많은 경우에서 그렇듯이 아이의 반항이 그의 가족 내 문제와 관련되어 있다고 추정하였다. 나는 가족치료 회기로 부모가 함께 해 줄 것을 요청했고 가계도를 구성하였는데, 가계도를 통해 아동의 부모가 둘 다 체코슬로바키아계 미국인 1세대임을 알게 되었다.

어머니와 아버지 모두 부모님이 체코슬로바키아 출생이었다. 양가의 조부모 모두 홀로코스트 생존자였으며, 조부모님들은 2차 세계대전에서 독일의 점령기간 동안 나치가 친척들뿐만 아니라 자신들의 부모님을 처형하는 것을 직접 목격했다.

조부모님들은 각자의 강제 노동 수용소에서 마침내 풀려났으며 미국으로 이주했다. 그러나 그처럼 많은 가혹행위를 목격한 후로 그들은 심한 우울증을 겪었으며, 이 우울증은 그들의 여생 동안 영향을 미쳤다. 이는 의도치 않게 자녀들에게 영향을 주었고, 자녀들은 부모님의 만성적인 우울 및 절망과 싸우며 성장했다. 열 살 아이의 부모는, 자신들이 아이였을 때 집안의 전반적인 정서적 분위기 때문에 종종 우울해지고 말이 없었다고 나에게 말했다. 또한 타인을 신뢰하는 것이 어려웠고 권위에 대한 일반화된 중압감을 경험했다고 말했다.

이 중압감은 그들의 아들에게 직접적인 형태로 전해졌다. 그러나 아들은 전형적인 우울 증상으로 반응하는 대신 자신의 우울을 부인하고 학교에서의 반항 행동을 통해 그의 갈등을 표출했다. 이것은 달리 말하자면 권위에 대해 그의 가족이 가지고 있는 문제의 표상이었다. 이 어린 소년의 행동이 실제로는 우울의 희생물로 전락하지 않으려는 이 아이의 대안이었다는 것이 나의 견해이다. 한편, 그의 반항이라는 대안은 우울해지는 것보다는 나았으나, 동시에 그에게 문제를 일으켰다. 치료 목표는 아이가 우울을 회피하는 것을 강화해 주고, 학교에서의 곤경을 다루면서 살아남는 다른 선택을 고려하도록 하는 것이 될 것이다.

한 세대에서 다음 세대로 전수되어 온 가계의 우울을 다루기 위해 원가족 회기를 포함하여 가족치료가 도입되었다. 치료 작업의 많은 부분은, 거의 60년 된 트라우마가 어떻게 그들 가족의 몇 세대에 걸쳐 영향을 주었는지를 소년의 부모들이 인식하도록 돕고, 어린 소년이 스스로를 표현하기 위한 다른 대안 행동들을 고려하게끔 돕는 것이었다.

원가족에서 유래되었음 직한 부부 및 가족 구성원들의 심리도식을 조사하는 데 상당히 중점을 두어야 함은 명백하다. 특히 그러한 심리도식이 이성적으로, 정서적으로, 행동적으로 관계가 기능하는 방식에 관한 것들인 경우 더욱 그렇다. 이것은 특히 중요한데, 왜냐하면 흔히 관계 갈등을 낳는, 친밀한 관계에 관한 광범위한 기준들이 그런 심리도식과 관련되기 때문이다. 이러한 심리도식은 상당 부분이 개인의 마음 안에 또렷이 표현되지는 않으면서 대상이 어떤 것이고 혹은 어떠해야 하는지에 대한 모호한 개념으로 존재하기 때문에 특히 갈등에 위험 요소가 된다(Beck, 1988; Epstein & Baucom, 2002). 자신 및 관계에 대한 심리도식이 이른 나이에 뿌리내리면, 그 심리도식은 무의식 수준에서 작동할 잠재성이 크고 세대를 넘어 쉽게 전달된다. Schwebel과 Fine(1994)은 그런 인지들을 컴퓨터의 소프트웨어에 비유하는데, 그러한 심리도식들이 지각, 사고, 반응, 감정 및 행동을 형성하고 가족생활에서의 어려운 문제들에 지침을 주어 구성원들이 가족이라는 환경에서 기능하도록 돕는다는 점에서이다(p. 56). 그런 심리도식이 가족 안에 확산되면, 그것을 내면화한 구성원들은 심리도식에 대해 의식적인 생각을 하지 않고도 그것의 원리에 따라 움직인다.

Tilden과 Dattilio(2005)는 심리도식을 두 가지 주요한 범주로 구분하였는데, (1) 취약한 핵심 심리도식(the vulnerable core schema), (2) 방어하는 대처 심리도식(the protective coping schema)이다. 취약한 핵심 심리도식이란 고통스럽고 회피된 과거 경험의 측면들을 일컫는다. Welburn, Dagg, Coristine 및 Pontefract(2000)는 위계적인 조직화 상에서 어떤 위치에 있는지에 따라 심리도식들 간에 구분을 하는데, 어떤 심리도식은 안전 및 애착같이 기본적 욕구들과 연결되어 있기 때문에 가장 중요한 것으로 결정되고, 다른 심리도식들은 상대적으로 지엽적이지만, 타인에게 수용되거나 인정받는 것은 핵심 심리도식과 연관되어 있다.

취약한 핵심 심리도식은 대개 어린 시절 형성되는데, 아동의 감정과 경험, 나아가 애착과 같이 아이의 핵심 욕구와 연합된 것들을 성인 양육자가 타당화해 주는 데 실패하고 인정해 주지 못한 결과이다(Bowlby, 1982). 또한 성인이 된 후의 트라우마 사건들을 통해서 또한 그런 취약한 핵심 심리도식이 형성되기도 한다. 핵심 취약성 심리도식을 지니고 있는 사람은 할 수 있는 한 스스로를 보호하고 돕기 위해, 취약한 심리도식을 촉발하는 중대하고 힘든 삶의 상황이나 사건들에 맞서 자신을 보호해 주는 대처 심리도식 혹은 대처 전략이 필요할 것이다. 그러나 대처 전략의 사용이 부적응적이며 원치 않는 결과를 가져올 수도 있다. 이런 상황이 잘 드러나 있는 사례가 앙드레와 이바의 경우인데, 원가족에서 유래된 그들 각자의 심리도식은 사랑과 친밀감에 대한 각자의 신념을 굳건하게 형성했고 지속되는 취약성에서 자신들을 보호할 필요가 있다는 강한 믿음을 만들었다. 그들의 심리도식은 상대방과 자신의 욕구와 선호 사이에서 갈등이 발생하면서 관계에 큰 불화를 일으켰다.

앙드레와 이바의 사례 [2]

앙드레와 이바는 70대 중반의 나이였다. 앙드레는 오남매 중 한 명으로 로마에서 태어났고, 40년간 제철소 노동자로 일했다. 그의 아내 이바는 폴란드계 가족이며 미국에서 태어났고 결혼 생활의 대부분을 전업주부로 살았다. 앙드레와 이바는 성장한 세 자녀가 있었다. 둘째 로지는 최근에 뇌종양으로 사망했다. 이 커플은 딸을 잃고 비탄에 빠진 상태에서 싸우다가 교구 목사의 충고로 나에게 치료를 받으러 왔지만, 사실 딸의 죽음 이전에도 부부 문제가 있었다. 이미 존재하고 있었던 긴장감이 자녀를 잃은 충격을 악화시켰던 것이었다.

앙드레와 이바가 48년간의 결혼 생활에서 다투었던 것은 대부분 그들이 함께 생활하는 방식에 관한 것이었다. 돈이 어떻게 지출되어야 하는지, 아이들을 어떻게 훈육해야 하는지에 대해서 그들은 매우 달랐다. 앙드레는 돈을 절약해야 하며 '꼭 필요한 것들'만을 사야 한다고 믿었다. 한편, 이바는 돈은 쓰기 위해 있는 것이라고 믿었으며 '죽으면 아무 소용없다.'는 태도를 유지했다. 이바는 부모님이 말한 '수의에는 돈 넣을 주머니가 없다.'는 인용구를 자주 떠올렸다. 앙드레가 아이들의 체벌이

---

2) 미국 결혼 및 가족치료 협회(AAMFT)의 승인하에 각색되었다.

훈육상 필요하다고 믿은 반면, 이바는 모든 신체적인 처벌에 반대했다. 대개의 경우, 이바가 앙드레의 의견을 무시하고 자신이 최선이라고 느끼는 대로 행동했기 때문에 이 차이가 크게 문제되지는 않았다. 앙드레는 골프와 같은 스포츠 활동에서 도피처를 찾았다. 조금 더 들어가 보면, 이바가 자주 하는 불평 중 한 가지는 앙드레가 그녀보다 스포츠에 마음을 더 많이 썼고, 그가 성관계를 원할 때 침대에서만 그녀에게 애정을 나타낸다는 사실이었다. 아이들이 성인기가 되고 집을 떠나자, 그들의 친밀감 문제가 더욱 심각해졌다. 이바는 서로 다정하게 호의를 표현하면서 침실 밖에서도 애정이 표현되어야 한다고 믿었다. 그래야 이것이 후에 포옹이나 애무 그리고 가끔씩의 성관계와 같은 신체적 친밀감을 이끌어 낼 수 있다고 믿었다. 한편, 앙드레는 애정이란 신체적 접촉이며 항상 은밀하게 발생한다고 믿었다. 그는 사랑을 성관계와 동일시했다.

앙드레와 이바의 딸이 뇌종양으로 아팠을 때, 그들은 서로에게 위로가 되지 못했다. 앙드레는 주말 리그에서 골프와 볼링을 치면서, 스포츠 활동으로 도피했다. 사실, 이바는 자신을 '골프 과부'라고 칭했다. 딸 로지의 병중에, 이바는 딸을 화학적 치료에 데리고 다녔고 손주들과 다른 가족 구성원들을 돌보았다. 딸이 편모였기 때문에, 이바는 또한 식사를 챙기거나 다른 집안일들을 거들면서 로지의 아이들을 돌보았다. 이런 일에 남편은 신경도 쓰지 않았다고 말하면서, 이바는 앙드레가 이기적이고 상황을 회피했다고 비난했다. 앙드레는 이바의 '유난 떨고' 싶어 하는 욕구 때문에, 이바가 상황을 악화시키는 것일 뿐이라고 말하면서 반박했다. 또한 이바는 자신이 아무런 성관계 욕구를 나타내지 않을 경우 상냥해지는 사람이라고 앙드레를 묘사했다.

앙드레와 이바가 로지를 매장했던 날, 커플 관계에서 위기의 순간이 왔다. 아침 일찍 장례를 치르고 장례식 후 가족들이 집에 함께 모인 긴 하루였다. 그날 저녁 잠자리에 들어서, 앙드레는 성적인 친밀감의 목적으로 이바에게 접근했다. 이런 상황에서 대부분의 사람들이 그럴 수 있듯이, 이바는 아주 질겁을 했다. 그러나 이 행동이 무정하게 보였을지 몰라도 앙드레의 그런 행동은 자신의 사랑을 표현하고 스스로 위안을 얻는 방식이라고 나는 해석했다. 그들이 딸을 묻었고 여전히 비탄해하고 있는 그날에 앙드레가 성관계를 원했다는 것을 이바는 믿을 수가 없었다. 앙드레는 이바가 "당신 정말 이기적이고 냉혈한이야!"라며 자신에게 '고함을 질렀고', 역겨워하면서 같은 방에서 잠자는 것을 거부했다고 말했다. 그는 자신의 성관계 제안이 끔찍한 상실을 경험하고서 서로를 위로하는 그들의 수단이라고 보았기 때문에, 이바가 자신의 제안을 왜 이기적이라고 인식하는지 당황스러웠다. 이 사건은 간신히 유지되고 있는 관계를 무너뜨린 꼴이 되어 버렸고, 이바는 완전히 앙드레에게서 철수하였다. 이 상황에 이르자 앙드레는 교구 목사에게 조언을 구하였고, 그 목사는 커플치료가 필요하다며 나에게 그 커플을 의뢰했다.

배경 정보 수집하기

치료의 초기 단계에서 앙드레와 이바가 함께했던 세월에 대한 배경정보를 수집하였다. 그들이 어떻게 만났고, 서로에게 무엇이 끌렸는지에 대해 이야기했다. 돈의 지출, 자녀 양육, 중요한 의사결정 및 정서적이고 성적인 친밀감의 의미 등에서 어떤 의견 차이가 있는지를 포함하여, 결혼생활에서의 광범위한 문제들에 초점을 두었다.

또한 각 배우자가 아동기 시절 노출되었던 신념 체계가 무엇이었는지 그리고 그런 신념들이 성관계, 애정 및 친밀감에 대한 그들 각자의 심리도식 형성에 어떻게 영향을 주었는지를 이해하는 데 상당히 주력했다. 더 중요하게는, 정서적 위로에 관한 앙드레와 이바의 심리도식이 어떤 것인지 탐색했으며 위로를 원하는 상대방의 욕구를 각자가 어떻게 인식하는지 탐색했다. 이 사례에서 특히 궁금했던 점은 많은 세월 동안 그들의 심리도식이 그렇게 뿌리 깊게 작용했음에도 이 배우자들이 결혼관계를 유지해 왔다는 것이었다. 이제는 무엇인가 변화되어야 하는데, 왜냐하면 이 같은 방식으로 계속 간다면 관계가 심각한 위험에 처하는 지점에 돌입했기 때문이다.

앙드레와 이바는 치료에 공동으로 참여했다. 각자가 상대방이 말하는 개인력을 듣는 것이 중요했기 때문에 그들을 분리해서 면담하는 것보다 그들을 함께 평가하기로 결정했다. 앙드레가 먼저 자신의 원가족에 대해 이야기했는데, 부모님 두 분다 루마니아 사람이었고 그가 아주 어렸을 때 미국으로 이주해 왔다고 말했다. 앙드레의 어머니는 집시 혈통으로 가족 역동에 강한 영향을 미치고 있다고 말했다. 가족은 항상 아주 긴밀한 관계였고, 사실상 여러 해 동안 그들은 방이 두 개 있는 아파트에 살면서 큰 침대 하나에서 모두 같이 잤다. 앙드레는 자신이 부모님의 성관계를 목격했었는지, 혹은 다른 가족 구성원들에게라도 그런 일이 노출되었던 적이 있었는지를 너무 어려서 회상하지 못했지만, 부모님이 서로에게 신체적인 애정을 나타내는 듯한 때는 유일하게 그들이 포옹하는 밤이었다고 회상했다. 부모님은 낮 시간 동안에는 각자 떨어져 있었던 것으로 보였다.

앙드레는 어머니와 가까웠는데, 어머니를 어느 정도까지만 가족의 여자 가장이라고 묘사했다. 아버지는 생계비를 버는 사람이었고, '중대한 일'이 발생했을 때, 앙드레의 언급대로라면 '아버지는 모든 것에 최종 결정권을 가졌다.' 그러니까 본질적으로는, 앙드레의 어머니는 아버지가 좋다고 할 때까지만 가장이었다. 아버지가 개입하여 책임자가 되면 어머니는 묵묵히 순종하였다. 가족에게는 돈이 많은 적이 없었고, 그래서 그 영역에서 논쟁이 크지 않았다. 하지만 그들이 간간이 모은 여분의 돈은 저축해야 한다고 생각했다. 그의 부모님은 이 신념을 공유했으며 앙드레는 이것을 받아들였고 이바와의 결혼으로 이 신념을 가져왔다. 앙드레의 아버지는 주조 공장 일꾼이었고, 그의 어머니는 부수입을 벌기 위해 수를 놓아 아름다운 식탁보를 만들었다.

이바는 자신의 원가족을 애정이 매우 많은 가족이라고 묘사했다. 아버지는 엄했고 어머니는 순종적이었지만, 필요한 경우 그녀는 자립할 수 있었다. 가족은 가정에 일차적인 초점을 두었다. 이바의 아버지는 우체국 직원이었고 오전 7시부터 오후 3시까지, 월요일부터 금요일까지 일했다. 그녀의 어머니는 가족의 수입을 보충하기 위해 견직물 공장에서 일했다. 가족은 부자까지는 아니었지만 항상 어느 정도 충분한 돈이 있었으며, 이바의 부모님은 지니고 있는 돈을 지출하기를 두려워하지 않았다. 이바는 부모님이 드러내 놓고 다정했다고 회상했다. 그녀는 "필요하다면 항상 서로를 포옹할 수 있었어요."라고 말했다. 따라서 애정 문제는 결코 중요한 문제가 아니었다. 즉, 모두에게 돌아갈 정도로 충분한 애정이 있었다. 이바는 앙드레의 가족에게서 느껴지는 인상보다 자신의 원가족 분위기가 더 편안하다고 묘사했다. 배우자 사이의 애정이 침실에 국한되어 있는 것이 아니라, 하루 중 언제든지 표현될 수 있는 것이라는 게 그녀의 강한 신념이었다. 은밀하게 성관계를 가질 시간이 되기 전까지는, 앙드레가 자신에게 관심을 쏟는 일에 무신경하다고 이바가 말한 것을 보면, 이 점은 앙드레에 대한 이바의 주요 불만으로 보였다. 그렇기 때문에 이바는 종종 "제가 싸구려 매춘부 같다는 느낌이 들어요. 왜냐하면 남편이 애정을 나타내는 시간은 유일하게 자신이 성관계를 원할 때거든요."라고 말했다.

　이 커플과 작업하는 동안 각자의 원가족을 샅샅이 탐색하면서 나에게 아주 분명했던 것은, 침실 밖에서 애정을 나타내는 것은 부끄러운 일이라고 생각하도록 만드는 경험들을 앙드레가 성장하면서 했다는 점이었다. 때로 앙드레를 포함한 자녀들이 부모님의 결혼기념일에 부모님에게 키스하라고 부추겼지만 그의 아버지는 남들 앞에서 애정을 나타내는 것은 예의가 아니라는 것, 그것은 다른 사람이 없는 데서만 행해져야 할 일이라는 것을 그들에게 아주 명확히 했음을 앙드레는 회상했다. 앙드레는 부끄러움을 느꼈음을 기억한다. 동시에, 아버지에게 가르침을 받은 것이 올바른 예의범절이라고 믿었다. 따라서 그는 애정을 공공연하게 표현하는 것이 예의에 어긋나는 일이라는 신념을 지니면서 성장했다. 여러 가지 측면에서 앙드레는 정서를 억압하며 성장했고, 항상 분별력을 유지하면서 정서적 통제를 절대로 상실하지 않았던 점이 자신을 인생에서 성공하게끔 해 주었다고 느꼈다. 불행하게도 정서 경험과 표현에 대한 이러한 심리도식은 사랑과 애정에 대한 아내의 신념과 정면으로 충돌하였으며, 앙드레가 어렸을 때 그랬듯이 이바는 애정에 대한 굶주림을 자주 느꼈다. 그러나 이바는 앙드레가 배웠던 방식과는 전혀 다르게 대처했다. 이바의 박탈감은 그녀를 화나게 했고 쇼핑하고 돈을 쓰면서 박탈감을 보상하게끔 했다. 결국 정서, 애정 및 적절한 돈의 사용에 대한 상충되는 신념이 이 관계에서 반복적으로 긴장이 표출되는 영역들이었고, 이러한 영역에서 각자의 심리도식은 원가족 경험에 그 뿌리를 두고 있다는 점이 명백해졌다.

치료 과정

　초기에, 이 커플과의 작업에서 많은 부분이 교육적인 방식의 탐색이었다. 서로의 인생 경험을 알고 이것이 어떻게 그들의 심리도식을 형성했는지 인식하도록 돕는 것은, 자신들이 아주 다른 가족 환경 출신이라는 점에 대한 인식을 증가시키기 위한 아주 중요한 단계였다. 이렇게 한다고 해서 배우자 각자의 현재 경험하고 있는 좌절이 필연적으로 감소되지는 않겠지만, 커플 관계에서의 적절한 역할에 대한 자신들의 신념 체계가 취약하고 외부의 영향에 크게 휘둘리는 아동기 동안 뿌리를 내리게 되었다는 점을 그들이 이해한다는 것이 중요했다.

치료의 두 번째 단계는 어떤 변화가 필요하다는 것을 두 사람 모두 인식하는 것이었는데, 그 변화란 그들 각자 원가족에서 발달시킨 신념들로부터 어느 정도 분리되어야 한다는 것을 의미한다. 이 점에 대해서는 앙드레보다 이바가 더 잘 받아들이는 듯 보였는데, 왜냐하면 앙드레는 자신의 신념 체계를 변화시킨다는 것이 곧 부모님을 거짓말쟁이라고 조롱하는 것과 같다고 느꼈기 때문이었다. 많은 커플치료 사례들에서처럼, 심리도식 재구성 작업이 진행될 때 둘 중 어느 한쪽 파트너의 심리도식에 더 많은 작업이 이루어진다. 이 사례에서는 그 파트너가 앙드레였는데, 왜냐하면 그의 신념이 더욱 뿌리 깊게 배어 있었기 때문이었다. 앙드레와의 작업은 또한 이바와의 작업에 본보기가 되었고, 이바가 자신의 신념을 어떻게 재구성할지 생각하는 배경이 되었다. 치료자가 어느 한쪽 배우자에게 편향되어 있다고 배우자들이 느끼지 않도록 하기 위해, 두 배우자를 다룰 때 균형을 유지하는 것이 중요했다. 먼저 한 명의 배우자와 시작하면서 이 배우자의 인지에 충분한 시간을 들여 주력하고 다루는 것이 중요했기 때문에, 나중에 같은 방식으로 다른 배우자와 작업할 것이라는 점을 나는 그들 모두에게 자주 상기시켰다. 먼저 작업하는 배우자가 선택받은 것처럼 해석하지 말도록 주의를 주었고, 대신 이 작업을 인지와 행동에 대해 그들 모두를 교육하는 모델링 작업으로 생각하라고 자주 조언했다.

앙드레에게 치료 과정에서 몇 번에 걸쳐, 사랑과 친밀감의 적절한 표현에 관한 그의 신념을 어떻게 수정할 수 있겠는지 생각해 보도록 요구했다. 우리는 부모님이 그분들의 특정 신념에 맞게 생활양식을 어떻게 형성했는지 이야기를 나누었고 그것이 외관상으로 그들에게 적절하게 작용했을 수 있다는 점을 논의했다. 또한 사람들 각자 개인적인 욕구가 어떻게 다른지 그리고 관계의 성공은 어느 정도 유연성을 필요로 한다는 점도 토론했다. 공개적인 애정 표현에 대한 이바의 욕구는 앙드레 자신의 욕구와 다르다는 사실을 그가 염두에 두도록 하기 위해, 앙드레에게 이미 형성되어 있는 신념 체계에서 얼마나 기꺼이 벗어날 마음이 있는지 생각해 보라고 격려했다. 자신뿐만 아니라 아내 역시 만족하는 관계를 맺기 위해서는 아내의 욕구에 맞추려는 그의 노력이 얼마간은 필요하다는 점을 설명했다. 앙드레는 이바가 침실 밖에서의 애정 표현을 요구했는데 이 점은 자신이 고려해 볼 수 있는 일이라는 것에 동의했다. 그러나 그가 그렇게 하려고 시도할 때마다 매번 아내가 불필요하게 돈을 지출하여 그를 자극하며 그러면 자신은 멈칫해서 아내의 '경솔한' 소비 탓에 어떤 애정도 그녀에게서 박탈해 버리고 싶은 마음이 든다고 말했다.

그래서 나는, 그녀가 박탈감을 느낄 정도로 크게 소비를 제한하지는 않으면서도, 재정문제에 관해 자신과 다른 앙드레의 신념을 감안해서 돈 소비에 대한 그녀의 신념을 어느 정도로 수정할 마음이 있는지 이바와 토론했다. 그녀의 소비가 얼마간은 자신의 수동-공격적인 행동과 연관되어 있다는 점에 대해서도 또한 논의했다.

이 커플과의 치료 과정은, 서로의 욕구를 충족시키는 더 유연한 방식의 새로운 상호작용을 실험한다는 점에서 행동 변화 계약뿐만 아니라 부부 갈등을 낳는 경직된 신념의 단계적인 수정으로 진전되었다. 또한 장기간 유지되어 온 신념을 완전히 변화시킬 것을 상대에게 기대하는 것은 비현실적이라는 사실을 감안하여, 배우자 모두에게 수용의 문제를 다루었다. 따라서 상대방의 신념을 어느 정도로 수용할 수 있는지, 그리고 차이점에도 불구하고 상대와의 관계를 유지해서 얻는 것이 무엇인지에 대해 각자가 생각해야만 했다. 결론은 두 배우자가 관계에서 중대한 차이점을 만드는 그들의 사고를 충분할 만큼 수정하는 작업을 기꺼이 하는 것이었다.

한번은 예전의 주제—딸을 매장한 날 앙드레가 성관계를 원했던 것을 이바가 얼마나 끔찍해했는지—가 다시 표면에 떠올랐다. 딸을 잃었다는 것이 앙드레에게 무슨 의미였는지에 대해 앙드레가 비로소 그녀에게 말하는 것을, 이바가 옆에서 경청하게 했다. 그 상실에 대해 이야기하는 동안 앙드레는 심하게 흐느꼈다. 딸이 병에 걸린 것과 그가 아무런 관련이 없었더라도, 어떤 면에서는 딸의 죽음에 자신이 책임이 있다고 느꼈다. 딸을 묻은 날 밤에 그는 스스로 어린애 같다고 느껴질 만큼 매우

지치고 무방비상태였으며, 실제적인 성교보다는 애무와 지지가 필요했다고 말했다. 늘 그렇듯이 앙드레의 제한된 감정 소통 탓에 이바가 그를 오해했던 것이 놀랍지는 않다. 그녀는 앙드레가 성적 친밀감을 원했기 때문에, 그가 성적 흥분으로 자극받아서 반사적으로 성교를 원했다고 추측했다.

이바가 앙드레에게 진심으로 귀 기울이기 시작하자, 그 당시 그녀에게 필요했던 많은 것들이 앙드레에게도 역시 필요한 것이었는데, 그럼에도 자신이 앙드레의 욕구와 접근을 오해했다는 사실이 속상하기 시작했다. 이것은 이바가 여러 해에 걸쳐 발달시켰던 심리도식과 상충되었는데, 이 심리도식이란 앙드레의 높은 성적 욕구가 그의 정서적 친밀감 욕구보다 더 우선하며 아내인 자신의 욕구를 배려하는 것보다도 더 우선한다는 것이었다. 이바는 그날 밤 그가 원했던 것이 무엇이었는지에 대한 자신의 해석을 바꾸었으며 더 이상 앙드레의 그 행동을 이기적인 행동이라고 보지 않았다. 그보다는, 위안을 찾고 그들 자녀의 상실을 받아들이려 시도하면서 치유하고자하는 그의 방식이었다고 바라보게 되었다. 그들이 자라면서 겪었던 삶의 초기 경험들 때문에 서로를 심하게 오해했음을 앙드레와 이바가 깨닫기 시작한 것은 이 지점에서였다.

각자가 바라는 행동을 교환하기 위해 받은 만큼 보상 주기(quid pro que) 계약뿐만 아니라, 감정을 표현하고 서로에게 공감적으로 귀 기울이는 의사소통 기술을 다루기 위해 치료가 계속되었다. 이러한 치료는 커플의 정서적 친밀성을 증가시키는 데 매우 유용했다. 상대 행동에 대한 해석도 계속해서 관찰했다. 앙드레와 이바는 현재의 자신들 관계에서 그들이 가지고 있는 욕구에 부응하기 위해서는, 원가족에서 그들이 학습한 것에 토대를 두고 있는 자신들의 신념을 약간이라도 변화시킬 수 있는 생각과 방법이 무엇이 있을지 끊임없이 관찰할 필요가 있다는 점을 마음에 새겼다. 아이러니한 것은, 이 커플이 만나 같이 살면서 세 자녀를 양육하고 열심히 인생을 산 지 48년이 지나서야 이러한 중대한 전환점이 왔다는 것이다. 치료 종결 시점에서 그들은 좀 더 일찍 수십 년 전에 이런 주제를 다루는 방법을 배우지 못한 것이 불행한 일이라고 말했는데, 만약 그랬다면 지금보다 더 유익한 관계를 가질 수도 있었기 때문이었다.

커플을 치료할 때, 두 당사자들이 함께 관계 문제를 만든 것이 아니라 상대방의 결점 때문에 관계의 문제가 발생했다고 보는 직선적 인과 관점을 변화시키기 위해서는 원가족에서 유래된 각자의 심리도식을 수정하는 방향으로 치료 작업이 이루어져야 한다.

Chapter 04
신경생물학적 과정의 역할

신경생물학적 과정이 가족 관계에 영향을 미칠 수 있다는 점을 새롭게 다루는 저술이 많이 등장했다(Atkinson, 2005; Schore, 2003; Siegel, 1999). 이러한 흐름은 가족 구성원들의 인지적·정서적 처리와 관련한 문제들에 대한 사고의 새 장을 열었다. 다음 사례는 간혹 감지되지 못한 신경생물학적 손상이 어떻게 관계에 스며들어 이의 손상을 확산시키는지에 대한 내용이다.

마티와 리사의 사례: 사실과 다른 말 지어내기

마티와 리사가 치료를 받으러 왔을 때 그들은 결혼 25년차였다. 그들에게는 성인이 된 두 명의 자녀가 있었는데, 한 명은 아직 부모의 집에서 살고 있었다. 리사가 마티에게 감정을 표현해도 마티가 이해하지 못한다고 리사가 믿고 있기 때문에 특히 관계에서 긴장이 증폭되고 있다고 이들 부부는 말하였다. 마티는 아직 50대 중반임에도 얼마 전 은퇴한 토목 기사였다. 그는 회사가 제안한 조기 퇴직 제도를 '거절할 수 없었다.' 리사는 교사였는데 자녀가 태어난 이후 일을 중단했다. 나중에 자녀가 학교에 입학하고 나서 그녀는 교직에 복귀했다. 관계에서 문제들이 심각해지기 시작했다고 이 부부가 주장했던 시점이 바로 이때였다.

　마티 또한 리사가 그녀의 직장생활을 자신들의 관계보다 훨씬 더 우선순위에 두었다고 믿고 있어서 갈등이 있었다. 그는 결혼생활에서 동반자 의식이 부족하다고 느꼈고 자신과 아내 사이의 의사소통이 심각하게 부족하다고 느꼈다. 그 결과, 마티는 리사에게서 멀어져 갔고 둘은 점점 더 의사소통이 줄어들고 있었다. 리사도 자신이 마티에게 어떤 감정을 표현하면 그가 이것을 비틀어서 다르게 받아들였고, 이로 인해 극도로 좌절하게 됐다고 불만스러워했다. 리사가 자신의 뜻을 분명히 전하려고 할 때마다, 마티는 방어적으로 되어 침묵의 벽 뒤편으로 물러났다. 마티가 그녀를 깎아내리려는 의도를 가지고 있어서, 자신이 하는 말을 그가 잘못 해석했다고 믿었다. 마티는 리사가 말하는 것을 자신이 이해했다고 주장했지만, 이어지는 그의 행동은 그가 이해하지 못했음을 시사했고, 따라서 그는 그녀와 논쟁을 했다. 리사는 "마티가 제 말을 듣지 않고서는, 사실과 다른 말을 지어내요."라고 말했다. 더욱이, 그녀는 자신이 감정을 표현해서 마티에게 처벌을 받은 것이라고 자주 느꼈다.

　치료가 전개되면서, 초점은 기본적인 의사소통 훈련 쪽으로 방향 지어졌다. 그러나 곧 명백해진 것은, 마티가 리사의 언어적 진술을 정보처리하는 방식에 뭔가 오류가 있다는 것이었다. 면대면 대화보다는 이메일이 그들에게 더 도움이 될 것으로 판단되었기 때문에 리사와 마티는 이메일로 의사소통하기 시작했다.

　나는 마티의 청각적 정보처리 능력에 명백한 문제가 있어 보인다는 점에 점차 주목하였다. 리사가 그에게 이야기하면 그가 머리를 여러 번 확고하게 끄덕이는데, 그러나 나중에는 리사가 말한 단어를 전혀 듣지 않았던 사람처럼 행동했다. 마티가 지팡이를 짚고 치료실에 들어온 점을 내가 주시했던 것도 그 시점이었다. 마티는 수년 전부터 소뇌 퇴행이라고 하는 신경생물학적인 문제가 진행되고 있다고 설명했다. 이 장애는 신체 움직임이 균형을 이루는 능력을 손상시킨다.

　흔한 경우는 아니지만 이 질병의 증상이 인지적 정보처리의 어려움과도 관련되어 있음을 문헌을 개관하면서 나도 알게 되었다. 연구를 통해, 척수소뇌성 실조증(spinocerebellar ataxia)[1]은 유전되는 것이며 두드러진 증상이 있는 것으로 나타났다. 이 질병으로 고통을 겪고 있는 사람들은 집중력과 기억력의 곤란이 있고 기분장애도 경험하는 것으로 보고되었다. 일부 사례에서, 이 질병을 지니고 있는 사람들이 감정표현불능증(alexithymia)을 경험하였다. 감정표현불능증이란 하버드 정신과 의사였던 고 Peter Sifneros가 처음 사용한 용어이며 정서를 언어적 표현으로 생각해 내지 못하거나 언어적 표현으로 전달하지 못하는 상태를 기술하기 위해 만든 용어이다. 나는 마티에게 신경생물학적 검사를 받아보라고 제안했다. 그는 나의 제안에 따랐고, 그 결과 마티의 청각적 정보처리 과정과 감각통합 기술에 결함이 있다는 증거가 발견되었다. 치료 회기에서 보이는 상호작용에서 내가 목격했던 것에 비추어 본다면, 이러한 결과가 이해되었다. 이 새로운 정보는 리사와의 의사소통에서 마티가 겪었던 어려움의 일부가, 리사가 상상했던 것처럼 고의적인 것이 아니라 마티의 소뇌 퇴행 증상이었음을 이해시켜 주었다.

이 진단으로 인해 리사는 남편의 이해하기 어려운 행동에 전과는 아주 다르게 반응하게 되었다. 마티도 역시 이 정보가 밝혀지자 전보다 훨씬 덜 좌절스러운 듯했다. 하지만 리사가 나에게 상기시켰던 것은, 그 문제가 시간이 지나면서 더 악화되었다는 점을 인정한다고 해도 그들이 처음 만난 이후로 죽 마티가 그와 같은 방식으로 행동했었다는 점이었다. 이 장애가 그들에게 확인되고 이해되면서 다음 단계는 마티와 리사가 새로운 틀로 서로에 대한 사고와 반응에 적응하는 것이었다. 이 새로운 틀은 그들의 문제가 부분적으로는 마티의 장애가 원인이 되었다는 귀인을 하도록 해 주었고, 이렇게 하자 관계에서의 긴장감이 줄어들었다.

두뇌의 화학적 작용을 이해하고 그러한 작용이 그 사람의 인지, 정서 및 행동과 어떻게 연관되는지를 이해하는 것이 관계에서 발생하는 갈등을 이해하는 데 있어서 때로는 필수적이다. 마티와 리사의 경우는 극단적인 결함을 지닌 경우의 사례인데, 기능적인 결함이나 취약성이 시사되는 여러 사례들은 마티와 리사의 경우보다 보통은 덜 극단적이면서 퇴행성 질병과도 관련되지 않지만 그럼에도 관계의 역기능을 가져올 수 있다. 즉, 병인론이 알려져 있지 않으면서 잘 감지되지 않는 더 모호

---

1) [역자 주] 유전적 원인으로 인하여 소뇌 및 척수의 위축, 보행장애 등이 나타나는 퇴행성 질환

한 결함들이 있을 수 있다는 것이다. 인간 신체의 신경생물학적 과정이 인간 관계에 얼마나 심각하게 영향을 미치는지 그리고 그것이 어떻게 커플과 가족에게서 치료를 통한 변화를 제한하고 있는지를 이해하는 것은 중요하다. 누군가가 영구적인 신경생물학적 결함과 싸우고 있을 때 이것을 어떻게 밝혀 내는가? 더욱 중요하게는, 그런 상황에서 우리가 무엇을 할 수 있는가? 이것은 대답하기 쉬운 질문이 아니며, 때로 심층 진단 평가를 위해 신경심리학자나 신경정신과 의사에게 의뢰할 필요가 있을 것이다. 어떤 경우에는, 그런 진단평가를 통해 특정 상태가 치료 개입이 가능하다고 보일 경우 인지적 재활이 필요하다. 두뇌의 화학적 작용이 어떤 사람들에게는 다른 사람들에 비해 사고와 정서의 정보처리를 투쟁이 되게끔 만들 수 있기 때문에, 그러한 작용이 사람들 각각에 주는 영향은 다르다고 할 수 있다. 고의적인 것과 그렇지 않은 것을 구별하는 것은 치료를 고된 작업으로 만들 수 있다.

최근 대인관계에서 유전과 신경생물학의 영향에 대한 관심이 증가되어 왔다. 신경생물학 분야의 출현은 친밀한 관계에서 정서적, 행동적 패턴의 발달이 어떻게 이루어지는지에 대해 우리에게 새로운 통찰을 제공한다(Schore, 1994, 2001, 2003). 이 분야의 연구들 중 일부는, 두 사람 사이의 정서조절을 강조하면서 커플치료에 적용되어 애착이론과도 통합되었다(Lewis, Amini, & Lannon, 2002; Goldstein & Thau, 2004). 이자 관계의 상호작용에서 촉발된 '정서적 반향(emotional reverberations)'에 의해 각 파트너의 신경 체계가 어떻게 영향받는지를 이해함으로써, 커플들이 정서적 조율을 더 잘 만들어 내고 관계에서 좀 더 안전한 기지를 형성하는 작업을 할 수 있다는 것이 중요하다(Lewis et al., 2001, p. 131).

낭만적인 관계가 배고픔과 갈등처럼 기본적인 동기 상태와 관련된다는 가설 또한 최근 연구는 지지한다. Arthur Aron과 동료들은 기능적 자기공명영상(fMRI)으로 드러난 바와 같이, 낭만적인 상대에 대해 생각하고 있을 때 도파민이 풍부한 특정 영역이 빛을 발한다는 것을 연구를 통해 제시하였다(Aron, Fisher, Mashek, Strong, & Brown, 2005). 복측피개부(Ventral Tegmental Area: VTA)와 같은 두뇌의 영역은 동기와 보상 체계로 알려져 있으며 사람들이 매우 갈망하는 어떤 것을 획득했을 때면 활성화된다. Aron 등의 연구에서 피험자들은 자신의 파트너를 응시하면서 떠오르는 다양한 정서를 보고했다. 이들에게 정서의 중심 부위로 흔히 언급되는 편도체(amygdala)에서의 활성화 패턴이 두뇌 활동에 따라 다양한 배열로 나타났다(p. 335).

Daniel Siegel(1999)은, 그의 잘 알려진 책 『마음의 발달(The Developing Mind)』에서, 두뇌가 우리의 관계에 어떻게 영향을 주는지 그리고 관계가 우리의 신경화학적 작용에 어떤 영향을 미치는지를 훌륭하게 정리하였다. 인간으로서 우리가 누구인지를 형성하는 방식에는 앞의 두 가지가 상호작용한다는 점을 연구는 제안하고 있다. 우리가 어떻게 상호작용하는지의 남은 문제는 두말할 것도 없이 우리의 환경 경험으로 형성된다. Seigel은 두뇌의 변연계에 큰 관심을 두는데, 이것은 중심에 위치하면서 안와 전두피질(orbital frontal cortex), 전측 대상회(anterior cingulate), 편도체(amygdala)로 구성된다. 이러한 영역은 상층과 하층의 두뇌 구조 활동을 조율하는 데 있어 중요한 역할을 하며 정서, 동기, 목표-지향적 행동을 중재하는 것으로 보인다. 사실상, 변연계 뇌는 '정서 뇌'로도 불린다(Atkinson, 2005). 이 영역은 신피질의 모든 영역에도 신경 연결을 해 주며, 여러 기능들 가운데 지각과 행동을 조절하는 두뇌의 부분으로 보다 최근에는 진화했다. 변연계 구조들은 또한, 의미 평가, 사회적 경험의 처리, 정서 조절과 같이 인간 기능에서 아주 중요한 주요 정신과정을 광범위하게 통합한다. 이러한 정보는 우리가 이제까지 알고 있는 것보다 생화학과 관련되어 있는 것이 훨씬 더 많으며 생화학이 관계에 미치는 영향도 아주 크다는 점을 시사해 준다.

이 모든 것이 관계에 왜 중요한가? 마티와 리사의 사례에서 보았던 것처럼, 치료의 진전을 위해서는 그러한 것이 꼭 이해되어야만 하는 결정적 요인이었다. 그러나 주목해야 할 점은 우리의 두뇌가 특정한 방식에서 기능과 유전적으로 연결되어 있다고 해도, 우리의 경험과 분리되어 작용하지는 않는다는 점이다. 특정한 생물학적 경향들이 관계를 성공으로 이끄는 어떤 경험을 만들어 낼 수 있으며, 그런 방식으로 우리의 신경생물학과 삶의 경험들은 서로 상호작용한다. 우리의 마음이 신경생물학적 과정과 대인관계 사이의 연결장치를 발달시키기 때문에, 특정 관계 경험은 결국 두뇌상에 강력한 영향을 미친다. 어떤 사람들의 변연계는 유전적으로 다른 사람들과 다르게 발달됨을 시사하는 증거도 있다. 이러한 증거는 어떤 사람들의 경우 다른 사람들보다 더 쉽사리 감정을 과하게 드러내는 이유를 설명해 줄 수 있다. 예를 들면, 여성의 변연계가 남성들하고는 다르다는 것을 시사해 주는 연구가 있는데, 이것이 혹자가 여성들이 더 쉽게 운다거나 남성들과 다르게 정서를 표현한다고 하는 이유가 될 수 있다(Siegel, 1999). 그러나 흥미롭게도, 앞에 언급한 여성의 이러한 특성을 말한다면 이에 비해 남성들은 전통적으로 편협함을 보여 왔으며, 이 점은 전 시대에 걸쳐 기록되어온 바이다(Coontz, 2005). 따라서 드러난 증거에 기반하여 정보를 얻어보자면, 여성이 자신들이 바라는 바를 얻기 위해 남성을 조종하고자 우는 것이라는 남성들의 오랫동안 유지되어 온 그릇된 신념은 폐기되어야 한다. 그러한 신념은 잘못된 근거에 기반하는 인지적 왜곡이기 때문이다.

『여성의 두뇌(The Female Brain)』라고 하는 최근의 저술에서 Louann Brizendine (2006)은, 정서 경험에 반응하기 위해 여성들이 두뇌의 양반구를 사용하는 반면, 남성들은 한쪽 반구만을 사용한다고 하는 미시건 대학의 연구(Wagner & Phan, 2003) 결과를 인용하고 있다. 또한 두뇌의 정서 중추들 사이의 연결이 여성들에게서 더 능동적이고 광범위하다는 것이 밝혀졌다(Cahill, 2003). 이러한 점이 전형적으로 여성들이 왜 논쟁 같은 정서적 사건들을 더 생생하게 기억하며 남성들보다도 더 오랫동안 그것을 기억하는지 설명해 줄 수 있다.

◇◇◇◇◇◇◇◇◇◇
편도체의 역할

정서에 관한 두뇌 연구에서 가장 빈번하게 연구되었던 영역 중 하나가 편도체 (amygdala)이다(LeDoux, 1996; Pessoa, 2008). 두려운 얼굴 표정에서 흰자위가 확대되는 것처럼, 어떤 촉발 요소들은 도주와 같은 생존에 중요한 반응을 즉각 불러올 수 있도록 하기 위해서, 편도체와 같은 피질하 구조들이 정보를 여과하지 않으면서 신속하고도 자동적으로 작동된다(Whalen, 2004). 정서를 중재하는 기능은 더욱 미묘한 것으로 보이는데 정서적인 두뇌 영역에서 뇌 반응을 유발하는 자극이 항상 자각되지는 않는 듯하다(Ohman, 2002; Pessoa, 2005). 일단 처음의 판단이 이루어지면 어떻게 연속해서 그 판단의 속성을 강화시키는 지각적 편향으로 이어지는지에 대한 연구들이 진행되었다. 두뇌 회로의 활성화 흐름은 한층 더 상위 수준의 활성화 과정으로 이어져서 특정 반응을 하는 동안 개인이나 유기체를 계속해서 준비시킨다. 편도체는 처음의 시각적 표상(예: 짖는 개)에 반응하면서, 시각 과정 체계에서 동일 층과 더 앞선 층들에 신호를 보내고, 이어서 두뇌의 주의 및 지각을 담당하는 기관을 활성화시킨다(Siegel, 1999). 흥미로운 것은, 편도체가 어떤 자극을 오해석하는 방향(예: 위험 대 안전)으로 지각적 장치를 순식간에 편향시킬 수 있다는 점이다. 의식도 하지 못한 채 이 모든 일은 수초 내에 일어난다. 그래서 학대하는 부모 밑에서 자란 배우자가 어린 시절 잦은 신체적, 심리적 학대의 표적이 되었다면, 그 배우자는 당연히 편도체의 생리적 수준이 매우 민감화되었을 것이다. 따라서 어렸을 때 당했던 초기 학대와 유사한 갈등(예: 다툼)이 가족 상황에서 발생하면 이러한 갈등은 자동적으로 편도체를 활성화시킨다. 이런 일은 인지, 행동 또는 정서의 형태로 중재 개입을 함에도 불구하고 일어난다. 사실 초기 학대의 강도와 심각성이 어떠했는지에 따라 수년간 반복을 통한 몸의 화학적 작용이 점화역할을 하면서 편도체는 '무릎 반사'나 '과민감성' 방식으로 반응하도록 생리적으로 훈련되거나 프로그램되어 왔을 것이다.

배우자와 가족 구성원들의 생체생리학적 언어를 이해하고 이것이 정서와 행동에 어떻게 영향을 미치는지 아는 것은 매우 중요하다. 이들이 일상의 상호작용에서 서로에게 보여 주는 본능적인 반응들을 생각해 보자. 눈맞춤, 어조, 목소리 크기, 얼굴 표정이나 자세 같은 신체 움직임 등의 비언어적 의사소통 측면들은 정서와 내현 정보처리를 담당하는 우반구 활동을 반영한다. 배우자가 무엇을 말하고 있는지 생각하면서 상대방이 어떤 신체 동작을 취하고 있는데, 이것이 자신을 귀찮아하는 몸짓이라고 해석한다고 해 보자. 이 해석이 사태에 대한 우반구 상의 정보처리 결과라면, 이런 과정에 대한 지식은 중요해진다. 부정적 의미 내포는 드러난 행동을 설명하는 데 있어 부정확할 수 있다. 뇌가 특정한 정보와 뒤에 이어지는 행동 표현들을 어떻게 정보처리하는지에 대해서 배우자나 가족 구성원들에게 교육하는 것은 더 나은 관계를 위해 실제적으로 필요하다.

마찬가지로, 분노한 표정임에도 이러한 표정과 부합되지 않는 어조를 보이는 배우자나 가족 구성원이 있다면, 신경학적 문제로 인해 자신의 정서와 연결이 곤란하거나 혹은 자신의 감정을 전혀 알아채지 못하는 사람은 아닌지 고려해 보아야 한다. 다음 삽화에 이와 관련된 적절한 사례가 나와 있다.

이 독특한 사례는, 남편과 아내가 아주 격렬한 말다툼을 하고 난 후에 치료 회기에 온 부부 사례이다. 말다툼은 그들이 결혼 피로연에 둘 다 참석할 것이라고 회신 보내는 것을 아내가 잊었다는 것에서 시작되었다. 그들이 결혼 피로연에 나타났을 때 그들 자리가 없었고, 회답이 없었기 때문에 그들이 초대 명단에서 누락되었다는 점이 분명해진 것이다. 이 실수는 부부를 상당히 당혹스럽게 만들었고, 남편은 아내가 부주의하며 일을 잘 마무리한 적이 한 번도 없다고 말하면서 격노하게 되었다. 그들은 아내의 반복된 경솔함과 세부적인 사항에 대한 부주의라는 건에 대해 격렬한 말다툼을 벌이게 되었다.

이 치료 회기에서, 이런 상황이나 유사한 수많은 다른 상황에서 자신이 얼마나 '신물이 나고 화가 나는지'에 대해 남편이 장광설을 시작했을 때, 긴장한 것으로 보이는 아내의 태도에 나는 주목했다. 그녀의 입은 굳게 다물어져 있었고, 자신이 잘못했으며 남편이 화가 난 이유를 이해한다고 하면서 아주 낮은 톤으로 말했다. 동시에, 그녀의 행동이 나에게는 무언가 달라 보였다. 그녀의 이마 혈관이 돌출되고 얼굴이 붉은 자주색으로 변하기 시작하는 것을 주시했다. 당황스러운지 물어보자 그녀는 이를 부인했는데, 하지만 남편이 왜 화가 났는지 자신이 이해했으며 남편을 탓하지 않는다는 말도 했다. 나에게 이상한 느낌을 주었던 것은 이 여성의 목소리 톤이 그녀의 얼굴 표정 및 신체 언어와 부합하지 않았다는 것이었다. 그녀는 매우 화가 나 있고 곧 자리를 박차고 뛰쳐나갈 것 같은 기세였음에도, 그런 행동과 어울리지 않는 말을 하고 있다는 사실을 그녀에게 환기시켰다.

나에게 첫 번째로 든 생각은, 자신의 정서를 마음에서 일어나는 생각과 연결하도록 어떻게 이 여성을 도울 수 있을까 하는 것이었다. 자신의 얼굴 표정을 주의 깊게 볼 수 있도록 내 사무실의 화장 방에서 가져온 손거울을 그녀에게 주었다. 또한 혈관이 돌출된 자신의 이마뿐만 아니라, 아래턱과 하악골 부위를 그녀에게 만져보게 했다. 자신의 얼굴을 만져서 느껴 보라고 했을 때, 그녀는 자신의 몸이 얼마나 긴장하고 있었는지에 깜짝 놀랐다. 그래서 나는, 그녀가 표현했던 미안한 느낌과는 반대로, 자신이 상당히 화가 나 있었음을 느껴 보도록 요구했다. 그녀는 마침내, 남편이 회신을 보내는 일처럼 그런 잡다한 일에 아무런 책임을 지지 않기 때문에 자신이 사실은 남편에게 상당히 화가 났었음을 드러내 보일 수 있었다. 항상 남편이 더 공격적인 입장을 취했기에 그녀가 드러내 놓고 화를 내는 것이 실제로 어려웠으며, 그것이 지난날 자신을 억압한다고 느꼈음을 계속해서 말하였다. 분노는 그녀가 느끼면 안 되는 감정인 듯했고, 나는 그녀에게 이 생각을 말했다. 사실은 분노 감정이었지만 분노를 표현하는 대신, 수치심과 죄책감으로 반응을 한 것이다. 남편에게 실제로는 분노하고 있었고 그런 분노가 그녀의 수동-공격적인 반응에 연료가 되었을 것이기 때문에 그녀의 건성으로 하는 행동이 지속되었을 가능성에 대해서도 이야기를 나누었다.

앞서 부부가 나누었던 그 대화는 이 커플과 감정에 대한 논의를 할 때 내가 사용했던 참조점이 되었다. 아내는 비언어적으로, 특히 몸짓, 얼굴 표정 및 시각 단서들로 감정을 표현했던 것이었다. 상대방의 비언어적 의사소통을 잘 파악하는 것은, 언어적인 표현과 행동 표현 사이의 불일치를 인식하게 도와주며 이런 불일치가 자신들의 부정적인 상호작용에 영향을 미치고 있음을 알도록 큰 도움을 준다. 균형을 맞추고 조화를 이루는 것이 중요하다는 것을 배우면서, 커플 및 가족 구성원들은 어떤 관계에도 갈등은 있기 마련이고 이러한 갈등은 곧 당사자들 사이의 차이가 반영된 것이라는 점을 명심하게 된다. 또한 잘못된 의사소통을 하면서 겪는 고통에 대처하는 방법을 배울 수 있다(Gottman, 1994).

같은 맥락으로, 비언어적 행동은 해석되는 방식에 따라 다른 의미를 지닐 수 있다. 예컨대, 가족치료 회기에서, 사춘기를 앞둔 딸이 어떤 문제로 추궁하면 항상 눈을 굴린다고 화를 내는 부모가 있었다. 그 부모는 '건방진 표정을 지었다.'고 딸을 야단쳤다. 딸은 자신이 그랬다는 것을 부인했다. 자신은 전혀 그러지 않았고 결코 자신이 부모에게 '건방진' 것이 아니며 모든 상황에서 그렇게 행동한다고 항변했다.

오른편으로 '눈을 굴리는' 딸의 경향이, 들리는 말을 처리하기 위해 좌반구를 사용해서 나타나는 것일 수 있다고 내가 설명했을 때, 그 행동은 그 가족에게 완전히 새로운 의미를 가지게 되었다. 때로 반응이 보이는 그대로 항상 해석되는 것은 아니라는 점을 가족이 이해하는 것이 중요했다.

Gottman(1999)이 제안한 '긍정적인 감정 우선 현상(positive sentiment override)'[2]을 위시하여 여러 인지적 기법들은, 현재의 상황에 대한 편도체 반응과 과거의 트라우마에 대한 편도체 반응 사이의 관련성을 인식하도록 학습하는 데 사용되며, 앞에서 설명한 학대의 사례에서도 마찬가지이다. 생리적 반응을 감소시키기 위해 일종의 자기말(self-talk) 전략을 사용하면 애초의 각성기제가 수정될 수 있다. 이런 심상기법은 계획되어 있는 작동 방식으로 반응할 필요가 없다고 편도체를 '안심시키는' 데 도움이 된다. 그래서 특정 자극에 대한 생리학적 반응이 완전히 변화될 수는 없다 하더라도 초기 각성에 대한 반응은 보다 유연하게 수정될 수 있다. 앞에서 소뇌 퇴행 증상을 경험했던 마티와 리사의 사례처럼, 그런 인지적 기법은 마티가 리사의 말을 '비틀어서 다르게 받아들일 때', 리사가 과거처럼 그렇게 '열 받지' 않도록 해 주었다. "남편의 행동이 나를 조종하거나 얼간이로 만드는 것이라고 생각했었죠." 그녀는 말했다. "그런데 제 생각을 재구성하자 그런 행동에 대한 저의 분노가 흩어져 버리는 것 같았어요. 우리의 대화도 더 나아졌죠."

인지적 기법은 신경 단위 집단의 분포를 개조하는 것뿐만 아니라, 생리적 각성 과정의 강도를 약화시킬 수 있다. 이는 추상적인 추론을 조절하는 영역인 두뇌 피질의 재활성화에 영향을 주어, 자기 반영 및 충동 조절의 상위 인지과정이 일어날 수 있게 해 준다. 그런 개입은 과거에는 압도되었을 만한 수준의 각성도 견디게 해 줄 수 있다. 두뇌 피질의 상위 인지 능력의 강화는 감정이 고조된 상황에서도 더 큰 포용 범위를 지닐 수 있는 길을 열어 준다.

---

2) [역자 주] 긍정적 감정의 범람 또는 홍수라고도 번역되며, 파트너에 대한 긍정적인 정서가 우세하면 상대의 중립적인 행동도 긍정적으로 받아들이고 상대의 부정적인 행동에는 크게 영향을 받지 않게 됨을 말한다.

　　효과적인 중재 과정 없이 감정의 홍수 속에 있는 기간이 길어지면 혼란 상태가 지속된다(Siegel, 1999). '신경증' 혹은 어느 한쪽에서의 '교묘한 조종'과는 달리, 때로 감정의 홍수는 처리되어야 하는 문제로서 이해될 필요가 있다. 즉, 수도관이 터져서 사방에 물이 뿜어져 나오는 것처럼 정서가 우리를 압도할 수 있는 것이다. 감정의 환기(ventilation) 그리고/혹은 정서 조절과 같은 기법을 가르치는 것은 고통을 겪고 있는 커플들에게 중요하다(2장 참고). 또한 심호흡과 점진적 근육 이완은 회로의 에너지와 신체 긴장을 더 낮추도록 도와준다. 이 과정을 조절하는 방법을 커플 및 가족 구성원들에게 가르치기 위해 바이오피드백이 사용되기도 한다. 이러한 기법 대부분은 6장에서 논의된다.

　　상위 인지(metacognition)를 다루는 기법도 사용되는데, 이것은 정서가 사고와 지각에 영향을 준다고 하는 인식, 그리고 동일한 사람이나 경험에 대해 외견상 두 가지 갈등적인 정서를 경험할 수 있다는 인식에 토대를 두고 있다(Siegel, 1999).

◇◇◇◇◇◇◇◇◇◇
인지 대 정서

　　인지와 정서가 서로 어떻게 영향을 미치는지에 대한 흥미 있는 논란이 있었다. 여러 해 동안, 인지는 뇌에서 인간의 경험을 조직화하는 주된 조직책이라고 가정되었다(LeDoux, 2000). 사실, 이는 많은 심리학 이론들의 기초가 되었다. 인지치료는 인지, 기분, 행동 사이에 서로 주고받는 상호작용이 있으며 사고가 기분과 행동에 큰 영향을 미친다는 전제에 기초해 있다(Beck et al., 1979). 초기 그리스 스토아 철학자 Epictetus는 "대부분 인간을 혼란하게 만드는 것은 사물 그 자체가 아니라 사물에 대해 그 사람이 지니고 있는 개념이다."라고 말함으로써 인지치료자들에게서 자주 인용되었다(Epictetus, M5). 따라서 상당수 인지혁명은 개인의 기분과 행동에 큰 영향을 미치는 것으로써 인지 과정에 역점을 두었다.

　　일찍이 뇌와 뇌의 다양한 영역에 대한 발견은 인지혁명의 원동력이었으며, 특히 추상적 어휘로 사고하는 능력을 촉진하는 신피질의 발견은 인지혁명에 박차를 가하였다. 신피질은 변연계(흔히 정서 뇌라고 일컫는) 영역의 3배 크기이다. 따라서 신피질의 발견은 사고가 정서보다 우세함이 명백하고 인간행동에 주요한 영향력을 지닌다는 가정을 더욱 확산시켰다. 신피질은 특히 인류가 추상적인 범주적 사고뿐만 아니라, 상징적인 사고를 하는 것을 가능하게 해 주었으며 이를 명확하게 표현할 수 있게 해 주었다. 그렇기 때문에 뇌의 이 영역이 대부분의 인간 경험을 조직화하는 곳이라고 가정되었다. 만일 이러한 것이 틀림없다면, 정서 뇌에서 사고 뇌로가 아니라 사고 뇌에서 정서 뇌로의 더 많은 신경 연결을 발견하게 될 것이다(Atkinson, 2005).

그러나 과거 수십 년간 신경과학자들은 인간 기능을 조직화하는 데 특히 정서 뇌가 더 지배적이라고 시사되는 발견을 하였고 이에 따라 신피질에 대한 이해를 수정하도록 촉구해 왔다. 정서 체계에서 인지 체계로의 신경 연결이 인지 체계에서 정서 체계로의 신경 연결보다 더 강력한 것으로 보인다고 시사하는 연구들이 있다(LeDoux, 1996). LeDoux는 뇌의 정서 체계(변연계)에서 나오는 신경 투사가 뇌의 거의 모든 다른 영역으로 연결되고 인지적 정보처리의 각 단계에 영향을 미친다는 것을 발견했다. 하지만 인지적 정보처리 모두가 정서적 영역의 중심부위로 투사되지는 않았다. 이것은 일방향 회로를 말해 주며, LeDoux는 개인이 지각한 것을 해석하면서 초점을 두는 과정에 정서가 분명하고도 주도적으로 영향을 미친다는 생각을 하게 되었다. 이 생각은, 정서가 두뇌 양반구의 평가–각성 기제와 본질적으로 연결되어 있으며 지각에서부터 의사결정에 이르기까지 인지의 모든 측면에 영향을 미친다는 발견으로 한층 더 지지되었다(Siegel, 1999).

이와는 대조적으로 많은 인지이론가는 논리적 사고가 상황을 다루는 가장 효과적인 방법이며 중요한 결정과 관련된 것들에서는 특히 더 그렇다고 하는 믿음에 기초한다. 결국 합리적 사고를 방해할 수 있는 정서적 내용을 조정하는 것이 인지 치료자들에 의해 적극 권장되었다(Beck, 1967; Beck et al., 1979). 그러나 Damasio(1999) 같은 일부 연구자들은, 의사 결정 과정에서 자신의 정서를 거의 배제하고 오로지 이성적인 사고에 초점을 둘 수 있는 사람들이 실제로는 형편없는 결정을 했다는 점을 발견했다(Damasio, 2001). Damasio는, 인간의 두뇌가 연결되어 있어서 자신이 완전히 합리적인 사람이라고 생각하도록 만들면서 그 자신도 모르는 사이에 모호한 자극이 인지과정을 편향시킬 수 있음을 주장한다(Damasio, 1999). 피부전도 반응이라든지 다른 형태의 신체 반응 등의 생리학적 증거가 정서를 경험하고 있음을 보여 주고 있는데도, 사람들이 흔히 자신이 경험하고 있는 정서를 인식하지 못하고 있음을 보여 주는 연구들은 그 주장을 지지하였다(LeDoux, 1996; Goleman, 1995). 이것은 정서가 당사자가 인식하지 못한 채로 활성화되는 것은 신경학적으로 불가능하다는 믿음과 상충된다. LeDoux(1994, 2000)는 그것을 정서 기억(emotional memory)이라고 칭하면서, 사람이 삶에서 경험하는 정서적 사건들에 대해 뇌가 어떻게 기억을 형성하는지 설명하기 위해 이 발견을 한층 더 발전시켰다. 커플 및 가족과 작업하는 데 있어서 이것은 중요한데, 특히 정서적 기억이 커플 및 가족에서 나타나는 많은 갈등의 핵심으로 보이기 때문이다.

그러나 인지이론가들은 정서가 인식되는 역치 아래에서 끓고 있지만 의식적인 사고를 통해야 신경학적으로 활성화된다는 주장을 계속한다. 사고가 흔히 자연발생적이기 때문에, 자신의 사고나 정서의 영향을 즉각적으로 인식하지는 못할 것이다(Beck, 1976; Gardner, 1985).

Damasio(2001)는 연구를 통해, 현재 상황에 대한 반응이나 과거 상황을 기억하고 미래 상황을 상상하는 과정에서 모두, 감정을 경험하는 능력이 어떤 지에 따라 이성이 결정된다는 생각을 하게 되었다. 그러면서 이성적이라고 하는 것이 무엇을 의미하는지에 대한 훌륭한 정의를 제안한 바 있다(Atkinson, 2005).

개인의 기능과 내적 상태에 대한 자기 자신의 인식에 뇌가 실질적인 역할을 하기 때문에 정서의 신경과학을 이해하는 것은 가족치료 과정에서 중요하다. 자신의 행동을 두뇌의 화학적인 성질 탓으로 돌리고자 하는 가족 구성원에게 변명거리를 제공하려는 것은 아니다. 그보다 핵심 요점은, 우리의 내적 상태에 대한 스스로의 인식을 증가시켜서 특정 뇌 기능이 더 활성화되도록 만들고, 그렇게 함으로써 이성과 정서가 중재될 수 있다는 것이다. 『커플치료에서의 정서 지능』이라는 저서에서 Atkinson(2005)는 내적 상태의 인식이라는 개념이, 분노와 공포를 발생시키는 방어적이고 고립되어 있는 뇌 회로를 이동시켜 평정과 슬픔을 조정하는 치료 회로에 내담자가 연결될 수 있도록 하는 데 아주 유용하다고 보았다. 그는 내담자들이 충분히 안전하다고 느껴서 스스로 더욱 취약한 상태로 전환하기 전까지는 내담자의 방어적인 신경체계에 대해 즉각적이고 절대적인 관심을 기울이라고 하였다. 그래야만 연민을 가지고 존중하면서 상호작용하는 두뇌 상태를 통해 치료자가 내담자에게 조언하는 것이 가능하다고 강조했다(p. 32). Atkinson은 '커플 변화의 핵심'으로서 내적 안전감을 말한다. 개인이 자신의 파트너에 의해 더 이상 위협당하지 않는다고 느낄 때 편도체는 멈출 것이다. 그런 후 진정으로 친밀감-증진 신경 상태로의 이동이 가능하도록 풀어 주면서, 내적 경고 체계에 새로운 영향을 줄 것이다.

　인지행동 전략은 치료에서 중요한 부분이며, 특히 전전두엽 피질에 위치한 뇌 구조에 영향을 미친다는 점에서 더욱 그렇다. 그러나 다른 치료자들은 변연계를 길들이기 위해 인지를 사용하는 것보다는 편도체를 통해 작업하고 점진적으로 그것의 방어성을 누그러뜨리는 것이 더 효과적이라고 믿는다. Atkinson은 뇌 회로의 인지-정서 중개에 대한 확장된 관점이 변화를 촉진하는 데 핵심적이라고 제안하면서 요점을 명확히 했다. 그러나 많은 경우에, 그런 과정에 접근하는 것은 인지적이거나 행동적인 과정을 통해 더 실제적으로 다가갈 수 있다. 이러한 내용은 이어지는 장들에서 상세하게 다루어진다. 앞으로의 추가적인 연구는 이 논쟁을 더 명확하게 해 줄 것이고 커플 및 가족들과 함께하는 우리의 작업에 더 많은 새로운 정보를 제공해 줄 것이다.

Chapter 05

임상 평가 방법

　'부부의 행복'이라는 주제는 일찍부터 연구되어 왔으며 계속해서 인기 있는 연구 주제이다(Terman, 1938). 우리는 연구 문헌들을 통해 커플이 보고하는 가장 흔한 불만 중 한 가지가 의사소통과 정서적 애착 부족의 문제임을 알고 있다(Dess et al., 2004). 흥미롭게도 배우자들은 치료를 받으러 오는 이유에 대해서도 당사자 간에 일치하지 않는 경우가 많다. 사실, 그들이 치료를 받고자 하는 이유는 그 커플 문제에 대해 치료자가 바라보는 인상과도 아주 다를 수 있다. 이러한 점은 연구 문헌들에서 일관되게 발견된다(Geiss & O'Leary, 1991; Whisman, Dixon, & Johnson, 1997). 치료자가 파트너 각각과 가족 구성원을 주의 깊게 평가할 필요가 있는 것은 이러한 이유들 때문이다. 임상가는 자신의 평가 절차에 일반화시킬 수 없는 요인을 잘 살펴야 하며 치료를 받기 위해 오는 사람의 진짜 동기를 간과할 위험도 경계해야 한다.

　아주 경험이 많고 노련한 임상가는 초기 평가 과정에서 사례개념화를 만드는 것이 매우 중요하며 치료의 성공이 면밀한 조사의 정확성에 달려 있다는 점을 잘 알고 있다. 이런 이유 때문에, 커플 혹은 가족 상황에 대한 정확한 개념화를 공식화하는 데 시간을 들일 필요가 있다. 그러나 어떤 환경에서는 이렇게 하는 것이 어렵기도

한데, 가령 미국의 의료보험 체계에서는 평가에 들이는 회기의 수를 제한하고 있는 경우가 많다. 이런 경우에, 치료자는 창의력을 발휘하여 평가도구들을 사용해서 축약형의 평가를 실시해야 하는데, 이 점에 대해서는 이 장의 후반부에 다룰 것이다.

전통적으로, 커플 및 가족 치료는 평가와 본격적 치료 시작 사이를 뚜렷하게 구분하였다(Cierpka, 2005). 대부분의 전형적인 평가 방법은 기초적인 정보 수집이었고, 평가와 치료 사이의 경계를 뚜렷하게 두지 않으면서 평가 과정이 치료적 관계 형성으로 이어지는 관계 역동에 대한 이해는 매우 피상적이었다(Finn & Tonsager, 1977). 그러나 증거-기반 임상실제를 강조하는 흐름이 시작되고 본격적인 치료의 개시 전에 철저한 평가 수행에 대한 필요성으로 인해 이러한 경향은 변화하고 있다.

커플이나 가족에 대한 개인 및 공동 면담, 자기보고 질문지, 가족 상호작용에 대한 치료자의 행동 관찰은 임상 평가의 세 가지 주요한 양식이다(Epstein & Daucom, 2002; Snyder, Cavell, Heffer, & Mangrum, 1995; Dattilio & Padesky, 190). 평가의 목적은 (1) 개인, 커플, 가족 및 환경의 강점과 문제될 만한 특성을 확인하는 것, (2) 현재의 개인 기능 및 가족 기능을 발달 단계와 변화의 맥락에서 파악하는 것, (3) 개입의 대상이 될 수 있는 가족 상호작용의 인지적, 정서적, 행동적 측면을 파악하는 것이다. 나아가, 체계가 어떻게 기능하는지 그리고 힘과 통제가 어떻게 균형을 맞추고 있는지를 잘 이해하면서, 체계이론가들이 말하는 것처럼 커플 또는 가족 구성원들이 추는 춤을 치료자들은 잘 알고 있어야 한다. 우리가 원하는 것은 무엇이 가족 구성원들을 움직이게 만드는지, 그들이 위기와 갈등을 어떻게 다루는지, 그리고 무엇보다도 체계를 역기능으로 만드는 것이 무엇인지를 보여 주는 창문이다.

평가가 치료 과정을 통해 계속된다는 점 또한 명심해야 한다. 평가의 초기 단계가 형식적인 조사처럼 보일 수 있지만, 커플 혹은 가족에 대한 새로운 정보는 치료과정을 변화시키거나 수정할 수 있으므로 치료의 마지막까지 평가는 계속되어야 한다. 좋은 임상가는 치료가 시작되고 나서도 한참 동안 사례의 재평가를 계속한다.

◇◇◇◇◇◇◇◇◇◇
치료 초반의 공동 면담

커플 또는 가족과의 공동 면담은 과거와 현재의 기능에 대한 정보를 알려주는 중요한 정보원이다. 공동 면담은 관계에서의 특징과 사건들에 관한 구성원의 기억과 의견에 대한 정보원일 뿐만 아니라, 치료자에게 직접적인 가족 상호작용을 관찰할 기회도 준다. 가족이 낯선 외부인 앞에서 일상에서 하는 행동과 똑같이 하지는 않더라도, 첫 면담에서 흔히 자신들의 전형적인 상호작용 방식의 일면을 보여 준다. 특히 치료에 오게 된 문제를 말해 보라고 했을 때 그러한 측면이 드러난다. 인지행동치료자들은 경험적 방법으로 평가에 착수하는데, 검증되어야 할 가설 형성을 위해 처음에 받았던 인상을 활용하여 회기들에서 추가적인 정보를 수집한다.

가족치료에서, 일반적으로 인지행동치료자들은 현재의 문제와 연관되어 있다고 여겨지는 가족 구성원들을 소집하면서 평가 과정을 시작한다. 그러나 관련된 구성원들이 모두 참석해야 치료를 시작하는 것은 아니다. 참여할 동기가 있는 구성원들을 우선 참석시키면서 치료를 시작하고, 그런 다음 그들과 함께 불참한 구성원들을 참여시키려는 작업을 한다. 모든 가족 구성원들이 참석할 수 있다면 이상적이겠지만, 때로는 저항이 있다(Dattilio, 2003). 참여하지 않고 물러나 있는 구성원들이 간혹 전체 과정을 지체시켜서, 치료 개입이 방해를 받을 수 있다. 그렇기 때문에 나는 가급적 가족의 모든 구성원을 참여시키려고 하지만, 만일 이것이 가능하지 않다면 치료를 받고자 하는 동기가 있는 그런 구성원들과 작업한다. 누가 참여하거나 참여하지 않을지에 대한 결정을 가족 구성원들에게 맡기지 않으며 '누가 참여하지 않겠다고 했다.'는 의사전달을 그대로 받아들이지도 않는다. 만일 어떤 구성원이 참여하기를 거부하면, 나는 전화를 걸어서 그들이 관심이 없다는 것을 직접 나에게 말하도록 한다. 통화하면서 그들의 도움이 필요하다는 것을 재확인시키면, 종종 그들은 참석하겠노라고 승낙한다.

체계이론 지향의 치료자들처럼, 인지행동치료자들도 가족이 나타내고 있는 어려움이 더 방대한 가족 과정 문제의 한 단면일 수 있다고 가정한다. 따라서 가족과 처음 접촉을 시작하면서 가족 과정을 관찰하며 가족을 치료에 오게 한 문제를 만들어 내는 패턴이 어떤 것인지에 대해 가설을 형성한다.

배경 정보 수집

처음의 공동 면담에서 치료자는 구성원 각각에게 질문을 한다. 질문의 내용은 치료를 받으려는 이유와 그러한 문제들에 대한 각자의 관점 그리고 가족의 삶을 더 만족스럽게 해 줄 것이라고 각자 생각하는 변화에 대한 것이다. 치료자는 가족사에 대해서도 질문한다(즉, 커플이 어떤 방식에 만족하며 어떤 순간에 만족하는지, 처음에 서로에게 끌렸던 점이 무엇인지, 결혼을 했다면 결혼했을 때 어떠했는지, 자녀가 태어났을 때 어떠했는지, 그리고 오랜 기간 가족으로서의 자신들에게 영향을 미쳤다고 믿는 사건들이 무엇인지). 스트레스–대처 모형을 적용하여 평가하면서 치료자는 커플이나 가족이 경험한 요구들을 체계적으로 탐색한다. 이러한 탐색은 개별 구성원들의 특징(예: 배우자가 지니고 있는 아동기 학대경험의 후유증), 관계역동(예: 친밀감과 자율성의 욕구 사이에서 파트너들 간 해결되지 않는 차이), 그리고 그들의 환경(예: 노동 강도가 센 직업은 부모/배우자의 시간과 에너지를 요함)에 토대를 두고 이루어진다. 치료자는 그러한 요구들에 대처하기 위해 가족이 지니고 있는 자원도 함께 탐색한다. 이때 자원의 사용에 영향을 주는 요인들이 있는지도 탐색하는데, 제삼자의 도움이 필요할 때 그러한 도움을 구하지 못하게 하거나 도움을 받아들이지 못하게 하는 내면의 어떤 자부심과 관련된 신념 같은 것이 그 예이다(Epstein & Baucom, 2002). 면담을 통해, 치료자는 서로에 대한 가족 구성원들의 인지, 정서 반응, 행동에 대한 정보를 수집한다. 만일 한 남편이 자신의 자녀양육 방법에 대한 아내의 비판을 듣고 움츠려 들어서 뒤로 물러나 있다면, 치료자는 남편에게 이 상황을 주목하게 하면서 아내의 지적을 듣는 동안 그가 경험한 사고와 감정이 무엇이었는지 질문한다. 남편은 '아내는 나를 존중하지 않는구나, 암담하군.'과 같은 식의 자동적 사고와 분노 혹은 깊은 슬픔의 감정을 드러낼 수 있다.

◇◇◇◇◇◇◇◇◇◇◇
이전 치료자에게 자문 구하기

치료를 받으러 오는 커플 및 가족들은 살아오면서 지금과 같을 수도 있고 다른 형태일 수도 있는 여러 문제로 인해 이전에 치료를 받았던 적이 있을 수 있다. 치료자에게 중요한 물음은 사례에 관한 정보를 얻기 위해서 이러한 예전 치료자를 접촉할지 말지 하는 것이다. 많은 치료자는 앞선 치료 과정에서 다루었었더라도, 처음부터 다시 다룰 수 있다고 믿는다. 또 다른 치료자는 예전 치료자로부터 무엇을 다루었는지에 대해 그리고 어떤 접근에서 무엇이 효과적이거나 효과적이지 않았는지에 대해 중요한 정보를 얻을 수 있다고 본다. 사실, 치료자들이 이전 치료자들로부터 커플이나 가족이 알려주지 않은 정보를 얻고서 놀라는 일은 흔하다.

만일 한 커플이 가족치료를 받으러 왔는데 배우자 중 한 사람이 별도로 개인치료 중에 있다면, 그 개인치료자에게 자문을 구하는 것이 도움이 될 수 있다. 다음의 사례는 26년간의 결혼 생활에서 어려움을 경험하고 있는 한 커플의 사례이다.

샘과 제리의 사례

샘은 제리와의 결혼 생활 초창기부터 음주와 코카인 남용의 문제가 지속되어 왔다. 그는 여러 해 전에 코카인 사용을 중단했었지만 음주는 부부치료에 오기 3년 전까지 계속하였다. 샘의 음주와, 그가 몰래 돈을 숨기고 있으며 바람을 피고 있다는 믿음으로 인한 제리의 끊임없는 좌절감이 그들의 관계를 가득 채우고 있었다. 비록 알코올 중독자이지만, 샘은 돈을 숨기거나 거짓말을 한 적이 없다고 부인했는데, 아내 제리는 그 말을 있는 그대로 받아들일 수 없었으며 가장 최악을 가정했다. 샘이 재활센터에 참석하고 AA(익명의 알코올 중독자 모임) 후속 모임을 하게 되자 음주를 중단하고 정신을 차린 것으로 보였으며 아내와의 관계뿐만 아니라 가족 일에도 관심을 보이는 듯했다. 그러나 이러한 개선에도 불구하고, 제리는 샘이 속이고 있다는 의심을 계속했다.

자신이 결코 아내를 이길 수 없으며 아무리 노력해도 아내가 이 정직함을 믿지 않았다고 하는 샘의 감정 주변으로 많은 긴장감이 감돌았다. 한때 제리는, 심지어 샘에게 거짓말 탐지기 검사를 받으라고 독촉했으며, 샘도 그러기로 동의하였다. 하지만 샘은 과거 코카인 사용 때문에 생긴 심장 문제로 자신이 검사를 통과하지 못할까봐 두려워했다. 제리는 약물을 남용한 전력은 없었지만, 샘은 제리가 경계선 성격장애의 기준에 맞아떨어지는 성격특성의 여러 가지를 가지고 있다고 자주 얘기했다. 샘은 인터넷에서 다양한 장애들을 검색한 적이 있었는데 성격장애들이 나열되어 있는 한 사이트를 우연히 보게 되었다고 말했다. 그가 '경계선 성격장애'에 대한 진단 기준을 읽었을 때, 이 묘사가 자신의 아내에게 아주 잘 맞아떨어진다고 느꼈다. 아내는 신뢰와 가상의 유기에 대한 문제들이 있었고, 순탄치 못한 환경에서 성장했는데 아버지는 그녀를 학대했었다.

　이러한 많은 문제가 치료에서 다루어졌다. 나는 배우자들 각자가 개별치료를 받았다는 사실을 적극 활용했다. 커플치료 과정에서, 샘은 제리의 치료자가 그녀의 비이성적인 의심과 유기에 대한 두려움의 문제를 다루었었는지 어떤지를 물었다. 또한 제리가 자주 자신을 이중 구속('그녀의 눈에는 그가 무엇을 해도 옳은 것이 아니'라는)으로 몰아넣었으며, 이것은 그에게 아주 고통스럽고 좌절스러운 것이었다고 말했다. 샘은 사업차 여행을 하고 있었던 때의 예를 들었다. 그가 집에 전화를 했더니, 아내가 의사에게 다녀왔는데 자궁암 검사에서 비정상 결과를 받았다고 말했다. 샘은 걱정된다고 말하면서 아내에게 힘이 되어주기 위해 여행에서 일찍 집으로 돌아가겠다고 했는데, 제리는 그럴 필요 없다고 말했다. 샘은 자신이 "당신과 함께 있을 수 있게 일찍 집에 가고 싶어."라고 몇 차례 말했으며, 제리는 그럴 필요가 없음을 자신에게 확신시켰고 사업차 간 여행을 끝마치라고 요구했다고 주장했다. 결국, 샘은 예정했던 대로 남은 여행을 계속했다. 그가 집에 도착했을 때 제리는, 오지 말라고 말했더라도 오는 것이 샘이 '해야 할 옳은 일'이었다면서, 그가 어쨌든 간에 집으로 돌아왔어야 했다고 말하면서 몰아세웠다. 샘은 '해도 저주 받고, 하지 않아도 저주 받는' 상황에서 이러지도 저러지도 못하는 느낌이었다고 말했다. 또한 "이렇게는 못 살겠어요."라고 말했다. "이런 것들이 나를 미치게 합니다. 아내는 나랑 심리전을 하면서 툭하면 태도를 돌변시켜요." 샘은 이런 행동들에 대해 아내가 자신의 치료자에게 말하지 않았다고 느꼈으며 치료가 어떻게 구성되었는지를 알고 싶어 했다.

　나는 배우자 각각의 치료자들에게 치료 협력을 제안했다. 양쪽 치료자 모두 동의했으며 개인 치료자들 각각과 접촉하여 치료자 삼자 간의 전화 회의를 제안했다. 두 개인 치료자들은 그것이 좋겠다고 동의했으며 치료 과정 동안 필요할 때마다 그런 회의를 진행하기로 결정했다. 회의는 1년 동안 3개월마다 이루어졌으며 양쪽이 모두 치료에 대한 이해를 함께 하는 데 큰 도움이 되었다. 마침내 샘과 제리는 치료에서 큰 진전을 이루었으며, 각자의 개별 치료자들과 내가 협력할 수 있었던 덕택에 그들의 관계는 더욱 다정하고 좀 더 신뢰가 생기게 되었다.

　어떤 정신건강 전문가들은 나의 이런 생각을 대수롭지 않게 볼지도 모르지만, 이것은 치료를 구성하는 데 있어 실제로 큰 의미를 지닌다. 이는 한 커플의 치료에 관여하고 있는 다양한 전문가들이 서로 반하는 목적으로 개입하고 있지 않다는 것을 확인하고, 전반적으로 동일한 방향으로 가고 있음을 확신하는 데 유용하다. 조정 개입이 신중하게 수행되어야 함은 자명하며, 모든 치료자가 동의해야만 한다. 조정 개입이 적절히 이루어지면 매우 유용하고 생산적인 결과를 가져올 수 있다.

평가 도구

　인지행동치료자들은 가족 구성원들이 자신과 관계를 어떻게 바라보는지에 대한 정보를 수집하고자 표준화된 질문지를 자주 사용한다. 이것은 의료보험 체계하에서라든지 치료자가 사용할 수 있는 시간에 제한이 있을 때 유용하다. 사전에 질문지에 응답한 것을 가지고 면담에서 추가 정보를 물을 수 있도록 하기 위해, 접수 면접 전에 커플 및 가족 구성원들이 미리 질문지를 작성하도록 하는 경우가 많다. 당연히, 개개인의 질문지 보고는 가족 문제에 대해 다른 사람을 비난하거나 사회적으로 바람직한 방식으로 자신을 나타내는 것과 같이, 편향을 보이기 쉽다(Snyder et al., 1995). 그럼에도 불구하고, 신중하게 질문지를 사용할 경우 접수 면접에서 관찰되는 문제들에 대한 가족 구성원들의 다양한 인식을 효과적으로 탐색할 수 있다. 질문지 상에서 주목된 주제들은 후속 면담과 행동 관찰을 통해 한층 더 깊이 있게 탐색될 수 있다.

평가 단계에서 조기에 평가 도구나 질문지를 사용하면 관계의 변화를 만들고자 하는 동기가 얼마나 있는지 확인할 수도 있다. 변화에 대한 동기는 성공적인 치료의 예후를 위한 가장 좋은 지표 중 하나이다.

전반적 만족도, 응집력, 의사소통의 질, 의사결정, 가치, 갈등 수준 등과 같은 핵심 영역들에서의 전반적인 양상을 알아보기 위한 다양한 측정 도구들이 개발되었다.[1] 부부적응 척도(Dyadic Adjustment Scale; Spanier, 1976), 부부만족 질문지-개정판(Marital Satisfaction Inventory; Snyder & Aikman, 1999), 가족환경 척도(Family Environment Scale; Moos & Moos, 1986), 가족평가 도구(Family Assessment Device; Epstein, Baldwin, & Bishop, 1983), 자기보고 가족 질문지(Self-Report Family Inventory; Beavers, Hampson, & Hulgus, 1985) 등이 그 예이다. 이러한 척도들에서 각 문항이 관계 문제에 관한 각 가족 구성원의 인지, 정서, 행동 반응에 대한 특정 정보를 제공하지는 않기 때문에, 치료자는 면담 동안에 이러한 점에 대해 질문을 해야만 한다.

만일 질문지상에서의 점수가 가족 구성원들 간에 부족한 응집력을 시사하고 있다면, 치료자는 (1) 응집 행동의 유형과 정도에 대한 구성원 개인의 기준, (2) 그들 사이에서 응집력이 있다고 느끼는 행동 사례나 응집력이 느껴지지 않았던 행동 사례, (3) 그런 행위에 관해 그들이 경험한 긍정 정서 반응이나 부정 정서 반응들에 대해 가족 구성원들에게 질문할 수 있다. 따라서 질문지는 강점의 영역과 고민의 영역을 확인하기 좋지만, 긍정적 상호작용 및 부정적 상호작용의 유형과 이에 영향을 미치는 요인들을 이해하기 위해서는 좀 더 미세한 분석이 필요하다.

일반적으로 평가 도구들의 장점은 커플 또는 가족의 강점과 약점 영역에 대한 하위 척도 프로파일을 제공해 준다는 것이다. 더욱이, 어떤 가족 구성원들은 공동 가

---

1) 여기에 논의된 것은, 인지행동 관점에서 특별히 개발되지 않았더라도 인지행동 모형 안에서 평가에 사용되는 대표적인 질문지들이다. 다양한 다른 관련 측정도구들을 개관하고자 한다면 Touliatos, Perlmutter 및 Straus(1990)를 참고하라.

족 면담에서는 언급하지 않은 고민을 질문지 상에서 나타내기도 한다.

그러나 대부분의 평가 도구들이 시간을 많이 소요하기 때문에, 치료자는 유사한 정보들을 면담을 통해서 더 효율적으로 수집할 수 있는 것은 아닌지 잘 판단해야 한다.

인지행동의 관점에서 개발된 많은 질문지가 커플 및 가족의 평가에서 유용하다. 예를 들면, Eidelson과 Epstein(1982)의 관계신념 평가 도구(Relationship Belief Inventory)는 커플의 관계 불편감 및 의사소통 문제와 관련하여 다음의 비현실적 신념 다섯 가지를 평가한다. (1) 불일치는 파괴적이다, (2) 파트너라면 서로의 생각과 감정을 읽을 수 있어야만 한다, (3) 관계는 변화되지 않는다, (4) 타고난 성차가 관계 문제를 결정한다, (5) 상대를 성적으로 만족시키는 파트너가 되어야 한다. Baucom 등(1996)의 관계기준 평가 도구(Inventory of Specific Relationship Standards)는 커플 관계에서 경계(자율성 대 공유 정도)에 관한 기준, 힘/통제의 배분과 행사에 대한 기준, 관계에 시간과 노력을 투자하는 정도에 관한 기준을 각자가 어느 정도로 지니고 있는지를 평가한다.

Roehling과 Robin(1986)의 가족신념 평가 도구(Family Beliefs Inventory)는 청소년과 부모가 서로에 관해 지니고 있는 비현실적 신념을 평가한다. 부모용 질문지에서는 다음의 신념들이 평가된다. (1) 청소년에게 너무 많은 자유를 부여해 주면, 미래를 망칠 행동을 하게 된다, (2) 자녀는 부모에게 절대적으로 복종해야 한다, (3) 청소년의 행동은 완벽해야 한다, (4) 청소년은 의도적인 악의를 가지고 부모에게 행동한다, (5) 자녀의 행동 문제로 부모가 비난을 받는 것은 당연하다, (6) 부모는 자녀 양육 방법에 대해 자녀의 승인을 얻어야 한다. 그리고 청소년용 질문지는 하위 척도에서 다음의 신념들을 평가한다. (1) 부모의 규칙과 요구는 청소년의 삶을 황폐하게 만든다, (2) 부모의 규칙은 불공평하다, (3) 청소년은 원하는 만큼 자율성을 가져야 한다, (4) 부모는 자녀 양육 방법에 대해 자녀의 승인을 얻어야만 한다. 이 외에도 커플관계에서 사건의 원인에 관한 귀인을 평가하는 많은 도구가 개발되었다(예를 들어, Baucom et al., 1996b; Pretzer et al., 1991).

관계에서의 특정 행동 유형에 대한 정보를 제공해 주는 자기보고 질문지도 있다.

Christensen(1988)의 의사소통 방식 질문지(Communication Patterns Questionnaire)는 갈등 영역에 대한 대화 시 두 사람의 의사소통 방식이 어떻게 나타나는지를 묻는다. 따라서 체계이론에서 커플 상호작용을 바라보는 관점과 관련이 깊다. 이 질문지에서는 의사소통 방식을 상호 공격, 요구–철수 및 상호 회피의 유형으로 분류하고 있다. 나아가, 갈등 전략 척도 개정판(revised Conflict Tactics Scale: CTS2; Straus, Hamby, Boney McCoy, & Sugarman, 1996)은 커플들이 면담에서는 잘 드러내지 않는 관계에서의 학대 행동에 대해 언어적, 비언어적 형태를 포괄하여 정보를 제공해 준다.

현재로서는, 서로에 대한 가족 구성원들의 순간순간의 정서 반응이나 전형적인 정서 반응(전반적인 불편감 수준을 제외하고)을 평가할 수 있는 질문지는 나와 있지 않다. 따라서 가족 상호작용에 대한 정서적 요소를 추적하기 위해서는 면담을 주축으로 하는 것이 신중한 자세일 것이다.

부모–자녀 관계 및 일반적인 가족 기능의 측면을 평가하기 위해서도 수많은 자기 보고 질문지가 개발되었다. 이러한 측정 도구들에 대해서는 Grotevant와 Carlson(1989), Touliatos, Perlmutter 및 Strauss(1990), 그리고 Jacob과 Tennebaum(1988)이 저술한 저서들에 잘 개관되어 있다. 가족 환경 척도(Family Environment Scale; Moos & Moos, 1986)와 가족 적응 및 응집성 평가 척도-III(Family Adaptability and Cohesion Evaluation Scales-III; Olson, Portner, & Lavee, 1985)와 같은 도구들은 응집성, 문제해결, 의사소통의 질, 역할 명료성, 정서 표현, 가치 등의 가족 특징에 대한 구성원들의 전반적인 인식을 평가한다. 생활사건 및 변화에 대한 가족 평가 도구(Family Inventory of Life Events and Changes; McCubbin, Patterson, & Wilson, 1985), 가족위기 중심의 개인 평가 척도(Family Crisis-Oriented Personal Evaluation Scales; McCubbin, Larsen, & Olsen, 1985) 및 원가족 평가 도구(Family of Origin Inventory; Stuart, 1995) 등의 척도들은 보다 세부적으로 가족 기능을 평가한다(예: 특정 스트레스 유발원인에 대한 구성원들의 지각과 가족 대처 전략들). 앞에서 언급했듯이, 원가족 또한 치료의 중요한 요인이기 때문에, 원가족 척도(Family of origin Scale; Hovestadt, Anderson, Piercy, Cochran, & Fine, 1985)는 원가족에서의 건강 수준을 어떻게 지각하는지 측정하는 좋은 도구이다. 일반적으로 이러한 척도들이 평가에서 핵심인 특정

인지적, 행동적 및 정서적 변인들에 대한 자료를 제공하지는 않지만, 가족 치료자가 관심을 가지고 있는 가족 기능에 대한 다양한 주요 요소들에 쉽게 접근할 수 있도록 해 준다.

몇 가지 도구들은 부모역할에 대한 가족 구성원들의 태도에 중점을 두는데 이런 경우 인지적 평가와 더 직접적인 관련이 있다. 가족 평가의 초기 단계에서 이러한 질문지를 사용하는 기본적인 이유는 구성원들에게 말로 표현하지 않고도 스스로를 드러내 보도록 격려하기 위해서이다. 구성원들은 가족 맥락에서 자신을 말하여 드러내기보다 평가 도구상에서의 문항들에 더 부담 없이 답변하는 경우도 많다. 또한 질문지를 사용하게 되면 치료자는 어떤 영역에 초점을 두어야 할지 보다 쉽게 알 수 있기 때문에 치료 회기에서 작업하기도 용이하다. 예컨대, 어떤 가족 구성원이 가족 신념 평가 도구상에서 다른 가족 구성원을 신뢰하는 것에 의문을 나타내는 반응을 한다면, 질의 과정에서 분명히 이 부분을 짚어야 한다. '우리 가족은 서로 의사소통하는 방법을 알지 못한다.'와 같은 진술들에 그렇다고 응답하는 경우에도 다루어야 할 영역이 된다.

인지나 신념에 초점을 두는 이러한 평가 도구들이 심각한 정신병리를 잘 드러내 주지는 못한다. 심각한 정신병리는 커플이나 가족 치료의 과정에 그야말로 혼란을 야기할 수 있다.

정신병리의 정도에 따라서 추가적인 심리진단 검사가 필요하다. 만일 치료자가 임상 심리학적 훈련을 받지 않았다면, 정신병리의 범위나 특정 정신장애를 명확히 하기 위해 심리진단 평가를 의뢰해야 한다. 임상적 요소가 혼재되어 있거나 어떤 심리장애인지 의심스러울 때 특히 그러하다. 예컨대, 치료에서 분열정동장애와 양극성 장애 사이를 감별하는 것은 대개 어려운 일이다. 정신병적 과정이 존재한다고 보는지 아니라고 보는지 혹은 망상 체계가 그대로인지 변함이 있는지의 판단은 치료의 과정과 윤곽에 상당한 차이를 가져온다. 의미 있는 정신병리가 존재한다는 의심이 들면 그 사람을 심리학적 진단평가에 의뢰할 것을 단연코 권고한다. 왜냐하면 가급적 치료 과정에서 일찍 그런 진단을 파악하는 것이 매우 중요하기 때문이다.

앞에서도 살펴본 것처럼, 인지적, 행동적 측정 도구들은 관계 경험에 대한 개인들의 주관적 보고이기 때문에 한계가 있을 수 있다. 그렇다 하더라도 치료자가 관찰하지 못하는 커플이나 가족의 상호작용에 대한 유용한 정보를 제공해 줄 수 있다. 여기에서 논의된 측정 도구들은 신중한 면담 및 평가와 결합하여 사용할 때 특히 유용하다. 9장에 나오는 사례들은 치료 과정에서 이러한 평가 도구들을 어떻게 사용하는지 보여 준다.

◇◇◇◇◇◇◇◇◇◇◇
세부적인 평가를 위한 심리검사

보다 세부적인 심리평가를 해야 할 경우가 있다. 배우자나 가족 구성원들에게서 심각한 정신병리가 의심되는 경우가 그렇다. 미네소타 다면적 인성검사-2(Minnesota Multiphasic Personality Inventory-2: MMPI-2)와 밀론 임상 다축평가 도구(Millon Clinical Nultiaxial Inventory: MCMI)는 개인의 정신병질 수준을 결정하기 위해 대표적으로 사용되는 두 가지 측정도구이다. 심리 전문가 자격이 있는 가족치료자라면, 치료 과정을 방해할 수 있는 성격장애가 구성원들에게 존재하는지 여부를 판단하기 위해 성격검사나 투사적 검사를 사용할 수 있다. 물론 이 경우에도 이러한 평가 도구를 사용하는 데 능숙해야 한다. 그렇지 않다면 그런 검사 및 평가를 위해 별도의 기관에 의뢰하는 선택하는 것이 좋다. 치료 계획을 세우기 위해서나 치료 과정을 변경하고자 할 때 더 심각한 정신병리의 존재 여부를 판단하는 것은 중요하다. 심각한 정신병리가 가족 구성원들에게 존재하는 경우에는 개별 치료로 의뢰할 필요가 있다.

미국 내에서라면 심리 전문가 자격이 없는 커플 및 가족 치료자인 경우 법 위반에 해당하지 않도록 심리학적 검사를 사용하는 권한을 규정한 각 주(state)의 법을 신중하게 지켜야 한다(Dattilio, Tresco, & Siegel, 2007).

모든 경우에, 평가 과정을 최적화하고 더욱 효율적인 치료 계획을 세우기 위해서는 한층 세부적인 평가를 하는 것이 좋다.

◇◇◇◇◇◇◇◇◇◇
심리학적 가계도

  확대 가족 체계의 심리학적 가계도(genograms)는 커플 및 가족 치료자들이 빈번하게 사용해온 것이다. 이름, 날짜, 가계만을 표시하는 일반 가계도(family tree)와 달리, 심리학적 가계도는 개인력 및 원가족에 대한 중요한 정보를 알아내기 위한 것이며 진단적이고도 치료적으로 사용된다. 심리학적 가계도에는 정서적 과정도 포함된다. 예컨대 삼각관계, 융합, 정서적 단절 및 죽음 등의 내용이 망라되어 있다. 가족치료가 시작된 이후로 심리학적 가계도를 작성하는 작업은 치료의 중요한 측면이자 흔하게 사용하는 기법이다. 많은 장점이 있기 때문에 심리학적 가계도는 수십 년에 걸쳐 사용되어 오고 있다. 심리학적 가계도는 여러 저술에서도 두루 소개되었다(McGoldrick, Gerson, & Petry, 2008; Kaslow, 1995).

  심리학적 가계도는 세대에 걸쳐서 가족 구성원들을 묘사하기 위한 상징을 사용한다. 이것은 정신장해 및 정신병리를 다룰 때 원가족과의 연결고리를 추적할 수 있게 해 준다. 심리학적 가계도를 만들게 되면 그 과정에서 구성원들은 중요한 과거력과 현재를 구성하며 특정 정신장해의 발병에 영향을 미쳤을지도 모르는 친족관계를 묘사할 수 있다. 구성원들은 그들이 기억할 수 있는 만큼의 과거로 돌아가서 가족 도해를 그리게 된다. 가족 도해는 페이지의 가장 위에서 시작하여 윗 조상에서부터 그 집안의 가장 어린 자녀로 내려온다. 연대기적 도표가 점차 모습을 드러내면 사람들이 서로 어떻게 연관되어 있는지가 나타나며, 그 안에는 출생일자, 결혼, 이혼 및 죽음 등의 정보가 담기게 된다. 어떤 정서적이거나 행동적 문제나 밝혀진 정신장해가 조상 중 누구에게서 나타났던 적이 있었는지 여부를 추적하기 위한 시도를 하면서 특정 관심 영역이 더 탐색된다. 일반적으로, 심리학적 가계도를 구성하는 과정에서 내담자나 가족은 생존해 있는 원가족 구성원들을 방문하기도 하면서 잃어버린 정보에 대한 기억을 되살린다. 내담자들이 자신들의 궁금한 사항을 어떻게 표현하여 질문해야 관련되어 있는 정보를 수월하게 얻을 수 있는지에 대해 치료자는 교육한다. 흥미롭게도, 많은 경우에 사람들은 치료 과정에 영향을 주는 오랫동안

〈심리학적 가계도〉

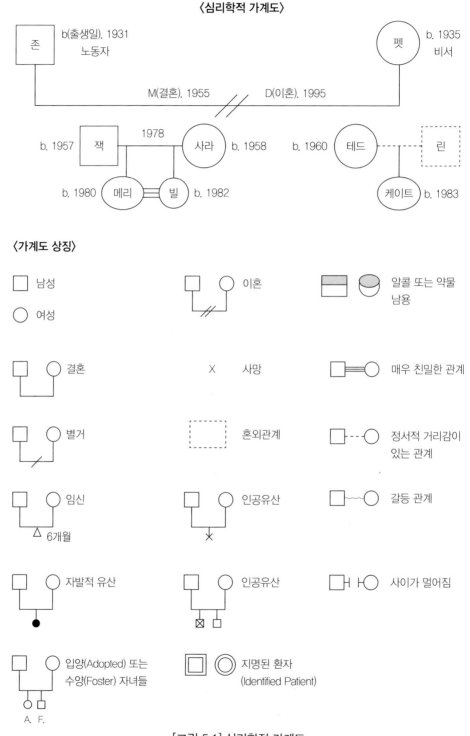

〈가계도 상징〉

[그림 5.1] 심리학적 가계도

문혀 있던 가족의 비밀을 찾아내곤 한다.

심리학적 가계도 작업에는 Bowen(1978)이 언급한 세대 간 전수 과정을 내담자들에게 알려주고자 하는 이유도 있다. 이 작업에서 얻어지는 정보는 문제가 어떤 방식으로 나타나는지 혹은 가족 구성원 한 사람의 병리가 세대를 통해 어떻게 진전되는지에 대한 근거를 명확하게 보여 준다. 이 작업은 세대 간 연결이 어떻게 일어나는지를 이해하기 위한 도구이지 개인의 문제를 자신의 조상 탓으로 핑계를 대는 것이 아니다.

[그림 5.1]은 상징을 사용하여 핵심적으로 표현된 심리학적 가계도의 예시이다.

정신장해의 근원이 관계를 삼각화하려는 가족 경향이라고 보는 치료자들이 있는데, 심리학적 가계도를 그리는 과정은 이러한 가족 경향을 인식하는 데 큰 도움을 준다. 삼각화는 커플이나 가족 안에 존재하는 불안에 예민해진 제삼자가, 안심시키거나 불안을 누그러뜨리는 방향으로 움직이는 반응 과정이다. 예를 들어, 10대 딸이 부모의 격렬한 부부 갈등을 감소시키려고 시도한다. 이 딸은 부모 각각에게 이야기를 하거나 혹은 자신에게 영향력이 큰 한쪽 부모에게 개인적으로 이야기한다. 딸의 개입은 부모에게 협력하도록 유도했다. 부모가 딸의 개입에 의지하게 됨에 따라딸은 삼각관계를 형성하게 되는데, 이것은 딸에게 매우 불편하거나 너무 부담스러운 역할일 수 있다. 따라서 이러한 정보를 얻을 수 있다면 탈삼각화와 궁극적으로는 직계 가족과 더 건강하고 만족스러운 관계를 발달시키는 방법을 구성원들이 학습하는 데 큰 도움이 된다. 심리학적 가계도에 관한 더 자세한 내용은 McGoldrick 등(2008)이나 Kaslow(1995)의 저술을 참고하면 좋을 것이다.

◇◇◇◇◇◇◇◇◇◇◇
치료의 전 과정에서 지속되는 평가와 사례개념화

앞에서 서술했듯이, 사례개념화는 치료의 전체 과정을 통해 계속되며 평가 단계후에도 중단되지 않는다. 평가의 대부분은 접수면담 기간 동안 일어나지만, 치료 과정에서 얻게 되는 커플이나 가족에 대한 더 많은 지식을 토대로 상황은 계속 재평가

된다. 치료가 끝나기 전까지 평가 과정은 계속된다. 새롭게 드러나는 정보가 치료 과정을 바꾸거나 변화시킬 수 있다는 점을 함께 작업하는 가족과 공유하는 것도 중요하다.

◇◇◇◇◇◇◇◇◇◇◇

평가 과정의 문제

평가 단계에서 어려움도 발생한다. 배우자나 가족 구성원들이 치료자와의 개별 회기에서 어떤 정보를 노출하고서 이를 비밀로 해달라고 하는 경우도 어려운 상황 중 하나이다. 예컨대, 한 배우자가 외도를 하고 있다고 고백하면서 이러한 자신의 분별없는 행동이 알려지지 않았으면 좋겠다고 말할 때 치료자는 위태로운 처지에 놓이게 된다. 그러한 정보가 치료자와 공유되면 치료자가 비밀을 유지하든 누설하든 간에 치료자는 이미 이 배우자와 한 통속이 된 것이며, 그로 인해 객관성을 상실하게 된다. 불행히도, 이러한 상황에서 할 수 있는 것은 별로 없다. 대개 치료자가 이러한 상황에 대처하는 두 가지 방식이 있다고 생각한다. 첫 번째 방식으로는 치료자가 엄격한 입장을 취하면서 "지금 말씀하신 불륜을 끝내야 하며 배우자에게 이 사실을 털어놓아야 합니다. 그렇게 하지 않으신다면 저는 당신을 치료할 수 없습니다."라고 말하는 것이다. 내 생각으로는, 이러한 방식은 비현실적이다. 이보다는 두 번째 방식으로, 불륜(및 그와 관련한 비밀 유지)이 치료에 미칠 해로운 영향을 치료자가 요약해 주고, 문제를 만든 배우자가 상대 배우자에게 그것을 털어놓을지 말지를 결정하도록 도와주는 것이 더 좋은 방법이다. 만일 그 배우자가 결정에 어려움을 겪는다면, 별도의 개별 치료를 받도록 의뢰하는 것이 적절하다. 그러나 어느 쪽이든, 상대 배우자에게 비밀 내용을 알리는 것은 치료자가 할 역할이 아니다. 그런 선택은 문제를 저지른 배우자가 책임져야만 한다.

치료자와 개별 회기가 진행되는 도중에, 어떤 가족 구성원이 다른 구성원들에게는 절대 비밀이라고 하면서 자신이 저지른 행동을 밝히는 경우에도 이러한 대처방식은 동일하게 적용된다. 치료자가 어떤 중요한 정보를 이미 알고 있었으면서도 자신에게 알려주지 않았다는 것을 후에 알게 되면, 배우자나 가족 구성원들은 치료자에게 크게 화를 내기도 한다. 대개 나는 미리 치료자로서 내가 지니는 윤리적 제약을 설명하며 내가 그런 정보를 왜 누설할 수 없는지를 이야기한다. 동시에 문제를 저지른 당사자가 스스로 자신의 행동에 대한 책임을 지고 이것을 상대 배우자나 가족 구성원과 적절하게 공유하는 것이 최선임을 말해 준다.

한편, 노인학대나 아동학대 사실을 치료자가 인지하게 되면 보호자 및 관련 기관에 알려야 하는 것처럼, 비밀이 깨져야만 할 때가 있다. 특히 학대를 받은 사람이 협박을 당했다면 관계기관에 신고를 하는 것은 모든 치료자의 의무이다.

가족치료자는 매우 다양한 방식으로 평가를 수행한다. 대표적으로는, 『정신질환의 진단 및 통계편람(DSM)』의 구조화된 임상 면담표(SCID; Spitzer, Williams, Gibbon, & First, 1994)를 사용한 면담이 감별 진단의 목적으로 진행된다. 투사검사와 성격 검사를 위시하여 다양한 심리학적 검사들은 평가의 도구이다. 어떠한 관점으로 평가를 진행하는지와 무관하게 대부분의 치료자들이 치료를 개시하기 전에 개인과 가족에 대해 꼼꼼하고 세밀한 평가를 하는 데 그다지 시간을 많이 들이지 않는다.

그러나 이러한 평가 과정은 가족을 치료할 때 매우 중요하다. 왜냐하면 구성원들이 단단한 구조 안에 깊숙이 들어가 있지만 그 구조가 잘 드러나지 않기 때문에, 우선 견고하게 자리 잡고 있는 문제들을 파악하는 단계가 중요하다. 가족 구조를 인식하면서 가족에 대한 이해를 해 나가야 가족의 정신병리의 발달을 이해하고 가족이 그런 문제들을 어떻게 오랫동안 지속시켜 왔는지 알 수 있다. 문제가 어떤 방식으로 가족에게 영향을 주는지, 그리고 그 역동에 가족이 어떻게 움직이는지 하는 것은 치료자가 중점을 두어야 할 부분이다. 치료자는 실제 기능하고 있는 하위 체계들의 특성이 무엇인지 파악해야 하며 파트너들 사이의 경계가 어떻게 작용하는지 의문을 지니고 있어야 한다.

이 외에도 커플이나 가족체계 사이의 경계를 확인하면서 삼각관계의 존재 유무를 파악하는 것 또한 중요하다. 삼각관계는 제삼자를 포함한 안정적인 관계 구조로 묘사된다(Guerin, 2002). 삼각관계는 초기에 평가할 필요가 있다. 가족에서 누가 어떤 역할을 하는지에 대해 깊이 있게 이해해야 하며 영향력과 통제의 문제와 관련해서는 특히 세심하게 파악해야 한다. 인지행동치료에서 신뢰할 수 있는 치료계획을 개발하고자 한다면 가족을 역기능에 빠뜨리는 심리도식과 가족의 상호관계를 잘 이해하는 것이 중요하다.

◇◇◇◇◇◇◇◇◇◇
행동관찰

자기보고 질문지만으로 평가하는 것은 한계가 있기 때문에 커플이나 가족 구성원들의 상호작용을 직접 관찰해야 한다. 구성원들의 행동과 그 행동의 결과가 어떤 것인지를 치료자가 주의 깊고 세밀하게 관찰해야 가족 역동을 이해할 수 있다. 디지털 비디오(DVDs)가 나오기 이전 시대인 1970년대 가족치료 수련에서 우리는 비디오 테이프의 초창기 형태인 베타 맥스[2]의 형태로 회기들을 기록했었다. 이 베타 맥스는 기계 장치의 결함으로 인한 문제를 자주 일으켰는데, 종종 화면은 보이는데 소리가 먹통이곤 했다. 그러나 이것이 뜻하지 않은 발견이 되었는데 수련감독자들이 여기에서 힌트를 얻은 것이었다. 즉, 가족의 비언어적 행동 관찰을 위한 교육으로 음량을 소거한 비디오 테이프를 수련생들에게 지켜보도록 했다. 나도 당시 수련생이었는데, 비언어적 행동만을 가지고 어떠한 추론이 가능한지 연습하면서 나중에 비디오 화면에 소리를 일치시켰을 때 처음의 추론이 적절했는지 확인하면 매우 흥미로웠다. 비언어적 행동과 그 행동으로부터 무엇을 포착해 낼 수 있는지에 대해서는 하고 싶은 말이 많다. 비언어적 행동은 언어적 행동만큼 중요하며 어떤 경우에는 언어적 행동보다도 훨씬 더 중요하다. 그러나 주고받는 언어가 비언어적 행동을 관찰하려는 사람들의 주의를 분산시킨다는 점을 염두에 두어야 한다.

행동 관찰의 기회는 가족이 치료자의 사무실에 들어오는 처음 순간부터 존재한다. 노련한 커플 및 가족 치료자는 가족 구성원들이 서로에게 이야기할 때는 물론이고 치료자와 대화할 때에도 그들 사이의 언어적, 비언어적 행동 과정을 주목한다.

---

2) [역자 주] Beta Max: 비디오 테이프의 표준 포맷의 하나

이야기하는 주제와 내용이 중요함은 물론이다. 그러나 체계적인 행동 관찰의 목적은 개인 각각의 구체적인 행위들을 파악하여 이러한 행위들이 가족 구성원들 간에 어떻게 연결되고 있는지를 포착하는 것이다. 이러한 행위는 건설적이며 즐거운 것일 수도 있고 어떤 경우에는 파괴적이고 혐오감을 주는 것일 수도 있다. 특히 파괴적이고 혐오감을 주며 타인을 조종하는 그러한 행동들은 주시하며 기록해 두어야 한다. 치료자가 어떤 준거를 가지고 관찰을 하는지 혹은 어떤 체계를 가지고 관찰 내용을 입력하는지, 그리고 상호작용에 어떤 구조를 부과하는지에 따라 가족 상호작용의 관찰 방식은 달라진다.

가족 구성원들이 치료자의 사무실에서 보여 주는 행동이 자신들의 집에서 행동할 때와 다르다는 점은 분명하지만, 치료실에서의 이 상호작용 속에 관계 문제를 이해하는 통찰을 가져올 만한 의미 있는 방식이 노출되는 경우가 많다. 이를테면 우울증 및 조현병 같은 장애가 있는 가족에게서 부모와 자녀 사이의 상호작용의 주된 문제는 모호한 방식으로 서로를 차단하거나 깎아내리는 것이다. 이 점은 치료자가 필히 주목해야 할 영역이다. 존재감이 희미한 가족 구성원들과 달리 자기 뜻대로 하는 가족 구성원들이 누구인지 파악하는 것이 아주 효과적일 때가 많다. 가족 치료에서 구조화를 최소화할수록 치료실 장면에서도 자연스럽게 가족 의사소통을 표집할 수 있다는 이점이 있다. 이를 통해 치료자는 상당한 역기능이 발생하는 지점을 정확히 짚어낼 수 있다.

구조화된 가족 상호작용

상대적으로 비구조화된 상호작용을 허용하면서 관찰하는 것과는 반대로 특정 주제를 정해 주면서 가족에게 논의해 보라고 할 수도 있다. 이 방법이 구성원들의 기능 방식을 더 잘 드러내 주기도 한다. 서로의 사고방식과 감정을 이해하려는 노력이나 관계 문제를 해결하려는 시도에서 볼 수 있듯이 가족 구성원들의 목적은 서로 연관되어 있다. 가족 구성원들이 다른 구성원들의 정서와 서로 어떤 관련성이 있는지는 매우 중요하다. 구성원 중에 심각한 정신병리가 있는 경우라면 특히 더 그렇다. 내담자들은 Spanier(1976)의 부부 적응 척도(Dyadic Adjustment Scale)라든지 앞서 언급한 측정 도구들을 사용하여 갈등의 정도를 평정할 수 있으며 어떤 상호작용이 서로에게 영향을 미치는지도 평정할 수 있다. 정서의 표현이나 함께 보내는 시간 등에 대한 내담자들의 응답은 치료에서 역점을 둘 구체적 내용영역을 선택할 수 있게 해준다. 행동관찰을 하면서 노련한 치료자는 특히 뜨거운 쟁점이 제기되는 가운데서 커플이나 가족의 취약점 및 장해의 영역을 잘 포착한다. 이러한 치료자는 가족 구성원들 사이에 형성된 연합이나 동맹을 잘 관찰하고 그러한 것이 하나의 가족단위를 어떻게 양극화시키는지 보여 줄 수 있다. 커플 및 가족에게 사용하는 질문지와 측정 도구에 대한 자세한 목록은 이 책의 부록 A에 제시되어 있다.

치료 회기 중에 커플이나 가족 구성원들에게 주제를 주고 문제해결 의사결정을 해 보라고 지시하면 이들 안에서 어떤 일이 일어나는지 관찰해 볼 수 있는 좋은 방법이 된다. 그런 논의를 지켜보면서 치료자는 가족의 의사소통에 어떤 어려움이 있는지 실제로 볼 수 있다. 이 기법은 Salvador Minuchin을 비롯한 가족치료자들이 치료에서 사용한 것과 유사하다(Minuchin, 1974). 자신이 사용하고 있는 치료 양식이 어떤 것인지에 따라 치료자는 치료 과정에서 더 직접적으로 개입하고자 할 수도 있고 특정 개입에 주력할 수도 있다. 흔히 가족 구성원들은 구체적인 행동적 용어로 문제를 정의하지 못하며 실행 가능한 해결책을 스스로 만들어 내는 데 어려움을 경험한다. 어떤 가족은 가능한 해결책의 장점과 단점을 파악하지 못하여 해결책을 실행에 옮기려고 할 때 좌절하면서 뜻하지 않은 장애물이나 문제점에 직면하기도 한다. 치료자는 다른 방식으로 문제를 다루는 개입을 선택한다.

가족 구성원들이 자신의 좌절이나 다른 구성원들의 좌절을 다루는 방식을 보면 그 가족 체계 내에 불안과 우울이 존재하는 이유를 이해할 수 있는 실마리를 찾게 된다. 치료 회기 안에서 가족 구성원들이 하는 논의를 관찰하면서 치료자는 구체적인 문제 행동을 확인하고, 가족 문제-해결 기술을 개선하여 역기능의 문제를 다루는 치료 계획을 세울 수 있다. 반복적으로 우울이나 불안을 낳는 사고, 정서, 행동 패턴을 관찰하면 가족 구성원들의 역기능적인 방식을 알 수 있다. 기능적 분석

(functional analysis)을 적용하여 가족 구성원들 사이의 부정적 상호작용을 유발하는 선행 사건과 부정적 상호작용의 결과를 관찰하기도 한다.

예컨대, 어떤 부모가 자기감정을 드러내지 않는다고 자녀에 대해 여러 차례 불평한다. 그러나 치료자가 관찰하면서 발견한 흥미로운 점은 자녀가 감정을 표현할 때마다 부모가 이를 외면하거나 공공연히 차단하는 것이다. "네가 이렇게 느끼는 건 잘못된 거야."라든가 "그렇게 느껴서는 안 돼, 어리석은 짓이야." 등의 말을 하면서 자녀의 감정을 부모가 배척하고 있다. 한 개인의 행동이 어떻게 상대방을 철수하도록 만드는지, 상대방의 철수는 또 어떤 행동을 역으로 촉발시키는지 그리고 이것이 개인의 역동에 어떤 영향을 미치는지 치료자는 주목한다. 이러한 가족 상호작용에서 순환적인 인과 과정을 관찰할 수 있다. 이러한 역동은 우울과 낮은 자존감을 만들고 정신병리의 어떤 요소를 가져오기도 하는 파괴적인 패턴이 된다는 점에서 주목해야 한다.

인지의 평가

임상적 면담은 가족 구성원들과 한자리에서 진행되기도 하며 구성원 개인별로 진행되기도 한다. 임상적 면담을 통해 개인 특유의 인지를 찾아내고 표준화된 질문지로 평가되지 못한 중요한 과정을 추적할 수 있다. 소크라테스식 질문(Socratic questioning)은 방어를 조금씩 누그러뜨리면서 연이어 (체계적인) 질문하는 기법이다. 이 기법은 탐색 및 평가 단계와 치료의 초반부에 개인의 사고와 이면에 있는 신념을 밝혀내기 위해 사용되곤 한다(Dattilio, 2000; Beck, 1995). 소크라테스식 질문을 통해 치료자는 사건과 관계 그리고 정서적, 행동적 반응들 사이를 중재하는 내담자의 사고의 사슬을 서로 이을 수 있다. 소크라테스식 질문 기법은 Aaron beck과 동료들(1979)이 개발한, 하향-화살표(downward arrow) 기법과 관련이 있다. 이 기법은 역기능적 사고나 왜곡된 사고를 만들어 내는 개인의 이면 가정(assumptions)을 밝히기 위해 개발되었다. 하향-화살표 기법을 사용할 때 치료자는 처음의 사고를 확인하고 나서 뒤이어 "만일 그렇다고 한다면, 그것이 무슨 의미인가요?"와 같이 질문한다.

　한 치료자가 '안전'을 위해서는 가족에 계속 소속되어 있어야 한다고 느끼면서 분가하여 집을 떠나는 것을 주저하는 성인 아들을 둔 가족을 치료했다. 아들은 과도한 안도감을 가족에게 계속 요구하면서 사람들과는 어울리지 않고 회피적이었다. 하향－화살표 기법을 통해 나타난 바가 [그림 5.2]에 제시되었다.

　이 기법을 통해 드러나 있는 것처럼 아들의 핵심 신념은 실패에 대한 두려움, 심

나는 가족과 함께 있는 것이 좋다, 가족이 안전하니까.

↓

만일 내가 위험을 감수하면서 세상 밖으로 나간다면,
내 인생은 너무 위험해질 것이고 어차피 다른 사람들보다 잘해내지 못할 것도 뻔하다.

↓

사람들은 나에게 관심도 없고 앞으로도 신경을 안 쓸 것이기 때문에
나는 다른 사람들처럼 쓸모 있는 사람이 될 수 없다.

↓

사람들이 돌봐 주지 않으면, 나에게 뭔가 안 좋은 일이 일어날 것이다.

↓

나에게 뭔가 안 좋은 일이 일어나면, 인생은 살 만한 의미가 없을 것이고
나 혼자 헤쳐 나갈 수 없을 것이다.

↓

그렇기 때문에, 내가 안전하다고 느끼려면 내 가족과 함께 있어야 한다.

↓

삶이 나를 저버리면 나는 죽을 것이기 때문에, 모험을 해서는 안 된다.

[그림 5.2] 회피적인 아들의 하향 화살표

지어 죽음에 대한 두려움에 기초하고 있었다. 가족 없이는 자신이 아무것도 아니라고 믿었다. 가족 역동을 요약하면서 흥미로웠던 점은, 아들이 세상 밖으로 나가 성공적인 삶을 꾸리는 것을 부모가 강력하게 원하면서도 한편으로 아들의 생존 능력에 의심을 품으면서 아들이 집에 남아 있도록 은근히 부모가 강화했다는 점이었다. 같은 기법을 적용하여 부모의 인지를 조사하자, 아들이 성인이라는 사실에도 불구하고 혼자 힘으로는 적절히 기능할 수 없을 것이라는 부모의 두려움이 밝혀졌다. 부모들 자신의 감추어진 역의존성의 측면 또한 드러났다. "아들에게 우리가 더 이상 필요 없다면 우리는 어찌해야 할지 모르겠어요." 부모의 여러 가지 행동으로 미루어 보면 아들의 의존성과 집에 머물기를 부모가 모호하게 강화하고 있었다. 그러면서도 표면적으로는 아들이 집을 떠나서 더 독립적이 되기를 바란다는 말을 하고 있었다. 이러한 모호한 이중 구속 상태는 가족뿐만 아니라 아들에게도 많은 혼란과 역기능을 만들어 내고 행동의 고착을 가져왔다.

이러한 형태의 인지는 가족치료에서 중요하게 다루어야 한다. 부모의 사고를 재구성하면서, 좀 더 낙관적으로 바라보면서 행동하며 아들의 독립성을 증진함으로써 생기는 위험을 감수할 수 있도록 도울 필요가 있다. 이러한 작업은 아들의 독립을 지지하도록 부모에게 용기를 줄 것이다. 아들이 바깥세상으로 나가고, 위험을 받아들이고, 예상한 것처럼 자신이 실패할 운명인 것은 아니라는 점을 알 수 있는 방법을 찾는 작업에 부모도 함께한다면 상당한 도움이 될 수 있다.

부모 자신의 의존 욕구, 즉 아들이 자신들에게 의존적인 채로 남아 있게 하려는 욕구를 다루는 것 또한 필수적이다. 모든 가족 구성원들의 실패에 대한 두려움과 더불어 그 이면의 취약성 및 무력감의 심리도식을 밝혀 주는 데 기여한 것은 하향 화살표 기법이었다. 이 기법은 개개인에게 자신의 사고의 연쇄를 인식하게 해 주었으며, 사고의 연쇄가 어떻게 잘못된 결론을 유도했는지 그리고 모두 옳다고만 할 수는 없는 오랫동안의 가정을 어떻게 강화했는지를 알게 해 주었다.

◇◇◇◇◇◇◇◇◇◇◇
개별 면담

생활 스트레스, 정신병리, 전반적인 건강 상태, 대처 강점 등을 포함하여 과거와 현재의 기능에 대한 정보를 수집하기 위해, 각 가족 구성원들과의 개별 면담이 (초기의 공동 회기 후에) 다음으로 진행된다. 가족 구성원들은 다른 가족원이 없는 자리에서 자신의 우울, 과거 관계에서의 버림받음 등의 개인적인 문제들을 더 잘 개방한다. 개별 면담은 커플 또는 가족 관계의 문제에 영향을 받아 발생할 수 있는(그리고 다시 역으로 가족 상호작용에 영향을 줄 수 있는) 정신병리를 평가할 기회이다. 개인의 정신병리와 관계 문제가 함께 발생하는 비율이 매우 높기 때문에(L'abate, 1998), 커플 및 가족 치료자는 개인의 기능을 능숙하게 평가할 수 있어야 한다. 그렇지 않다면 이 작업을 도와줄 수 있는 동료에게 의뢰를 해야 한다. 그리고 나서 치료를 진행하면서 별도의 개인 치료로 보충할 필요가 있는지 그러지 않아도 될지를 결정한다.

앞에서 주목한 것처럼, 비밀 준수에 대한 명확한 지침을 개별 면담 과정에서 설정해야 한다. 만일 그 내담자가 신체적인 학대를 당하고 있다는 것을 알게 되거나 위험에 처한 것으로 보인다면, 치료자는 내담자와 함께 안전을 확보하는 계획을 세운다. 학대의 위험이 크다고 판단되면 집에서 벗어나는 조치를 취하고 피난처를 찾는 개입으로 초점이 이동한다.

초반의 공동 면담이 커플이나 가족의 상호작용 방식을 관찰할 기회라는 점을 앞에서 기술했다. 치료자는 구성원들이 서로에게 생각과 감정을 표현하는 양상과 그 정도가 어떤지를 관찰한다. 누가 누구를 가로막고 누가 누구 대신 말하는지 또한 관찰할 수 있다. 인지행동치료자에게 평가는 치료 과정 내내 계속되는 일이며, 매 회기마다 가족 과정을 관찰하는 것도 그 일환이다.

이러한 행동 관찰은 상대적으로 비구조화된 것이다. 따라서 초반의 공동 면담 과정에서 구조화된 의사소통 과제를 보충하는 경우가 많다(Baucom & Epstein, 1990; Epstein & Baucom, 2002). 커플 또는 가족이 제공하는 정보를 토대로 해서, 관계에서 해결되지 못한 문제로 모든 가족 구성원들이 생각해 볼 만한 주제를 치료자가 선정할 수도 있다. 가족 구성원들에게 10분간 같이 있어 보라고 하거나 혹은 그 주제를 논의해 보라고 하면서 가족 구성원들을 녹화할 수도 있다. 혹은 그 주제에 대한 각자의 감정을 표현하고 다른 구성원이 표현한 감정에 대해 적절하다고 여겨지는 방식으로 반응해 보라고 요청하기도 한다. 시간을 할당해 주고 이 시간 안에 그 주제를 해결해 보라고 구성원들에게 요구할 수도 있다. 이때, 구성원들의 상호작용에 치료자가 영향을 미칠 수도 있기 때문에 치료자는 대개 방을 나간다. 이러한 조건에서 구성원들이 집에서와는 조금 다르게 행동하겠지만, 통상적으로 그러한 녹화된 문제해결 토의 자료가 상호작용 연구에서 사용된다(Weiss & Heyman, 1997). 긍정적이거나 부정적인 언어적, 비언어적 행동(예: 허용, 책임 인정, 긍정적 신체 접촉, 불평거리 늘어놓기, 엇갈린 불평)의 빈도와 연속성을 확인하기 위해 행동 입력 체계가 사용되기도 한다. 부부 상호작용 입력 체계(Marital Interaction Coding System: MICS–1 V; Heyman, Eddy, Weiss, & Vivian, 1995)는 연구 목적으로 개발된 행동 입력 체계이다. 인지행동치료자가 면담 중에 관찰하는 가족 상호작용은 상호작용의 한 표본으로 간주된다. 이러한 상호작용이 물론 가족 과정의 일반적인 모습일 수도 있다. 그러나 이 자료는 반복 관찰을 통해서 검증되어야 하며 실제로 집에서 발생하는 상호작용에 대한 내담자들의 보고를 통해서 타당성이 입증되어야 한다.

◇◇◇◇◇◇◇◇◇◇
핵심 문제 파악

공동 면담과 개별 면담 과정 모두에서 치료자는 정보를 수집한다. 평가 질문지에 대한 가족 구성원의 반응을 파악하고 관계의 핵심 문제들을 반영하면서 반복적으로 나타나는 포괄적인 패턴과 주제를 탐색한다. 인지행동치료자는 경험적인 방식으로 평가를 진행한다. 초기에 관찰한 내용을 토대로 가설을 형성하지만 반복적인 패턴이 나타나기 전까지는 가족의 핵심적인 문제와 강점에 대한 결론을 유보한다. 첫 번째 가족 공동 회기에서 부모가 청소년 딸의 행동에 엄격한 제한을 두고 있다고 말한다면 치료자는 이 가족에 뚜렷한 힘의 위계가 있다는 가설을 세울 수 있다. 그러나 개별 면담에서 딸은 자신이 규칙을 쉽게 바꿀 수 있으며 부모가 자신에게 벌을 주지 않도록 설득할 수 있다는 점을 밝힌다. 가족 공동 회기에서는 딸이 반복적으로 부모의 말을 가로막곤 하는데 부모가 이에 대처하지 못한다. 이런 경우라면, 부모가 딸의 행동에 권한을 거의 행사하지 못한다는 증거가 쌓이게 된다.

◇◇◇◇◇◇◇◇◇◇

변화에 대한 동기의 평가

평가 단계에서 조사해야 할 중요한 한 가지가 변화에 대한 동기이다. 변화에 대한 동기는 커플이나 가족치료의 성공을 예측하는 가장 좋은 지표 중 하나이다. 그렇기 때문에 '누가 치료를 받자는 생각을 먼저 했는가?'라든가 '모든 사람을 이곳에 오게 한 것이 무엇인가?'와 같은 질문이 매우 중요하다. 불만족의 수준과 불행한 상태에 대한 평가는 변화를 만들어 내기 위해서 얼마나 치료 동기가 부여되어야 하는지 알려 준다. 구성원들이 지니고 있는 무망감의 정도 또한 그들의 동기 수준에 영향을 미친다. 서로가 얼마나 변화하고 싶어한다고 각자 인식하는지, 변화를 촉진하는 유능함을 치료자가 지니고 있다고 지각하는지, 지속적인 변화를 위해 구성원들이 얼마나 인내하는지 등은 모두 아주 중요한 요인들이다.

치료 초반에 과제를 내주는 것은 변화의 동기 수준을 결정하는 하나의 실험이 될 수 있다. 평가 단계에서의 과제 부여가 일반적인 것은 아니지만, 가족 구성원들에게 간단하게 질문지를 작성하게 하거나 다른 부담 없는 과제를 내주게 되면 치료의 예후를 보다 일찍 파악할 수 있다. Dattilio, Kazantzis, Shinkfield 및 Carr는 치료자들이 과제를 내주지 않는 주된 이유 중 하나가 내담자가 응하지 않을 것이라고 예상하기 때문임을 시사했는데, 이 연구 결과는 흥미롭다. 고된 작업이 없이는 아무도 치료에서 더 나아지지 않는다. 부여된 과제를 해오는 것은 내담자가 기꺼이 그 작업을 하겠다는 좋은 신호이다. 과제는 그 구성원들이 어떻게 함께 작업하는지에 대한 단서를 제공해 주기도 하며 가족 역동에 대한 많은 부분을 우리에게 말해 준다.

가족 구성원들이 변화를 이루어 내려는 동기가 얼마나 있느냐에 대한 치료자 자신의 육감이나 직관도 무시해서는 안 된다. 사회교환이론에 의하면, 사람들이 관계에서 환상이 깨지면 변화를 찾으려는 동기 수준이 높아지며, 만일 변화가 실제로 이루어질 수 있다고 믿는다면 동기 수준은 더욱 높아진다.

◇◇◇◇◇◇◇◇◇◇
평가결과 피드백하기

CBT는 협력적인 치료이다. 인지행동치료자는 자신의 생각과 인상을 내담자들과 지속적으로 공유하며, 내담자의 고민거리를 내담자와 함께 다루도록 고안된 개입을 만들어 나간다. 면담, 질문지, 행동 관찰을 통해 정보를 수집한 후에 치료자는 드러난 패턴들을 다음과 같이 간결하게 내담자에게 요약해 준다. (1) 내담자들의 강점, (2) 내담자들의 중요한 현재 고민거리, (3) 적응이 힘든 변화나 스트레스들, (4) 현재의 문제에 영향을 주는 상호작용에 도움이 되는 방식과 문제가 되는 방식 등이 요약의 내용에 포함된다.

치료자와 내담자들은, 문제를 완화하는 데 어떤 개입이 효과가 있을지 논의하고 변화되어야 할 문제들의 우선순위도 파악한다. 이 시점에서 치료자는 치료의 장애물을 탐색한다. 내담자들이 예상하는 변화가 자신들에게 오히려 스트레스를 주고 곤란하게 만들 것이라는 두려움이 있다면 이것은 치료의 장애물이 될 것이다. 스트레스를 경감시키기 위한 조치를 취할 수 없게 하는 장애물 또한 탐색한다. 치료자와 내담자 양쪽에서 모두 치료 관계를 평가하고 최적의 상태인지 아닌지를 결정하는 것도 중요한 일이다. 이 부분은 치료 과정에서 계속 재평가되며, 매번 충분한 시간을 들여 평가한다. 치료자는 내담자들이 이해하고 있는지 아닌지 항상 생각해야 한다. 모든 내담자가 치료의 진전으로 나아갈 만큼 충분히 편안하게 느끼고 있는지를 알기 위해 상황이 어떤지 질문해야 한다. 주기적으로 치료적 동맹에 대한 재평가를 하는 것이 중요하며 치료 과정에서 다양한 간격을 두고 다루어야 한다(Dattilio, Freeman, & Blue, 1998).

◇◇◇◇◇◇◇◇◇◇◇

자동적 사고와 핵심 신념의 파악

내담자들이 자신과 상대방에 대해 지니고 있는 왜곡되어 있거나 극단적인 인지를 수정하기 위해서는 자신의 자동적 사고를 포착하는 능력을 증가시키는 것이 먼저 전제되어야 한다. 먼저 자연발생적으로 사람의 마음에 스치고 지나가는 자동적 사고의 개념을 소개한다. 서로에 대한 부정적인 정서 반응과 행동 반응을 다루는 회기에서 치료자는 내담자들에게 자신의 사고 패턴을 어떻게 관찰하는지 가르친다. 인지행동치료에서 보자면, 자신의 주관적인 경험을 상시 관찰하는 것은 습득될 수 있는 기술이다. 자동적 사고를 식별하는 기술을 향상시키기 위해 내담자들에게 작은 수첩을 가지고 다니면서 관계에서 괴로움을 느끼는 상황이나 갈등에 휘말리는 상황에 대해 간략하게 기술하게 한다. 일지에 그 상황에서 다른 가족 구성원들에게 했던 정서적 반응과 행동적 반응을 적고 마음에 떠오르는 자동적 사고를 기록한다.

나는 자동적 사고를 포착하고 수정하기 위해 역기능적 사고 기록지(dysfunctional thought record)를 사용한다. 이것은 개인을 대상으로 인지치료에서 사용하는 역기능적 사고 일일 기록지(Beck et al., 1979)의 수정판이다. 이 양식을 기록하게 하면서 치료자는 자동적 사고가 어떻게 정서적, 행동적 반응과 연결되는지 내담자들에게 보여 준다. 그러면서 관계에서 그들의 마음을 상하게 하는 특정한 맥락의 주제들(예: 경계의 문제 같은)을 이해하도록 돕는다. 이 절차를 통해 내담자들은 서로에 대한 부정적인 정서적, 행동적 반응들이 그것과 연합된 인지를 체계적으로 조사할 때 통제 가능하다는 점을 인식한다. 자신의 반응에 대해 더 책임을 지도록 내담자들을 교육하는 것이다. 내담자들이 자신이 작성한 일지를 검토하고 사고, 정서, 행동 사이를 연결해 보는 훈련은 매우 유용한 것으로 입증되었다. 또한 치료자는 상황에 대해 정서적으로나 행동적으로 다르게 반응할 수 있는 대안적 인지를 내담자들에게 탐색하라고 주문한다.

결혼 2년 차로 치료를 받으러 왔던 젊은 남부 미국인 커플의 다음 사례에 자동적 사고를 어떻게 탐색하는지 잘 나타나 있다.

로베르토와 자리다의 사례: 끝내주는 애인

　로베르토와 자리다는 관계 갈등을 겪기 시작했는데 가급적 일찍 문제를 다루는 것이 중요하다고 믿었다. 그들은 자리다의 산부인과 의사에게서 내 명함을 전해 받았다. 처음의 부부 공동 회기에서, 자리다는 로베르토가 성관계 시에 지나치게 통제적이어서 이것 때문에 남편의 사랑을 확신하지 못하게 되었다고 말했다. 로베르토는 이제까지 만났던 그 누구보다도 더 당신을 사랑하며, 그만큼 사랑하기 때문에 결혼한 것이라고 아내에게 여러 번 말해 주었다. 하지만 자리다는 정말 '뭔가 잘못되었다고 느꼈'다. 로베르토가 매우 억압되어 있고 성관계에서 보수적이며, 그래서 자신이 괴롭다고 했다. 자리다는 로베르토가 독신이었을 때 많은 여성과 성적인 관계를 맺었다는 것을 알고 있었기 때문에 더욱 속상했으며 좋게 말할 때는 그를 '카사노바'라고 불렀다고 말했다. 결혼 전 딱 한 명의 남자 친구만 사귀었던 자리다보다 로베르토는 분명 더 많은 성관계 경험이 있었다. 또한 처음 데이트를 시작했을 때, 로베르토는 자리다에게 성적으로 '맹렬한 호랑이' 같았으며 그 전의 어떤 경험보다 가장 즐거운 성관계를 가졌다고 자리다는 기억했다.

　이것이 왜 그토록 그녀를 괴롭히는지 질문했다. 자리다는 로베르토가 '괜찮은 애인'으로 통했다는 것을 알게 되었고, 그가 사귀었던 다른 여성들이 그를 대단한 호색한이라고 했던 것이 기억났다고 말했다. 자리다를 얼마나 사랑하는지 로베르토는 강변했지만 그럼에도 자리다는 성관계를 하는 동안 남편이 애정을 드러내 표현하지 않는다는 사실에 고심했다. "우리의 성관계는 항상 같은 자세에 지루하고 고리타분해요." 부부 공동 회기에서 내가 이 점에 대해 로베르토에게 질문했을 때, 그는 별로 말이 없었다. 나는 뭔가 벌어지고 있다는 것을 감지했다. 더 상세하게 그 주제를 탐색하기 위해 자리다의 동의를 구하고 로베르토 혼자만을 별도로 만나기로 하였다.

　로베르토와의 개인 회기에서 그는, 자신이 미혼이었던 수년간 많은 여성을 만났고 성관계에 매우 적극적이었다고 말했다. 자신이 성관계에 얼마나 능숙했는지 그리고 '끝내주는 애인'이라는 점이 얼마나 자부심을 느끼게 해 주었는지에 대해 자세하게 말했다. 나는 그가 정말로 사랑해서 결혼한 여성과는 왜 그런 방식으로 관계 맺기 어려운지 알아내려고 했다. 그는 여성과의 성관계에 대한 자신의 태도 및 믿음과 관련이 있다고 설명하였다. "그 여성들이 저에게는 정부에 지나지 않았기 때문에 저는 좋은 애인이 될 수 있었습니다. 그들 누구와도 사랑에 빠지지 않았고, 저에게는 욕정만 있었을 뿐입니다. 기껏해야 그들을 좋아하는 정도였죠. 이들과의 관계는 진실한 애정 관계가 아니라 그저 육체적으로 끌리는 그런 관계였어요." 로베르토는 '여성들과 성관계를 갖는 것과 결혼한 사람과 사랑을 나누는 것'에 대해 이분법적인 믿음을 가지고 있다고 설명했다. 과거 자신의 정부들을 대했던 방식으로 아내를 대하고 싶지 않았는데, 왜냐하면 그러한 방식이 아내의 격을 떨어뜨릴 것이기 때문이라고 말했다. 자신이 만일 성적으로 능수능란하게 행동을 하고 구강성교라든지 혹은 다른 전희 수단들을 사용하여 다른 행위들을 시도한다면 아내를 정부와 같은 범주로 보는 것이라고 믿었다. 그래서 이러한 상황은 피하고 싶었다. 자신은 아내를 최대한 존중한다고 하였으며 '거친 미혼남'이었을 때 하곤 했던 많은 성적 유희 행위를 그녀와 하면서 자신들의 관계를 깎아내리고 싶지 않았다고 말했다. 이 대화로 인해 로베르토의 경직된 생각에 대한 더 심도 있는 논의가 이루어졌다. 사실 어떤 사람이 다채로운 성적 행위를 한다고 해서 그 사람의 애정 관계의 격이 꼭 떨어지는 것은 아니다. 그러나 로베르토는 '이분법적 사고'로 인지적 왜곡을 하였다. 이러한 생각은 어머니에게서 받은 것이었다. 어머니는 그의 머릿속에 이러한 생각을 주입하면서 항상 '남자는 여자 친구들하고는 성교(sex)를 하지만, 아내와는 사랑을 나눈다(make love).'고 말했다. 흥미로운 점은 로베르토의 어머니가 이러한 생각을 그렇게 강하게 믿었던 이유가 있었다는 것이다. 아버지의 불륜을 대하는 그녀의 방식이 그런 것이었다. 그녀의 아버지는 매우 인기가 많은 남자였으며 어머니와 결혼한 후에도 여러 명의 정부가 있었던 듯하다. 따라서 그녀는 마음 안의 감정들을 서로 분리하기 논리로 대응 전략을 삼았고 이를 자신의 아들에게 전수하였다.

로베르토는 이 생각을 곧이곧대로 받아들였다. 배우자와의 성관계는 보수적인 태도로 해야만 하며 '변태적'이거나 '문란한' 것으로 보일 만한 어떤 행위도 해서는 안 되는 것이었다. 지난 시절 자신이 '그토록 난잡'했었던 것에 대해 개인적으로 일말의 죄책감도 있었음이 드러났다. 그는 자리다를 결혼 전에 자신이 데이트했던 '문란한 여성들' 중 한 명으로 대우하면 자신이 '아내를 더럽히는' 것이라고 느꼈다.

자리다와의 성관계에 대한 자신의 태도를 검토하는 것이 매우 중요함을 그에게 인식시키는 것이 로베르토와 함께 한 작업의 대부분이었다. 남편이 말한 이유를 듣고 자리다는 웃기 시작했는데, 자신과의 성관계 시에 로베르토가 좀 더 능수능란하게 하지 못했던 것이 단지 그런 이유라는 말에 안도했다. 성에 대한 로베르토의 왜곡된 믿음을 수정하고 그러한 믿음이 아내에게 그리고 그들의 결혼에 미치는 영향을 변화시키도록 하는 것이 치료의 초점이 되었다.

배우자들을 위한 전문적인 성치료 비디오를 보고 정해 준 자료를 읽는 등의 서로 협력해서 하는 과제를 부여하였다. 이러한 점진적 행동전략을 통해 로베르토와 자리다는 성적 관계를 개선할 수 있었다. 로베르토는 격의 없이 아내에게 성적인 표현을 하는 방법을 단계적으로 학습했다. 이것은 아내에게 무례를 범하고 있다고 느끼거나 과거의 정부들에게 했던 것처럼 아내를 대우하고 있다고 느끼는 것과는 다른 것이었다. 우울감을 지니고 있었던 자리다에게 그리고 남편이 자신을 진정으로 사랑하지 않는 것 같다는 두려움을 지니고 있었던 자리다에게 이러한 치료는 도움이 되었다.

◇◇◇◇◇◇◇◇◇◇◇◇

심리도식에서 핵심 신념 식별하기

핵심 신념(core belief)과 심리도식(schema)이라는 용어는 서로 자주 혼동된다. 핵심 신념은 사실 심리도식의 한 수준이다. 심리도식은 전반적인 기초 틀로서, 이를 통해 사람들은 세상을 바라본다. 즉, 핵심 신념은 심리도식의 요소라고 할 수 있으며 심리도식의 한 특정 층이기도 하다. 따라서 심리도식은 여러 핵심 신념을 포함할 수 있다.

예컨대, 로베르토와 자리다의 사례에서, 로베르토의 자동적 사고는 '나는 아내를 성적으로 존중해야 한다.'였다. 좀 더 질문하자 핵심 신념이 드러났다. '과거에 나의 정부였던 여성들은 내가 사랑하지 않았기 때문에, 나는 그들에게 능수능란한 애인

일 수 있었다.'는 핵심 신념이었다. 성적 행위 및 성관계에 대한 로베르토의 심리도식이 더 밝혀지자, '아내란 특별한 존재이며 최대한 존중하면서 대해야 한다.'는 심리도식을 지니고 있음이 명확해졌다. 이 심리도식이 로베르토의 생각에서 주요한 틀이었으며, 이것이 많은 자동적 사고와 핵심 신념들을 내포하고 있었다는 점이 명백했다.

◇◇◇◇◇◇◇◇◇◇◇◇
부정적 짜 맞추기와 식별 방법

부정적 짜 맞추기(negative framing)는 배우자 혹은 가족 구성원들이 서로에 대해 그리고 자신들의 상황에 대해 지니고 있는 특정 관점이다. 이러한 관점은 그들의 지각과 상호작용 행동에 색깔을 입힌다. 이 개념은 '플립 플롭 요인(flip flop factor)'이라는 용어를 만들었던 Abrahms와 Spring(1989)이 처음 소개하였다. 플립 플롭 요인은 커플이 과거에는 서로에게서 긍정적인 특징으로 보았던 것을 이제는 역으로 부정적인 특징으로 보는 경향성을 일컫는다. '느긋'하게 보여서 처음에 아내에게 끌렸지만, 갈등이 심한 지금에는 아내가 '게으르'거나 '의욕이 없는' 것이라고 말하는 남편이 좋은 예이다.

치료자의 도움을 받으면서 배우자들은 상대의 부정적인 특징들을 열거한다. 과거에 긍정적인 특질로 봤던 것들의 반대측면을 나열하기도 하면서 그러한 부정적 틀에 맞설 수 있다. 그러한 목록은 자신들의 신념을 지지하는 증거에 의문을 품도록 할 수 있다(Beck, 1988; Dattilio, 1989; Dattilio & Padesky, 1990). 이 개입은 그들의 왜곡이 서로를 보는 방식을 채색할 수 있다는 사실을 내담자들이 수용하도록 격려한다. 내담자가 자신의 지각에 도전해 보도록 고무시키는 방법이기도 하다.

마샤와 짐의 사례
다음은 앞에서 언급한 기법을 사용했던 한 회기의 내용이다. 이 사례에서 아내 마샤는 남편 짐에게 화가 나 있었다. 처음에 끌렸던 남편의 장점 혹은 긍정적인 특성을 우선 나열해 보라고 아내 마샤에게 요청했다. 그녀는 이러한 특징들을 목록으로 작성했다. 내용인즉슨, 남편은 주도적이고, 자신이 원하는 바가 무엇인지 알며, 지적이고, 변함이 없으며, 마력이 있다는 것이다. 화를 돋우는 그의 특성을 열거해 보라고 하자 그녀는 다음과 같이 적었다. 남편이 통제적이고, 요구적이며, 고리타분하고, 경직되어 있고, 사람을 조종한다는 것이다.

이러한 특성들을 나란히 정렬하였다. 그런 후 지금 짐에 대해 나열한 그녀의 부정적 인상들이 과거에는 장점으로 보였던 것들의 반대측면에 해당하는 것은 아닌지 마샤에게 질문했다.

처음의 장점들	화를 돋우는 현재의 특성들
주도적인	통제적인
자신이 무엇을 원하는지 아는	요구적인
지적인	고리타분한
변함없는	경직된
마력이 있는	사람을 조종하는

이 개념을 설명해 주는 것은, 타인에 대해 자신이 지니고 있는 마음의 틀을 검토하는 데 도움이 된다. 또한 지각이 왜곡으로 인해 영향을 받고 있는 점을 인식하게 해 주는 효과적인 개입이 된다. 부정적 틀은 매우 강력한 영향력을 지닐 수 있다. 로베르토와 자리다의 앞 사례처럼 특히 내담자가 감정이 결부된 문제에 빠져 있을 때는 특히 더 그렇다.

◇◇◇◇◇◇◇◇◇◇
인지적 왜곡을 포착하고 명명하기

자동적 사고와 연관되어 있는 인지적 왜곡의 유형이 무엇인지 내담자들이 능숙하게 포착하게 되면 치료에 도움이 된다. 왜곡의 유형이 적혀 있는 목록을 참조하면서 자신이 지난 한 주간 기록했던 자동적 사고들이 어떤 왜곡에 해당하는지 표시해 보는 것은 효과적인 연습이 될 수 있다(부록 B 참고). 치료자와 내담자는 부적절하거나 극단적인 사고의 측면을 논의하고 그러한 왜곡이 어떻게 부정적인 정서와 행동을 가져오는지 이야기한다. 몇 회기에 걸쳐, 작성된 일지를 상담시간에 검토하게 되면 관계에서 일어나고 있는 생각을 포착하고 평가하는 기술이 내담자들에게서 향상된다.

만일 가족 구성원들의 인지적 왜곡이 치료자가 보기에 임상적 우울과 같이 개별 정신병리의 형태와 연관되어 있다면, 치료자는 그 정신병리가 커플치료나 가족치료의 맥락에서 다루어질 수 있는지 아니면 개별 치료로 의뢰해야 하는지에 대해 결정해야 한다. 가족 구성원 개인의 심리적 기능을 평가하는 절차는 이 장에서 다루지 않지만, 커플 및 가족 치료자들은 정신병리의 평가에 정통해야 하며 필요한 경우 다른 전문가에게 의뢰해야 한다.

◇◇◇◇◇◇◇◇◇◇◇◇

개념화의 과정에서 사고, 정서, 행동 이해하기

사고, 정서 및 행동 사이의 상호작용을 이해하는 것은 평가의 필수적인 측면이다. 따라서 개념화의 과정은 그들의 사고, 정서 및 행동이 어떻게 상호 영향을 주는지 이해하는 것뿐만 아니라, 커플 및 가족 관계에서 사람들이 어떻게 상호작용하는지 이해하고자 할 때 매우 중요하다. 자신들의 힘든 역동을 구성원들이 인식하게끔 돕는 초기의 조치들 중 한 가지는 역기능적 사고 기록지를 활용하는 것이다. 이 방법은 정서를 파악하고 그 정서가 자동적 사고와 행동에 어떻게 영향을 미치는지 계속해서 추적하는 작업의 첫 발을 떼도록 해 주는 좋은 방법이다. 자신의 심리도식이 어떻게 사고를 이끌어 내고 이러한 모든 것이 어떻게 정서와 행동에 영향을 미치는지 이해하는 과정에서 역기능적 사고 기록지는 중요한 도구이다. 이들 세 가지 영역 사이에 서로 주고받는 역동이 있다는 것을 이해하는 것 또한 중요한데, 이 내용은 [그림 5.3]에 잘 묘사되어 있다.

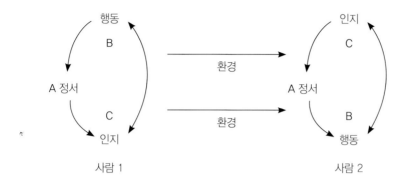

[그림 5.3] 가족 상호작용의 상호 모형

◇◇◇◇◇◇◇◇◇◇◇
귀인과 기준 및 이들의 역할

　귀인과 기준은 관계 문제의 중요한 지표들이다. 일단 내담자의 사고, 정서, 행동의 윤곽을 그리면서 이것을 심리도식과 연결 짓기 시작하게 되면, 자신의 특정 사고 방식의 결과로 어떠한 귀인과 기준이 발달하게 되었는지를 조사할 필요가 있다. 귀인과 기준을 고수하게 되면 순환 반복이 계속되는 자동적 사고, 정서 및 행동들이 추가적으로 발생된다는 점 또한 강조되어야 한다.

　내담자들이 상호작용의 역동에서 변화를 만들어 내기 시작할 때, 그리고 자신의 정서와 행동에 영향을 미치는 사고를 재구조화하기 시작할 때 이러한 모든 것은 특히 중요하다. 새로운 정보가 심리도식을 정비하고 배우자 혹은 가족 구성원들 사이의 전반적인 상호작용을 재건해 나감에 따라 귀인과 기준은 분명히 변화하게 된다.

◇◇◇◇◇◇◇◇◇◇◇
부적응적 행동 패턴 변화시키기

　자동적 사고, 정서 및 행동이 확인되고 그에 수반되는 귀인과 기준이 파악되면 다음 단계로 역기능적 상호작용을 낳는 특정 부적응적인 행동 패턴들을 언급한다. 내담자들이 이러한 행동 패턴을 포착하게 되면, 상호작용 패턴의 변화를 시작하기 위해 행동 처방과 연습을 과제로 내줄 수 있다. 물론, 이러한 작업은 관찰과 검토를 통해 수집한 새로운 정보에 기초해서 자동적 사고를 검증하고 재통합하는 과정과 함께 이루어진다.

◇◇◇◇◇◇◇◇◇◇◇

자동적 사고의 검증 및 재해석

자동적 사고를 재구성하도록 하는 과정에서 치료자는 대안적인 설명을 생각해 보도록 내담자를 격려한다. 이렇게 하기 위해서는 자신의 사고의 타당성 및 자신의 가족 상황에 비추어 보았을 때 그 사고의 적절성에 대한 증거를 내담자가 검토할 수 있도록 도와야 한다. 자기 사고의 왜곡을 식별하거나 관계에서 일어나는 사건들을 바라보는 대안적인 방식을 찾게 되면 정서적으로나 행동적으로 전과 달리 반응할 수 있게 된다. 자신의 사고를 검토하도록 안내할 때 다음과 같은 질문들이 도움이 된다.

- "당신의 과거 경험이나 가족 안에서 현재 발생하고 있는 사건들 중 지금의 사고를 뒷받침해 주는 증거가 무엇입니까? 당신의 사고가 정확한지 아닌지를 판단하는 데 도움이 되는 추가 정보를 어떻게 얻을 수 있을까요?"
- "파트너의 행동에 대한 대안적인 설명이 뭐가 있겠습니까? 당신의 파트너가 그렇게 행동하게 된 어떤 다른 요인이 있을까요?"
- "인지적 왜곡의 유형 몇 가지를 살펴보았습니다. 이러한 인지적 왜곡은 다른 가족 구성원들을 바라보는 당신의 관점에 영향을 주어서 그 구성원들에게 화가 나게 만듭니다. 만일 당신의 사고에 인지적 왜곡이 있다고 가정한다면, 당신이 _____에 대해 가졌던 자동적 사고에 어떤 인지적 왜곡이 있을까요?"

예컨대, 부모님이 자신의 활동을 규제하는 것이 부당하다고 믿는 한 청소년은 '부모님은 나를 통제하는 것을 즐긴다. 나는 결코 아무것도 하지 못할 것이다.'와 같은 자동적 사고를 보고했으며, 이 생각은 부모에 대한 분노와 좌절을 담고 있었다. 치료자는 그가 '독심술(mind reading)' 사고를 하고 있다는 것을 알아차리고 그 문제에 관한 부모의 생각과 감정을 더 알아보는 것이 중요하다는 점을 깨닫도록 가르쳤다. 치료자는 감정을 말로 설명해 주도록 부모님에게 부탁해 보라고 그를 독려했다. 부모님 두 분 모두 아들에게 통제를 가해야 하는 것이 슬프고 죄책감이 든다고 대답했다. 하지만 아들이 약물을 사용한 전력이 있기 때문에 아들에게 더 많은 자유를 주고 싶은 마음보다 아들의 안전에 대한 두려움이 더 크다고 말했다. 아들은 자신의 추론이 틀렸을 수도 있다는 점에 귀를 기울이게 되었다. 치료자는 어떠한 형태의 통제가 가장 적절할지에 대한 문제해결 토론이 필요하다는 점을 가족 구성원들에게 강조했다. 동시에 '나는 결코 아무것도 하지 못할 것이다.'라고 하는 자신의 자동적 사고를 검토하도록 아들에게 가르쳤는데, 이러한 개입을 통해 아들은 부모님이 자신에게 사회적 활동을 허용했던 몇 가지 경우들을 말하게 되었다. 그런 후, 아들은 자신이 이분법적 사고(dichotomous thinking)를 하고 있었다는 점을 인식하게 되었다. 치료자는 극단적인 어휘로 사고하고 말하는 것이 얼마나 위험한 일인지에 대해 가족들과 함께 이야기했다. 왜냐하면 '항상' 일어나거나 '결코' 일어나지 않는 일은 지극히 드물기 때문이다.

　자신의 사고에 대한 증거를 수집하고 따져보는 것은 CBT의 필수적인 작업이다. 가족 구성원들의 의사소통 기술이 괜찮다면, 구성원들은 서로에게 가치 있는 피드백을 해 줄 수 있으며 이러한 피드백을 통해 구성원 각각은 인지의 타당성이나 적절성을 평가할 수 있게 된다. 먼저 자신의 사고에 의문을 제기하고, 대안적 설명에 대한 믿음의 정도 및 원래의 추론이나 신념에 대한 믿음의 정도를 0에서 100까지의 척도상에서 평가한다. 대안적 설명 또는 수정된 사고들이 신뢰할 만한 것으로 여겨지지 않는다면 그 사고는 받아들이지 않는다.

◇◇◇◇◇◇◇◇◇◇◇
치료 계획 공식화하기

평가 단계 다음으로 치료자는 구조화된 치료 계획을 수립한다. 치료 계획은 치료가 진전되는 양상에 따라 수정이 가능하다. 다루어야 할 적절한 목표들을 파악하면서, 구체적인 목적과 계획한 개입을 목록화해 두는 것이 좋다. 그러면 치료 과정에서 치료자에게 어느 정도 로드맵이 될 수 있다.

사례에 맞게 수정하여 적용 가능한 치료 계획 매뉴얼은 보다 구조화된 방법 중 하나이다. 그러한 매뉴얼로는 커플 심리치료 계획표(The Couples Psychotherapy Treatment Planner; O'Leary, Heyman, & Jongsma, 1998)와 가족치료 계획표(The Family Therapy Treatment Planner; Dattilio & Jongsma, 2000)가 있다. 이러한 처치 계획표는 커플과 가족치료의 처치 목적, 구체적 목표 및 개입 방법에 대한 세부 지침이 된다. 치료효과의 근거를 가지고 개입하는 일반적 지침을 따르자면 치료자가 어느 정도 처치 계획을 수립하는 것이 좋다.

처치 계획이 있으면 구체적인 치료 목표를 내담자와 함께 검토하는 것도 가능하며 치료자와 내담자 사이의 협력을 더욱 강화할 수 있다.

Chapter **06**

인지행동치료 기법

◇◇◇◇◇◇◇◇◇◇◇◇
인지행동치료 모형을 소개하고 구조화하기

치료자는 커플과 가족에게 인지행동치료의 모형을 가르쳐야 한다. 내담자가 치료의 방법과 원리를 제대로 이해해야 협력적인 치료관계를 형성하고 치료구조를 유지할 수 있기 때문이다. 일반적으로, 치료의 초반에는 전반적인 진행과정과 적용 원리를 개략적으로 설명해 주고, 치료를 진행하다가 구체적인 개념을 소개할 필요가 있을 때 토막강의(Baucom & Epstein, 1990) 형태로 부연해 주는 것이 바람직하다. 이때 치료자는 커플과 가족에게 도움이 될 만한 대중서적을 추천하면서 일부 혹은 전부를 읽어 보도록 권유하기도 한다. 예컨대, Beck(1988)의 『사랑만으로는 살 수 없다(Love Is Never Enough)』 혹은 Markman 등(1994)의 『부부싸움 잘하기(Fighting for Your Marriage)』를 추천할 수 있다. 아울러, 치료자가 부여하는 과제를 충실하게 수행해야 한다는 점을 내담자에게 강조할 필요가 있다. 치료자가 권유한 대중서적을 읽는 것도 일종의 과제인데, 내담자는 이러한 과제를 통해서 치료 모형을 숙지하고 치료 과정에 적극적으로 참여하게 된다. 과제를 수행하는 것은 내담자가 자신의 생각과 행동을 책임진다는 개념의 의미를 확실히 이해하는 데도 도움이 된다.

평가과정에서 치료자와 내담자가 합의한 목표를 달성하기 위해서는 각 치료 회기의 전형적인 구조를 설정하고 이것을 준수하는 것이 바람직하다(Epstein & Baucom, 2002; Dattilio, 1994, 1997). 이를테면, 각 치료 회기를 시작할 때 일단 분명한 의제(agenda)를 설정하고 나서 후속 작업을 진행하는 방식이 가능하다. 또한 치료실 안과 밖에서 내담자에게 허용되는 행동과 금지되는 행동을 규정하는 것도 필요하다. 예컨대, 다른 가족 구성원과 공유할 수 없는 비밀을 치료자에게만 털어놓는 것은 바람직하지 않고, 서로 합의한 예외적인 경우를 제외하고는 모든 가족 구성원이 치료시간에 참여해야 하며, 상대방에게 상처를 주는 언어적 혹은 신체적 행위는 용납될 수 없다.

치료자는 인지행동치료의 모형을 교육하면서 유연성을 발휘해야 한다. 모든 사람이 서로 다르듯이 모든 커플과 가족도 서로 다르므로 커플의 특성과 가족의 성격을 고려하여 인지행동치료의 과정을 융통성 있게 수정하는 것이 좋다. 예컨대, 인지행동치료가 유익하기는 하지만 지나치게 많은 것을 요구해서 버겁다고 생각하는 내담자는 특정한 형식에 얽매인다는 느낌 때문에 질문지 작성이나 과제 수행을 거부할 수 있다. 이런 경우, 인지행동치료의 기본가정과 근본원리를 훼손하지 않는 범위 내에서 적절하게 변형하는 것이 지혜로운 선택이다.

개인적으로, 내담자에게 이렇게 이야기하는 것을 좋아한다. "감정과 행동을 변화시키기 위해서는 당신의 생각을 먼저 검토해야 합니다. 인지행동치료 과정에서 그 부분을 함께 살펴볼 것입니다." 이런 식으로 부드럽게 교육하는 것이 커플과 가족의 인지행동치료에 효과적이다.

◇◇◇◇◇◇◇◇◇◇◇◇
자동적 사고 및 연합된 감정과 행동을 포착하기

자신과 타인에 대한 가족 구성원의 왜곡된 생각 혹은 극단적 인지를 변화시키기 위해서는 선결 조건이 필요한데, 그것은 바로 자동적 사고를 포착하는 능력을 향상시키는 것이다. 먼저, 치료자는 순간적으로 마음속에 떠올라서 스치듯이 지나가는 생각이라는 설명과 더불어 자동적 사고의 개념을 소개하고, 치료시간 동안 상대방에게 부정적인 감정을 느끼거나 부정적인 행동을 하고 싶을 때 그것과 연합되어 있는 자동적 사고를 탐색하도록 반복해서 훈련시킨다. 그런 다음, 자동적 사고를 포착하는 기술을 향상시키기 위해, 내담자로 하여금 평소에 작은 노트를 휴대하고 다니면서 커플관계 혹은 가족관계에서 불쾌한 경험을 할 때마다 혹은 갈등이 일어날 때마다 그것이 어떤 상황이었는지 구체적으로 기록하도록 요청한다. 이때 그 상황에서 어떤 자동적 사고가 스치고 지나갔는지를 찾아내서 함께 기록해야 하며, 자동적 사고의 결과로 어떤 감정을 경험했는지 그리고 상대방에게 어떻게 행동하고 싶었는지까지 상세하게 파악해야 한다. 우리는 개인에게 인지행동치료를 실시할 때 자동적 사고를 포착하고 수정하기 위해 고안한 '역기능적 사고 일일 기록지'(Beck et al., 1979)를 변형해서 사용하고 있는데, 관심 있는 독자는 부록 B에 제시한 '역기능적 사고 기록지(dysfunctional thoughts record)'를 참고하기 바란다.

  자동적 사고를 포착하고 기록하는 훈련을 통해서 내담자는 자신의 생각이 감정과 행동에 강력한 영향을 미치고 있다는 사실을 깨닫게 되며, 자신의 커플관계와 가족관계에서 포괄적인 갈등주제(예: 경계의 문제와 같은)가 꾸준히 반복되고 있다는 사실도 알아차리게 된다. 더 나아가서, 각 가족 구성원은 자신의 자동적 사고를 체계적으로 검토한다면 상대방에 대한 부정적 감정과 행동을 통제할 수 있을 것이라는 인식을 갖게 된다. 이러한 체험을 거치는 동안 치료자는 내담자가 자신의 반응(즉, 생각과 감정과 행동)을 과거보다 더 잘 책임지도록 유도할 수 있다. 아울러, 치료자는 내담자가 평소에 기록한 내용을 치료시간에 함께 검토하면서 생각과 감정과 행동 사이의 연결고리를 명확하게 인식하도록 도와주어야 한다. 그런 다음, 특정한 상황에서 과거와는 다른 감정 반응과 행동 반응을 하도록 이끄는 새로운 생각, 즉 대안적 사고를 탐색하는 작업을 진행하는 단계로 나아간다.

  일례로, 리차드(Richard)가 작성한 역기능적 사고 기록지를 [그림 6.1]에 제시하였다. 그가 자동차를 사용하려고 갔을 때 기름이 바닥인 채로 있었고 이로 인해 아내인 사만다(Samantha)에게 몹시 화가 났다. 그 상황에서 리차드가 떠올린 자동적

작성법: 기분이 나빠지고 있을 때 자신에게 질문한다. "지금 내 마음속에 무엇이 스쳐 지나가고 있지?" 그런 후 떠오르는 생각이나 심상을 가능한 한 빠르게 자동적 사고 칸에 적는다.

날짜 시간	상황	자동적 사고들	정서(들)	왜곡	대안적 반응	결과
	기술하기: 1. 불쾌한 감정을 낳은 실제 사건 2. 불쾌한 감정을 낳은 사고, 공상 또는 회상의 흐름 3. 불쾌한 신체 감각	기술하기: 1. 불쾌한 감정(들)에 선행한 자동적 사고(들) 적기 2. 자동적 사고(들)를 얼마나 믿는지 평정하기 0~100%	기술하기: 1. 슬픈, 불안한/ 분노 등등의 감정을 구체화하기 2. 정서의 강도를 평정하기 0~100%	1. 이분법적 사고 2. 과잉일반화 3. 정신적 여과 4. 긍정적인 면 배제하기 5. 결론으로 비약하기 6. 의미확대 혹은 의미 축소 7. 정서적 추리 8. 해야만 한다 진술 9. 낙인찍기와 잘못 낙인찍기 10. 개인화	1. 자동적 사고(들)에 대한 합리적 반응 적기 2. 대안적 반응을 얼마나 믿는지 평정하기 0~100%	1. 자동적 사고를 얼마나 믿는지 재평정하기 0~100% 2. 이어지는 감정을 구체화하고 평가하기 0~100%
	급하게 자동차로 갔는데 자동차 기름이 '바닥'인 것을 보았다.	연료를 보충하지도 않고 차를 세워놨나. 다른 사람은 안중에도 없고 오직 자기밖에 모르는 인간이지.	열 받음 좌절감 격양됨	1. 이분법적 사고 6. 의미확대	사안단가 바빠서 확인을 못한 걸 수도 있어. 그걸 개인적으로 받아들여서는 안 되지. 그런 좋은 사람이고 인정이 있어. 사람은 실수하잖아. 그것으로 충분하다는 것일 뿐일 거야.	다소 덜 격양됨 50%

대안적 반응의 작성을 돕는 질문: (1) 자동적 사고가 사실이라는 증거가 무엇인가? 사실이 아니라는 증거는? (2) 다른 설명이 있는가? (3) 일어날 수 있는 최악은 무엇인가? 내가 그것을 견디어 낼 수 있는가? 일어날 수 있는 최선은 무엇인가? 가장 현실적인 결과는 무엇인가? (4) 내가 무엇을 해야만 하는가? (5) 자동적 사고를 믿은 결과는 무엇인가? 내 생각을 변화시킨다면 그 결과는 무엇이 될 수 있는가? (6) 만일 <u>(사람 이름)</u>가 이 상황에 있고 이 생각을 하고 있다면, 나는 그 사람에게 뭐라고 말할 것인가?

[그림 6.1] 리처드의 역기능적 사고 기록지

사고는 '또 기름을 채워 넣지 않았네. 오직 자기밖에 모르는 인간이야.'였고, 이러한 생각은 강력한 분노 감정을 촉발시켰다. 그러나 리차드는 자신이 '이분법적 사고(all-or-nothing thinking)'와 '의미확대(magnification)'의 오류에 빠져 있다는 것을 인식할 수 있었고, 대안적 사고의 탐색을 통해서 더욱 합리적이고 균형적인 생각으로 수정할 수 있었다. 그 결과, 분노 감정은 누그러졌다.

심리도식 파악하기 및 도식을 재구성하기

경직된 도식

임상 장면에서 만나는 커플과 가족 중에는 특정한 주제에 대해서 경직된 믿음 혹은 융통성 없는 개념을 지니고 있는 경우가 많다. 기존의 도식과 불일치하는 새로운 정보가 입력되면 동화와 조절을 통해서 기존의 도식을 유연하게 수정하는 것이 바람직하다. 그러나 우리는 새로운 정보를 기존의 도식에 통합하고 조절하려고 노력하는 대신에 합리화라는 방어기제를 동원해서 기존의 도식을 오히려 더욱 경직된 방식으로 유지하게 되는 사례를 종종 목격한다. 커플과 가족 중에도 병리적인 수준으로 경직된 도식 체계를 지니고 있는 경우가 흔하다.

원가족 도식의 변화

원가족에서 성장하는 과정에서 형성된 기존의 도식을 바꾸지 않으려고 주저하는 사람들이 있다. 원가족 도식을 변화시키는 것을 불경스러운 행동이라고 생각하거나 혹은 원가족 도식을 유지하는 것을 신의를 지키는 행동이라고 간주하기 때문이다. 이러한 현상은 새로운 생각이 더 합리적이고 더 기능적임이 분명한 경우에도 종종 발생한다. 마치 실내장식이 낡아서 바꾸어야 할 필요가 있음에도 불구하고 고집스럽게 그것을 유지하는 태도와 비슷하다. 애초의 기능과 목적을 다한 실내장식은 변경하고 수정할 필요가 있는 것처럼, 개인의 믿음과 사고방식도 구체적인 상황에 맞게 변경하고 수정할 필요가 있다. 원가족 도식을 새로운 가족관계에도 아무런 수정 없이 적용할 수 있다는 기대는 몹시 비현실적이다. 삶은 변화의 연속이다. 모든 것이 진화하기 마련이다.

◇◇◇◇◇◇◇◇◇◇◇
갈등을 재현하기

　과거에 일어났던 갈등사건과 연관된 생각과 감정과 행동을 탐색하는 과정에서 치료자와 내담자는 적절한 정보를 회상해 내지 못하는 난관에 부딪히게 된다. 특히 가족 구성원이 감정적으로 격앙되어 있을 때는 구체적인 상황이 어떠했는지 그리고 각자가 어떻게 반응했는지를 정확하게 재현해 내는 것이 상당히 힘들다. 이런 경우, 심상작업(imagery)과 역할연기(role playing)가 도움이 된다. 또한 심상작업과 역할연기는 종종 가족 구성원의 과거 반응을 현재 시점에서 다시 활성화시키는 효과를 낳기도 하는데, 치료자 입장에서는 가족 구성원이 실제로 어떻게 상호작용하는지를 직접 관찰할 수 있는 좋은 계기가 된다.

　역할연기를 진행하는 과정에서 역할바꾸기를 시도하는 것도 도움이 된다. 객관적인 관점에서 상대방의 경험을 공감하는 능력이 향상되기 때문이다(Epstein & Baucom, 2002). 예컨대, 치료자는 최근에 재정문제로 논쟁을 벌였던 커플에게 서로 상대방의 반응을 재현해 보라고 요청할 수 있다. 상대방의 관점과 주관적인 느낌에 주목하면, 내담자는 과거와는 다른 각도에서 배우자를 이해할 수 있는 새로운 정보를 얻게 된다. 즉, 역할을 바꿔서 아내의 입장을 재현하는 남편은 그녀가 왜 그렇게 씀씀이가 인색한지를 깨닫는 것이 쉬워진다. 어린 시절에 그녀가 겪었던 가난 때문에 돈을 쓰는 데 불안감을 느낀다는 점을 공감할 수 있기 때문이다.

　심리치료자를 찾아오는 상황이라면, 갈등을 빚고 있는 커플은 매우 협소한 조망을 지니고 있는 경우가 대부분이다. 따라서 치료자는 그들이 처음 만났던 시점, 연애하던 기간, 사랑하던 시절을 회상하도록 유도하고, 당시에는 두 사람 사이에 어떤 생각과 감정과 행동이 오고갔었는지를 떠올리게 하는 것이 바람직하다. 더 나아가서, 과거의 감정과 현재의 감정을 대비시키고 당시의 행동과 지금의 행동을 대조시키는 방법으로, 그들에게는 훨씬 더 만족스러운 관계를 영위할 수 있는 능력이 잠재되어 있다는 사실을 환기시킨다. 즉, 서로 적절하게 노력하면 긍정적인 관계를 회복할 수 있다는 희망을 품게 하는 것이다.

하지만 심상작업은 조심스럽게 그리고 기술적으로 이루어져야 한다. 만약 커플관계에서 과거에 언어적 혹은 신체적 학대가 있었다면 심상작업을 피하는 것이 바람직하다. 마찬가지로, 각 가족 구성원이 강렬한 감정을 어느 정도 감내할 수 있다는 신뢰가 없다면, 그리고 서로 학대하지 않고 자제할 수 있다는 믿음이 없다면 역할연기를 시도하지 않는 편이 더 낫다.

비록 과거의 사건을 다루면서 치료자와 내담자가 중요한 정보를 얻을 수 있다고 하더라도, 현재의 사건을 다루는 것만은 못하다. 치료시간에 생생하게 드러나는 각 가족 구성원의 인지적, 정서적, 행동적 문제반응에 주목하고 개입하는 것이 내담자 가족의 패턴을 변화시키는 데 더 유익하다는 점을 명심해야 한다(Epstein & Baucom, 2002).

행동적 기법

의사소통 훈련

의사소통 훈련(communication training)은 다양한 부부치료 및 가족치료 모형에서 공통적으로 강조되고 있는 중요한 치료요소이다. 이것은 상대방의 이야기를 효과적으로 경청하는 기술뿐만 아니라 자신의 생각과 감정을 적절하게 표현하는 기술까지 향상시키는 훈련을 의미한다. 사실, 상당수의 심리치료자가 원활한 의사소통이 원만한 인간관계의 핵심요소라고 생각하고 있다(McKay, Fanning, & Paleg, 2006). 커플관계에 대해 의미심장한 연구를 진행해 온 John Gottman(1994)에 따르면, 결혼

생활의 유지 여부에 결정적인 영향을 미치는 변인은 의사소통이었다. 즉, 현재 시점의 의사소통을 준거로 미래 시점의 결혼 만족도와 이혼 여부를 정확하게 예측할 수 있었던 것이다. Gottman과 Gottman(1999)은 가정폭력 전력이 있는 커플을 종단적으로 추적한 연구에서도 유사한 예측을 했는데, 가정폭력이 행해진 경우의 이혼 비율이 상대적으로 더 높았다. Gottman(1994)은 커플관계의 균형을 유지하는 핵심요소로 정서적 행동, 인지, 지각 그리고 생리를 꼽았는데, 이러한 요소들은 이혼 여부를 모두 정확하게 예측하였다. 그는 각 배우자가 앞의 네 가지 영역에서 긍정적 측면과 부정적 측면의 균형추 역할을 한다고 믿었고, 바로 그 균형이 커플관계의 운명을 좌우한다고 생각했다.

Gottman(1994)은 이혼할 가능성이 높은 커플은 정서적 행동과 상호작용에서 긍정적 측면보다 부정적 측면을 더 많이 드러낸다는 사실을 발견했다. 그는 커플관계의 종말을 가장 정확하게 예측하는 부정적인 의사소통 유형으로 불평/비난, 경멸, 방어, 그리고 단절을 제시했다. 이것이 그 유명한 '묵시록의 네 기사들'이며, 이혼의 조짐을 예측하는 지표들이다(1994, p. 10).

1. **불평/비난**(complaint/criticism): 불평은 특정한 주제에 대해서 동의하지 않거나 혹은 분노하고 있다는 표현이다. 불평은 흔히 비난으로 고조되어 전반적 주제에 대해서 판단하는 모양새를 띠게 된다. 문제를 해결하려는 노력이 계속 실패하면서 책망으로 이어진다.

2. **경멸**(contempt): 타인의 무능함과 비합리성을 지적하면서 조롱하고, 모욕하고, 빈정대고, 조소하는 행동이다. 예컨대, 못마땅하게 생각하고, 업신여기고, 판단하고, 깔보는 행동이 포함된다.

3. **방어**(defensiveness): 공격당한다고 지각하면서 물러나는 행동 혹은 자신을 보호하는 행동이다. 예컨대, 부인하고, 책임을 따지고, 반격하고, 칭얼거리는 반응이 해당된다.

4. **단절**(stonewalling): 듣는 사람이 말하는 사람에게 아무런 반응도 제공하지 않기 때문에 듣는 사람과 말하는 사람 사이에 장벽이 가로놓인 것과 같은 상태이

다. 말하는 이의 입장에서 볼 때, 듣는 사람이 거리감 있고, 건방지고, 적대적이고, 못마땅하고, 차갑고, 무관심한 것처럼 지각된다.

의사소통 문제를 겪고 있는 커플은 대체로 '거리감과 소외감의 이중주'를 만들어내는 경향이 있다(Gottman & Gottman, 1999, p. 306). 다음과 같은 상호작용 패턴이 반복되는 것이다. 첫째, 자신들의 문제가 매우 심각하다고 인식한다. 둘째, 노력해봐야 상대방과는 접점을 찾기가 어렵다고 믿는다. 셋째, 상대방이 지나치게 불평한다고 생각한다. 넷째, 상대방과 함께 보내는 시간을 점점 더 줄인다. 결과적으로, 혼자 남겨진 듯한 외로움을 느낀다.

의사소통 유형을 직선적 의사소통과 순환적 의사소통으로 구분하기도 한다. 직선적 의사소통은 원인과 결과를 밝히려는 사고방식으로, 자신이 아니라 타인에게 초점이 맞춰진다. 자신이 어떻게 행동했는지는 고려하지 않으며, 자신의 속마음을 전혀 드러내지 않고, 자신은 오직 상대방의 행동에 단순하게 반응한 것뿐이라고 주장하는 것이다. 순환적 의사소통은 더욱 성숙하고, 추상적이며, 분별력 있는 사고방식이다. 커플문제에 각자가 어떻게 기여하고 있는지를 이해하고, 자신의 행동과 타인의 행동이 서로 맞물려 있다는 사실을 이해하는 것이다. 예컨대, 남편이 말을 걸지 않아서 아내가 화를 내게 되고 아내가 화를 내서 남편이 말을 걸지 않게 되는 상호작용을 파악한다면, 상대방의 행동이 자기에게 영향을 미치고 자기의 행동이 상대방에게 영향을 미친다는 사실을 지적으로 인식하고 각자의 신념체계에 통합할 수 있다. 이런 의사소통을 반복하는 과정에서 커플의 패턴이 더욱 뚜렷하게 드러나기 시작한다.

내용-중심적 의사소통과 과정-중심적 의사소통으로 분류하는 것도 가능하다. 내용-중심적 의사소통은 대화의 내용 자체에 초점을 맞추는 것으로, 가족 구성원이 서로 어떤 말을 주고받았는지에만 관심을 기울일 뿐 그것을 어떻게 주고받았는지는 고려하지 않는다. 과정-중심적 의사소통은 더욱 성숙하고 추상적이며 분별력 있는 소통방식으로, 가족 구성원이 관찰자의 관점으로 한 발 물러나서 자신과 상대방을 살펴보는 것이다. 그들은 각자의 말하는 태도와 자세에 대해서 논의할 수 있으며, 어떻게 하면 역기능적인 상호작용 패턴과 의사소통 방식을 변화시킬 수 있는지를 인식하게 된다.

커플과 가족의 건강한 상호작용을 목표로 하는 대부분의 전통적인 의사소통 훈련 프로그램에서는 직선적 의사소통을 순환적 의사소통으로 그리고 내용-중심적 의사소통을 과정-중심적 의사소통으로 변화시키려고 노력한다. 치료적 대화를 이어 가는 동안, 치료자는 문제가 되는 지점을 구체적으로 지적하면서 그들의 상호작용을 향상시킬 수 있는 대안적 전략을 제시하는 것이 바람직하다. 다음에 소개한 내용을 참고하면 말하는 이와 듣는 이 모두에게 다양한 전략을 제시할 수 있을 것이다.

말하는 이를 위한 전략

말하는 이는 듣는 이의 욕구를 잘 살펴야 한다. 말하는 이는 다음과 같은 전략 혹은 지침을 고려해서 표현하는 것이 좋다.

1. **주의를 기울여서 이야기한다.** 한결같은 태도를 견지하면서 듣는 이와 적절하게 눈을 맞추어야 한다. 듣는 이의 표정이나 자세와 같은 신체단서를 관찰하면서 상대방이 자신의 이야기를 제대로 듣고 있는지 살펴야 한다. 차분한 어조를 유지하되 조금씩 변형을 주는 것이 가장 바람직하다. 특히 상대방이 화를 내거나 속상해할 때 그렇다.

2. **의미심장한 질문을 건넨다.** 요점을 간결하게 표현하는 것은 언제나 지켜야 할 지침이다. 하지만 가끔은 전후맥락을 설명하는 것이 바람직할 때도 있다. 그렇다 혹은 아니다 중에서 한 가지를 선택하라고 강요하면 대화가 단절되기 쉽고, 자칫 비생산적인 방향으로 흘러가게 된다. 듣는 이가 충분히 반응할 수 있는 의미심장한 질문을 건네야 순환적 의사소통이 가능해진다. 대화과정에서 말하는 이와 듣는 이가 동등하게 의견을 주고받는 것이 바람직하다.

3. **너무 많이 말하지 않는다.** 질질 끌지 말고 요점을 이야기해야 한다. 그래야 듣는 이가 분명히 이해할 수 있고 곰곰이 숙고할 수 있다.

4. **침묵을 기꺼이 받아들인다.** 침묵은 상대방의 의견을 소화시키는 행위이며, 자신

의 의견을 덧붙이는 과정이다. 침묵을 저항으로 해석해서는 안 된다. 때로는 말을 하다가 잠시 멈추는 것이 필요한데, 말을 마치고 침묵하는 것이 요점을 전달하는 최선의 방법인 경우도 있다.

5. **꼬치꼬치 캐묻지 않는다.** 마치 반대심문하듯이 이것저것 캐물으면 대화가 파국으로 치닫기 쉽다. 상대방이 당신의 이야기에 귀를 기울이기 원한다면, 그가 잘 들을 수 있도록 도와주어야 한다. 비결은 존중하는 태도와 노련한 기술이다.

듣는 이를 위한 전략

대부분의 경우, 치료장면에 방문한 커플과 가족은 서로의 이야기를 듣기는 하지만 최소한으로 듣는다. 사실은 서로의 이야기를 듣지 않는 것이다. 듣는 이는 상대방의 이야기를 분명하게 이해하면서 순환적으로 반응하는 것이 바람직하다. 듣는 이는 다음과 같은 전략 혹은 지침을 고려해서 경청하는 것이 좋다.

1. **주의를 기울여서 듣는다.** 말하는 이와 눈을 맞추려고 노력하면서 상대방의 이야기에 귀를 기울이고 있음을 암시하는 반응을 보여 주는 것이 바람직하다.

2. **끼어들지 않는다.** 말하기와 듣기를 동시에 잘 할 수 있는 사람은 없다. 상대방의 이야기를 끊고 중간에 끼어들면 무례한 행동 혹은 무시하는 태도라는 오해를 불러일으키기 십상이다. 비록 상대방이 듣기 힘든 말을 하거나 몹시 화나게 하더라도 일단 이야기를 들으면서 자제하는 것이 바람직하다.

3. **상대방의 이야기를 확인한다.** 상대방의 이야기가 끝나면 당신이 이해한 내용을 명료하게 정리하고 공유하는 것이 지혜롭다. 말하는 이의 의도가 듣는 이에게 적절히 전달되었는지 함께 확인할 수 있기 때문이다. 아울러, 이해하지 못했거나 명확하지 않은 부분에 대해서는 다시 이야기해 달라고 부탁하는 것도 중요하다.

4. **상대방의 이야기에 반영한다.** 이것은 이야기를 확인하는 것과는 조금 다르다. 반영은 당신이 상대방의 관점을 이해했으며 자각했다는 것을 넌지시 알려주는 행동이다. 이를테면, 상대방의 말을 그대로 반복해 주는 것이 반영이다. 고개

를 끄덕이는 행동처럼 상대방의 의견을 알아들었다는 사실을 암시하는 신호를 함께 보여 주는 것이 바람직하다.

5. **상대방의 이야기를 요약한다.** 말하는 이와 듣는 이 모두 주고받은 대화를 요약하려고 노력해야 한다. 미심쩍은 부분을 줄일 수 있고 명료하게 소통할 수 있기 때문이다. 사실, 이것이 순환적 의사소통의 본질이다. 아울러, 요약은 대화를 발전적인 방향으로 이어가는 데 도움이 된다.

그 밖에도 커플과 가족이 주의를 기울여서 상대방의 이야기를 경청할 수 있게 도와주는 읽을거리를 내담자에게 추천할 수 있다. Michael P. Nichols(1995)의 『경청의 기술(The Lost Art of Listening)』을 참고하면 유익할 것이다.

의사소통 훈련은 가족 구성원의 긍정적 상호작용을 촉진시키고 왜곡된 인지를 경감시키며 감정의 경험과 표현을 조절하는 데 도움이 되기 때문에 인지행동치료에서 상당한 비중을 차지한다. 말하는 이는 자신의 관점 역시 주관적이라는 사실을 인식할 수 있고, 타인의 관점을 적당한 거리에서 조망할 수 있고, 자신의 생각뿐만 아니라 감정까지 묘사할 수 있으며, 타인의 부정적 측면뿐만 아니라 긍정적 측면에도 주목할 수 있게 된다. 말하는 이가 전반적인 용어 대신에 구체적인 용어를 사용해서 간결하게 요점을 말하면 듣는 이는 상대방의 이야기를 더욱 수월하게 받아들이고 기억하게 된다. 적절한 시점에 요령껏 이야기하는 것도 도움이 된다. 예컨대, 배우자가 잠자리에 들려고 할 때 중요한 이야기를 꺼내는 것은 별로 유익하지 않다. 듣는 이는 눈을 맞추거나 고개를 끄덕이는 비언어적 행동을 통해서 자신이 경청하고 있다는 사실과 상대방의 의견을 수용하고 있다는 태도를 보여 줄 수 있다. 사실, 어떤 감정을 느끼는가 혹은 느끼지 않는가 여부는 각자의 권리에 해당되므로 상대방의 관점을 이해하거나 공감하려는 시도 자체가 중요하며, 듣는 이는 말하는 이가 언급한 내용을 부연하는 방식으로 성의껏 반영해 주는 것이 바람직하다.

의사소통 훈련을 마무리한 다음에는 의사소통 전략과 지침이 적힌 유인물을 모든 가족 구성원에게 나눠주는 것이 좋다. 그러면 필요할 때 적절하게 참고해서 사용할 수 있을 것이다.

Gottman과 Gottman(1999)은 치료적 개입의 11가지 목표를 제시하고 있다. 이런 목표를 달성했다는 것은 치료의 종결이 가까워졌음을 시사한다. 예컨대, 이혼의 조짐을 암시하는 반응, 특히 '묵시록의 네 기사들'은 갈등을 해결하는 과정에서 반드시 유의미하게 감소되어야 한다. 부정적 반응과 긍정적 반응 사이의 균형도 반드시 조정되어야 한다. 또한 커플과 가족이 상대방의 분노를 자신에 대한 공격으로 지각하지 않고 주목할 필요가 있는 소중한 정보로 해석하게 된다면, 상호작용을 촉진하는 완충지대가 마련된 것으로 간주할 수 있다. 그 밖에, 배우자와 함께 날마다 '사랑 지도(love map)'를 작성하게 하는 것도 좋은 방법이다. 이 작업은 배우자의 생각과 감정과 욕구를 더 잘 파악하는 데 도움이 되며, 서로에 대해서 알고 있는 내용을 주기적으로 갱신하는 과정에서 상호이해가 깊어진다. 아울러, 우세한 감정을 유용하게 활용하는 것도 한 방법이다. 감정 우선 현상(sentiment override)은 '내부자의 관점과 외부자의 관점 사이의 불일치'를 가져오는데, 이러한 현상은 인간관계에서 필연적으로 발생할 수밖에 없다. 만일 객관적으로는 부정적이거나 언짢게 묘사되는 메시지이지만 메시지의 수신자가 이를 중립적이거나 심지어 긍정적인 것으로 간주할 수 있다면 순조로운 상호작용이 촉진된다(Gottman & Gottman, 1999, p. 313). 이 과정에서 상대방으로부터 물러나지 않고 오히려 상대방에게 다가서게 되므로 정서적 유대감이 증진되며 서로 더 깊이 관여하게 된다. 결국, 결혼생활과 가정생활을 하면서 일상적으로 겪는 평범한 사건을 감정의 동요 없이 원만하게 다룰 수 있게 된다. Gottman과 Gottman(1999)은 모든 사람이 배우자의 영향력을 받아들여야 한다고 조언하고 있다. 특히 남편이 아내의 영향력을 인정해야 한다고 이야기하면서 다음과 같은 점을 고려하라고 언급하고 있다.

- 갈등을 다룰 때는 사나운 말이 아니라 부드러운 말로 대화를 시작하라.
- 부정적 상호작용이 꼬리에 꼬리를 물지 않도록 지혜롭게 끊어내라.
- 감정을 격화시키지 않는 긍정적인 표현을 사용하라.
- 당신과 파트너의 신체적 흥분을 진정시킬 수 있는 방법을 강구하라.
- 심리치료자의 도움 없이도 이전보다 더 나은 대화를 이어갈 수 있는 기술을 습

득하라.

치료자가 바람직한 표현 기술과 경청 기술을 시범으로 보여 주는 것이 도움이 된다. 예컨대, Markman 등(1994)의 책『부부싸움 잘하기』와 함께 제공되는 비디오테이프를 활용할 수 있다. 커플과 가족에게 의사소통 지침을 교육하고, 그들이 상대적으로 편안하게 대화할 수 있는 주제부터 논의를 시작하도록 이끄는 것이 좋다. 그렇게 해야 강렬하고 부정적인 감정의 방해를 덜 받으면서 건설적인 기술을 발휘할 수 있기 때문이다. 내담자의 기술이 점차 향상되면 조금 더 민감한 갈등주제를 논의하도록 과제를 부여한다. 앞에서 언급한 지침을 충실하게 따른다면 각 내담자의 지각이 변화될 것이다. 즉, 커플과 가족은 상대방이 자신을 존중한다는 느낌과 자신을 선의로 대한다는 느낌을 받게 된다.

의사소통 훈련을 실시했음에도 불구하고, 여전히 상대방이 말할 때 불쑥 끼어들거나 혹은 서로 격렬한 논쟁을 벌이는 커플과 가족도 종종 있다. 이것은 치료자 입장에서 상당히 곤혹스러운 일이며, 아까운 시간을 허비하게 만든다. 이런 문제가 지속되는 경우라면 다음과 같은 기법을 고려해 볼 것을 권한다.

공감을 전달하는 기법

커플과 가족이 가장 많이 토로하는 불만사항은 자신이 겪고 있는 고통과 자신이 표현한 감정을 상대방이 전혀 공감해 주지 않는다는 것이다. 따라서 치료자는 시범을 보이면서 공감적으로 듣고 공감적으로 말하는 기술을 훈련시킬 필요가 있다. 듣는 이가 상대방의 이야기를 이해했다는 사실을 표현하는 작업과 상대방의 이야기에 공감하고 있다는 사실을 전달하는 작업이 매우 중요하다. 특히 공감의 전달은 이어서 소개할 타당화 작업의 밑바탕이 된다. 공감이 전달되어야 친밀감을 느낄 수 있고 긍정적인 반응을 서로 주고받을 수 있다. Guerney(1977)를 비롯한 여러 연구자들이 개발한 공감기술 향상 프로그램과 부부관계 증진 프로그램을 참고하기 바란다. 관계 증진적 접근을 시도하고 있는 Barry Ginsberg(1997, 2000)도 관계만족도를 향상시키는 데 도움이 되는 자료를 제시하고 있다.

타당화해 주는 기법

타당화(validation)라는 개념을 소개하고 있는 커플치료 및 가족치료 교재들이 많은데, 특히 Gottman, Notarius, Gonso 및 Markman(1976)과 Markman 등(1994)이 대표적이다. 타당화는 반영과 다르며, 동의와도 분명하게 구분되어야 한다. 타당화는 비록 상대방의 생각과 감정과 경험에 반드시 동의하지는 않더라도 그것을 인정하고 알아주는 의사소통 방식이다. 그러므로 굳이 상대방의 생각과 감정과 경험에 동의하지 않는다는 사실을 언급하지 않으면서도 얼마든지 타당화해 줄 수 있는 것이다. 타당화는 부정적 상호작용이 유발하는 긴장을 가라앉히는 데 도움이 된다. 다음의 재키와 루크의 사례를 통해서, 반드시 동의하지는 않더라도 상대방의 감정을 타당화해 준다는 것이 무슨 뜻인지 살펴보겠다.

> **재키**: 저번에 레스토랑에서 슐리겔과 다비스가 우리를 못 봤다고? 설마, 그렇게 가깝게 지나쳤는데 못 봤을 리가 있어? 그 사람들한테 무시당해서 엄청나게 기분이 나빠.
>
> **루크**: 글쎄, 그 사람들이 우리를 무시한 것 같지는 않은데. 아마 안경을 안 쓰고 있어서 우리를 못 봤을 거야. 하지만 당신의 기분을 이해할 수 있을 것 같아. 속이 많이 상했겠네.
>
> **재키**: 그래, 엄청. 고개만 살짝 돌렸어도 우리를 알아볼 수 있었을 텐데, 그게 그렇게 어려운 것도 아니잖아? 레스토랑이 북적대고 시끄러웠다는 것은 나도 알지만, 그래도 우리를 소홀하게 여기는 것 같은 생각이 들어.
>
> **루크**: 당신 마음은 알겠어. 그 자리에서 당신이 많이 힘들어하는 것 같았어. 그런 당신 때문에 솔직히 나도 조금 불편했었고. 하지만 크게 신경 쓰고 싶지 않아. 사실, 큰일도 아니니까. 그런 일로 오랫동안 속을 끓일 필요는 없지.

루크는 비록 아내의 감정에 동의하지는 않았지만 그녀의 감정을 멋지게 타당화해 주었다. 루크는 아내를 지지해 주었으며, 이와 동시에 아내가 다른 각도에서 상황을 조망할 수 있도록 그리고 대안적 설명을 고려할 수 있도록 도와주었다. 루크의 반응이 재키로 하여금 사고를 전환할 수 있도록 촉진시킨 것이다. 더 나아가서, 루크의 반응은 재키가 인지적 왜곡을 범하고 있을 가능성 혹은 적어도 비현실적 추론을 하고 있을 가능성을 살펴보도록 이끌었다.

타당화는 인간관계에서 매우 중요하다. 타당화 여부에 의해서 상대방이 소외감 혹은 거리감을 느낄 것인지 아니면 유대감 혹은 안전감을 느낄 것인지가 결정된다. 특히 상대방이 정서적으로 동요되어 있을 때는 타당화만큼 훌륭한 반응이 없다. 당신이 상대방의 행동으로 인해 어떤 감정을 느끼든지 그렇지 않든지 간에, 타당화는 유익한 촉매제의 역할을 할 수 있다. 커플 및 가족치료자는 규칙적인 타당화 연습을 치료 과정에 포함시킬 수 있으며, 상대방이 타당화해 주기를 바라고 있다는 신호를 포착하는 방법과 효과적으로 타당화해 주는 기술을 가르치는 것이 바람직하다.

끼어드는 행동을 감소시키는 기법

거의 모든 가족치료자는 상대방과 다른 의견을 말하고 싶어서 혹은 자신의 감정을 표현하고 싶어서 다른 사람이 이야기하는 도중에 공격적으로 끼어드는 내담자를 만나게 된다. 이것은 자연스러운 현상이고, 감정적으로 격앙된 상황에서는 특히 그렇다. 비록 끼어드는 행동이 반드시 나쁘기만 한 것은 아니지만, 치료작업에 심각한 방해가 되거나 혹은 알력다툼의 양상으로 번질 수 있으니 주의해야 한다. 모든 치료자가 이런 상황에 놓일 수 있으므로 끼어드는 행동을 감소시킬 수 있는 다양한 전략을 확보하는 것이 바람직한데, 이런 문제를 적절하게 다루는 데 유익한 개입전략을 소개하는 전문서적을 참고하기 바란다. 예컨대, Markman, Stanley 및 Blumberg(1994, p. 63)는 내담자에게 바닥재로 쓰이는 플라스틱 조각을 사용하는 기법을 개발했다. 플라스틱 조각을 들고 있는 사람은 말할 수 있고, 그렇지 않은 사람은 끼어들거나 방해하는 행동을 자제해야 한다. 몇몇 사례에서 이 기법의 효과가 입증되었으나, 그다지 도움이 되지 않는 경우도 있었다. 충동적인 내담자나 분노하는 내담자는 각별히 유의해야 한다(개인적으로, 내담자가 플라스틱 조각을 던져서 얼굴에 맞은 적이 있다). 특히 정확하지 않은 이야기를 하거나 혹은 격앙시키는 이야기를 하는 경우에 심각한 문제가 발생할 수 있다(Dattilio, 2001c).

Susan Heitler(1995)는 끼어드는 내담자를 만류하기 위해 치료자가 나서서 논쟁을 중단시키거나 혹은 "잠깐만요."라고 간단하게 언급하는 기법을 고안했다. 이 기법

역시 일부에서만 효과적이었다. 치료자가 너무 자주 중단시켜야 해서 소중한 시간을 허비하는 사례가 많았고, 상담자가 아니라 심판의 역할을 하는 것 같아서 좌절감을 느꼈기 때문이다(개인적으로, 대단히 폭발적인 성향을 지닌 가족을 상담하면서 단 1회기에 무려 146번이나 중단시킨 기억이 있다). 또한 치료 과정에 반드시 필요한 감정 표현을 막아버리는 역효과를 초래할 수도 있으며, 생생한 자료를 드러내는 데 방해가 될 수도 있다.

종이에 기록해두는 기법

다른 사람이 이야기할 때 자꾸 끼어드는 데는 여러 이유가 있겠지만, 그 당시에 떠오른 자신의 생각과 감정을 표현할 기회를 놓칠까 봐 두려워서 불쑥 끼어드는 경우가 많다. 그러므로 치료의 흐름을 방해하지 않도록, 일단 자동적 사고와 정서적 반응을 포착해 두었다가 나중에 이야기하도록 하는 방법을 고안하는 것이 바람직하다.

몇 년 전의 일이다. 감정적으로 격앙된 커플을 상담하던 도중에 나는 상대방의 이야기를 방해하지 않으면서 그 당시에 떠오른 생각을 포착하도록 돕는 효과적인 방법을 발견했다.

어느 날, 남편과 부인을 상담하고 있었다. 남편이 이틀 전에 벌어진 부부싸움에 대해서 이야기하는 동안 부인은 손에 들고 있던 볼펜을 계속 만지작거렸다. 이틀 전의 부부싸움은 신체적인 폭력으로까지 번졌는데, 부인이 남편의 뺨을 때려서 상황이 걷잡을 수 없이 악화되었다. 상담실에 찾아왔을 때, 두 사람 모두 자신의 관점에서 이틀 전의 부부싸움 이야기를 하고 싶어 했다. 먼저 남편의 관점에서 어떤 일이 벌어졌는지를 듣던 도중에 부인은 점점 불안해졌고 이내 손에 들고 있던 볼펜을 계속 만지작거렸던 것이다.

인지행동치료자로서 나는 바로 그 순간에 부인의 머릿속에 어떤 생각이 스쳐 지나가고 있는지를 묻고 싶었지만, 동시에 나는 남편의 생각의 흐름도 놓치고 싶지 않았다. 그래서 속으로 이런 생각을 했다. "만약 그녀가 지금 자신의 자동적 사고와 감정을 기록해 둔다면, 강렬한 감정을 포착하는 더욱 건설적인 작업에 주의를 기울일 수 있을 텐데. 자신의 생각과 감정을 놓쳐버리지 않을까 하는 두려움에서 벗어날 수도 있고, 남편이 말을 마치면 바로 그 얘기를 할 수도 있으니까." 나는 그녀에게 그렇게 하라고 부탁했다. 물론, 남편에게도 똑같이 주문했다. 나는 부부에게 종이와 연필을 주면서 상대방의 이야기를 듣다가 떠오르는 생각과 감정이 있으면 그것이 무엇이든지 일단 기록해 두었다가 나중에 함께 살펴보자고 제안했다. 반갑게도, 이 방법은 상당한 효과가 있었다. 남편과 아내 모두 치료작업에 참여할 수 있었고, 상대방의 이야기에 끼어들지 않으면서 조용히 집중할 수 있었다. 자신의 생각과 감정을 놓쳐 버리지 않아서, 그리고 무시당한 것 같지 않아서 두 사람 모두 만족스러워했다.

인지행동치료 과정에서 글쓰기 작업을 진행하면 카타르시스 효과뿐만 아니라 끼어들기 행동을 감소시키는 효과를 기대할 수 있다. 커플과 가족이 각자 자신의 관심사에 주의를 기울일 수 있으며, 상대방의 이야기를 경청함과 동시에 소중한 정보를 포착할 수 있도록 도와준다.

물론, 이 방법도 모든 사례에 적용하기는 어렵다. 사실, 너무 기계적인 방법이라고 말하면서 거부하거나 혹은 상대방의 이야기를 듣는 것보다 기록하는 데 치중하는 내담자도 있다. 따라서 기록하는 것 못지않게 듣는 것이 중요하다는 점을 강조해야 한다. 그렇더라도, 반복적으로 상대방의 이야기에 끼어드는 커플이나 가족에게는 한번쯤 적용해 보기를 권한다. 끼어드는 행동은 경계의 문제 혹은 통제의 문제와 밀접한 관련이 있으므로 신중하게 검토할 필요가 있다. 아울러, 이 방법은 치료방해라는 주제를 새로운 각도에서 다룰 수 있도록 도와준다. 필요는 발명의 어머니이다. 치료과정의 초반에 이 방법을 도입한다면 더 큰 효과를 기대할 수 있을 것이다.

문제해결 전략

문제를 해결하지 못해서 어려움을 겪는 커플과 가족이 상당히 많다. 문제해결의 곤란은 가족의 불화와 의사소통의 파행으로 이어지기 쉽다. 가족 구성원의 의견이 불일치하면 차분하고 침착하게 대안을 논의할 필요가 있는데, 사실상 이것이 몹시 어렵기 때문에 불화와 충돌이 발생하는 것이다(Bennun, 1985). 따라서 커플과 가족의 인지행동치료에서는 문제해결 전략을 항상 중요하게 다루어야 한다(Dattilio & Van Hout, 2006).

Epstein과 Baucom(2002, p. 39)은 여러 연구결과를 요약하면서 커플과 가족의 문제해결을 촉진하는 세 가지 요소를 제안했는데, 각 요소는 모두 도구적이며 과제지향적이다.

1. 구체적인 소통(예: 책임을 인정하고 불만을 표현하기)
2. 상호작용 방식(예: 만족스러운 관계에 초점을 맞춘 건설적인 태도로 상대방에게 반응하기)
3. 해결방안 모색(예: 각 구성원의 선호와 소망을 표현하기)

또한 인지행동치료자는 문제해결을 촉진하기 위해서 구두지시, 서면지시, 모델링, 행동연습, 코칭 등의 방법을 사용한다. 문제해결에 이르는 주요 단계는 다음과 같다. 첫째, 문제를 명료하게 정의하고 구체적으로 어떤 일이 일어났는지 혹은 일어나지 않았는지를 파악한다. 둘째, 당사자 혹은 구성원의 견해를 비판하지 않으면서 구체적으로 어떤 행동을 해야 하는지 혹은 하지 말아야 하는지를 논의한다. 셋째, 논의된 해결방안의 장점과 단점을 살피면서 모든 가족 구성원이 선호하는 해결방안을 선택한다. 넷째, 선택된 해결방안을 시험적으로 적용하고 효과를 평가한다. 이러한 기술을 충분히 학습하기 위해서는 단계마다 과제를 부여하는 것이 바람직하다(Dattilio, 2002; Epstein & Baucom, 2002).

다음에 소개하는 Epstein과 Schlesinger(1996)의 문제해결 단계도 커플과 가족의 인지행동치료에 참고할 수 있다.

• 구체적으로 어떤 행동이 문제인지 정의한다. 문제에 대한 구성원의 관점을 서

로 비교하고 모두 동의하는 정의를 이끌어 낸다.

- 가능한 해결방안들을 탐색한다.
- 각 해결방안의 장점과 단점을 평가한다.
- 만족스러운 해결방안을 선택한다.
- 선택된 해결방안을 적용하고 효과를 평가한다.

치료자는 커플 및 가족과 함께 문제해결의 과정과 결과를 주기적으로 검토해야 하며, 전략적으로 구상된 과제를 반복해서 부여하는 것이 바람직하다.

행동교환 약속

행동교환 약속은 커플과 가족의 인지행동치료에서 필수불가결한 요소이다. 상대 방이 원하는 행동을 해 주어야 관계의 긴장을 감소시킬 수 있기 때문이다. 하지만 한 사람이 어떤 행동을 해야만 다른 사람도 어떤 행동을 하는 방식의 경직된 행동교 환은 반드시 피해야 한다. 행동교환 약속의 진정한 목적은 각 구성원의 자기향상을 도모할 수 있는 구체적인 행동을 파악하고 실행하는 것이다. 그러므로 상대방이 약 속한 행동을 실행하는지 여부와는 무관하게 자신이 약속한 행동을 실행하는 것이 중요하다. 치료자는 상대방이 먼저 긍정적인 행동을 실행하기를 기다리면서 지켜 보기만 하는 구성원을 독려하는 역할을 담당해야 한다. 치료자는 갈등적인 관계에 서 전형적으로 드러나는 잘못된 상호작용 사례를 소개하고, 누구든지 타인이 아니 라 오직 자신의 행동만을 통제할 수 있을 뿐이라는 점을 역설하며, 가족분위기를 개 선하기 위해 각자 노력하는 것이 중요하다는 점을 교육하는 것이 바람직하다. 이를 통해서 가족 구성원의 주저하고 머뭇거리는 태도를 변화시킬 수 있다. 다음의 사례 를 참고하기 바란다.

샐리와 커트의 사례

샐리는 커트의 나쁜 습관에 불만이 있다. 그는 안락한 의자에 앉아서 신문을 보다가 마룻바닥에 아무렇게나 던져놓는데, 주부인 그녀의 입장에서는 몹시 귀찮은 일거리가 되기 때문이다. 샐리가 커트에게 원하는 행동은 신문을 보고 나서 의자 옆의 수거함에 넣어두었다가 주말에 쓰레기통에 버리는 것이다. 샐리는 그러면 거실이 더 깨끗해질 것이라고 생각했고, 커트는 샐리의 요구에 동의했다. 대신에 샐리에게 행동교환을 요청했다. 그녀는 갈아입은 옷을 침실 손잡이에 아무렇게나 걸어놓는 버릇이 있는데, 커트는 그 모습을 볼 때마다 화가 났기 때문이다. 이러한 행동교환 약속은 커트와 샐리 모두의 행동을 변화시키고 그 변화를 유지시키는 데 효과적이었다.

감정반응의 과잉과 부족에 대한 개입

인지행동치료는 내담자의 감정을 간과한다고 비판하는 사람들이 종종 있는데, 이것은 명백한 오해이다. 커플 및 가족의 인지행동치료자는 감정을 지나치게 억제하는 구성원의 감정반응은 촉진하고 감정을 지나치게 표출하는 구성원의 감정반응은 조절하기 위해서 다양한 개입을 시도한다. 감정반응이 부족한 경우, 치료자는 (1) 치료실 안팎에서 허용되는 행동의 가이드라인을 설정하여 구성원의 감정표현에 대해 서로 비난하지 않도록 유의하고, (2) 하향-화살표 기법의 질문을 통해 기저에 잠재되어 있지만 표현하지는 못한 생각과 감정을 탐색하고, (3) 감정상태를 인식하는 데 도움이 되는 내적 단서를 포착하도록 훈련시키고, (4) 강렬한 감정을 내포하고 있는 내담자의 언급을 반복해서 반영해 주고, (5) 대화의 초점을 다른 쪽으로 돌리려고 시도할 때 감정적인 주제에 다시 주목하게 하며, (6) 민감한 감정반응을 불러일으키는 가족 구성원 사이의 관계패턴을 역할연기를 통해 재현시킨다. 이와 반대로 감정반응이 과잉된 경우, 치료자는 (1) 특정한 시간 동안 불편한 주제를 논의하면서 각각의 감정반응을 별도로 구분하고, (2) 이완기법과 같은 감정조절 방법을 교육하고, (3) 불쾌한 자동적 사고를 포착하고 검증하는 능력을 향상시키고, (4) 가족 구성원 혹은 타인에게 사회적 지지를 구하도록 격려하고, (5) 고통스러운 감정을 감내하는 기술을 향상시키며, (6) 자신의 감정반응에 상대방이 주목할 수 있도록 건설적으로 감정을 표현하는 기술을 훈련시킨다.

수반성 계약

수반성 계약 기법은 커플 및 가족이 서로에게 반응하는 관계패턴에 주목해야 한다고 생각한 Richard Stuart(1969)가 처음으로 고안했다. 그는 불만을 품고 있는 구성원의 부정적이고 파괴적인 반응을 변화시키는 데 초점을 맞추는 것보다는 긍정적인 행동을 교환할 가능성을 증가시키는 데 초점을 맞추는 것이 더 효과적이라고 주장했고, 특히 모든 구성원이 그렇게 실천하겠다는 계약서를 작성하는 것이 바람직하다고 강조했다. 이것은 상호성의 원리에 입각한 전략인데, Joseph Wolpe(1977)는 행동교환의 균형을 맞추기 위해서 보상전략(quid pro quo)을 활용했다.

가족치료의 선구자인 Don Daveson(1965)도 항상성과 보상제공이라는 의학적 및 사회적 비유를 통해서 비슷한 전략을 제안했다. Stuart(1969)는 배우자 혹은 구성원의 행동에 영향을 미치기 위한 목적으로 다른 배우자 혹은 다른 구성원이 직접 적절한 보상을 제공하도록 독려했는데, 핵심은 상대방이 원하는 행동을 직접 제공하는 것이다. 인간은 자신을 즐겁게 해 주는 사람을 즐겁게 해 주기 위해서 자신의 행동을 변화시킬 가능성이 높다. 이때 어떤 대가도 바라지 않으면서 무조건적 보상을 제공하는 것이 바람직하다.

커플을 치료하다 보면 초반에 이런 이야기를 하는 내담자가 종종 있다. "내가 먼저 변화를 시도하지는 않을 겁니다. 도대체 왜 나부터 변화해야 하는 거죠? 싫어요. 그 사람은 절대로 먼저 노력하지 않을 거예요." 보상제공 방법은 바로 이런 유형의 권력다툼과 교류정체를 극복하기 위해서 고안된 것이다. Stuart(1969)는 가족 구성원이 서로 긍정적 강화를 주고받는 빈도와 강도를 늘려가면서 커플과 가족에게 치료개입의 주도권을 넘겨주라고 제안했다. 아울러, 교류정체가 빚어진 상황에서 그 원인과 책임을 밝히는 데 초점을 맞추는 것보다는 상대방의 행동에서 긍정적인 요소를 발견하도록 유도하는 것이 바람직하다. 이런 전략을 적용할 때는 다음의 네 가지 단계를 고려하기 바란다.

1. 모든 사람이 변화될 필요가 있음을 인식한다.
2. 타인이 아니라 자신이 먼저 변화될 필요가 있음을 인식한다.
3. 목표행동의 빈도를 차트에 기록한다.
4. 행동교환의 목록을 작성하고 모두 서명한다.

보상으로 토큰이나 동전과 같은 상징물을 사용할 수도 있다. 이런 식으로 보상을 주고받으면서 점차 신뢰의 균형을 회복하게 된다. 최근에는 토큰을 교환하는 방법보다는 계약서를 작성하는 방법이 더 많이 사용되고 있다.

자기주장 훈련

자기주장 훈련은 가족치료에서 자주 활용되는 일종의 사회기술 훈련이다. 지나치게 수줍거나 억제되어 있는 가족 구성원은 대화를 회피해서 문제가 되고, 과도하게 공격적인 가족 구성원은 마찰과 분란을 일으킬 소지가 크다. 만약 이런 식의 상호작용이 두드러진다면, 공격적인 반응과 주장적인 반응의 차이를 인식하도록 훈련시킬 필요가 있다. 가족 구성원이 치료자와 함께 세 가지 종류의 반응, 즉 소극적인 반응, 주장적인 반응, 공격적인 반응을 연습하면서 주장적인 반응의 이점을 깨달을 수 있으며, 결국 만족스러운 상호작용이 가능해진다.

치료시간에 직접 역할연기를 시도할 수도 있고, 집단 프로그램에 참여시킬 수도 있으며, 교육자료를 시청하는 과제를 부여할 수도 있다. 이때 커플 혹은 가족에게 특화된 교육자료를 활용하는 것이 바람직하다. 가족 구성원 각자가 연령과 성별이 비슷한 모형의 행동을 관찰하면서 주장적인 행동과 소극적인 행동 혹은 공격적인 행동의 차이를 명확하게 인식하는 것이 중요하다.

자기주장 훈련을 실시할 때는 반드시 문화적 차이를 고려해야 한다. 예컨대, 아내가 남편에게 당당하게 말하지 못하도록 종용하는 문화에서 성장한 가족이 있을 수 있기 때문이다. 자기주장 훈련을 돕기 위해 적당한 도서를 추천하고자 하다면, Alberti와 Emmons(2001)의 『정당한 권리(Your Perfect Right)』를 참고하기 바란다.

역설적 기법

실존주의 치료자(Frankl, 1960)가 제안하고 행동주의 치료자(Ascher, 1980, 1984)가 계승한 역설적 기법도 꾸준히 활용되고 있다(Dowd & Swobodoa, 1984). 커플 및 가족 치료 분야에서는 증상처방(prescribing symptoms)이라는 개념으로 더 잘 알려져 있는데(Watzlawick, Weakland, & Fisch, 1974), 그 연원은 Watzlawick, Beavin 및 Daveson(1967)이 커플과 가족에게 적용하기 시작한 1960년대 중반으로 거슬러 올라간다.

역설적 기법에도 몇 가지 유형이 있다(Weeks & L'Abate, 1979). 역설적 개입을 할 때는 목표를 구체적으로 설정하는 것이 중요한데, 관련문헌에서는 흔히 '실용적 역설(pragmatic paradox)'이라고 소개되어 왔다(Weeks & L'Abate, 1982). 실제로는 아무런 선택지도 주어지지 않는 이중구속 상황이나 어떻게 행동해도 실패하지 않을 만한 상황에서 개인, 커플, 가족에게 역설적 기법을 적용할 수 있다. 근본적인 목적은 시스템의 구조 자체를 개선하는 이순위 변화에 맞추어진다.

일찍이 1928년경부터 Dunlap(1932)은 야뇨증, 말더듬기, 손톱뜯기 등의 치료에 스스로 '부정적 연습'이라고 명명한 기법을 사용했다. 그는 의도적으로 습관행동에 몰두하도록 지시해서 결국에는 바람직하지 못한 습관행동을 소거시키는 방식의 증상처방을 시도했다. 역설적 증상처방은 흔히 표적증상의 증가에 초점을 맞춘 처방과 특정한 커플 혹은 가족의 독특한 규칙에 초점을 맞춘 처방으로 구분된다(Weeks & L'Abate, 1979). 아울러, 문제행동을 의도적으로 재현하도록 지시하기, 커플과 가족도 문제행동을 체험하도록 허용하기, 문제행동의 세분화를 위해서 연습하기, 커플과 가족이 결과적으로 이완할 수 있도록 예측하기 등도 포함된다(Bornstein, Krueger, & Cogswell, 1989). 역설적 기법은 매우 미묘하다. 따라서 치료자는 역설적 기법을 적용하는 시점과 방식에 각별한 주의를 기울여야 한다. 체계적인 사례개념화가 반드시 이루어져야 하며, 문제행동과 관련이 있는 모든 요소를 철저히 고려해야 한다.

역설적 기법을 적용하여 커플과 가족을 치료한 Weeks와 L'Abate(1982)는 다음과 같은 다섯 가지 원칙을 제안했다. 첫째, 증상과 협력해야 한다. 커플과 가족의 문제행동을 부정적으로 간주하지 말고 변화의 도구로 활용하라는 뜻으로, 기본적으로 문제행동이 나타나야만 가족체계의 변화가 시작될 수 있다는 견해이다. 둘째, 증상의 맥락을 고려해야 한다. 문제행동이 가족체계 안에서 어떤 기능을 하고 있는지를 인식하는 것이 매우 중요하다. 셋째, 증상을 의도적으로 통제해야 한다. 개인의 증상인 경우, 역설적 개입의 초점은 증상에 몰두하고 의도적으로 과장하는 데 맞추어진다. 커플 혹은 가족과 같은 체계의 증상인 경우, 모든 구성원을 치료에 포함시켜야 한다. 이를 위해, 지목된 구성원의 문제행동을 다른 구성원이 체험해 보도록 하는 전략을 구사할 수 있다. 또한 다른 구성원(들)으로 하여금 역설적 역할(들)을 취해 보도록 이끌 수도 있다. 고전적인 사례를 살펴보겠다.

> 한부모 가정에서 딸이 분노폭발 증상을 보인다고 가정하자. 딸에게는 과장된 방식으로 엄마를 돌보도록 지시한다. 동시에, 엄마에게는 권위자의 역할을 내려놓고 무기력한 딸의 역할을 맡도록 역설적으로 지시한다(Weeks & L'Abate, 1982, p. 91).

넷째, 증상을 차단해야 한다. 증상의 재발을 예견하고 방지하기 위한 방법이다. 마지막으로, 반드시 내담자를 참여시켜야 한다. 내담자에게 증상을 꾸준히 보유하라고 지시하는 방법, 주기적으로 역설적 메시지(예: "나는 반드시 부모의 뜻을 거스르고 분노를 폭발시켜야만 한다.")를 읽는 방법 등을 고려할 수 있다.

보편적으로 사용되는 역설적 기법 중에 처방실행이 있다. 이 기법의 핵심은 가족 구성원이 불편하게 여기는 증상을 의도적으로 과장하라고 지시하는 것이다. 예컨대, 만약 가족 구성원 사이의 빈번한 싸움이 문제가 된다면 그들에게 효과적으로 싸우는 방법을 배우라고 격려하는데, 싸울 시간을 일부러 만들어 두고 그 시간에는 반드시 싸워야만 한다. DeShazer(1978, p. 21)의 사례에서, 커플은 의도적으로 싸움에 몰두하는데 동전을 던져서 누가 먼저 상대방을 공격할 것인지를 결정한다. 선공에 나선 사람은 10분 동안 고함을 지르면서 상대방을 비난하고, 다음 사람의 차례가 되면 위치를 바꿔서 말없이 듣기만 한다. 이런 과정을 반복시키는 DeShazer(1978)의 역설적 의도는 '싸움을 멈추기 위해서' 싸우게 하는 것이다. 요컨대, 긍정적인 결과를 얻어내기 위해서 부정적인 과정을 연출하는 작업이 역설적 의도의 본질이다(Dattilio, 1987).

Duncan(1989)은 두 가지 유형의 역설적 개입을 소개했다. 첫 번째는 제한하기인데, 치료자가 변화의 필요성을 부인하고 심지어 변화의 가능성도 부정하는 방법이다. 제한하기는 다시 여러 유형의 개입으로 구분되며, 변화를 촉구하기 위해서 혹은 이미 성취한 변화를 유지하기 위해서 다양한 맥락에서 사용된다. 두 번째는 치료자처럼 행동하기인데, 치료자가 내담자에게 취하는 태도를 본뜨는 방법 및 내담자의 믿음과 가치를 치료자처럼 통합하고 존중하는 방법을 의미한다. 자세한 설명은 Duncan(1989)을 참고하기 바란다.

역설적 기법을 적용할 때 반드시 고려할 점이 몇 가지 있다. Weeks와 L'Abate(1982)는 개인, 커플, 가족을 치료할 때 참고할 만한 다섯 가지 원칙을 제시했는데 앞에서 언급한 내용과는 조금 다르다. 첫째, 증상을 긍정적으로 재정의한다. 둘째, 증상을 모든 구성원과 연결시킨다. 셋째, 증상의 방향을 역전시킨다. 넷째, 반복적으로 개입한다. 다섯째, 가족 구성원이 어느 정도 쓸모 있다고 여기는 방법을 시도한다.

어떤 경우에 역설적 기법을 적용하는 것이 더 유익한지도 고려해야 한다. 역설적 기법은 대개 만성적이고 심각하며 오래된 문제를 다루는 데 효과적이다. Birchler(1983)는 반드시 가족 구성원이 기본적인 의사소통 능력과 문제해결 기술을 학습한 이후에 역설적 기법을 적용해야 한다고 강조했다. 역설적 기법이 상당히 미묘하므로, 가족 구성원이 이를 통해서 문제를 극복할 수 있다는 확신을 가져야 하기 때문이다. 그는 전통적인 개입이 효과적이지 못한 경우 및 역설적 개입 이전에 다른 방법을 먼저 사용해야 하는 경우 등을 자세하게 개관했으니 참고하기 바란다.

역설적 기법은 법적인 문제에 봉착해서 옴짝달싹할 수 없는 가족 혹은 다른 형태의 치료개입에 반응하지 않는 가족에게 특히 유용할 것이다. 앞서 언급했듯이, Birchler(1983)는 가족체계에 대한 정확한 기능적 분석을 실시하고 난 뒤에 역설적으로 개입해야 성공할 수 있다고 강조했다. 역설적 기법은 상대적으로 까다롭고 미묘하기 때문에 반드시 커플과 가족의 상호작용 방식을 분명하게 이해하고 난 뒤에 적용해야 한다. 아울러, 역설적 개입의 의도를 가족 구성원에게 충분히 설명해 주어야 한다. 이미 전통적인 기법을 적용해 보았으나 별다른 효과를 거두지 못했던 가족이라면 역설적 기법에 대해서도 평가절하할 가능성이 크다. 이전의 실패경험이 변화를 가로막는 것이다. 일부 인지행동치료자들은 커플치료에서 역설적 기법을 광범위하게 사용하는 것은 행동주의적 관점과 부합하지 않는다고 지적한 바 있다는 점도 참고하는 것이 좋겠다(Jacobson & Margolin, 1979). 덧붙여, 역설적 기법은 기만의 문제 혹은 윤리적 문제를 일으킬 가능성이 있다는 점에 주의해야 한다. 이러한 요소를 충분히 고려하고 난 뒤에 역설적 개입을 시도하는 것이 바람직하다.

타임아웃과 점감기법

정서적으로 격앙되어 금방이라도 폭발할 것 같은 상황에서는 감정을 조절하기가 무척 어렵기 때문에 치료자가 미처 개입하기도 전에 문제행동으로 표출해 버리는 가족이 상당히 많다. 따라서 고통스러운 감정을 문제가 되는 행동으로 분출시키지 않도록 점감기법(deescalation)을 가르칠 필요가 있다.

커티스와 마고의 사례

커티스와 마고는 최근에 마찰을 빚었던 사건에 대해서 이야기했다. 마고의 얘기인즉슨 이랬다. "우리는 일주일간 호숫가로 휴가를 다녀왔어요. 그전에 심하게 다퉜었기 때문에 휴가기간에도 신경이 날카로웠지요. 푹 쉬고 싶었는데, 결국 그렇지 못했어요. 이런 일이 있었어요. 여행을 출발하기 전에 친정 부모님께 아이들을 맡기고 돌아오다가 주유소에 기름을 넣으러 갔습니다. 커티스가 그렇게 하자고 했어요. 주말에는 호숫가로 휴가를 떠나는 사람들이 많기 때문에 오래 기다려야 해요.

그래서 하루 전날 기름을 넣으려고 했던 거예요. 가게에서 구입할 물건도 있어서 겸 사겸사 갔습니다. 제가 운전을 했고 커티스는 옆자리에 앉았어요. 그런데 커티스는 제가 운전하는 것이 답답했나 봐요. 제가 너무 천천히 간다고 계속 불평을 해댔고, 급기야 우리는 다투게 됐어요. 저는 약이 바짝 올랐지요. 과거에도 휴가를 갈 때마 다 그런 식으로 싸웠는데, 이 사람이 또 그러는 거예요. 그것 때문에 너무 지치고 힘 들었는데……. 아무튼 서로 말다툼을 하다가 화가 나서 자동차를 험하게 몰았어요. '이 정도로 미친 듯이 달려가면 되겠어?'라고 생각하며 보란 듯이 무리하게 달렸습 니다. 그러다가 빌어먹을 교통경찰한테 걸렸고, 속도위반 딱지를 끊었어요. 그런데 이 사람이 비웃는 거예요. 저는 정말 화가 나서 미쳐 버릴 것만 같았죠."

이 시점에서, 나는 다음과 같이 개입했다.

> **치료자**: 좋아요. 시간을 잠시 거꾸로 돌려서, 무슨 일이 있었는지 다시 살펴보죠. 마고, 당신은 자동차를 험하게 운전하기 이전부터 화가 나 있었군요?
>
> **마고**: 네. 그랬어요. 사실, 한 주 내내 화가 나있었어요.
>
> **치료자**: 화가 나 있는 상태에서 커티스와 함께 자동차를 타고 가게 되면, 이런 식으로 분노가 점점 더 치밀어오를 가능성이 상당히 높은 거군요.
>
> **마고**: 네. 그런 거 같아요.
>
> **치료자**: 알겠습니다. 상황이 이렇게 된 것은 두 분 모두가 책임을 져야 해요. 두 분 사이에 긴 장감이 흐르고 있다면 아, 지금이 상황이 아주 나빠질 수 있는 시점이구나 하는 점을 유 념하셔야 할 것 같습니다. 두 분 사이에서 이런 일이 아주 흔하게 일어나고 있으니까요.
>
> **마고**: 네, 하지만 남편이 골치 아픈 사람만 아니었다면 모든 게 다 괜찮았을 거예요.
>
> **치료자**: 글쎄요, 우리가 그런 부분을 다루기 전까지는, 두 분이 긴장 상황에 있을 때 모든 것이 급격히 악화될 위험이 크기 때문에 그러한 상황 인식을 정확히 하셔야 해요. 자신의 행 동에 대한 책임은 두 분 각자에게 있습니다.
>
> **마고**: 좋아요. 그러면 제가 어떻게 했어야 하나요? 차를 한쪽으로 대고 그냥 차 밖으로 나와 버려야 했던 건가요?
>
> **치료자**: 그렇진 않아요. 하지만 화가 났다고 느껴지면 길 한편에 차를 대고 이렇게 말할 수 있

겠죠, "여보, 우리가 이런 대화를 계속한다면 더 운전하고 싶지 않아. 당신이 운전하거나 아니면 뭔가 다른 방책을 찾는게 좋겠어." 다시 말해서, 스스로 상황 악화를 단계적으로 줄이는 것입니다.

마고: 하지만 이미 우리는 그렇게 했던 적이 있어요. 과거에 제가 그런 방법을 시도했었는데 그가 말했죠, "싫어, 그 입 좀 다물어."

치료자: 그랬군요, 하지만 당신은 선택할 수 있어요. 상황이 정도를 넘어선다고 느낀다면 그 상황에 대한 책임을 져야 합니다. "이건 아니야, 이런 상황에서는 운전하고 싶지 않아," 라고 말하는 거죠. 상황이 더욱 악화된다면 상황이 잠잠해질 때까지 잠시 동안 차를 정차해 놓을 필요도 있겠지요. 사실, 당신이 했던 행동 때문에 누군가가 정말 다칠 수도 있었고 아니면 당신 자신이 다쳤을 수도 있었죠. 아주 솔직히 말해서 비합리적인 행동이었어요!

마고: 네, 비합리적이었어요. 그 순간엔 완전히 자동적인 반응이었어요.

치료자: 그래요. 중재가 필요한 지점이 그 부분입니다. 중재가 들어가야 할 가장 좋은 시기는 감정이 고조되기 전이지요. 두 분 모두 상황이 더 악화되지 않도록 중간에서 미리 차단할 책임이 있다는 말입니다. 당신이 차를 세웠다면, 이런 상황에서는 더 이상 운전하지 않을 것이라는 분명한 메시지를 커티스에게 주었을 것입니다. 커티스, 그 상황이 일어나는 동안 마음속을 스치고 지나간 생각은 무엇이었죠?

커티스: 글쎄요. 아내는 말도 안 되게 천천히 운전했어요. 그 지역이 아내에게 익숙한 곳이 아니란 건 알지만, 솔직히 말해 아내가 저를 열 받게 하려고 보란 듯이 느릿느릿 가고 있다는 인상을 받았죠.

치료자: 사실인가요, 마고?

마고: 아뇨, 아니에요, 그러지 않았어요. 접촉사고가 날까 봐 조심했던 거죠. 왜냐하면 모든 도로에 교통 체증이 심했고 길도 잘 몰랐죠. 주유소가 어디에 있는지도 확실하지 않았어요. 남편을 짜증나게 하려고 천천히 운전한 게 아니었어요.

치료자: 그렇다면, 커티스, 당신이 잘못 해석을 했고 상황을 악화시키게 된 것 같네요.

커티스: 예, 그렇게 됐나 보네요.

치료자: 다시 말씀드리면, 이와 유사한 상황들에 대해 잘 유념해서 그 상황에서 스스로에게 말

할 메시지를 명심할 필요가 있어요. 그런 메시지는 아주 효과적이거든요. 상황이 변화하면 생각을 바꾸는 것도 필요합니다. 이런 방법은 당신의 감정에도 큰 영향을 미치게 될 거예요.

혹시 모를 감정폭발을 스스로 예방하는 방법으로 심호흡 기법과 인지적 재구성 연습을 사용할 수 있다는 점도 배우자들에게 제안했다. 타임아웃 절차는 가족 구성원들이 모두 동의할 때 아주 효과적이다. 나는 '타임아웃이 필요해'라는 신호로 배우자들에게 'T'라고 신호를 보내라고 한다. 또한 타임아웃 절차를 사용하기 전에, 타임아웃을 부당하게 이용하지 않을 것이며 정당하게 유예기간이 필요할 때만 사용할 것이라는 점에 대한 동의를 얻는다. 이 기법은 화를 돋우는 상호작용의 가속화를 막는 유용한 방법이다.

행동연습

기술훈련을 하고 그에 대한 치료자의 피드백이 이루어진 후에, 커플과 가족 구성원들은 구체적으로 기술을 연습할 필요가 있다. 연습은 처음에는 언어적 코칭과 모델링을 통해 이루어질 수 있다. 그러한 연습 회기들을 행동연습(behavioral rehearsal)이라고 부르는데, 치료 회기에서 출발하여 점차로 내담자들의 일상 환경으로 일반화된다. 커플과 가족 구성원들은 배운 것을 어느 정도 이해했는지 치료자에게 피드백을 해 준다. 행동연습은 치료 과정에서 가장 필수적인 부분 중 하나인데, 배운 것이 어떻게 실행되어야 하는지를 보여 줄 수 있기 때문이다. 변화를 불러오고 그것을 영구히 고정시키는 것은 실제적인 연습이다. 행동연습은 달리 '조성 과정(shaping process)'이라고도 할 수 있는데, 그 과정에서 치료자와 배우자나 가족 구성원들 모두가 새로운 방식의 상호작용을 학습하기 때문이다.

처음의 행동연습 부분은 치료 회기에서 이루어진다. 시연된 것에 대한 피드백을 해 주고 어떻게 진전이 일어나며 그러한 진전이 상황에 적용될 수 있는지에 대해 치료자는 내담자와 협력적으로 작업한다. 다음의 사례에서 행동연습의 예를 참고할 수 있다.

존과 메리의 사례

존과 메리는 논쟁을 하게 되면 급기야 고함을 지르며 격렬한 싸움으로 악화되곤 했다. 첫 과제는 둘 사이의 민감한 문제에 대한 이야기를 치료 회기에서 끄집어내는 것이었다. 그러다가 두 사람이 불편감을 느끼거나 감정적으로 흥분하는 상황이 되면 긴장 감소 훈련을 하는 것이었다. 즉, 서로에게 대화의 공간을 주기 위한 타임아웃을 요청하고 그런 후 대화를 끝내라는 지시를 받았다. 이 훈련에서 치료자는 파트너들 사이를 중재하거나 이들을 지지하는 코치로서 역할을 하며 또한 그들의 감정 수위를 모니터하고 분노를 유발하는 생각을 관찰한다. 대화를 중지할 필요가 있는지 염두에 두면서 서로 말로 표현하는 이 반복연습은 상당히 힘든 일이지만, 결국에는 관계에 매우 도움이 됨이 입증되었다. 파트너들은 집으로 돌아가 둘이 연습하고 다음 회기에 와서 연습이 어떠했는지에 대해 보고하는데, 대화의 목표를 달성하는 과정에 어떤 어려움은 없었는지, 대화가 잘 되었는지 아닌지 등을 다룬다. 몇 번의 회기에서 존과 메리는 반복적으로 이 연습을 하였고 얼마간의 성과를 거두기 시작했다.

치료자: 그러면, 한 주 동안 어떠셨나요?

존: 엉망이었죠. 봄이 오니 집 주변에 해야 할 일들에 대한 이야기를 제가 시작했는데, 말을 꺼내자마자 곧바로 메리가 이 모든 집안일을 한두 주 안에 끝내야 한다며 잔소리를 늘어놓았습니다. 저는 열을 받기 시작했지만 아무런 말도 하지 않았죠. 결국 그 대화는 대판 싸우는 것으로 끝장이 났죠.

치료자: 그렇군요, 그럼 두 분이 느끼시기에는 뭐가 잘못된 것 같으세요?

존: 그러니까, 제가 바로 입을 닫아버렸어요. 그건 나쁜 습관이고 제가 신경을 써야 하는 점인데. 메리의 말을 흘려 버리고 듣지 않는 경향이 있어요. 왜냐하면 메리가 바가지를 긁는 모드로 돌입하니까요. 하지만 그건 저의 좋지 않은 습관이란 걸 압니다.

치료자: 음, 그럴 수도 있겠네요, 하지만 당신의 생각을 관찰하는 것도 중요합니다. 변화를 가

저오는 필수적인 부분이기 때문이지요.

메리: 존이 침묵해 버리는 것을 보고서 깨달았어요. 아, 속으로 어떤 생각을 하고 있구나. 타임 아웃을 결정할 시점이었지요. 하지만 때를 놓쳤고 존은 화가 났죠.

치료자: 좋아요. 돌아가시면 다시 시도해 보세요. 이 문제를 해결하기 위해서는 시간이 걸립니다. 두 분에게 오랫동안 유지되어 온 패턴이기 때문이죠. 그런 패턴이 하룻밤 사이에 없어질 리가 없고, 그렇기 때문에 연습만이 최선입니다.

존: 알지만, 그래서 때로 좌절스럽기도 합니다.

치료자: 그럴 수 있어요. 하지만 우리는 목표를 이룰 것입니다. 다시 시도하세요. 일을 시작하는 신호를 주는 어떤 방식이 없을까 생각해 볼 수도 있고, 아니면 메리가 '바가지'를 좀 덜 긁는 방식으로 당신이 집안일을 시작해야 한다는 신호를 줄 수도 있을 것입니다.

메리: 남편이 제가 신호를 주는 것을 공격으로 받아들이지 않는다면 얼마든지 그렇게 할 수 있어요.

치료자: 그러면 연습을 하기 전에, 지금 이야기를 정리해 봅시다. 당신이 해야 하는 일에 대해 상대방이 당신에게 상기시켜 주려고 하는 시도들은 괜찮다, 따라서 부정적으로 받아들이지 않는다는 거죠?

존과 메리: 네, 알겠어요. 연습해 보겠습니다.

치료자: 좋습니다. 그럼 다시 숙제를 해 보세요. 대화할 주제를 찾고 어떻게 했는지 기록해서 다음 회기에서 좀 더 논의합시다.

앞의 사례에서 알 수 있는 것처럼, 내담자를 도와 자신의 인지와 행동을 검토하게 하는 것은 매우 지루한 작업일 수도 있다. 다시 말하지만, 행동을 재조성하고 행동 패턴을 다시 형성하기 위한 노력과 수많은 반복연습 및 격려가 결국 치료의 핵심이다. 수많은 힘든 작업이 없다면 변화는 가능하지 않으며, 상호작용의 역동을 변화시키기 위해 시간과 에너지를 투자할 수 있도록 내담자를 강화하고 격려하는 데 대부분의 치료 과정이 소요된다.

역할 바꾸기

통합적인 부부치료 교재에서 Jacobson과 Margolin(1979)은 역할 바꾸기 기법이 효과적임을 강조했다. 이것은 일종의 역할연기인데, 상대방이 바라보는 관점을 볼 수 있는 유용한 기법으로 커플과 가족에게 자주 사용된 방법이었다. Jacobson과 Margolin은 배우자가 서로의 역할을 바꾸어 각자 상대방 배우자의 역할을 취하면서 보통 집에서 하던 방식으로 문제를 논의해 보라고 하는 방법을 사용했다. 이렇게 하면 그들의 관계에서 발생하는 행동들을 서로 어떻게 잘못 지각했는지 더 잘 알아차릴 수 있게 된다고 그들은 믿었다. 상대 배우자의 행동에 대해 자신이 잘못 지각한 것임에도 불구하고 마치 상대 배우자가 그러한 의도로 행동한 것이 사실이라는 믿음 위에서 각 배우자들이 반응하는 경향이 있다. 그러한 이유로 역할 바꾸기는 내담자의 이러한 잘못된 지각을 명료화해 주며 이 과정에서 치료자는 객관적인 제삼자로서 바로잡는 역할을 할 수 있다는 것이 저자들이 믿는 바였다. 상대 파트너의 역할을 해 보는 것은, 예컨대 비디오로 녹화해 놓은 테이프를 보면서 피드백을 얻는 것과 유사하게 파트너들의 조망을 넓혀 준다. 자신보다 상대에게 집중하면서 무엇보다도 상대 배우자의 입장을 공감적으로 경험할 수 있다. 역할을 바꾸어 보는 경험을 통해 내담자는 관계에서 발생하는 모든 일에 대해 자신이 생각하는 방식을 변화시킬 수 있다. 또한 상대방의 역할을 연기하면서, 자신이 상대방에게서 바라는 행동과 상대가 이래 주었으면 하는 태도를 모방해서 시도해 볼 수 있다. 이러한 연습을 해 보면 내담자들은 재미있어 하며 웃긴다고 말하기도 하는데, 그러면서 연습이 중간중간 끊길 수도 있지만 자연스러운 과정이다. 역할연기 과정에서, 치료자는 긍정적 행동을 조성하고 피드백을 제공하는 도구적인 역할을 한다.

이러한 역할연기 기법을 대가족에게 한꺼번에 시도하는 것은 수월하지 않으며, 한 번에 작업하기에는 가족 구성원 두 명이 적당하다.

관계기술 획득

가족을 대상으로 하는 대부분의 인지행동치료는 문제를 다루고 어려움에 대처하는 데 직접적인 도움을 주는 기술 습득을 가르친다. 이러한 점에서 치료자는 코치와 같다. 치료자는 치료 과정에서 연습하여 갈등이 유발되는 상황에서 사용할 수 있도록 내담자가 기술을 신장시키고 습득하는 과정을 감독한다. 이것은 대체로 의사소통하면서 문제를 해결하고 나아가 가족체계의 변화를 이끌어 내는 새로운 방식을 커플 및 가족에게 교육하는 것과도 같다.

체계이론에 토대를 둔 구조주의적 치료자들은 치료에서 모호한 암시와 직접적이지 않은 지시를 선호하며, 이러한 것들은 치료에서 좀처럼 명확하게 규정되지 않는다. 이에 반해 CBT는 좀 더 교훈적이면서 지시적이다. 따라서 Salvador Minuchin 같은 구조주의적 치료자가 스스로를 변화의 반영적(reflective) 도구로 표현했다면, 인지행동치료자들은 스스로를 변화의 직접적인(directive) 도구로 간주한다. 행동연습과 훈련의 안내는 치료 과정에서 중요하며, 이 점은 사회학습과 행동교환 이론에 토대를 둔 Jacobson과 Margolin(1979)의 부부치료나 Guerney(1977)의 훈련 모형과도 유사하다.

물론 CBT 접근이 더 교훈적이고 더 직접적이기 때문에 내재하는 문제들도 있다. 이러한 문제 중 한 가지가 내담자가 할당된 과제를 하지 못할 경우 치료자에게 의존하기 쉽다는 점이다. 그렇기 때문에 CBT는 내담자가 변화의 책임을 지닌다고 하는 협력적인 관점을 시종일관 견지한다. 내담자의 독립적인 기능을 강화하는 한 가지 방법은 내담자가 배운 것을 이행하는 데 필요한 과제를 내담자와 치료자가 협력해서 같이 정하는 것이다. 다음 절에 과제에 대해 보다 상세하게 설명하였다.

과제부여

과제는 인지행동치료의 매우 중요하고도 통합적인 측면이다. 그렇기 때문에 과제에 대해 더 고려해 보아야 할 내용들을 자세히 다루고자 한다. 과제는 변화의 가장 강력한 중개자라고 할 수 있다(Kazantzis, Deane, & Ronan, 2000; Kazantzis, Whittington, & Dattilio, 2010)

과제 부여나 회기 바깥에서의 임무는 심리치료 분야에서 CBT가 새롭게 개발한 작품이 아니다. 아주 초창기의 심리치료에서 Freud(1952)는, 분석을 통해 공포증 환자가 자신의 갈등을 다루었다면 용기를 내어 사회로 나가 자신의 두려움에 직면할 것을 제안하였다.

그로부터 수년 후 치료자들은 치료의 결정적인 요소로 과제를 추가하며 그 중요성을 강조하였다(Dunlap, 1932). 인지행동치료자는 다양한 심리장애를 치료하는 과정에서 과제 부여가 핵심적인 측면이라는 점을 더욱더 명확하게 인식하게 되었다. George Kelly(1955)는 자신이 주창한 고정역할치료(fixed-role therapy)[1]를 통해 과제의 사용을 도입한 선두 학자들 중 한 사람이다. 과제는 치료 효과를 촉진하려는 단기치료에서 다양한 장애를 대상으로 활용되기도 하였다(Kazantzis et al., 2000). 인지치료자들은 과제를 더 많이 수행한 환자들이 치료에서 더욱 긍정적 성과를 내었다는 점을 발견하였다(Bryant, Simons, & Thase, 1999).

과제는 치료의 기법을 만드는 주요 재료라고 생각한다. 내가 책임 저술했던 가족치료 교재에서 이야기한 바 있는데, 16가지 이상이나 되는 다양한 이론적 접근을 가진 각각의 치료자들 가운데 75%가 치료 과정에서 정기적으로 과제를 부여한다고 말했다(Dattilio, 1998a). 인지행동 가족치료자들은 과제 부여가 치료의 초석이라고 강조한다(Dattilio, 1998, 2002; Dattilio & padesky, 1990).

미국 결혼 및 가족치료 협회(AAMFT)에서 회원들을 조사한 결과, 대다수 치료자들이 가족보다는 커플치료에서 과제를 더 많이 사용한다고 보고되었다(Dattilio, Kazantzis, Shinkfield, & Carr, 2011). 또한 이 조사 응답자들의 75%는 치료의 초반 10회기 이내에 걸쳐 세 가지 이상의 다양한 형태의 과제를 내준다고 답하였다. 대다수 치료자들은 회기당 한 가지 내지 두 가지의 과제를 내주는 것이 좋다고 추천하였다.

체계이론에 기반한 치료, 구조주의적 치료, 정신역동적 치료, 통합적 치료 및 탈

---

1) [역자 주] 고정된 특정인물의 역할을 연기해 보도록 하면서 심리적 문제를 해결하려는 치료

근대적 치료 모두 과제의 부여가 치료에 유용함을 지지한다. 일례로 후기 가족치료자 Jay Haley(1976)는 치료 과정에서 과제를 내주는 것이 효과가 크다는 믿음을 가지고 있었다. 과제가 치료 회기 내에서 수행되는 것이 아니라 회기와 회기 사이에서 수행되기 때문에, 과제는 기준이 있어야 한다.

L'Abate(1985)는 '체계적 과제 부여(Systematic HomeWork Assignments: SHWA)'라는 이름으로 치료에서 어떻게 과제를 활용할지 설명하였다. 그는 회기당 적어도 세 가지의 과제를 부여한다.

과제를 부여하면 몇 가지 이점이 있다(Dattilio, 2005a; Dattilio, L'Abate, & Deane, 2005). 첫째, 위기에 처한 커플이나 가족은 상황의 변동성이 매우 심한데 과제를 내주면 치료적 과정을 치료 회기 밖으로까지 확장할 수 있다. 내담자는 대부분의 시간을 회기 외부에서, 즉 문제의 대부분이 발생하는 가정환경에서 보낸다. 따라서 과제는 회기들 사이의 기간에서도 치료가 이어질 수 있도록 해 준다. 즉, 치료 회기를 일상생활로 전환해 주는 것이다.

과제는 가족을 치료에 적극적으로 끌어들이는 기능을 한다(Prochaska, DiClemente, & Norcross, 1992). 치료의 동기를 조사하는 평가 단계에서도 초반에 과제를 사용한다. 치료 과정에서 커플이나 가족의 저항을 다룰 때에도 과제 부여는 아주 효과적이다.

과제의 또 다른 이점은 치료 과정에서 논의한 대처 행동을 과제를 활용하여 수행하면서 통찰을 얻을 수 있다는 점이다. 과제를 통해 연습하면 치료에서 드러나지 않은 다양한 주제들을 인식할 수도 있다. 과제는 치료에서 변화에 대한 이야기만 하는 것이 아니라 변화를 만들어 내고 있다는 기대를 내담자에게 심어 주기도 한다. 연습은 내담자의 참여가 필수적인데, 과제를 하면서 내담자는 변화를 향해 한 걸음 내딛는다는 느낌을 가진다. 이 밖에도 과제는 경험해 보는 단계이기도 하며 이러한 경험은 다음 회기에서 발전적으로 다루어진다. 과제가 치료 회기에서 다루어지면 사고, 감정, 행동의 수정이 가능하다.

치료 과정은 모호하고 추상적일 경우가 많은데 가족치료 영역에서 특히 그럴 수 있다. 과제 부여는 치료의 초점을 잡게 해 주고 구조를 제공해 주어 치료에 활력을 준다. 과제는 구체적으로 작업할 거리를 제공해 주기 때문에 내담자의 변화 동기를 증가시킬 수 있다.

내담자에게 중요한 의미를 가진 다른 사람의 관여를 증가시키는 것도 과제의 이점이라고 할 수 있다. 이것은 다른 중요한 사람의 참여를 요청하는 과제를 부여하는 방식으로 가능하다.

처음에는 치료 회기 내에서 가족 구성원들이 상호작용할 때 치료자가 과제 전략을 시연한다. 그런 다음 가족은 치료 시간이 아닌 일상에서 자신들의 상호작용을 수정하도록 지시받는다. 과제를 성공적으로 이루어 내는 내담자들의 능력을 극대화하기 위해 치료자는 커플이나 가족의 능력, 관용, 동기를 고려한다.

가족에게 부여되는 과제에는 다양한 형태가 있다. 좀 더 일반적으로 사용되는 과제는 다음의 절에서 다룰 것이다. 치료 과정의 초반에 더 적당한 과제가 있고(예: 독서치료, 자기관찰 등) 치료의 후반부에 도입되어야 하는 과제가 있다는 점(예: 행동적 과제, 인지 재구성 등)을 치료자는 유념해야 한다.

독서치료 과제

독서치료 과제는 치료 회기에서 다룬 주제들을 보충하면서 상담실 밖에서도 내담자가 치료적으로 뭔가 하도록 해 준다는 점에서 중요하다. 읽기 과제는 주로 치료에서 다루는 중점적인 내용과 밀접하게 관련이 있는 것으로 부여한다. 예컨대, 커플에게 Markman 등(1994)이 저술한 『부부싸움 잘하기(Fighting for Your Marriage)』를 읽으라고 과제를 내주기도 한다. Bevilacqua와 Dattilio(2001)의 『단기 가족치료 치료계획(Brief Family Therapy Treatment Planner)』에서도 과제를 부여하는 것이 가족에게 도움이 된다. 치료 과정에서 우리는 내담자들이 지니고 있는 어떤 관념에 영향을 주기 위해 노력하는데, 그와 관련된 주제의 책을 읽게 하면 그런 관념에 대한 생각이 크게 영향을 받는 경우가 종종 있다.

가정에서의 상호작용을 녹음하거나 녹화하기

치료 회기 밖의 일상적인 가족의 대화와 비언어적 행동을 녹음하거나 녹화한다면, 자연스러운 환경에서 발생하는 가족 상호작용을 놓고 치료자와 가족이 같이 검토할 수 있다. 이렇게 하면 회기에서 다룬 내용 외에도 중요한 새로운 생각을 검토하는 것이 가능하다. 그러한 녹음이나 녹화 테이프 기록을 회기 안에서 검토하면서, 치료자는 가족들의 행동에 대한 당시의 의견과 생각을 질문할 수 있고 대안적인 대처 전략이나 상호작용을 같이 논의할 수 있다. 가령, 상호작용의 역동을 들여다보고 의사소통이 왜 번번이 실패하는지 파악하기 위해 구성원들이 가족 모임을 녹화하거나 심지어는 격렬한 다툼을 녹화하기도 한다. 녹음보다는 녹화가 더 이점이 있는데, 비언어적 행동과 신체 언어를 관찰할 수 있기 때문이다.

활동일정 관리

의사소통 기술, 상호작용 기술 및 문제해결 기술을 연마하는 활동일정 관리는 커플과 가족에게 매우 중요하다. 활동일정 관리는 새로운 행동을 학습하게 함과 동시에 역기능을 진단하고자 의도된 것이다. 예를 들어, 가족이 새로운 활동(예: 스키 타기)을 함께 시도하고 익숙하지 않은 상황에서 구성원 각자가 어떻게 반응하며 서로를 어떻게 돕는지 관찰할 수 있다. 그들이 함께 내려오는가 아니면 혼자서 단독으로 스키를 타는가? 활동일정 관리를 과제로 활용하여 내담자들에게 회기 밖에서의 다양한 임무를 부여하는 매뉴얼이 전문 서적에도 소개되어 있다(Bevilacqua & Dattilio, 2001).

활동일정 관리를 과제로 내주면 가족은 그 활동을 규칙적으로 유지할 수 있다. 만일 관계에서 부정적인 상호작용이나 어떤 부정적 징후가 발생한다면 보다 덜 요구적인 형태의 활동으로 수정하는 것이 좋다. 가령 그날 한 활동 목록을 정리하기라든가 수행한 과제들에 대해 대화하기 같은 것이다. 활동일정 관리의 방법을 사용할 때는 과제의 달성 정도라든가 과제가 얼마나 만족스러웠는지를 나타내는 주관적 평가도 함께 작성하도록 해야 한다.

내담자는 0점(만족스럽지 않음 또는 달성 못함)에서 10점(전체적으로 만족 또는 과제 완수) 사이의 척도를 사용하여 활동에 대해 평가할 수 있다. 활동일정 관리에 평가 척도를 결합하면 성취감과 만족감을 주는 활동에 내담자를 더욱 집중하도록 해 주는 장점이 있다. 또한 커플이나 가족 사이의 응집력을 만들고 고양시킬 수 있다.

자기관찰

전통적인 인지행동치료에서는 대개 내담자가 회기와 회기 사이의 기간에 자신의 생각이나 기분에 대한 평가지를 작성한다. 관찰 훈련은 배우자나 가족이 힘들어하는 영역에 대한 세밀한 정보를 알려 준다. 내담자들은 이러한 연습과 활동 과정에서 경험하는 자동적 사고와 신념을 파악하는 훈련을 한다. 내담자는 자기관찰을 하면서 자신이 어떻게 생각하고 느끼고 행동하는지 그리고 이 생각, 느낌, 행동이 자신의 역동에 어떻게 영향을 주는지 더 잘 이해하게 된다. 역기능적 사고 일일 기록지 (daily dysfunctional thought sheet; Beck, Rush, Shaw, & Emery, 1979)는 자기관찰을 돕기 위해 활용된다. 내담자들은 이 기록지에 언쟁 중의 자신의 생각을 적으면서 그 생각이 자신의 기분과 행동에 어떻게 영향을 주었는지 연관지어 보는 연습을 한다.

행동과제

앞에서 언급했듯이 행동과제는 커플치료와 가족치료에서 중요한 부분이다. 예컨대, 내담자에게 대안적인 설명을 찾는 데 도움이 되는 자기 말을 재구성하여 사용해 보라고 하는 행동과제를 내줄 수도 있다. 내담자들은 어떤 행동의 수정을 위해 혼자서 혹은 배우자나 가족과 함께 이 행동과제 기법을 사용할 수 있다. 행동과제를 함께 하면 구성원들 사이에 동지애가 형성되기도 한다.

가족 구성원들이 함께 고안하고 계획하여 행동과제를 정할 때 효과가 더욱 크다. 행동과제 계획에는 과제를 하기에 적절한 시간이나 누가 과제를 하며 어느 정도의 빈도로 과제를 할지, 과제를 완수하는 데 얼마나 시간이 걸릴지의 문제가 포함되어야 한다.

과제가 잘 수행되었는지를 점검할 때에는 과제를 하는 과정에서 어려움은 없었는지도 함께 검토해야 한다. 만일 과제를 완수하지 못했다면 그렇게 만든 장애물을 분석해야 하며, 그렇게 해야 향후에 반복될 수 있는 문제를 미리 파악해서 치료에서 효과적으로 다룰 수 있다.

상대를 즐겁게 해 주는 행동, 행동연습, 자기주장 훈련 및 역할 바꾸기와 같은 과제는 행동과제들 중에서도 인기가 많은 편이다.

역기능적 사고의 인지적 재구성

내담자들이 치료에서 진전을 이루지 못하고 어려움이 생기는 경우, 사고방식의 대안을 검토하고 왜곡된 신념을 파악하는 데 도움을 주는 구조화된 연습이 필요하다. 이 연습의 일환으로 Beck 등(1979)이 고안한 역기능적 사고 일일 기록지를 사용하면 좋다. 이 기록지를 활용하면 내담자들의 사고방식을 재평가할 수 있다.

과제를 개발하고 수행하기

간혹 치료자는 과제를 다루는 것 자체가 목적이 되어 버려 무작위로 과제를 할당하는 오류를 범하기도 한다. 되는대로 과제를 내주는 경우 내담자의 분노를 유발할 위험이 있다. 왜냐하면 내담자의 문제를 해결하는 것이 간단한 일이라고 치료자가 믿는 것 같은 인상을 줄 수 있기 때문이다. 즉, 치료자가 "정확한 과제를 하기만 하면 당신의 문제는 해결될 것입니다."라는 메시지를 주는 것처럼 오인할 수 있다. 가족과 긴밀히 연관되어 있으면서 치료에 적절한 과제를 전략적으로 선택하는 것은 과제를 정할 때 핵심적으로 염두에 두어야 할 목표이다. 구체적인 과제를 고안하는 것은 매우 중요하므로 주의 깊게 선택되어야 한다.

전략적 과제 부여의 좋은 사례가 앞의 2장 내용 중 '정서 강도와 정서 초점'이라는 소제목에 나오는 매트와 엘리자벳의 경우이다. 위안을 받고자 상대에게 무엇을 원했는지를 정확히 적도록 한 것이 자신들의 문제를 이해하는 데 중요했다는 점에 우리 모두는 의견이 일치했었다. 이 연습은 그 사례에서 아주 효과적이었다.

만일 내가 그저 정서적 친밀감을 발달시키려는 목적으로 그들의 구체적인 문제에 부합하지 않는 일반적인 연습을 제안했다면, 아마 그들 사이에 더 큰 긴장감이 유발되면서 역효과가 났을 것이다.

Nelson과 Trepper(1993, 1998)는 가족치료 방법에 대한 두 권의 책을 저술하였는데, 책 내용의 많은 부분이 치료 과정에서 사용될 수 있는 과제 부여에 관한 것이다. 치료 과정에서 너무 서두르지 않고 과제를 부여하는 적기를 잘 선택하면 치료의 효과를 극대화시킬 수 있다.

치료자는 치료 과정에서 어떻게 과제를 이용할 것인지 그리고 치료의 어느 지점에서 과제를 내주는 것이 적당한 시점인지에 대해 세밀하게 생각해 두어야 한다. 또한 이 과제를 부여해서 얻고자 하는 것이 무엇인지도 분명해야 한다. 어떤 과제를 부여할 때 치료자 자신의 방식으로 내담자들에게 다가가는 것은 신중해야 한다. 내담자들이 과제의 목표가 무엇인지를 정확하게 이해하고, 더 중요하게는 자신들이 무엇을 하며 왜 하는지를 정확하게 알아야 한다. 그러기 위해 치료자는 내담자들과 함께 각각의 과제에 대해 설명하고 검토하는 시간을 가져야 한다. 치료자가 부여하는 과제 요구에 대해 내담자들은 사실 당황스러운데도 말하기가 주저되어 알겠다고 고개를 끄덕이는 경우도 흔히 있다. 때문에 치료자는 내담자들이 이러한 상황은 아닌지 항상 잘 살펴야 한다.

과제 순응성

과제 부여에 대한 내담자의 생각을 탐색하는 질문이 매우 중요하다고 주장하는 연구가 있다. Bryant 등(1999)은 치료 테이프들을 분석하여 과제 부여와 순응도를 평가했다. 이 연구에서, 치료자가 부여한 과제를 검토하는 행동이 내담자들의 과제 순응도를 높이는 가장 강력한 요인이었다. 과제를 부여하는 기술 또한 과제 순응성을 예측했다. 이 기술은 과제를 협력하여 정하고 노력에 대해 격려와 칭찬의 형태로 긍정적인 강화를 제공하는 것을 말한다. 개별 내담자를 상대로 수행된 연구지만 커플과 가족치료에도 시사점을 주는 연구라 할 수 있다.

과제를 정하기 위해 커플이나 가족에게 동의를 구하는 과정에서, 과제가 유치하다거나 혹은 그리 좋은 과제가 아닌 것 같다고 하는 내담자의 불만에 직면하기도 한다. 그런 문제는 미리 다루어야 한다. 배우자나 가족 구성원들이 과제 수행에 대해 더 흔쾌히 동의할수록 과제가 성공적일 가능성이 높다.

후속 작업

과제를 수행하고 그 결과를 다루는 후속 작업이 매우 중요함은 자명하다. 커플이나 가족 구성원들이 과제를 다 하기 위해서 시간이 좀 더 필요하다고 요구하면 모르지만, 그렇지 않다면 다음 회기를 언제 할지 계획을 세워야 한다. 내담자들이 과제를 수행하면 그 결과를 다루는 작업을 명확히 해야 한다. 이 작업은 과제가 단지 치료 회기 시간을 메꾸기 위한 것이거나 회기 밖의 시간을 빼앗기 위한 것이 아니라 중요한 것이라는 메시지를 내담자들에게 전달하게 된다.

과제 수행에 대한 저항

과제를 활용하는 치료에서 흔히 직면하는 어려움 중 하나는 배우자나 가족 구성원들이 과제에 저항하는 경우이다. 이러한 저항은 내담자들이 과제에 대해 동의를 하고 과제가 도움이 될 것 같다고 인정하는 경우에서도 흔히 발생한다. 그런 저항은 가족이나 커플의 복잡한 역동 때문일 수도 있고, 때로는 '과제'라는 명칭이 주는 부정적인 어감 때문일 수도 있다. 치료자는 과제라는 용어를 임무라든가 실험이라는 말로 대체하는 것이 좋을지 고려해 볼 수 있다. 과제 할당에 대해 이야기할 때 치료자가 "우리가 실험을 한다고 가정합시다."라고 제안하게 되면 그 의미가 더 잘 전달된다. 실험이라는 용어는 호기심을 자극하며, 대부분 과제라는 용어보다 덜 부담스럽기도 하고 덜 지시적이다.

과제 수행에 대한 저항을 요령껏 다룰 필요가 있다. 내담자들이 과제 이행을 회피하는 경우 이를 탐색해 보면, 변화가 그들 자신에게 미치는 영향과 관련된 중요한 정보가 나오기도 한다. 저항은 함께 작업하는 상황에서 의사소통의 어려움을 나타내는 신호일 수도 있고 관계에서 변화를 겪게 될 것이 불편하다고 하는 신호일 수 있다. 저항의 이유가 무엇이든, 저항 이면에 있는 역동을 탐색하고 저항을 다룰 방법을 마련하는 것이 중요하다. 이 문제들을 상세히 논의하고 나서, 치료자는 같은 연습을 다시 할당하든지 아니면 다른 연습을 부여할 수 있다. 또는 그 주제를 추후 시기로 완전히 미룰 수도 있다.

행동 실험으로 예측 검증하기

내담자들은 가족 상호작용에서 발생할 사건들을 부정적으로 예측하는 경우가 많은데 이러한 부정적 기대를 감소시키려면 내담자들이 논리적인 분석을 하도록 도와야 한다. 이때 직접적인 증거가 있다면 매우 효과적이다. 인지행동치료자는 자신의 어떤 행동이 다른 구성원에게서 특정 반응을 유발할 것이라는 내담자의 예측을 검증하는 행동 실험(behavioral experiments)을 해 보자고 제안한다. 예를 들어, 한 남성은 자신이 퇴근하여 귀가했을 때 아내와 자녀들이 자신에게 뭘 같이 하자는 요구를 안 했으면 하는 기대를 했다. 그럴 때 반대로 이 남성에게 앞으로 며칠 동안은 퇴근해서 가족과 함께 시간을 보내도록 계획하게 하고 실제로 그렇게 했을 때 어떤 일이 벌어지는지 같이 살펴보자고 할 수 있다. 만일 전체 가족치료 회기에서 그런 실험을 계획한다면, 그 실험을 실행에 옮긴다고 가정할 때 구성원 각자 어떨지 예측해 보라고 한다. 실험의 성공에 방해가 될 수 있는 장애물도 함께 예측해 보고 적절한 적응 방법을 고안해 내기도 한다. 구성원들이 실험에 협력하겠다는 약속을 하면 실험의 성공 가능성이 증가한다.

몇 년 전 치료에서 만났던 한 커플 사례에서 행동실험의 예를 자세히 볼 수 있다.

레이시와 스티브의 사례: "나한테 신경 쓰지 마."

레이시와 스티브는 관계에서의 긴장감이 증폭되고 다툼이 잦아지자 부부치료를 받겠다고 찾아온 중년의 부부이다. 레이시의 발목이 부러지는 일이 발생했는데, 이러한 레이시를 스티브가 돌보게 되면서 레이시가 스티브에게 의존하게 되자 문제가 발생한 것으로 보였다. 레이시는 항상 혼자 알아서 잘해 왔으며 자신을 받아주지 않는 사람에게는 최대한 의존하지 말아야 한다는 생각을 가지고 있었다. 레이시의 이러한 태도는 스티브에게 자신의 도움이 거절당하는 느낌을 주었고, 그녀와 스티브 사이에 문제를 만들었다. 스티브는 "저도 뭔가 가치가 있다고 느끼고 싶습니다. 하지만 레이시는 스스로 모든 것을 돌봐야 한다고 생각하기 때문에 내 도움을 받지 않아요."라고 불평했다. 레이시는 항상 혼자서도 충분히 잘해 왔기 때문에 도움이 필요해진 이 상황에서 스티브가 자신을 돌본다는 사실이 힘들었다.

레이시의 저항에는 '나 혼자서도 충분하다.'는 것 이상이 있다고 여겨졌다. 이 지점에서 그녀의 태도 이면에 존재하는 인지적 왜곡을 조사하기 위해 하향-화살표 기법을 사용하였다. 스티브에게 의존한다는 것이 무엇을 의미하는지 설명해 달라고 요청했다.

> 레이시: 그건 제가 유능하지 못하다는 거죠.
>
> 치료자: 레이시, "나는 유능하지 못해."라고 하는 이 생각이 사실이라고 해 보죠. 그게 당신에게 어떤 의미인가요?
>
> 레이시: 제가 어린애라는 거죠. 나는 실패한 어른이에요.
>
> 치료자: 단지 누군가에게 의지할 필요가 있다는 것이, 당신이 완전한 실패자라는 걸 의미하나요? 그렇게 말할 수 있나요?

　레이시는 스티브가 모든 것을 통제한다는 것이 곧 자신이 실패자가 되는 것의 문제가 아님을 깨달았다고 말했다. 레이시가 범한 이 전부 아니면 전무라는 식의 왜곡(all-or-nothing distortion)은 부부들에게 드문 일이 아니다. 사고의 오류가 가져오는 이러한 왜곡들이 어떻게 만들어지는지를 그녀에게 설명해 주었다. "제가 독립적인 사람이라는 점이 늘 큰 자부심이었는데, 이제는 의존해야만 한다는 사실이 저를 괴롭힙니다."라고 레이시는 이어서 말했다. 레이시의 모 아니면 도라는 사고를 살펴보기 위해 레이시의 사고방식에 대해 함께 논의했다. 그런 사고를 할 때, 레이시는 스스로를 궁지로 몰았다. 좀 더 유연하게 사고할 수 있도록 도울 필요가 있음이 자명했다. 원가족에 대한 이야기로 들어가자, 레이시의 부모님 두 분 모두 극단적으로 경직된 사고를 지니고 계셨으며 레이시도 모 아니면 도의 방식으로 삶을 바라보게 되었다는 점을 알게 되었다. 자신이 회계사였기 때문에, 흑백논리와 이분법적인 사고로 삶이 돌아갔다고 말했다. 이러한 사고방식이 일상의 일들을 단순하게 처리할 수 있게 해 주었기 때문에 이 방식을 좋아했다는 것이다. 여기에서 나는, 지금은 상황이 변화했고 그 사고가 이제는 난관을 만들게 되었다고 지적했다. 레이시의 발목 부상은 관계에 존재해 오던 심각하고 만성적인 문제를 드러내었으며, 심층적인 주제를 노출시킨 상해사건이 되었다.

　나는 남편이 있는 자리에서 이 주제를 놓고 레이시와 작업했다. 아내의 경직된 사고가 관계에서 어떻게 양극화를 낳는지 남편도 볼 수 있도록 하기 위해서였다. 관계에서의 어려움과 레이시의 경직된 사고를 연관 짓고 그녀를 돌볼 책임을 어느 정도 스티브에게 나누어 주는 것이 우리가 그토록 바라는 건강한 관계의 한 모습이라는 점을 설명하였다. 또한 '주는 만큼 받는' 상호교환적인 관계에 대한 생각을 이야기하였고 일방적인 관계는(가령, 관계에서의 모든 통제권과 의무 및 책임을 한 사람이 갖는 것) 체계를 왜곡시킨다는 점을 논의했다.

우선 집안일 일부를 스티브에게 맡겨서 얼마간의 통제권을 줘 보고, 통제권을 내주는 것에 대한 그녀의 사고를 다루면서 한 걸음씩 내딛자고 레이시에게 제안했다. 이렇게 하면 스티브에게 '몽땅 통제권을 내주게 될 것이고 자신은 완전히 종속되어 버릴 것이라고 파국적으로 예측하게 만드는 레이시의 사고를 재구성하도록 도와야 했다. 이 문제는 레이시의 이전 결혼생활과 상당한 관련이 있었는데, 그녀의 전 남편은 모든 것을 통제했었다. 그는 폭력적이고 편협했으며 그 관계 안에서 레이시에게는 거의 자율성이 없었다. 지금의 관계가 그때와 같은 관계가 아니라는 점과, 통제권을 어느 정도 공유하고 남편에게 얼마간 의존하는 것이 그리 끔찍한 일은 아니라는 점을 레이시에게 상기시켜야 했다. 스티브가 보살펴 주는 자의 역할에 아직 익숙하지는 않지만, 그는 이 관점을 어느 정도 받아들였다. 행동연습을 통해서 스티브가 천천히 시작하도록 돕고, 아내가 얼마간의 통제권을 조금씩 그에게 넘겨주는 동안 아내가 경험하는 좌절을 함께 다루도록 도왔다.

레이시는 자신이 독립적인 사람이라는 점에 늘 자부심이 있었고, 타인에게 의존하는 모습은 자기감이 상실되는 문제였다. 모든 사람은 독립적이면서 의존적이라는 점을 이해하면서 이 사이에서 균형을 잡으면서 통제권을 나누어 주는 것에 대해 우리는 이야기를 나누었고 조화로운 균형이 건강한 것이라는 점 또한 이야기했다. 만일 그녀가 스티브에게 어느 정도의 통제권을 내주어서 자신을 돌보도록 한다면 실패자처럼 느껴질 것이라는 예측을 레이시에게 검증해 보라고 하였다. 일단 레이시가 위험을 감수하면서 스티브가 자신을 보살피도록 허용하자, 자신이 처음에 기대했던 것만큼 불쾌하게 느껴지지는 않는다는 점을 깨닫기 시작했다. 이 점이 그녀에게 안도감을 주었으며 더 이상 실패자처럼 느끼지 않게 되었다. 계속해서 자신이 어떻게 느낄지 예측했던 것들을 성공적으로 검증하였다. 시간이 지나자 그녀는 남편에게 과도하게 통제된다는 느낌을 갖지 않으면서 관계에서 좀 더 의존할 수 있었다. 이와 같은 작은 실험들은 종종 관계에서의 변화를 촉진한다.

이 사례는 CBT가 레이시에게 "남편에게 의존하는 것이 전혀 잘못된 것이 아닙니다—그냥 의존하세요."라고 말하는, 지나치게 단순화된 임시방편적인 개입이 아님을 보여 주기 때문에 중요한 사례라고 본다. 그녀의 감정과 신념의 뿌리를 탐색하고 두려움을 밝혀내는 일에 주목하는 것은 훨씬 더 많은 의미가 있다. 흔히들 말하는 CBT가 내담자에게 진부한 충고를 해 주는 것이라는 잘못된 지각을 바로잡을 수 있게 해 주기 때문이다.

행동 기법과 부모의 훈육

행동적 가족치료는 초기에 양육 행동과 부모의 훈육에 주로 초점을 두었다. 특히 Gerald Patterson과 그 동료들은 이 영역에서 큰 업적을 남겼으며 부모-자녀 문제를 다루는 인지행동치료자들에게서 여전히 높이 평가되고 있다(Patterson et al., 1967; Forgatch & Patterson, 1998). 전형적으로 조작적 기법에 기초하여 개입이 이루어지지만, 아들의 만성적인 두통을 다루면서 모자와 함께 작업했던 아래의 사례에서는 다른 기법들도 함께 결합하여 사용되고 있음을 보여 준다.

클레이의 사례: "머리가 아파요."

12세 소년 클레이는 만성 두통 때문에 치료에 왔다. 클레이의 어머니는 아들이 약 8개월 전부터 매일같이 두통(전두엽 영역의)을 호소했다고 보고했다. 아들은 수면 EEG(electroencephalogram)와 MRI(Magnetic Resonance Imaging)를 포함하여 전반적인 신체적, 신경학적 검사를 받았는데 결과는 별다른 이상이 없는 것으로 판정되었다. 이러한 상황에서 행동치료가 권유되었다.

클레이의 만성 두통은 부모님이 별거하고 나서 시작되었다. 짧은 시간 두통이 발생했는데, 그때 클레이의 어머니는 직장 일이 전보다 더 바빠져서 아들과 함께 있는 시간이 오히려 줄게 되었다.

클레이의 두통은 대개 학교에 가기 전 아침에 발생했고 잠자리에 드는 저녁에 재차 발생했다. 아이는 자신의 두통이 항상 전두엽 영역 쪽에서 발생한다고 묘사했다. 두통의 평균 지속 시간은 한 시간 반에서 두 시간이었는데, 그동안 클레이는 어머니가 곁에서 보살펴 줄 때까지 울면서 고통을 호소하곤 했다. 어머니는 항상 그에게 타이레놀을 주면서 고통이 차츰 사그라질 때까지 아이와 함께 시간을 보내는 것으로 반응했다. 또한 클레이는 두통으로 인해 방과시간의 반나절을 참여하지 못했다.

치료의 주된 목표는 클레이가 일상활동을 재개하고 학교 출석을 높일 수 있도록 두통을 감소시키는 것이었다.

우선 두통이 없는 날에는 정적 강화물을 주기로 결정하였고 타당하지 않은 두통으로 의심되는 모든 보고는 무시하기로 하였다. 두통에 체온 상승이 함께 수반되는 경우에만 주목하였다. 체온 상승이 동반되는 두통을 타당한 두통으로 명명하였다. 이 경우의 처치는 타이레놀을 주고 말로 관심을 표현하지 않으면서 클레이를 침대에 국한하여 있도록 하는 것으로 구성하였다.

정적 보상을 언어적 칭찬을 늘리고 어머니와의 일대일 상호작용을 증가시키는 것으로 구성한 단순한 강화 계획을 사용하였다. 언어적 칭찬과, 게임을 한다거나 간단히 대화를 하는 것으로 구성된 일대일 상호작용은 두통을 보고하지 않는 경우에만 이행되었다. 두통이 발생하면 그날그날 어머니에게 계속해서 알리도록 클레이에게 지시하였다. 어머니에게는 아이의 두통 일지를 기록하도록 했다. 또한 두통이 생길 때 강화물로 오인할 수 있는 어떤 형태의 관심도 아들에게 주지 말고 클레이의 두통을 무시하라고 어머니에게 지시하였다. 아무런 두통도 보고되지 않고 하루가 지나간다면, 어머니는 클레이에게 말로 칭찬해 주고 인정해 주는 보상을 한다. 이러한 강화가 클레이에게는 매우 의미 있는 것이었으며 훌륭한 강화 수단이었음이 입증되었다.

비교적 짧은 기간에 이 단순한 절차가 성공적인 결과를 가져왔다. 클레이는 정적 강화에 잘 반응했고 두통을 호소하는 것보다 더 건강하고 적절한 방식으로 어머니의 관심을 얻을 수 있음을 학습했다.

[그림 6.2]는 치료 기간 동안 두통의 감소를 보여 준다. '두통 불평'은 체온상승을

동반하지 않는 머리 통증의 존재라고 언어적으로 정의되었다.

치료 시작 12주 이내에, 두통은 정적 강화의 사용과 함께 급속히 감소했으며 마침내 신체화 두통이 전부 사라졌다.

정적 강화는 아동 치료와 성인 치료 모두에서 행동 변화를 목적으로 가장 폭넓게 사용되는 기법이다. 이것은 바람직한 행동을 증가시키는 것뿐만 아니라 바람직하지 않은 행동을 감소시키는 데에도 적용할 수 있다. 성공적인 치료 계획을 만들기에 앞서 반드시 선행되어야 할 것은 치료자가 상세한 행동 분석을 수행하는 것이다. 행동 분석이 선행되어야 효과적인 강화물을 선택할 수 있으며 목표 행동의 빈도를 증가시킬 수 있다. 또한 바람직하지 않은 행동에 선행되는 것이 무엇인지를 파악하고 유사한 행동을 방지할 수 있는 계획을 세울 수 있게 해 준다(Dattilio, 1983).

앞의 사례에서, 두통이 정적 강화를 활용하면서 약화되었기 때문에 클레이의 두통이 자신에게만 주의를 기울이도록 어머니를 조종하는 수단이었음이 분명해졌다. 치료 시간 이후에도, 클레이가 좀 더 적절한 방식으로 어머니에게서 관심을 얻을 수

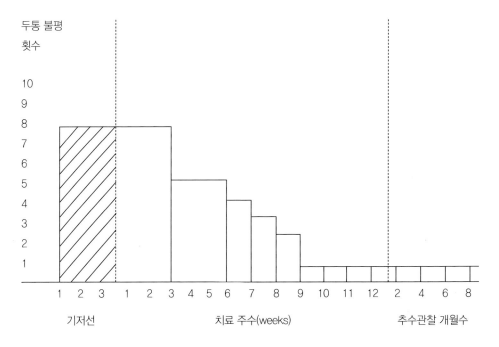

[그림 6.2] 치료 및 추수 회기 동안 클레이의 두통 호소 횟수

있는 방법을 편안하게 설명해 주었다.

12개월의 후속작업에서 신체 증상이 동반하지 않는 두통은 전혀 나타나지 않았다. 학교에도 빠짐없이 출석하였고 엄마와의 관계가 예전보다 훨씬 더 즐겁다고 말했다.

◇◇◇◇◇◇◇◇◇◇
재발 가능성 다루기

어떤 커플이나 가족에서도 재발 가능성은 항상 존재한다. 당면한 문제가 만성적인 것이라면 더욱 그렇다. 이들과 작업할 때 깊이 유념해야 할 점들이 있다. 첫째, 이 작업이 어려운 과정이라는 점이다. 성격 역동이 복잡하게 얽혀 있는 상황이라면 더 힘들어질 수도 있다. 커플과 가족 작업이 매우 도전적이라고 하는 이유 중 하나가 바로 이것이다. 둘째로, 문제가 얼마나 오래 존재해 온 것인지 그리고 얼마나 뿌리 깊게 배어 있는지에 따라 재발 가능성이 높아진다는 점이다. 만일 정신병리—우울, 불안, 주요 성격장애, 중독 등—가 존재한다면 재발 가능성은 훨씬 더 커진다.

재발 방지를 돕는 여러 가지 절차들도 있다.

O'Farrell(1993)의 재발 방지 프로그램은 알코올 남용으로 고통 받는 부부들을 위한 것이지만 일반 부부나 가족에게도 적용될 수 있다. 재발할 수도 있다는 점을 가족 구성원들이 인식해야 하며 이 사실을 받아들일 필요가 있다. 그렇다고 내담자에게 과거로 퇴보해도 좋다는 말을 하는 것은 아니다. 재발을 하게 만드는 도화선이 관계의 악화를 가져온다는 점 또한 가족 구성원들은 유념해야 한다.

O'Farrell(1993)은 가족 구성원들이 따라 할 수 있는 재발 다루기 절차를 제안한다. 첫 번째 단계는 관계가 다시 악화되기 시작한다고 느낄 때 각 구성원들이 함께 논의할 걱정거리 목록을 만드는 것이다. 그런 논의를 하면서 고위험 상황을 구체적으로 명시하는 것이 좋다. 재발을 조기에 경고해 주는 신호로 삼을 만한 악화를 유발하는 행동을 자세하게 목록으로 만들어 둘 필요가 있다.

두 번째 단계는 퇴보로 가는 것을 막기 위해 모든 가족 구성원이 동의하는 행동 계획을 세우는 것이다. 이것은 악화되는 조짐이 보이는 초기에 할 수 있다.

세 번째 단계에서는 해야 할 구체적인 행동을 논의하는 것이다. 마지막으로, 분노를 고조시키고 퇴행적인 행동을 가져오는 인지를 다루기 위한 개별 치료 계획이 시행되어야 한다.

재발 방지 계획은 특정 관계에서 주로 나타나는 퇴행적 패턴이 있기 때문에 이것을 반영하기 위해 관계에서의 사례별로 기록되고 연습된다. 모든 관계는 다 다르며, 따라서 문제도 다르고 악화 패턴 역시 다르기 때문이다.

사용될 모든 치료 개입은 하나하나 안무를 짜듯이 사전에 논의된다. 가족이 화재라든가 혹은 다른 재앙 앞에서 집을 탈출하는 방법에 대해 계획을 짜는 것과 유사한 방식이다. 항해선이 대피 훈련을 하거나 건물에서 화재 대피 훈련을 하듯이, 가족 구성원들은 갈등의 악화로 파국을 맞을 수 있는 상황을 미리 다루는 방법을 일상적으로 논의할 필요가 있다. 나는 이 점을 커플과 가족에게 자주 알려준다. 이렇게 하면 그들은 악화 상황을 효율적으로 다룰 준비를 갖추게 된다. 동시에, 자신들의 상호작용을 모니터하는 데 익숙해진다. 의사소통이 유지되고 관계에서의 미묘한 차이를 조절할 수 있게 되면, 악화를 피하는 좋은 상태로 남아있는 것이 가능할 것이다.

◇◇◇◇◇◇◇◇◇◇

장애물과 저항 다루기

변화에 대한 장애물과 저항은 다양한 형태로 나타난다. 때로 극복하기 힘들 정도의 저항이 강하게 나타나기도 하는데, 저항하는 내담자와 계속 작업하는 것은 치료자에게 힘든 도전이다.

어떤 경우에는 치료에 참여하기를 거부하는 가족 구성원 한 명 때문에 저항이 발생하기도 한다. 그런 상황을 다루는 방법은 다양하다. 어떤 치료자들은 배우자나 가족 구성원 중에 치료에 참여하기를 원하지 않는 사람이 있다면 굳이 참여를 요구하지 않는 태도를 취한다. 하지만 치료 과정을 진척시키기 위해서라면 간혹 창의적인 방안을 짜낼 필요도 있다.

내가 치료했던 한 가족의 사례에서, 청소년기의 딸이 가족치료를 받자는 부모의 권유에 반항했다. 그 딸의 주장으로는, 부모님이 문제이지 자신은 그렇지 않았다는 것이다. 부모와 만난 첫 회기에서 딸의 입장을 전해 듣고 난 후, 내가 직접 딸과 접촉해 보겠노라고 말하고 부모의 허락을 얻었다. 딸에게 전화를 걸어서, 부모님이 치료 참여에 대한 입장을 전해 주어서 알고 있고 그녀의 생각을 존중한다고 말했다. 그러면서 내가 부모님을 돕는 일에 혹시 그녀가 함께 해 줄 수 없겠는지 물었다. 부모님과의 만남 결과, 부모님이 문제를 가지고 있는 분들이라는 그녀의 생각에 동의한다고 말했다. 여러 가지 문제, 그중에 특히 부모님의 비합리적인 요구 문제와 딸의 삶에 대한 간섭 문제를 가지고 부모님과 함께 작업해 보는 것이 좋겠다고 설명했다. 부모님에 대한 생각을 나에게도 얘기해 주고 내가 치료를 더 잘 조율하도록 도와준다면 좀 더 빠르게 치료의 진전을 이룰 수 있겠다고 말했다. 자연스럽게 내 말은 딸의 부담감을 덜어 주었고 딸은 만남에 동의했다. 그녀가 더 편안하게 느낄 수 있게 그리고 치료를 받으러 오는 것처럼 느끼지 않도록 근처의 커피숍에서 만나자고 제안했다.

일단 만나서, 그녀가 부모에게 말했던 것들을 직접 들으면서 나의 관심을 보일 수 있었고 결국에 딸은 다음 회기에 부모님과 같이 나의 사무실을 방문하겠다고 말했다. 결국 몇 차례의 가족 회기에 딸이 참여하는 것으로 이어졌다. 치료를 회피하는 것으로 보였던 어린 소녀의 확고한 주장은 사실, 자신이 통제하기 어려운 상황에 놓일 것에 대한 두려움이었다. 내가 중립적이며 객관적인 제삼자로 있을 것이라고 그녀를 안심시키자, 딸은 보다 나은 기분으로 치료에 왔다.

◇◇◇◇◇◇◇◇◇◇

부정적 기억과 좌절감

치료를 찾아오는 가족은 자신들의 관계에서 일어난 사건들에 대한 생생한 기억을 가지고 있는 경우가 많다. 이러한 기억 때문에 그들이 현재 노력하고 있는 긍정적 행동들이 수포로 돌아가 버리곤 한다. Weiss(1980)는 정서의 범람(sentiment override)라는 문헌에서 이것을 언급했다. 그런 기억은 다루어야 하며 이 생생한 부정적 기억의 힘을 내담자들이 떨쳐 낼 수 있도록 도와야 한다.

내담자가 자신의 고정된 관점이 타당한지 검증하고 그러한 관점이 불변의 것이 아니라 변화 가능한 것임을 알려 주는 정보에 주의를 기울이게 하면서, 내담자의 관계에 대한 부정적 심리도식을 다룰 수 있다. 행동이 상황에 따라 얼마나 달라지는지 배우자들이 인식할 수 있도록, 상황마다 서로의 행동이 어떻게 변화하는지 배우자들에게 기록하게 하는 기법이 있다(Epstein & Baucom, 2002). 이 연습을 통해 특성이 변하지 않는다는 생각을 반박할 수 있다. 또한 타인의 긍정적 반응이나 부정적 반응이 어떤 조건에서 유발되는지 탐색하는 시발점이 될 수 있다고 Epstein과 Baucom은 말한다. 이 발상은 상호작용의 다양한 패턴들을 보여 줌으로써 부정적 기억의 장악력을 약화시키려는 것이다. 치료자의 과제는 변화를 만들어 낼 책임이 각자에게 있다는 것을 배우자들이 인식하면서 오래된 부정적 기억을 새로운 긍정적 경험으로 덮을 수 있도록 돕는 것이다. 이렇게 되면 자신들이 만들어 내는 작은 긍정적 변화 하나하나에 주목하고 신뢰할 수 있게 된다. 고의가 아니었더라도 서로를 화나게 했던 과거의 행동들을 사과하는 것도 필요하다.

관계 개선 가능성을 절망적으로 보는 배우자들의 무망감을 줄여 주는 것은, 서로에게 더 강하게 행동하도록 이끄는 치료자의 능력에 달려 있다. 배우자들의 부정적 상호작용이 감소할 때까지 관찰하고 주시하며 더 긍정적인 방식으로 행동하도록 이끄는 것이 치료의 기본 목표이다.

◇◇◇◇◇◇◇◇◇◇◇
의제의 불일치

치료자는 가족 구성원들이 서로 다른 의제를 가지고 있을 경우도 고려해야 한다. 한쪽 배우자의 치료 참여 동기가 더 높은 경우는 드문 일이 아니다. 어떤 경우에는, 한쪽 배우자는 관계를 치유하고 싶어서 치료에 왔지만 상대 배우자는 관계를 끝내는 데 필요한 도움을 얻기 위해 치료에 오기도 한다. 같은 회기에서 함께 치료받는 부부 공동 치료를 완강하게 반대하는 배우자도 있다. 그러므로 각각의 내담자가 치료에서 얻고자 희망하는 것이 무엇인지를 논의하는 것은 중요한 일이다. 치료에서 의제의 상충이라는 장애물은 현재 그들이 관계에서 하고 있는 투쟁의 일면을 보여주는 것이기도 하다.

예컨대, 치료자는 한 배우자가 치료 참여에 얼마나 중압감을 느끼는지에 주목하면서 치료 참여에 대한 배우자의 저항이 부부 관계에서 흔히 나타나는 요구-철수 패턴을 반영하고 있다고 설명할 수도 있다. 앞의 장들에서 논의했던, 관계에서 기준의 문제가 매우 중요하다고 하는 이유가 이런 것이다. 치료자는 철수하는 파트너에게 자신이 지닌 기준의 타당성에 대해 생각해 보고 그 기준을 갖게 한 신념 체계에 도전해 보도록 한다. 배우자들의 행동이 어떻게 요구-철수 패턴이라는 악순환 과정을 낳는지 알려주면서 각자가 자신의 행동을 수정하려는 노력을 기울여야만 변화의 기회가 찾아올 수 있다는 점을 강조해야 한다.

이런 과정의 적절한 사례가 닉과 다이안의 경우이다. 다이안의 요구는 남편인 닉이 모든 여가 시간을 아내인 자신과 함께 보내야 한다는 것이었는데, 이러한 요구를 변화시켜서 다이안은 닉의 개인시간을 인정하려고 노력하였다. 그러자 이번에는 닉이 아내가 함께하고 싶어 하는 활동 몇 가지를 같이 하겠다고 동의하면서 동시에 가끔씩 아내와 같이할 수 있는 활동을 먼저 시작하기도 하였다.

그러나 만일 한쪽 배우자는 관계를 유지하고 싶어 하는데 상대 배우자는 끝내기를 원하는 것이 분명할 경우라면 어떻게 해야 할까? 이때가 커플이 치료의 목표를 재정립하도록 치료자가 도와야 할 지점이다. 그렇게 하지 않으면 이 상충되는 목표는 함께 작업해 나가는 데 장해물이 될 것이다. 이 경우, 파괴적이지 않고 건설적일 수 있는 방법이 무엇인지, 관계에서 그들의 상이한 목표를 다루는 적절한 방식이 무엇인지 결정하는 것이 공동의 목표가 된다. 배우자들은 여기에 집중해야 한다. 분노나 억울함 등의 부정적 정서를 다루면서 관계에서 중요한 문제들에 대한 합리적인 해결책을 모색하는 과정에 서로 협력하는 것은 절대적으로 중요하다.

상호작용 방식의 변화에 대한 불안감

가족 구성원들이 관계의 패턴이 변화하는 것에 대한 불편함이나 불안감을 경험하는 것은 드문 일이 아니다. 그런 감정은 어느 한 구성원만의 경험일 수도 있고 여러 명의 가족 구성원들에게서 발생할 수도 있다. 흔히 변화는 가족 구성원들이 상처받거나 취약해지는 것을 회피하기 위해 발달시켜 온 자기-보호 전략을 건드린다. 치료가 자신들의 취약한 영역을 노출시킬 변화를 가져올 수 있다는 사실에 위협감을 느낀다고 말하는 배우자들도 많다.

이 문제는 취약성 심리도식으로 전문 서적에서 자주 다루었다(Tilden & Dattilio, 2005). 배우자들 각각이 자신의 현재 상호작용이 변화된다는 것에 어떤 사고와 정서를 지니고 있는지 치료자는 탐색해야 한다. 변화라는 것이 어떤 것일지 몰라 구성원들이 불안해 할 때 그 이면의 염려를 파악할 필요가 있다. 새로운 행동에 천천히 친숙해지도록 해 주고 상황이 어떻게 달라질지 논의하는 것은 중요한 과정이다. 관계에서의 변화를 만들 때 천천히 진행하는 것이 좋으며, 관계에서 기존의 평형상태가 깨지는 것에 대한 위협이 문제를 야기할 수 있다는 점을 염두에 두어야 한다. 이러한 문제를 토론하는 것과 불안을 줄이는 인지적인 방법과 행동적인 방법 모두를 제안할 필요가 있다. 치료 회기에서, 새로운 행동이란 것이 어떤 것이며 변화가 일어난 후 관계에서 정서적 분위기에 전과 비교해 어떤 차이가 있는지에 대한 많은 논의를 하는 것도 좋다.

영향력과 통제권의 균형 잡기

어떤 형태의 변화가 생길 때 관계에서 자신의 영향력과 통제권을 상실할지도 모른다는 것은 불안을 야기하는 또 다른 부분이다. 관계에서의 영향력과 통제권이 어떻게 분포하고 있는지 평가해야 하며, 그것이 역기능적으로 보일 때도 마찬가지이다. 기존의 가족 구조에 대한 성급한 도전은 불안감을 고조시킬 수 있으며 저항에 직면하기 쉽다. 만일 한 배우자가 더 많은 영향력과 통제권을 가지고 있으면서, 변화라는 것이 자신을 파멸시키고 약화시키는 위협이라고 지각한다면 저항은 더 크다.

영향력과 통제권에 대한 가족 구성원 각자의 인지나 심리도식을 관계와 이들의 삶 모두에서 다룰 방안이 강구되어야 한다. 달리 말하면 각자의 원가족에서의 문제와, 영향력과 통제권에 관련된 그들의 신념 체계가 어떤지를 다루는 것이다. 영향력과 통제권의 균형이 어떻게 맞추어져 있는지 살펴보아야만 건강한 관계의 수립이 가능하다. 균형이 편향되어 있거나 부족하다고 지각하는 가족 구성원이 있다면 이 부분이 논의되어야 한다. 건강한 균형 상태를 유지하거나 조화를 이루기 위한 전략도 합의되어야 한다. 배우자들이 자신의 신념을 재구성하는 방향으로 움직일 때, 치료자가 공정하고 지지적인 사람이라고 배우자들에게 느껴져야 한다.

◇◇◇◇◇◇◇◇◇◇◇
변화의 책임을 받아들이는 문제

앞에 나온 마고와 커티의 사례에서처럼, 변화에 대한 책임뿐만 아니라 현재의 행동은 자신의 책임임을 인정하는 것이 관계에서의 저항과 장애물을 다루는 데 반드시 필요한 측면이다. 가족 구성원, 특히 커플은 관계 문제에 대해 자신보다 상대방을 비난하는 것으로 악명이 높다(Baucom & Epstein, 1990; Bradbury & Fincham, 1990; Epstein & Baucom, 2002). 상대 파트너를 비난하는 것은 자존감을 지키면서 자신은 변화의 압력에서 비껴가려는 자기보호일 것이다. 자신의 행동보다 타인의 행동을 주목하는 것이 더 쉬운 점도 있다. 서로 영향을 주고받는 두 사람과 관련된 관계의 사건들에서, 내담자들은 보통 순환적 인과관계가 아닌 직선적 인과관계의 관점으로 바라보는 경향이 있다.

자신의 행동이 낳은 결과에 대해 상대방에게 피드백을 들을 때, 배우자들은 매우 방어적이 되면서 잘 수용하지 못한다. 그렇기 때문에 아무런 이해관계가 없는 사람이라고 믿는 치료자로부터의 피드백이 배우자들에게는 효과적인 변화 기제가 될 수 있다.

대개의 경우, 배우자들은 상대방이 변해야 한다고 생각한다. 이 과정에서 치료자를 자신의 동맹군으로 삼기 위해 치료자의 환심을 사려는 행동이나 때로 치료자를 유혹하는 행동을 보일 수도 있다. 변화의 촉진자이면서 균형과 중립을 유지하는 것, 이것은 치료자의 중대한 도전 중 하나이다. 이 측면에서 보자면, 치료자가 한쪽 편을 드는 일은 단연코 피해야 하며, 관계에서 함께 잘 지내면서 문제를 해결하는 방법을 배우자들 각자가 찾도록 도와야만 한다. 각 배우자가 변화를 만드는 절반의 책임이 있다는 점에 동의할 수 있도록 기준을 만드는 것도 중요하다. 이것은 일방적인 귀인을 하면서 상대에게 쏟아내는 비난을 줄여 준다. 각자가 자신의 책임을 받아들이고 배우자의 행동을 덜 비난하도록 내담자들에게 반복해서 상기시키는 것이 나에게는 하나의 입버릇처럼 되었다.

커플치료에서의 저항과 장애물에 대해 더 자세히 알고 싶다면 Epstein과 Baucom (2003)의 훌륭한 저서가 도움이 될 것이다.

커플에게서 발견되는 다양한 형태의 저항과 장애물은 가족에서도 자주 나타난다. 내담자와의 치료 과정에서 치료자는 필연적으로 끊이지 않는 장애물과 저항에 직면할 것이다. 가족은 서로 관련된 역동이 더 많기 때문에 그러한 장애물과 저항은 보통 더 강렬하게 나타난다. 저항과 장애물을 극복하는 것은 치료적 과정의 필수적인 부분이다. 여러 가지 장애물로 둘러싸인 가족의 사례에서는 특히 중요한 도전이 될 것이다. 심 씨 가족의 사례가 다음에 제시되어 있다.

심 씨 가족의 사례

심(Shim) 씨 가족은 도심의 빈민 가족이었으며 법원에서 치료 처분을 받았다. 처음 시작하면서부터 생긴 중대한 문제는 그들이 그 처분을 몹시 싫어했다는 것이었다. 10대의 자녀들을 포함하여 가족 구성원들은 전반적으로 위생상태가 좋지 않은 채로 더러운 옷을 입고 있었다. 그들 대부분은 이가 썩거나 빠져 있었다. 마지못해서이기는 하지만 첫 방문에 그들 전원이 참석하였다. 형을 선고받은 것이 그들인지 나인지 혼란스러웠다.

아버지이자 '가장'인 심 씨는 숨 쉴 때마다 알코올 냄새를 풍기며 온갖 방향으로 휘어지고 뻗친 은색 수염을 날리면서 치료에 왔다. 보통은 거의 말을 하지 않는 채로, 얼굴에 냉소적인 미소를 띠고 회기 내내 앉아 있었다. 남편의 무관심과 아이들의 반항도 모자라는지 그의 아내는 끊임없이 말하는 것으로 보충하였다. 아이들 중 하나가 트림을 하거나 방귀를 뀌고, 그래서 가족들이 웃음보를 터뜨리는 경우를 제외하면, 가족은 집중하지 않고 앉아 있었으며, 이 방에서 무슨 일이 일어나고 있는지에 대해 아무런 관심이 없었다. 이 가족과 작업하는 것이 매우 두려웠다. 그들은 대놓고 나를 무시했다. 분명히, 치료에 적합하지가 않았다. 우리 사이에 장애물이 있는 것이 아니라, 우리가 곧 장애물이었다. 그러나 심 씨 가족은 선택의 여지가 없었고 나 역시도 그랬다. 왜냐하면 그들이 재차 구류되었고 나는 법원의 요청으로, 그들과 함께 작업하라는 고등법원 판사의 특별 지명을 받았기 때문이었다.

그 가족은 절도죄와 장물죄에 상응하는 형을 선고 받았다. 가족 전체가 절도단과 관련되었다고 하는데, 심 씨 가족은 격렬하게 부인했다.

서로에 대한 우리의 혐오는 차치하고라도, 심 씨 가족과의 치료에는 많은 다른 장벽이 있었다. 장애물(roadblock)이라는 용어에 새로운 의미를 부여해야 하는 것은 아닌지 난관에 봉착한 느낌이었다.

이 가족에서 아버지는 알코올 의존증에 실업상태였고 기저에 우울증과 조기 치매의 가능성도 있어 보였다. 자녀들 사이에서는 대마초 남용이 만연했다. 거기에다 어머니는 모든 것을 부인했는데, 10대 아들의 범죄 행동과 남편의 만성적인 약물 남용에 대해 특히 그러했다. 상황을 종합해 보면, 이 가족은 거의 경계선적인 지체 범위에 해당하는 매우 낮은 지적 수준에서 기능하고 있었다. 말할 필요도 없이, 이 모든 것은 심 씨 가족을 위해 정말 내가 무엇을 할 수 있을지 확신을 갖지 못하게 만들었다.

불행하게도, 법원의 치료 명령을 받은 가족들과 작업하는 치료자들에게 이러한 도전은 드문 일이 아니다. 이런 유형의 작업에서 중요한 초점은 사고의 재구성과 행동 수정을 통한 변화를 이끌어 내는 것이다−변화가 가능하다면 말이다.

◇◇◇◇◇◇◇◇◇◇◇
장애물

장애물(roadblock)이라는 용어는 웹스터 신세계사전(Webster's New World Dictionary)에 장벽(barricade) 또는 진전을 방해하는 것이라고 정의되어 있다. 다른 형태의 치료들도 그렇지만 가족치료에서도, 심 씨 가족의 사례에서 절절하게 묘사된 것처럼 장애물은 치료자의 책상을 중심으로 쌍방에서 발생한다. 즉, 장애물은 내담자뿐만 아니라 치료자 측면에서도, 치료의 진전을 심각하게 방해하고 때로는 치료를 중단에 이르게 하는 상황을 발생시킨다. '심 씨 가족'의 사례에서, 치료의 진전을 지연시켰던 것이 단지 이 가족만이 아니라 거기에는 나 자신도 관여되어 있음을 깨달았다.

Leahy(2001)는 인지치료에서 저항의 개념을 논의하면서, 저항이 치료 과정을 방해하는 내담자나 치료자 양쪽 모두에 의한 것으로 정의하였다. 다음 절은 가족치료의 진전을 자주 방해하는 몇 가지 장애물을 내담자와 치료자 양쪽의 견지에서 강조한다. 그런 장애물에 어떻게 대항하는지에 관해서도 논의하였다.

치료자 편의 장애물

심 씨 가족의 경우처럼 특히나 힘든 가족들과의 작업에서는 대다수 장애물이 치료자에게서 비롯되는 경우가 많다. 이 장애물에는 치료 과정에서 드러나는 치료자 자신의 저항이나 방어기제도 포함된다. 전술한 사례는, 가족의 행동에 치료자가 반응하면서 담장의 양쪽 부분에서 저항이 어떻게 일어나는지에 대한 좋은 예이다. 장애물이 발생하는 조건으로는 여기에서 언급한 사례처럼 이렇게 어려운 사례일 필요도 없다. 원가족에서의 미해결된 주제를 극복하지 못한 치료자는 가족치료에서 발생하는 장애물을 잘 인식하지 못한다. 부모님과의 갈등을 전혀 극복하지 못한 치료자가, 한 젊은이가 그의 부모에 관해 얼마나 왜곡된 사고에 빠져 있는지를 보고도 인식을 하지 못하는 그런 사례는 이런 상황에 딱 들어맞는 예이다. 치료자 자신의 미해결된 갈등으로 인해 치료 과정이 영향을 받게 되는 것이다. 나아가, 상황이 더욱 희석되어 전이가 발생할 수도 있다.

치료자가 훈련이나 사례지도를 충분히 받지 않아 어려운 사례에 직면해서 압도당하거나 무력감을 느낄 때에도 장애물이 발생할 수 있다. 그런 장애물은 치료를 실패로 이끈다. 또한 치료적 과정을 저해하면서 치료자를 소진되게 만들거나 치료를 교착 상태에 빠지게 할 것이다. 심 씨 가족과의 작업에서 보면, 그런 어려운 상황을 다루는 것에 대해 치료자인 나 자신의 인지를 재평가하고 치료자로서의 효율성에 대한 나의 왜곡을 다루는 것이 필요한 일이었다.

후에 나는, 이 가족과의 재난 치료가 어떻게 전개될지에 대한 파국적인 사고를 하면서 치료가 시작되기도 전에 스스로 치료를 방해했음을 깨달았다. 어떤 면에서 나는 과거에, 교육받고 잘 기능하는 가족을 치료하는 호사를 누렸고, 지금은 '바닥'이라고 잘못 지각한 가족을 다루어야 하는 것에 저항하고 있었다. 더군다나, 심 씨 가족의 역기능을 그 가족의 책임으로 돌리고 '실패할 수밖에 없는 가족'으로 그 가족을 보고 있었다.

그런 파국적 사고는 대개 치료자가 스스로의 목표를 상실하게 될 조짐을 보여 주는 것이다. 이때 치료자는 균형 감각을 회복할 필요가 있다. 이런 일이 생기면 치료자는 동료의 조언이나 자문, 나아가 사례감독을 받는 것이 좋다. 심 씨 가족의 사례를 다루면서 나는, 이 가족과 유사한 사회경제적 배경을 가진 가족하고 작업한 경험이 있는 동료와 상의할 필요를 느꼈다. 이 특별한 동료 치료자는 아주 솜씨가 좋아서, 이 가족의 행동과 불순종을 나에 대한 공격으로 받아들이지 않으면서 내가 사고를 재구성하도록 멘토 역할을 해 주었다. 간단히 말하면, 이 가족과 적절히 거리를 두고 가족 구성원들의 행동을 그들 문제의 결과로 보는 방법을 배웠다. 내가 개인화의 인지적 오류에 빠져 있었고 아주 어려운 상황이니 특히 성공해야 한다고 스스로를 압박하고 있었다는 사실도 직면했다. 사실 이 가족이 등장하면서 보인 기세에 내기가 꺾이면서 이 가족과의 치료는 실패로 끝나겠구나 하고 나 스스로 생각했던 것이었다. 치료 회기를 대하는 나의 사고와 신념 체계를 재구성하는 것은 나에게 중요한 주제였다. 동시에, 이 손상된 가족을 다루고 궤도에 다시 올려놓는 것이 내가 할 수 있는 최선이었다. 일단 내가 나의 장애물을 스스로 극복할 수 있게 되자 더 전진할 수 있었고, 치료 과정에서 이 가족 자체가 지니고 있던 장애물도 그들이 극복하도록 성공적으로 도울 수 있었다.

치료 목표에 대한 비현실적인 기대

치료 목표에 대한 현실적인 기대를 갖는 것은 가족치료에서나 다른 치료에서나 중요한 부분이다. 치료에서 달성할 수 있는 성과가 어디까지 가능한가에 대해 지나치게 낙관하는 것은 초보 치료자들이 자주 범하는 위험한 실수이다. 비현실적인 달성 목표는 치료자에게 부담을 줄 것이며 치료자와 가족에게 실패를 안겨 줄 수 있다. 예를 들어, 입원 상태로 중독치료를 하지 않고 가족의 지지가 없는 상황에서 치료자가 심 씨의 알코올 의존에 대한 재활을 도울 수 있다고 생각한다면 이것은 마술적 사고이다. 가족에서의 핵심 역동이 변화하지 않는다면 뿌리 깊게 배어 있는 가족 간의 패턴은 달라지지 않는다. 좋은 결과를 얻자면 많은 시간과 많은 자극이 필요하다. 특히나 이런 가족에게서 좋은 치료 성과를 얻기란 불가능할 수도 있다. 치료 목표에 대한 현실적인 기대를 설정하려면 관련된 모든 영역에 대해서 가족 상황을 평가하는 능력이 기본적으로 있어야 한다. 이러한 기대는 치료의 전 과정에서 재설정될 필요도 있다. 따라서 난관을 극복하는 한 가지 방법은, 가급적 현실적이고 유연하게 치료에서 무엇이 달성될 수 있고 언제 달성될 수 있을지 고려하는 것이다.

심 씨 가족에서는 다루어야 할 무수히 많은 주제가 있었다. 치료 목표의 대부분도 전에 내가 해 왔던 것들과는 달랐다. 내 마음 한구석에서는 이 가족이 치료에서 중도 탈락할 거라는 생각이 있었다. 그러므로 이 가족을 치료에 오도록 하기 위한 현실적인 기대를 수립하는 것은 매우 중요한 임무였고, 이것이 치료 시작의 첫 단계였다.

문화적 장애물

가족치료에서 문화와 관련된 주제들 또한 고려되어야 한다. 가족치료자들은 문화의 차이에서 오는 치료의 장애물을 피하기 위해, 개인이 묘사하는 환경뿐만 아니라 문헌에 나와 있는 다양한 문화적 측면에 대해서도 잘 알고 있어야 한다. 『민족성과 가족(Ethnicity and Family Therapy)』(McGoldric et al., 2005)은 이러한 주제에 대한 통합적인 훌륭한 교과서이다. 이 책은 다양한 문화를 가진 가족이 어떻게 작동하는지 가족 치료자에게 많은 통찰을 제공한다. 또한 가족이 문화에서 오는 경직된 신념으로 움직이는지 아니면 성격 특성을 더 반영하는 것인지 혹은 이 두 가지 다 결정적인 영향을 미치는지를 판단하기에 충분한 정보를 제공하고 있다.

다른 사회경제적 배경의 문제

작업하는 가족과 치료자가 다른 인종이거나 다른 문화를 지닌다는 사실이 문제가 되는 경우도 있을 것이다. 앞서 언급한 사례에서, 심 씨 가족과의 치료 후반부에 가족들 사이에서 인종 문제가 거론되었는데, 내가 그들과 다른 사회경제적 지위에 속한다는 사실이 문제로 떠올랐다. 심 씨 가족의 자녀들은 중상류층의 백인 이웃들 속에서 살아 온 치료자가 어떻게 자신들이 봉착했던 역경의 몸부림을 이해할 수 있을지 의심스러워했다. 이것은 정리하고 넘어가야 할 주제임이 분명했다. 이러한 문제제기가 치료에서의 쟁점을 회피하려는 연막전술인지 여부도 결정해야만 했다. 나는 이 문제에 관해 그들과 직면하여 대응하기로 결정했다. 비록 내가 아프리카계 미국인이 아니고 더 낮은 사회경제적 환경에서 살지는 않았지만, 그들의 고군분투에 대해 더 잘 알기 위해 경청하면서 배우려고 기꺼이 노력하고 있다는 점을 전달하였다. 그리고 그들이 이 점을 염두에 두도록 했다.

가족을 둘러싼 환경의 영향

치료에서의 또 다른 장애물은 치료 과정에서 이룬 변화를 억누르거나 방해하는 환경에 노출된 가족의 경우이다. (매주 90분간 치료에서 만나는 가족들이 치료 방향에서 벗어나도록 꾀어 유인하는 환경으로 돌아가면 치료 과정에서 이룬 성과를 유지하지 못하게 만드는 역효과가 발생하기도 한다). 심 씨 가족의 사례에서, 이 가족이 살아남으려면 범죄와 때로 폭력의 삶을 살 수밖에 없었던 강력한 환경의 힘에 비해 치료적 개입의 힘은 매우 미약했다. 행동치료에서 볼 때, 가정환경 속에서 제공되는 항상적인 강화는 어떤 치료적 변화에도 저항하는 막강한 힘을 가진 적수이다. 물론, 가족이 진정으로 변화를 갈망하면서 환경의 힘에 맞서 변화에 필요한 최선의 시도를 하지 않을 때 그렇다는 것이다. 불행히도, 한 사람의 동기를 변화시키려는 목표는 달성하기 매우 어려운 것이다. 따라서 이 주제는 치료목표에 대한 현실적 기대 설정이라는 앞에서의 내용과도 연관된다. 행동을 변화시키기 위해서는, 할 수 있다면 주변의 환경을 변화시켜야 한다. 삶의 새출발을 위해 심 씨 가족은 결국 이사하는 것을 고민하는 데까지 도달했다.

정신병리

분명히 정신병리는 가족들과의 치료에서 중요한 장애물 중 하나이다. 특히 한 명 이상의 가족 구성원들에게 두드러진 정신병리가 있다면 더욱 그러하다.

성격장애는 대표적으로 치료 과정을 힘들게 하는 장애물이며, 부모 중 한 명에게서 성격장애가 존재한다면 치료가 더욱 힘들어진다. 어떤 성격장애는 치료 진행을 급정거하게 만들 정도로 그 과정을 방해한다. 대부분의 사례에서, 심각한 성격장애를 지닌 사람들은 개별 치료로 의뢰되는 것에 저항한다. 성격장애가 덜 심각하다면, 가족치료 과정에서 어떤 측면들을 직접 다룰 수도 있다. 이 경우, 대개 장애로 진단받은 가족 구성원이 협력할 때 가능함은 물론이다. 예를 들어, 앞에 언급한 사례에서, 심 씨는 강한 수동–공격적 요소를 지닌 상당한 자기애(narcissism)를 가지고 있었음이 치료 과정에서 밝혀졌다. 그러나 그의 심각한 약물 남용으로 인해 성격적 주제를 다루는 것이 매우 어려웠다. 그가 치료 과정에서 별로 말이 없었다는 사실 또한 중요한 문제였다. 왜냐하면 그의 아내가 쉴 새 없이 말하는 것으로 보완을 해 주었기 때문에, 심 씨는 그냥 뚱하게 앉아서 자신의 개인적인 문제들을 계속 덮어둘 수 있었다.

나는 심 씨 부부를 서로 나란히 앉도록 했고 부부를 공동체로 다루었다. 그러고 나서, 아내의 영향력을 두드러지게 드러나게 하려고 시도했다. 왜냐하면 그렇게 하면 남편의 감정을 표면으로 끌어낼 수 있지 않을까 하는 희망이 있었기 때문이다. 비록 그가 좀처럼 말을 하지 않았지만, 나는 가족에서 진짜 영향력을 가진 사람은 실제로 그라고 보았다. 내가 보기에 그는 장면의 뒤에서 조종하는 사람이었고, 아내는 무대에 올라 있는 사람이었다. 기본적으로, 나는 아버지의 자기애를 이용하려고 했다. 심 씨가 '피곤'하다는 이유로 상담 약속을 몇 번 지키지 못하는 일이 발생하고 나서 이럴 기회가 생겼다. 나는 전술을 변경해서, 가족에서의 중요한 문제들을 다루는데 그가 나를 도와주어야 한다고 말했다. 그가 없으니까 치료를 제대로 할 수 없었다고 말하면서 그를 부추겼다. 곤란한 위치에서 그를 벗어나게 해 주면서 모든 주목을 받는 위치에 아내를 두는 것이 그의 관심을 끌었다. 내 말은 그의 흥미를 자극했다. 여전히 살짝 취해 있기는 했지만, 그는 협력적인 모습을 보이기 시작했고 이전보다 정기적으로 치료에 참여했다. 그의 개인적인 문제들은 치료의 훨씬 후반부에 차츰 내 방식을 사용해서 다룰 계획이었다.

성격장애보다는 덜 심각하지만 그래도 치료를 힘들게 하는 임상 장애들이 있다. 가령, 부모님이 만일 광장공포증이라면, 그 진단은 그 가족에서의 영향력 분포를 변경할 만큼 큰 파장을 미칠 것이다. 자녀들이 '부모 노릇하는' 사례들이 있는데, 이것 또한 가족치료에서뿐만 아니라 개별적인 개인치료로도 다루어져야만 하는 중요한 장애물이다.

지적, 인지적으로 낮은 기능상태

통찰은 CBT에서 중요한 측면이다. 통찰이 부족한 내담자는 단순한 행동적 개입에 더 잘 반응한다고 알려져 있다. 심 씨 가족도 그런 경우일 것이다. 이 가족은 매우 낮은 지적 수준에서 기능하고 있었다. 그러나 한편으로 이 가족은 모두 '세상 물정'에는 매우 밝았고 이 측면에서만 보자면 아주 잘 기능하고 있었다. 여러 측면에서 그들은 나에게 어려운 상대였다. 나는 가능한 한 많은 은유를 사용하여 그들이 사고를 확장하도록 도왔다. 이 가족은 직접적인 행동적 개입에도 잘 반응했지만 구체적인 은유에도 잘 반응한다고 생각되었다. 가령, 그들이 범행을 하는 과정에서 일사분란하게 해 주는 특징들을 나열해 보라고 지시한 적이 있었다. 행동으로 옮기는 행위는 용납되지 않았지만, 단결력이라는 개념을 강조하면서 몰래 남의 집에 불법적으로 들어가는 식의 그런 행위에 가담할 때 가족이 함께 어떻게 힘을 합치는지 주목하게 했다. 이러면서 우리는 가족이 사용하는 기술(skill)이 법의 저촉을 받지 않는 생산적인 방식으로 사용되려면 어떻게 전환해야 가능한지 그 방법에 대해 이야기했다. 이러한 논의 과정에서, 우리는 '배신 때리기 없기' 등등의 그들에게 친숙한 언어를 사용했다. 전과를 만들지 않고 법을 준수하려면 이런 방식으로 서로를 지지하라고 격려했다. 나는 이것을 단결력이라는 도구로 전환시키고자 하였다. 우리는 돈을 버는 방법과 정부기관과의 갈등을 다루는 방법에 대해 난상토론을 하며 묘안을 냈다. 이 치료과정은 간접적인 방식으로 심리도식을 재구성하면서 행동 변화를 이끌어 내기 시작한 지점이었다.

이전의 치료가 미치는 영향

가족이 예전의 치료자와 했던 경험이 현재의 가족치료를 방해할 수 있다. 심 씨 가족은 과거에 다른 치료자의 사무실 근처에도 가 본 적이 없었다. 그들에게 '정신과 의사(심리학자)에게 걸리면 끝장나는' 것이었다. 그러나 일반적으로는, 다른 치료 방법으로 작업한 예전 치료자들과의 치료가 현재의 치료에 장애물이 될 수도 있다. 만일 예전의 치료가 가족의 재능 사용에 오히려 부정적인 영향을 주었다면 그런 과거의 치료는 장애물이 된다. 신뢰는 치료에서 중요한 요소 중 하나이다. 결과적으로, 가족이 예전 치료자를 불신하게 되었다면, 지금의 치료자와 신뢰의 끈을 만드는 것은 더 오랜 시간이 요구된다. 따라서 치료자는 보다 신중하게 진행할 필요가 있다.

이전의 치료자가 가족에게 효과가 큰 주제를 건드렸거나 혹은 민감한 주제를 다루어서 가족이 과거의 치료를 중단했을 수도 있다. 이러면 가족은 이전의 치료자를 희생양으로 삼으면서 그를 '쓰레기 같은 인간'이라고 폄훼하기도 한다. 치료자가 여

기에 맞장구를 치면서 예전 치료자의 폄하를 지지하지 말아야 하는데 이것은 매우
기본적인 치료자의 자세이다. 대신 가족을 돕는 대안이 될 만한 방법을 탐색하는 방
향으로 힘을 쏟는 것이 치료자가 견지해야 할 태도이다.

적합하지 않은 시기에 압박하기

나의 경험상, 변화를 촉진하기 위해서는 치료 과정에서 때로 가족을 압박해야만
한다. 진행이 고착상태라면, 변화를 이끌어 내기 위해 가족을 살살 밀어붙일 필요도
있다.

심 씨 가족과의 치료에서 한번은, 끊임없이 잔소리하는 엄마에게 자녀들이 집단
으로 맞섰다. 아버지는 개입하기를 거부했는데, 나는 아버지가 뭔가 하도록 살살 밀
어붙이기로 했다.

> **치료자**: 아내와 자녀들 사이에 지금 무슨 일이 벌어지고 있다고 생각하십니까?
>
> **아버지**: 모르겠네요. 내가 뭐라고 하길 바라십니까?
>
> **치료자**: 생각하시는 거나 느끼시는 것을 말씀해 주세요.
>
> **아버지**: 아무것도 느껴지지 않소이다.
>
> **치료자**: 그러신가요, 무언가를 느끼거나 생각하셔야지요.
>
> **아버지**: 아뇨, 없어요 전혀.
>
> **치료자**: 왜 없으신 겁니까?
>
> **아버지**: 모르겠습니다. 귀 기울여 잘 듣지 않아서겠죠.
>
> **치료자**: 그럼 그들에게 집중하지 않으신 건가요?
>
> **아버지**: 그런가 보죠.

이 진행과정은 고착상태임이 분명했는데, 특히나 아버지가 관여하기를 원하지
않았기 때문에 더 그랬다. 무슨 일이 일어나고 있는지 실은 아버지가 많은 것을 생
각하고 느꼈지만, 중립을 지킴으로써 영향력을 유지하고 있는 것이 아닌지 의심이

들었다. 나는 어머니에게 개입했다. 대안적인 방법을 탐색하여 자녀들의 비판을 다루도록 어머니를 돕기로 결정했다. 그런 후 아버지에게, 엄마에 대항하는 자녀들을 의도적으로 두둔해 보라고 했다. 즉, 엄마의 잔소리를 비판하는 자녀들 편에 서라고 요구한 것이다. 그는 내 말대로 전혀 하지 않았다.

> 치료자: 항상 잔소리를 해대는 아내를 맹공격하고 싶지 않으신가요?
>
> 아버지: 나를 바보로 만들려고 하슈?
>
> 치료자: 바보라니요? 왜요? 무엇 때문에 그런 인상을 받으신 걸까요?
>
> 아버지: 헛소리 마쇼. 나를 정신병자 취급하잖소.
>
> 치료자: 아닙니다. 당신의 감정을 솔직히 드러내도록 하려는 것일 뿐입니다. 그게 다예요.
>
> 아버지: 헛…….
>
> 치료자: 당신이 아무 말 없이 태평하게 앉아 있을 때, 가족 모두에게 아주 강력한 메시지를 주고 있다는 것을 이해하려고 해 보세요.
>
> 아버지: 무슨……. 무슨 메시지요?
>
> 치료자: 당신이 아이들을 지지한다는 침묵의 메시지이지요.
>
> 아버지: 그럼, 나더러 어쩌란 거요?
>
> 치료자: 남자답게 말로 해 보세요. 그렇게.
>
> 아버지: 빌어먹을!
>
> 치료자: 뭐든 좋아요. 말해 보세요.

이렇게 상호작용을 하는 동안, 지난 여섯 회기를 통틀어 아버지에게서 들었던 말보다 더 많은 말을 들었다. 비록 이 지점에서의 대화가 상당히 부정적이고 열띠었지만, 어떤 움직임이 발생한 것이 사실이었다. 이 움직임은 교착상태에서 우리를 '탈피'하게 해 주었다. 이 치료 지점에서부터 우리는 변화를 향한 방향으로 움직일 수 있었다. 아버지가 자신의 생각과 감정을 이제 언어로 표현한다는 사실이 치료의 역동을 이동시켰다.

앞서 말한 대로, 과제 부여는 치료에서 아주 중요한 측면인데, 과제가 장애물을 극복하는 지렛대 역할을 하기도 한다(Dattilio, 2002). 심 씨 가족의 경우에, 구성원들의 공동 참여를 촉진하고 단결력을 고무시키며 경험에 근거한 대처 전략을 격려하는 과제를 개발할 필요가 있었다. 첫 번째 과제로, 한 가족으로서 모두 협심하여 새 집을 구하라는 임무를 주기로 결정했다. 가족 문제 중 일부는 삶의 환경이라는 점에 그들 모두 동의했기 때문에, 새 집을 어느 위치에 얻을지에 대한 정보를 함께 협력하여 모아 보라고 촉구했다. 이 과제는 생산적인 공동의 목적을 가지고 그들이 단결하여 작업하게 해 주었다. 이 과정은 긍정적인 태도로 작업하는 첫걸음이었다. 심 씨 가족이 모두 함께 해 보는 새로운 활동이기도 하였다. 후에 외식—그들이 여러 해 동안 피해왔던—을 하러 가는 즐거운 과제를 그들에게 추가하였다.

그다음 만남에서, 우리는 그 경험에 대한 가족 구성원 모두의 감정을 논의했다.

퇴보에 대한 예방책

치료에서 흔한 또 다른 장애물은 예전으로의 퇴보이다. 특히나 그 성향이 강할 때는 예전 행동으로 돌아가 버리기가 쉽다. 그러므로 과거로 퇴보하기 쉬운 성향에 대해 치료자와 가족 양쪽 다 예방책을 세우고 이것을 어떻게 다루어야 할지 논의하는 것은 효과적인 전략이다. 예컨대, 심 씨 가족이 절도나 장물죄와 연관될 수 있는 강렬한 유혹에 다시 접하게 될 수도 있다. 우리는 그들 소유가 아닌 것을 취하고 싶은 유혹에 대처하는 데 사용할 기제를 논의했다. 이 절차는 퇴행의 악순환을 깨트리는 몇 개의 단계로 구성되어 있다.

1. 만일 악명 높은 골칫거리인 친구가 전화를 했다면, 전화를 바로 받지 말고 회신전화를 하라고 조언했다. 그 사이에, 이 사람이 뭔가 불법적인 것을 제안한다면 뭐라고 할지에 대해 생각해 두어야 한다. 자신의 자유로운 선택과 선택하는 힘에 대해 생각해야 한다. 힘은 이 가족에게서 중요한 주제 중 하나이기 때문에, 성공적으로 문제를 피하여 자신들의 힘을 다지는 방법에 대해 우리는 이야기했었다. (또한 나는 가족 구성원들이 서로에게 지지해 달라고 요구하는 것이

두려울 수 있다고 말했다.)

2. 절도하게 만드는 유발 요인 두 가지는 지루함과 분노이다. 자녀들 몇 명은 지루하고 할 일이 없을 때나 무언가로 화나 있던 기간에 대개 절도를 저지르게 되었다고 말했다. 따라서 우리는 그들의 분노를 표현하는 더 생산적인 활동과, 분노 표현을 도와주는 방법을 담은 대안적 행동 목록을 만들었다.

3. 과거로 퇴보하는 것을 예방하기 위해서는 부정적 자기상이라는 위험을 피하는 것이 또 다른 중요한 부분이다. 가족 구성원들은 스스로를 비난할 때마다, 옛날 방식으로 퇴보하는 경향이 있다. 이 방식은 전형적이다. 결과적으로, 심씨 가족은 가족들의 사기를 증진시키는 수단으로서 서로의 부정적이거나 호의적이지 않은 혼잣말을 기민하게 관찰했다.

4. 또 다른 중요한 대처 기술은, 충동에 따라 행동하려는 욕구와 관련된 사고를 재구성하는 것이었다. 사고 중지나 활동 분산을 통해 충동적으로 행동하는 것을 지연시키는 교육은 매우 효과적이었다.

어떤 형태의 심리치료를 수행하는 것은 내담자의 문화와 관련 없이, 대개 어려운 일이다. 치료에서 장애물이라는 존재가 없다면, 내담자들의 자조행동이 더 성공적일 것이며 이 책의 필요성도 존재하지 않을 것이다. 치료자들은 개인, 커플 및 가족을 치료하는 자신의 경력 내내 끝없는 장애물에 직면할 것이다. 다양한 도구와 기법의 사용 그리고 꾸준한 인내의 자세를 유지하는 학습은, 치료자가 획득할 수 있는 가장 위대한 자산이다. 장애물을 대할 때 치료자는, 장애물이 치료적 과정의 필수적인 부분이며 견뎌야 할 끊임없는 도전의 한 측면이라는 현실을 먼저 받아들여야 한다.

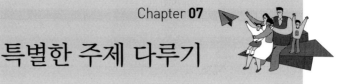

Chapter **07**

특별한 주제 다루기

◇◇◇◇◇◇◇◇◇◇

이혼

부부가 겪고 있는 문제를 개선하기 위해 최선의 치료적 노력을 기울였음에도 불구하고, 결국 파경에 이르는 상황을 막지 못할 때가 종종 있다.

미국에서 가장 극심한 고통을 초래하는 외상사건은 테러행위이고, 그다음으로 심각한 고통을 유발하는 외상사건이 이혼이다. 자녀 혹은 배우자의 사망은 그 뒤를 따른다(Granvold, 2000). 이혼은 개인과 가족에게 지대한 영향을 끼치므로 반드시 치료적 환경에서 다루어야 한다. 개인이 이혼을 원해서 하는 경우조차도, 이혼에 수반하는 변화와 그에 적응하는 데는 긍정적인 결과와 부정적인 결과가 모두 따른다. 물론 이런 경우에는 긍정적 경험이 우세하겠지만, 적어도 부분적으로는 위기 수준의 부정적 경험을 하기도 한다.

이혼 외에는 마땅한 해결책이 없는 도저히 감당하기 힘든 상황이라 하더라도, 이혼은 거의 항상 당사자와 가족들에게 외상 수준의 후유증을 유발한다. 상당한 시간 동안 최선을 다해 노력해 온 치료자도 비슷한 경험을 한다. 치료자의 입장에서는 내담자의 이혼이 치료자 자신의 실패처럼 느껴질 수 있기 때문이다. 치료자로서 우리는 내담자가 알아서 결정하도록 허용하는 쪽보다 가능하면 이혼을 피하도록 노력하는 쪽을 선택하는 경우가 많지만, 그런 노력이 항상 최선의 결과를 낳는 것은 아니다. 따라서 치료자는 내담자의 이혼을 억지로 막으려고 애쓰는 대신 그들이 당면한 현실에 적절하게 대처하도록 개입할 필요가 있다.

Epstein과 Baucom(2002)은 전통적인 치료원리와 가족 스트레스 대처이론(예: McCubbin & McCubbin, 1989)을 통합시킨 발전적인 형태의 인지행동치료를 제안하였다. 커플과 가족은 반드시 적응해야 하는 다양한 스트레스 상황에 종종 직면할 수밖에 없는데, 이런 상황에서 관계의 만족도와 안정성에 영향을 미치는 요인은 바로 그들이 구사하는 대처노력의 적절성 여부이다. 커플과 가족에게 적응을 요구하는 대표적인 스트레스 상황은 다음과 같다.

1. **구성원 개인의 문제**: 예컨대, 가족 구성원 중에 우울증을 겪고 있는 사람이 있다면 가족은 이 문제에 대처해야 한다.
2. **관계 역동의 문제**: 예컨대, 남편은 성취감과 유능감을 중요시하고 아내는 친밀감과 소속감을 중요시하는 경우처럼 커플 혹은 부부가 서로 다른 욕구를 지니고 있다면 이 문제에 대처해야 한다.
3. **물리적 환경의 문제**: 예컨대, 한 사람에게는 요구하는 친척 혹은 강요하는 상사가 스트레스 요인이지만 다른 사람에게는 이웃에서 벌어지는 폭력행위가 주요한 스트레스일 수 있다.

이혼이 주요한 스트레스라는 사실은 의심의 여지가 없다. 인지행동치료자는 이혼과 관련된 문제를 다루면서 커플 혹은 가족이 경험하는 다양한 적응과제의 유형과 개수, 심각성 및 누적효과를 평가해야 하며, 그들이 이런 적응과제에 적절히 대처할 수 있는 기술과 자원을 지니고 있는지 여부도 파악해야 한다. 스트레스 및 대처 모형에 따르면, 적응과제가 많을수록, 그리고 자원결핍이 심할수록 커플 혹은 가족이 역기능을 보일 가능성이 증가한다. 이혼이라는 적응과제에 대한 가족 구성원의 지각내용과 대처능력이 예후와 직결되어 있으므로, 인지행동치료자는 가족 구성원의 왜곡된 인지와 부적절한 인지를 확인하고 수정하는 작업을 진행하여 이들의 대처전략을 향상시켜야 한다.

이혼을 앞두고 있는 내담자에게는 인지행동치료가 도움이 된다. 왜냐하면 휴화산 상태로 머물던 내담자의 부적응적 혹은 역기능적 자기도식이 이혼 과정에서 경험하는 스트레스로 인해 활화산 상태로 드러날 개연성이 높기 때문이다(Granvold, 2000). 예컨대 자존감이 매우 낮고, 사랑받을 자격이 없다고 생각하며, 거절당할까봐 두려워하는 내담자가 있다고 가정해 보자. 이혼과 관련된 논의가 이루어지면 내담자가 지니고 있는 '나는 어느 누구에게도 사랑받지 못한다. 결코 결혼관계를 유지할 수 없을 것이다.'라는 강력한 믿음이 활성화되고, 실제적인 거절로 인해 극심한 정서적 고통이 찾아오며, 배우자의 이혼 요구는 자신의 무가치감을 입증하는 증거로 여겨질 것이다. 거절당한 느낌이 강할수록 그리고 이혼이 초래하는 부정적 결과가 광범위할수록 위기상태가 촉발될 가능성이 많다.

이혼과 관련된 논의는 내담자가 지니고 있는 결혼에 대한 도식을 건드릴 수도 있다. 만약 내담자가 '일단 결혼했으면 무슨 일이 있어도 관계를 유지해야 한다.'는 도식을 지니고 있다면, 이혼은 내면화된 규칙을 위반하는 행위가 될 것이다. 따라서 이혼하는 자신을 실패자로 규정하거나 특이한 사람으로 낙인찍을 수도 있고, 아무도 자신을 동정하지 않을 것이라고 염려할 수도 있다. 뿐만 아니라 이러한 믿음은 '이혼한다면 앞으로 어떤 관계도 유지할 수 없을 것이다.' '배우자에게 사랑받지 못하면 인생의 질곡을 견딜 수 없을 것이다.' '사람들은 나를 존중하지 않을 것이다.' 그리고 '나는 결코 좋은 부모가 될 수 없을 것이다.' 등의 파국적 사고로 변질될 소지가 크다.

인지행동치료자는 왜곡된 정보처리의 근간이 되는 내담자의 경직된 도식과 스스로 상황을 통제할 수 없다고 여기는 내담자의 무능감을 다루어야 한다. 내담자의 인지체계를 재구성하는 것이 인지행동치료의 핵심이기 때문이다.

더 이상 결혼생활을 지속할 수 없었던 부부의 사례를 다음에 제시하였다. 남편은 아내의 외도를 묵과할 수 없었고, 아내의 특별한 성적 선호 역시 감당할 수 없었다.

결국 부부는 결혼생활을 중단하기로 합의했고, 치료자의 도움을 통해 각자의 삶을 회복하고 싶어 했다. 이번 사례의 경우 이혼은 배우자 각자에게 뿐만 아니라 자녀들에게도 긍정적인 결과를 가져다주었다.

시드와 줄리의 사례: "나에게 그럴 권리가 있다고 느꼈어요."

시드와 줄리는 30대 초반의 젊은 부부였다. 그들은 10년 전에 결혼해서 일곱 살 된 딸과 다섯 살 된 아들을 두고 있는데, 외도 문제로 갈등하다가 친구의 추천을 통해 부부치료를 받게 되었다. 남편은 아내가 직장동료인 여성과 혼외관계를 맺어 왔다는 사실을 최근에야 알게 되었다. 어느 날 갑자기 아내가 자신은 양성애자이고 동료 여성과 부적절한 관계를 맺고 있다고 고백한 것이다. 시드는 불안감과 우울감에 사로잡혀 잠을 이룰 수 없었고 가정의학과에 방문해서 수면제를 처방받았다. 그도 아내가 양성애자일지 모른다는 의심은 품고 있었지만, 그동안 자신을 속였다는 충격을 떨쳐내기는 힘들었다. 이런 사실이 드러난 뒤, 줄리는 시드와 결혼하기 전에도 잠시 동성애관계를 맺은 적이 있었다고 털어놓았다. 이에 대해 시드는 "머리를 얻어맞는 기분이었어요. 아무 생각도 나지 않았어요. 그저 꿈이었으면 좋겠다는 생각뿐이었지요."라고 이야기했다.

초기면접을 통해 평가한 결과, 시드는 심각한 충격을 받은 상태였고 외상후 스트레스장애와 유사한 증상을 보였다. 비록 외도사건만으로 외상후 스트레스장애 진단을 내릴 수는 없었으나, 그가 급성 스트레스 반응을 보이는 것은 분명했다 (Dattilio, 2004b). 시드는 아내가 여성과 성관계를 맺는 장면을 강박적으로 떠올렸으며, 아내의 동성애가 자신의 부족한 남성성 때문이라고 생각했다. 자신이 아내를 성적으로 만족시키지 못했기 때문에 아내가 동성애에 탐닉하게 된 것이라는 고통스러운 생각이 반복적으로 의식에 침투했다. 예컨대, '내가 남자 구실을 제대로 하지 못했다. 그렇지 않았다면 아내가 성적인 만족을 위해 굳이 여자를 만나지는 않았을 것이다.'라는 생각에 빠져들었다.

줄리를 따로 만나서 면접했을 때, 그녀는 의도치 않게 혼외관계를 맺었다고 이야기했다. 그녀는 시드와의 결혼생활을 유지하려면 거짓말을 계속할 수밖에 없다는 점 때문에 힘들어했고, 남편이 항상 자신을 비난했기 때문에 예전부터 상당한 갈등이 있었다고 털어놓았다. 반면, 혼외관계를 맺을 때는 자신이 괜찮은 사람처럼 느껴졌다고 고백하면서 '그렇게 할 권리가 있다고 느꼈어요.'라고 이야기했다. 하지만 시드가 낌새를 채고 의심하기 시작하면서 극심한 죄책감에 시달리기도 했다고 덧붙였다.

부부치료를 진행하면서 우리는 남편과 아내가 결혼생활의 파탄에 각자 어떻게 기여했는지를 이해하는 데 초점을 맞추었고, 줄리의 성적 취향을 다루었으며, 배우자 일방 혹은 쌍방이 상대에게 불만족스러워하는 영역을 탐색했다. 흥미롭게도, 시드는 결혼생활에 마침표를 찍고 싶다는 생각을 적어도 가끔은 했었다고 고백했다. 불만의 이유는 단순했다. "그녀는 항상 다른 데 정신이 팔려 있었어요. 심지어 성관계를 하는 중에도 저에게 집중하지 않았어요." 하지만 시드는 남성으로서의 부적절감 때문에 더 괴로워했다. 아내가 자기 모르게 다른 여자와 혼외관계를 맺은 것이 명백한 사실이었기 때문이다. 또한 아내의 외도가 이번이 처음이 아니라는 것을 알고 나서 자신이 바보처럼 여겨졌고, 성적 취향으로 고민하고 있는 줄리가 미웠다.

시드와 줄리는 결국 이혼했다. 상당한 시간 동안 숙고했지만 서로의 차이를 받아들일 수 없었으므로 결별하고 각자의 길을 가는 것이 최선이라고 결론지은 것이다. 어떤 의미에서, 시드와 줄리에 대한 치료개입은 성공한 셈이었다. 그들은 각자가 처한 상황을 명확하게 인식했고, 변화시킬 수 있는 것과 변화시킬 수 없는 것을 변별했기 때문이다. 그들은 자녀를 위해서 협력하기로 합의했고 약속을 지키기 위해서 노력했다. 물론 두 사람 모두 처음에는 상당히 힘들어했는데, 줄리의 성적 취향을 아이들에게 설명하는 것이 곤혹스러웠기 때문이다.

시드와 줄리가 상대를 어느 정도 용서할 수 있었던 시점부터 이혼치료를 시작했다. 비록 이혼하더라도 두 사람은 여전히 마음이 통하는 관계를 유지할 수 있다는 점을 강조했고, 상대의 성적인 취향을 존중하기 위해서 노력하기로 합의했다. 또한 부부의 고통을 경감시키고 각자 원하는 삶을 살도록 이끄는 이혼의 긍정적 측면에 대해서도 언급했다. 줄리의 성적 취향과 시드에 대한 불만으로 인해 외도문제가 발생했고 결국 이것 때문에 이혼했지만, 이런 논의를 시작하자 남편 역시 여러모로 아내에게 충실하지 못했음을 인정하는 홍미로운 상황이 전개되었다. 시드는 줄리에 대한 불만 때문에 아내에게 충분한 관심을 기울이지 않았다는 사실과 줄리가 자신에게 어떤 불만을 품고 있는지 파악하려고 노력하지 않았다는 사실을 진솔하게 시인했다. 이혼사유를 어느 한 사람에게 일방적으로 귀인하지 않고 각자에게 잘못이 있다는 점을 상호적으로 인정하자 그들 사이의 긴장이 현저하게 감소되었다. 두 사람 모두 거짓된 부부관계를 유지하는 것보다는 이혼하는 것이 낫겠다고 동의했다. 사실 성격도 서로 달라서 원만한 부부관계를 지속하기 어려웠고, 아이들이 없었다면 아마 벌써 헤어졌을 것이라는 이야기도 나누었다.

인지행동치료의 관점에서 이혼치료를 진행하면서, 치료자는 부부의 왜곡된 믿음을 재구성하는 작업에 대부분의 시간을 할애했다. 즉, 억지로라도 결혼관계를 유지해야 한다는 믿음을 유연하게 수정하기 위해 노력했다. 또한 외도문제가 드러나고 이혼절차가 진행되는 동안 부부가 경험했던 죄책감과 수치심을 다루는 데 집중했으며, 이혼하기로 합의했다는 사실을 다른 가족들에게 어떻게 알릴 것인지를 논의했다. 특히 보수적인 성향을 지닌 부모님의 반응을 예상하고 고려했다. 아울러 아이들까지 참여하는 가족치료 회기를 갖고 부모의 이혼이 자녀에게 미칠 파장을 설명하고 다루었다. 다행히 아이들도 부모의 이혼을 무리 없이 받아들였는데, 그 까닭은 시드와 줄리가 이혼과정에서 서로에게 예의를 갖췄으며 모든 것을 솔직하게 공개했기 때문이었다.

부부가 각자의 믿음을 재구성할 기회를 갖게 되고 왜곡된 생각으로 인해 지난 몇 년간 고통스러웠다는 사실을 깨닫게 되자, 그들 사이의 긴장은 더욱 누그러졌으며 실제로 상당히 좋은 관계를 유지할 수 있었다. 두 사람 모두 자신이 원하는 새로운 삶을 살아가기 시작했다.

이혼치료

아트와 마리에타의 사례: 사슴을 사슴이라 하기

때로는 이혼을 권유하는 것이 바람직한 경우도 있다(Dattilio, 2006b). 결혼한 지

1년쯤 된 시점에서 만났던 70대 부부의 사례를 살펴보자. 아트와 마리에타는 각자의 배우자와 40년 이상 결혼생활을 유지했었고, 두 부부는 모두 친구였다. 네 사람은 함께 카드놀이를 했고, 함께 외출했으며, 함께 여행을 다녔다. 아트의 아내가 먼저 세상을 떠나자 마리에타와 그녀의 남편이 아트를 위로하고 돌봐주었다. 1년쯤 뒤에 마리에타의 남편이 급성심근경색으로 세상을 떠났고, 남겨진 두 사람이 서로를 위로하고 돌봐주었다. 두 사람은 배우자의 상실을 함께 애도하면서 1년 정도 각별한 친구관계를 유지하다가, 이럴 바에야 결혼하는 것이 좋겠다고 결심했다. 오랫동안 상대방을 알고 지냈고 함께 있으면 편안했기 때문에 자신들의 결혼은 이상적일 것이라고 생각한 것이다.

결혼한 지 1년쯤 되었을 때 문제가 불거졌다. 나는 그들을 18개월 정도 치료했는데, 주로 의사소통의 문제와 감내력의 문제를 다루었다. 그들은 과거의 배우자와 현재의 배우자를 끊임없이 비교하면서 서로 상대방을 비난하고 분노했다. 예컨대, 마리에타는 아트가 과거의 남편보다 참을성이 부족하다고 공격했다. 아트의 성마른 기질과 특이한 집착이 마리에타를 미칠 지경으로 몰아간 것이다. 반면, 아트는 마리에타가 무신경한 것이 가장 큰 불만이었다. 과거의 아내였던 헬렌은 매우 사려 깊은 여인이었던 것이다.

18개월 동안의 부부치료에도 불구하고, 그들은 각자의 입장을 굽히지 않았고 결국 결혼생활을 중단하는 것이 낫겠다는 합의에 도달했다. 그들은 서로를 안타깝게 여기기는 했지만 사랑하지는 않았고, 결혼생활을 유지하려는 노력을 전혀 기울이지 않았다. 이런 상황에서는 차라리 이혼하고 친구로 지내는 것이 서로에게 더 나을 것 같았다.

부부관계에서는 있는 그대로의 현실을 인정하는 것이 지혜롭다. 사슴을 사슴이라고 불러야지 말이라고 부를 수는 없기 때문이다. 부부치료를 통해서 모든 부부의 관계가 회복되는 것은 아니다. 때로는 이혼하는 것이 더 바람직한 경우도 엄연히 존재한다. 특히 공허한 약속 때문에 결혼생활을 유지하고 있는 경우나 부적절한 이유로 결혼생활을 지속하고 있는 경우에 그러하다(Dattilio, 2006b).

◇◇◇◇◇◇◇◇◇◇◇
문화적 차이

커플 및 가족을 치료할 때는 문화적 차이로 인해 생기는 문제에 민감하게 주의를 기울여야 한다. 요즘 같은 다문화시대에는 국적 혹은 문화가 다른 이질적인 조합으로 구성된 커플이나 가족을 흔히 만나게 되는데, 이들을 효과적으로 치료하려면 다양한 문화에 대한 치료자의 인식과 이해가 필수적이다.

정말 운 좋게도, 나는 지금까지 50개가 넘는 국가에서 초청강연을 해 왔다. 초청강연의 상당수는 커플치료와 가족치료를 청중 앞에서 시연하는 것이었으므로, 내가 성장한 문화와는 판이하게 다른 문화를 배경으로 살아온 사람들을 자연스럽게 만날 수 있었다. 거기서 제기되는 문제들 중에는 서양문화의 영향을 받은 배우자와 전통문화를 고수하는 배우자 사이에서 벌어지는 갈등이 많았다. 한 예로, 모로코의 카사블랑카에서 만난 무슬림 커플의 사례를 살펴보자. 어린 아내는 여자 친구들과 함께 파티에서 놀고 싶었지만, 남편은 그것을 허락하지 않았다. 남편은 오직 자신만 파티에 참가할 자격이 있다고 주장했고, 어린 아내가 자신의 권위에 도전하는 것이 마땅치 않았다. 아내보다 열다섯 살이 많은 남편의 입장에서는, 아내가 미국에서 10년간 생활하고 돌아온 못된 여자 친구에게 물 들어서 무리한 요구를 한다고 여겨졌다. 나로서는 참으로 난감한 상황이었다. 나와 연배가 비슷하고 성별이 동일한 남편은 나를 동맹군으로 삼아서 아내의 도발을 진압하고 싶어 했고, 치료자가 나서서 남편에게 복종하라고 아내를 준엄하게 꾸짖어 주기를 원했기 때문이다.

특정 지역의 전통문화에 익숙하지 않은 치료자가 서양문화에 기초해서 획일적으로 접근하면 난관에 봉착할 가능성이 매우 높다. 아시아 혹은 중동 지역처럼 가부장적인 문화에서 성장한 내담자를 만나면 이런 일이 흔히 벌어진다. 만약 커플이 서로 다른 문화적 배경을 지니고 있다면, 한 사람에게는 어리석게 여겨지는 믿음이 다른 사람에게는 바람직한 믿음으로 간주될 수 있다는 사실을 유념해야 한다.

내가 만났던 커플 중에는 미국에서 나고 자란 남성과 히말라야의 유구한 전통을 고수하는 중국 여성의 조합이 있었다. 그들은 빗자루와 걸레자루를 보관하는 방식 때문에 갈등을 빚곤 했다. 이를테면, 남편은 더러운 부분을 아래쪽으로 놓기를 원하는 데 반해, 아내는 위쪽으로 놓기를 원하는 차이였다. 여성의 이야기를 들어보니 이랬다. 그녀는 할머니 손에서 자랐는데, 할머니는 이승에서 잘못을 저지른 사람이 저승에 가면 땅속 지옥의 바닥을 닦으며 살게 된다고 강조하셨단다. 따라서 빗자루와 걸레자루가 지옥과 접촉해서 더럽혀지지 않게 하려면 거꾸로 두는 것이 마땅하다는 논리를 펼쳤다. 이것은 그녀가 어릴 적부터 훈련받은 일종의 종교적 의례였고, 할머니의 가르침을 존중하고 저승에 대한 믿음을 저버리지 않으려면 당연히 지켜야 할 규칙이었다. 그들에게는 이와 비슷한 마찰이 상당히 많았다. 남편은 어리석다고 비난하거나 도저히 이해할 수 없다고 반박했지만, 히말라야의 관습에 따르면 아내의 행동은 지극히 자연스러운 것이었다. 그들은 이러한 문화적 차이를 지혜롭게 극복하지 못했다.

커플 및 부부 치료자는 내담자가 속한 문화의 다양한 특징에 주의를 기울이고 미묘한 차이를 포착하기 위해 노력해야 한다. 부모가 미국으로 건너온 지 얼마 되지 않은 한국인 가족을 치료하면서 이런 문제가 두드러졌던 기억이 난다.

한국을 비롯한 아시아 문화권 사람들은 체면(chae-myun)을 중시한다. 그들에게는 직계가족을 제외한 모든 인간관계에서 타인에게 좋은 인상을 심어주는 것이 매우 중요하다. 체면을 차리는 것은 개인과 가족의 위엄과 명예와 존중을 지키는 것과 밀접한 관련이 있다. 따라서 한국 사람을 만난 치료자라면 그들이 체면이 깎이는 쪽보다는 핵심정보를 드러내지 않는 쪽을 선택할 것이라고 예상해야 한다. 또한 치료자는 한국 사람이 비난 혹은 경멸로 오해할 소지가 있는 몸짓이나 표현을 의식적으로 삼가야 한다. 그렇지 않으면 그들은 다음 번 치료시간에 나타나지 않을 공산이 크다.

한국을 비롯한 아시아 문화에서는 집단주의와 우리(we-ness)라는 개념을 숭상한다. 그들은 친밀한 인간관계를 중시하는데 특별히 막역한 관계는 우리라는 개념으로 확장된다. 우리라고 지칭할 때, 그들은 강력한 소속감, 무조건적 우정, 교환적 이

타행동, 배타적 호감을 드러내는 것이다(Choi, 1998). 한국 가족의 정서적 유대감은 매우 각별하다. 가족 구성원은 서로를 보호하려고 노력하고, 가족 이외의 사람에게 는 다분히 방어적이다. 아시아 문화의 또 다른 특징으로 개인적 보살핌을 뜻하는 정 (cheong)을 꼽을 수 있다. 그들은 상대방에게 주의를 기울이고, 공감하려고 애쓰고, 도와주려고 노력하고, 지지적으로 돌보는 행동을 하는데, 이것을 정겹다고 표현한 다(Choi, 1998). 일단 친밀한 관계를 형성하면, 그들은 타인에게 따뜻한 정을 베푼 다. 또한 그들은 부모와 노인을 공경하라는 가르침을 받으면서 성장한다.

한국인 부모와 자녀로 구성된 가족을 치료하려면 가족분위기를 더욱 세심하게 고려해야 한다. 예컨대, 권위적인 한국인 부모의 눈에는 치료자가 도움을 주는 고마 운 존재로 비치는 것이 아니라 자녀의 불효막심한 행동을 부추기는 못마땅한 존재 로 인식될 소지가 크다. 치료자와 그들 사이에 끈끈한 라포가 형성되지 않는 한, 자 신의 자녀와 낯선 치료자 앞에서 부모의 체면이 깎였다는 것은 공격당한 것과 마찬 가지로 여겨질 뿐이다(Chae & Kwon, 2006). 그러므로 부모를 따로 만나서 자녀의 문 제를 은밀하게 논의하는 시간을 갖는 것이 바람직하다. 치료자는 가족치료가 어떤 식으로 진행될 것인지를 설명하면서 자녀들이 직접 부모에게 이야기하도록 개입하 는 것이 중요한 까닭을 충분히 납득시켜야 한다. 아울러 치료자는 자녀들이 부모에 게 어떤 의견과 감정을 이야기할 때는 너무 강력한 표현을 가급적 삼가도록 미리 교 육해야 한다. 요컨대, 한국인 가족을 치료할 때는 부모와 협력하면서 끈끈한 유대관 계를 맺는 것이 반드시 필요하다(Chae, 2008).

문화적 차이를 고려할 때 무엇을 언급해야 하고 무엇을 언급하지 말아야 하는지, 그리고 어떤 경우에 공격당했다고 인식하는지를 세밀하게 파악하는 것은 상당히 어렵다. 치료자는 문화권마다 판이하게 다른 결혼과 이혼에 대한 태도에도 민감해 야 한다. 예컨대, 유럽의 지중해 남단에 속하는 몰타라는 작은 섬에는 가톨릭 신자 가 압도적으로 많기 때문에 이혼이라는 개념 자체가 존재하지 않는다. 그러나 캐나 다의 몬트리올이나 아이슬란드에는 공식적인 혼인절차 없이 부부관계를 맺고 아이 를 낳아 키우는 사람들이 허다하다.

부모가 자녀의 어떤 행동을 불경스럽다고 간주하는지를 파악하는 것도 중요하다. 특히 자녀들만 서양문화에서 성장한 경우라면 더욱 그렇다. 다음에 제시한 고전적인 사례를 통해서 이 주제를 살펴보려고 하는데, 인도인 가족의 10대 소녀가 부모로부터 독립하겠다고 주장한 것이 가족갈등의 중요한 발단이었다.

골디의 사례: "아빠는 나를 망신시켰어요."

열다섯 살의 매력적인 인도 출신 소녀 골디는 또래보다 육체적으로 성숙해 보였다. 그녀의 가족은 골디가 네 살이었을 때 인도의 마드라스에서 미국의 북동부로 이민했다. 골디에게는 각각 열한 살과 여덟 살 된 남동생들이 있었다. 아버지는 가스회사에서 화학기사로 일했고, 인도에서 영어교사를 했던 어머니는 이민 후에 주부로 지냈다. 가족의 보고에 따르면, 골디가 열네 살이 될 무렵부터 문제가 생겼다. 그녀가 부모에게 자유를 달라고 조르기 시작했으며 모든 가족이 참석하는 전통의식에서 빠지겠다고 선언했다는 것이다. 예컨대, 부모는 민낯으로 학교에 가기를 원했지만 소녀는 진한 화장을 하고 싶었다. 또한 부모는 소녀의 친구들을 탐탁찮게 여겼다. 소녀는 '부모님은 인도인이 아니라는 이유만으로 내 친구들을 싫어했어요.'라고 울부짖으면서 아버지를 째려보았지만, 접수면접 내내 부모는 침묵으로 일관했다.

전통적인 인도 가족에서 아버지는 막강한 권위를 지닌 존재이고, 외동딸인 골디는 가장 취약한 위치에 해당한다. 그럼에도 불구하고, 아버지는 그동안 딸에게 어느 정도의 자유를 허용하는 방식으로 자신의 권위를 유지해 왔다. 이런 이유로 소녀는 친구를 선택할 권리와 같은 자유를 더 달라고 요구하기 시작했고 그렇게 하면 아버지도 모른 척하며 관용을 베풀 것이라고 예측했던 것이다.

인도 문화에서는 골디 또래의 소녀들이 결혼을 예비하는 것이 일반적이기 때문에 어머니는 그녀를 소녀가 아닌 처녀로 여겼다. 일종의 어른 대접을 한 것이다. 이렇게 상반된 메시지는 골디의 정서적 기복을 부채질했고 결국 일탈행동으로 이어졌다. 그녀는 부모의 만류에도 불구하고 통행금지 시간을 반복해서 어겼다. 그녀는 저녁 10시까지 귀가하라는 아버지의 요구가 터무니없다고 생각했다. 골디는 '아빠는 친구들 앞에서 나를 망신시켰어요. 도대체 10시까지 들어오라는 게 말이나 된다고 생각해요? 내가 얼마나 힘든지 알기나 하세요? 친구들은 모두 11시 반까지 놀다가 들어 간다구요.'라고 언성을 높였다. 그러나 부모는 가족의 규칙을 차분하게 다시 설명하면서 다른 가족과 비교하기를 원하지 않는다고 이야기했다.

인지행동치료자로서 나는, 자신이 만든 규칙에 외동딸이 반발하는 상황을 인도 출신의 아버지가 어떻게 받아들이고 있는지를 처음부터 검토하고 싶었다. 또한 아버지가 설정한 통금시간을 완화하고 타협한다면 가족 내에서 아버지의 권위가 어떻게 달라질지에 대해서도 호기심을 품었다. 하지만 가족치료자 입장에서는 가족 문화에 민감하게 주의를 기울이는 것이 우선이라고 생각했기에 그렇게 개입하지 않았다. 나로서는 소녀의 독립을 섣불리 지지하지 않으면서, 사춘기 자녀와의 갈등에서 드러난 자율성과 연결성 사이의 긴장을 가족 구성원 스스로 해결하도록 지켜보는 것이 지혜롭다고 생각했다. 즉, 문화의 차이를 고려하는 가족치료자의 역할은 부모가 소녀의 성숙과정을 더 잘 이해할 수 있도록 돕는 것이었다. 인도인 부모는 미국 사회에서 성장한 소녀가 가족과 멀어지고 또래와 가까워지면서 독립성과 자율성을 추구하는 것은 자연스러운 현상이라는 것을 받아들일 필요가 있었다. 부모가 미처 알아차리지 못했던 것은 소녀 역시 내적 갈등을 겪고 있다는 사실이었다. 소녀는 부모의 문화적 기준과 또래의 사회적 기준 사이에서 최적의 합일점을 찾아내기 위해 줄타기를 하는 중이었다. 소녀는 통행금지 시간도 지키고 싶었고 사회적 관계도 넓히고 싶었다. 이 과정에서 가족과 또래 모두에게 거절당할까 봐 두려워하며 자존감이 낮아진 상태였다. 문화적 특성을 고려할 때, 만약 소녀가 또래에게 거절당했다면 부모는 분명히 그것을 자신들의 실패로 간주했을 것이다. 그들은 부모가 소녀를 건강하게 키우지 못해서 자존감이 낮다고 생각했을 것이기 때문이다.

치료 과정

골디 가족의 사례를 다루면서, 치료자는 부모의 생각을 재구성하는 데 도움이 되는 방법을 서서히 도입했다. 치료자는 소녀에게 가해지고 있는 사회적 압력에 주목하면서 가족갈등의 의미를 다시 생각해 보도록 부모를 이끌었다. 부모는 이것을 어려워했는데, 특히 아버지가 그러했다. 소녀의 아버지는 그런 식으로 생각을 바꾸면 가족의 전통적 가치가 허물어질까 봐 걱정스럽다고 이야기했다. 그가 보기에 이런 현상은 이미 벌어지고 있었다. 소녀가 가족과 함께 보내는 시간이 줄어들고 있었을 뿐만 아니라 소녀의 인도인 친구도 조금씩 줄어들고 있었던 것이다. 부모에게는 이것이 가족문화를 해치는 심각한 위협으로 느껴졌다.

몇 가지 질문을 통해 부모의 생각을 탐색하다가 미국으로 건너온 까닭을 물었더니, 그 당시 인도에서는 취업사정이 여의치 않았기 때문이라고 대답했다. 먼저 이민한 친구가 초청하기에 고민 끝에 결심했는데, 미국에서 자녀를 교육시키는 것이 좋겠다는 이유도 컸다고 덧붙였다. 하지만 그들은 문화적 차이에 적응해야 한다는 점은 미처 유념하지 못했으며, 특히 자녀들의 적응에 대해서는 생각해 본 적도 없었다고 털어놓았다. 자녀들이 이질적인 문화의 압력을 받을 가능성과 가족갈등을 겪을 개연성은 전혀 고려하지 못했던 것이다.

치료자는 인지적 왜곡이 문화적 적응에 영향을 미친다는 점을 납득시키려고 노력했지만 쉽지 않았다. 그래서 먼저 인지행동치료 모형을 설명하고 나중에 난감한 과제를 다루기로 결정했다. 가족의 독특한 추론과정을 정교하게 포착하면 생생한 예시를 통해 인지행동치료를 적용할 기회가 생긴다. 예컨대, 가족 구성원에게 스스로 비합리적이라고 여기는 생각을 하나씩 소개해 달라고 부탁했더니 다음과 같은 대화가 펼쳐졌다.

> **치료자**: 여러분은 인지행동치료 모형을 잘 이해했습니다. 지금 여러분이 겪고 있는 문제처럼 가족 구성원이 감정적으로 격해지는 상황에서는 생각과 지각이 왜곡되기 쉽습니다. 사람은 누구나 그렇습니다. 그래서 여러분 모두에게 묻고 싶습니다. 이 문제와 관련해서 여러분은 어떤 왜곡된 생각을 지니고 있는 것 같습니까? [주: 흥미롭게도, 소녀의 어머니가 먼저 이야기를 시작했다. 그녀는 남편과 자녀들이 곤경에서 벗어나게 도와주고 싶었던 것이다. 인도 문화에서 여자의 희생은 흔한 일이다.]
>
> **어머니**: 글쎄요. 저는 딸에 대해서 걱정을 너무 많이 하는 것 같아요. 골디가 우리와 영원히 함께 하거나 아니면 우리를 완전히 떠날까 봐 두려워요.
>
> **치료자**: 좋습니다. 지난 시간에 인지적 왜곡을 다룬 적이 있는데, 부인이 보시기에 본인의 생각은 어떤 인지적 오류에 해당되는 것 같습니까?

어머니: (남편의 허락을 구하는 듯 쳐다보며) 글쎄요. 여러 가지가 있겠지만 이분법적 사고 혹은 과잉일반화가 아닐까요?

[소녀의 아버지는 아무 말도 하지 않았다. 하지만 내가 보기에 그의 침묵은 동의의 표시였다. 아내는 남편의 체면이 깎이지 않게 하려고 그를 대변하고 있었다. 이런 상황에서 남편에게 직면을 시도한다면 낭패를 보기 십상이었다. 그래서 나는 아내를 통해 남편에게 이야기하는 대안을 선택했는데, 결과는 성공적이었다.]

치료자: 좋습니다. 저도 그렇게 생각합니다. 감정이 격해지면, 특히 가족에 대해서 이야기하다 보면, 누구나 인지적 왜곡에 빠지기 쉽습니다. [곧이어 나는 골디에게 주의를 돌렸다.] 골디야, 너도 비슷한 인지적 오류를 범할 때가 있니?

골디: 아마 그럴 거예요. 하지만 부모님처럼 심하지는 않아요.

치료자: 그래, 네가 보기에는 그렇지 않을 거야. 하지만 부모님이 보시기엔 너도 비슷할지 몰라. 네가 지니고 있는 생각을 한번 들어보고 싶구나. 그리고 혹시 그 생각에 어떤 인지적 왜곡이 끼어 있는지 함께 찾아보면 어떨까?

골디: 글쎄요, 음……. 부모님과 함께 있으면 항상 감정이 격해져요.

치료자: 그래. 지금 네 마음속에 어떤 생각이 스치고 지나가는지 알아차릴 수 있겠니? 이를테면, 부모님에 대해서 속으로 뭐라고 말하고 있니?

골디: 잘 모르겠어요. 여기서 무언가 말하려고 하니까 왠지 모르게 불편해요. 그게 뭔지는 잘 모르겠지만요. 조금 더 생각해 볼게요.

치료자: 좋아, 이렇게 해 보자. 기록지에 네 생각을 적어보는 것은 어떻겠니? [이 시점에서 나는 역기능적 사고 기록지(부록 B)를 가족에게 소개할 기회를 포착했다.] 인지행동치료에서는 여러 종류의 과제를 활용한단다. 우리는 부정적인 생각의 타당성과 효용성을 따져볼 필요가 있어. 지난번에 살펴봤던 자동적 사고가 무엇인지 너도 잘 알고 있지? 부정적인 생각을 검토하려면 그것이 떠오를 때마다 정확한 생각으로 바꿔보고 기록하는 것이 중요해. 인지적 왜곡이 끼어 있는 생각이라면 좋은 소재가 되겠지? 그래서 나는 네가 기록하는 훈련을 열심히 하면 좋겠어. 어떤 사건이 벌어져서 부정적인 자동적 사고가 떠

오르면 이 종이에 꼭 적어보렴. 맨 왼쪽 칸부터 적는 거야. 거기에 어떤 사건이나 상황이 벌어졌는지 적고, 그다음 칸에는 부정적인 생각을 적어. 그런 다음, 네가 어떤 인지적 왜곡에 빠졌는지 알아내려고 노력해 봐. 그 옆에는 그때 경험한 감정도 기록해 보고 잘할 수 있겠지? 그 후에, 그 생각이나 믿음을 뒷받침하는 증거가 있는지 없는지 천천히 따져 봐. 만약 대안적 사고를 떠올릴 수 있다면 그것도 기록하렴. 네가 수집할 수 있는 증거들을 모두 모으는 것이 중요해. 어때, 이해가 되니?

골디: 네, 알겠어요. 그런데 먼저 한 번 연습해 볼 수 있을까요?

치료자: 물론이지. 예를 들어 볼까?

아버지: 혹시 지난주에 있었던 사건은 어떨까요? 골디가 통행금지 시간을 어겼기에 제가 5분 늦었다고 말했어요. 그랬더니 이 녀석이 아버지의 권위에 맞서면서 겨우 5분 늦은 게 뭐가 그렇게 큰 문제냐고 대들더라구요. 자신의 잘못을 전혀 인정하지 않았어요.

치료자: 좋습니다. 모두 그 문제에 대해서 적어봅시다. [모든 가족 구성원이 역기능적 사고 기록지를 작성할 기회를 포착했다.] 아주 훌륭합니다. 여러분 모두 자신의 생각을 재구성하는 방법을 익히셨습니까? 이렇게 하면 강렬한 감정 뒤에 숨어 있는 자신의 생각을 차분하게 살펴보고 따져볼 수 있습니다.

어머니: 선생님, 그런데 골디가 정말로 반항하고 대든 거라면 어떻게 하죠? 제 말은, 누구의 생각이 정확한지 어떻게 알 수 있냐는 거예요.

치료자: 좋은 질문입니다. 우리는 대안적 사고를 뒷받침하는 증거들을 모을 수 있습니다. 예컨대 부인께서 해 보실 수 있는 일은, 남편께서 기록지에 적으셨듯이 골디에게 통행금지 시간을 지키지 못한 까닭을 물어보는 것입니다. 왜곡된 생각이라고 여겨진다면 누구라도 이렇게 증거를 수집해 보실 수 있습니다. 여러분 모두 이런 식으로 자신의 사고방식을 검토해 보셨으면 좋겠습니다. 더 나아가서 생각의 타당성에 대해서도 따져보시기를 바랍니다. 그렇게 하면 여러분의 가족관계에 엄청난 변화가 일어날 것이고, 감정을 주고받는 방식도 크게 달라질 것입니다.

이 시점부터 치료자는 가족 구성원의 현실검증 작업을 주의 깊게 관찰하면서 각자가 느낀 감정을 구체적으로 다루었으며, 의사소통기술과 문제해결전략을 살펴보았다. 아울러, 왜곡된 생각에 도전하는 방법을 스스로 깨우칠 수 있도록 정기적으로 과제를 부여했다. 가족 구성원들이 올바르게 사용할 수 있도록 치료자는 이 특정 기법을 단계적으로 보여 준다. 추가적으로 가족 구성원에게 역할과 책임을 부여하는 것과 같은 행동 기법의 사용은 이 사례의 치료 영역에서 빠질 수 없는 부분이 되었다. 역기능적 사고와 행동이 변화되고 수정된다면, 가족의 갈등이 줄어들 것이라는 것이 기저에 있는 관점이다.

다른 문화권에서 온 내담자들과의 치료 작업은 가족의 특수한 맥락과 더불어 더 방대하게 영향을 미치고 있는 문화적 신념에 대해 유념하고, 이에 맞추어서 접근하는 것이 핵심이다. 가령, 이 가족에게서는 청소년기로 접어들고 있는 남동생의 역할을 확대했다. 남동생의 책임을 늘리는 것은 문화적으로 가족에게 적절하게 보일 수 있었고 골디의 부담을 감소시킬 수 있었으며 가족이 허락하기 힘든 골디의 자립공간을 골디에게 허용해 줄 수 있었다.

이 사례에서 인지행동적 접근은 가족 구성원들이 긴장을 줄일 수 있도록 사고를 재구성해 주었다. 골디가 자립을 주장하고 또래와 어울릴 필요가 있다는 사실이 그녀가 꼭 문화적 가치를 포기함을 시사하는 것은 아니라는 점에 아버지가 안심하면서 가족은 편안해졌고 긴장이 가라앉았다. 한편으로 골디의 경우에는, 가족과의 관계에 더 집중할 수 있게 되었고 가족과의 유대관계와 친구들과의 시간 사이에서 균형을 맞추는 방법을 찾는 데 몰두할 수 있었다.

가족 안에서 부모의 역할과 자녀의 존경을 받는 것이 무엇인지와 관련지어, 영향력과 통제권이라는 주제 또한 다루었다. 규칙과 기준에 대한 가족 심리도식을 조사하여 이러한 것들이 어느 정도 유연성을 발휘할 수 있도록 심리도식을 약간 재구성하였다. 마지막 회기에서 가족들은 상황이 훨씬 더 좋아지고 있다고 말했다.

요약하자면, 치료자가 속한 문화와 분명히 다른 문화권의 가족과 작업할 때, 치료자가 내담자 가족의 문화에 대한 인식을 하고 있어야 함은 당연한 것이다. 또한 내담자 가족의 문화적 신념에 맞는 치료의 과정 및 목표를 정하기 위해 가족과 상호협력하여 접근해야 한다. 미리 결정된 관념에 의해서 치료의 소재를 정하는 것이 아니라 내담자 자신의 자동적 사고를 소재로 삼는 인지행동적 접근은 그러한 협력적인 과정에 매우 적합하다. 대안이 되는 합리적인 반응들도 내담자가 만드는 것이어서, 그러한 대안이 내담자들에게 잘 들어맞으며 신뢰할 만하다. 합리적인 반응들은 바람직한 행동 변화와 궤를 같이하는 내담자의 정신적 혹은 종교적 신념이 담겨 있을 수 있다. 가령 아시아 인도인 가족들에게서는 '달마(dharma: 인도 종교에서의 진리, 법)'나 삶에서의 의무를 수용함으로써 분노/회한을 줄이거나, 보다 상위의 힘에 의지하여 종교적인 신념을 견지하면서 도전을 극복할 수 있다. CBT를 다른 문화에 적용할 때, 종교적인 신념과 문화적 규준을 잘 결합하는 것이 아주 중요하다. 이러한 결합이 잘 되었을 때, CBT가 다방면에서 두루 유용하고 어디에서나 보편적으로 신뢰할 수 있는 치료 접근이 될 수 있다.

우울증, 성격장애 및 그 밖의 심리장애

가족을 치료하다 보면, 심리장애로 괴로움을 겪고 있는 가족 구성원이 한 명 이상 포함되어 있는 가족을 만나는 일이 흔하다. 우울증은 전문 서적에서 광범위하게 다루고 있는 가장 흔한 심리장애 중 하나이다. 흔하게 발생하는 관계 문제 속에는 우울증이 공존하는 경우가 많다. 일찍이 1970년대에서도, 우울증을 경험한 여성들이 결혼 생활에서의 어려움을 많이 보고했는데, 우울증과 친밀한 관계 사이에는 직접적인 상관관계가 있었다(weissman & Paykel, 1974; Brown & Harris, 1978). 우울증과 부부의 기능 사이에 상관관계가 있음을 지지하는 연구들은 Beach(2001)에 의해 편집된 교재에 대부분 개관되어 있다. 나아가서, Weissman(1987, p. 445)은 '불행한 결혼' 상태가 주요 우울증의 위험 인자 중 하나임을 밝혔다. Whisman(2001)은 여성 3,700명과 남성 2,700명 이상에서 수집한 26개의 연구로 메타 분석에 착수했다. 부부 불만족은 아내의 우울 증상 변량의 약 18%와 남편의 우울 증상 변량의 약 14%를 설명한 것으로 나타났다. 이러한 결과는 우울 증상과 부부 불만족 사이의 강한 연합을 시사하였다.

이에 더하여, 주요 우울장애가 우울증 환자들의 배우자에게 미치는 영향을 조사하는 연구들이 진행되었다. 결과적으로 우울한 배우자와 함께 사는 남성과 여성은 상이한 양상으로 우울증을 경험하였고, 부부 관계의 질에 대한 그들의 지각과 사고 방식도 서로 달랐다. 즉, 우울한 남편을 둔 여성들은 우울한 아내를 둔 남성들보다 사회적 활동에서 더 철수적이며, 죄책감, 공포, 불안, 외로움을 경험하는 경향이 있었다(Fadden, Bebbington, & Kuipers, 1987). 추가적인 연구에서, 우울한 남성과 함께 사는 여성들 가운데서 우울을 유발하는 사고가 더 많았음이 시사되었다(Dudek et al., 2001). Dudek 등(2001)이 수행한 연구는 남성의 우울증 및 그러한 상황과 연결된 어려움이 여성에게 최우선적인 주제(가정 및 친밀한 동반자 관계)로 떠올랐음을 시사했다. 이와 유사한 상황에 처한 남성은 가정 밖의 활동(예: 일, 친구, 운동)에 몰두하는 것으로 대처하는데, 남성들은 이러한 외적인 배출수단에서 만족감을 얻었다. 부연하면, 문제해결에 대한 남편의 접근은 상이하며 그 행동이 부부의 걱정거리에서 관심을 돌리게 해 준다는 점에서는 더 건설적일 수도 있다(Katz & Bertelson, 1993). 그러나 여성은 부정적 사건들의 경험에 더 집중하는 경향이 있다. 즉, 자신의 정서와 자신이 지니고 있는 대처 기술에 더 주의를 기울이며, 이것이 그녀로 하여금 좀 더 부정적으로 사건의 영향을 받게 만든다(Nolen-Hoeksema, 1987).

대부분의 치료는 우울증의 특성과 관계에 영향을 미치는 우울증의 역할을 커플 혹은 가족 구성원들이 이해하도록 도모한다. 또한 우울증으로 인해 발생되는 문제들을 더욱 효과적으로 다루기 위해 그들이 관계 안에서 잘 협상하도록 돕는다(Coyne & Benazon, 2001). Coyne과 Benazon(2001)은 우울증의 대인관계치료에서 보통 그러듯이, 커플이나 가족 중에서 우울한 내담자에게 '제한된 환자 역할'을 제공하는 것이 CBT에서 특히 이점이 될 수 있다고 제안한다. 우울한 내담자에게 별도의 개별 치료를 진행하면서, 배우자나 가족의 다른 구성원들이 관계에서 기대를 더 낮추고 책임감을 재협상하도록 돕는 것이다. 상대 배우자와 나머지 가족 구성원들에게 상시적으로 인지적 재구성 및 기대와 귀인을 재교정하는 전통적인 우울증의 CBT를 실시하는 것이 좋다.

가족 구성원들은 우울한 내담자의 회복을 돕는 방식으로 관계를 다루어야 한다. 갈등의 강도, 우울로 인한 손상, 배우자나 다른 가족 구성원의 좌절 등에 주목해야 한다. 이러한 주제는 가족 구성원들을 분리해서 따로따로 만나거나 때로는 우울한 내담자와 진행하는 개인 치료에 배우자를 참여시켜 다룰 때 가장 잘 다루어질 수 있다. 가족 구성원들이 우울한 구성원에게 인간적인 정을 지니면서 함께 잘 살아가는 데 필요한 특정 대처 기술들을 학습함으로써 도움을 받을 수 있다. 우울 그 자체의 원인은 차치하고라도, 관계에서 발생한 어려움에 구성원들 자신이 기여한 역할도 있다는 점에 대해서 가족 구성원들은 마땅히 책임을 받아들여야 한다.

◇◇◇◇◇◇◇◇◇◇
외도

유감스럽게도, 치료자는 배우자 한쪽이나 혹은 양쪽 모두가 외도를 하고 있는 사례를 흔히 접하게 된다. 커플 혹은 가족이 치료를 받으러 오는 시기가 어떤 때인지, 그리고 어떤 환경하에서 치료를 찾아오는지에 따라 외도는 다방면에 위기를 가져온다. 이 책의 앞에서 인용되었던 사례의 이야기들에서도 불륜의 상황을 볼 수 있다.

불륜이 주요 문제가 된 가족을 만난다면, 치료자는 그 상황을 즉각적으로 다루어야 한다. 대략 남편들의 사분의 일 그리고 아내들의 경우 10명 중 한 명 이상이 결혼 상태에서 외도를 한 적이 있다는 국제적 연구의 결과가 있다(Laumann, Gagnon, Michael, & Michaels, 1994; Smith, 1994). 외도는 부부치료를 찾게 되는 가장 흔한 문제들 중 하나이며 관계에서 두 번째로 손상이 크다고 알려져 있다. 외도보다 더 부정적인 영향을 미치는 것은 신체적 학대이다. 외도와 신체적 학대, 이 두 가지 문제가 다 존재한다면 이 중에서 신체적 학대가 더 심각한 문제인 것은 분명하다.

다양한 수치로 추정되고는 있지만, 외도는 이혼으로 이어질 가능성이 관계에서의 다른 문제들에 비해 두 배로 높다고 알려져 있다(Whisman et al., 1997). 또한 연구자들은 외도 후에 이어지는 회복 과정에서 치료개입의 형태와 그 효과를 조사했다(Glass, 2000, 2002; Gordon & Baucom, 1998, 1999; Olson Russell, Higgins-Kessler, & Miller, 2002). Glass는 특히, 불륜이 양쪽 파트너들에게 미치는 외상적 영향과 불륜이라는 스트레스가 다양한 증상으로 표현될 수 있다는 사실을 상세히 저술했다. 관게 만족감을 떨어뜨린다고 알려져 왔던 애정 표현의 회피나 친밀감을 피하는 것으로 증상이 나타날 때 특히 심각하다(Gottman & Levenson, 1986).

배우자의 외도를 경험했던 내담자들과의 심층 면담을 통해, Olson 등(2002)은 배우자가 불륜을 밝힌 후에 3단계 과정이 이어짐을 발견했다. 극심한 감정 기복이 특징인 정서적 '롤러코스터'라는 시작 단계가 있고 신뢰 구축의 노력을 하기로 마음먹기 전, 활동중지를 뜻하는 '모라토리움'의 진행 단계가 있다. 많은 외상후 스트레스 증상이 처음으로 관찰되는 시기가 초기의 이러한 롤러코스터 기간일 것이다. 배우자가 외도를 했다고 혹은 경솔한 행동을 했다고 고백할 때, 이를 듣는 배우자의 즉각적인 반응은 강렬한 정서로 채워져 있으며, 이 단계에서 여러 가지 외도의 부정적인 결과가 가장 뚜렷하게 나타난다. 불륜을 고백한 다음 단계에서, 상대 배우자의 외도 사실을 알게 된 배우자는 상충되는 감정을 조절하려고 노력하면서도 상처를 주는 상대방에 맞서 분노를 표현할 것이다. 배신에 대한 반응은 강렬한 정서와 행동을 유발하는데, 치료 단계의 초기에 이러한 점들이 다루어져야만 한다. Janice Abram-Spring(1996)이 저술한 『외도 후(After the Affair)』와 그 후속편인 Janice Abram-Spring(2004)의 『어떻게 당신을 용서할 수 있을까(How Can I Forgive You)』는 관계에서의 외도를 다루는 훌륭한 교재라 할 수 있다. 또한 Snyder, Baucom 및 Gordon(2009)의 『외도 극복하기: 함께 또는 따로-외도에 대처하고 치료하고 이겨내기 위한 프로그램(Getting Past the Affair: A Program to Help You Cope, Heal and Move On-Together or Apart)』역시 매우 훌륭한 저서이다.

이어서 대개 모라토리움 단계가 이어지는데, 이 단계에서는 정서적 반응이 줄고 외도에 별로 의미를 부여하려고 하지 않는다. 전형적으로 이 단계는 침착함과 수용의 시기라는 특징이 있으며, 인지행동 개입이 활용될 수 있는 지점이다.

외도로 인해 상처받은 배우자에게 외도가 미친 영향이 무엇인지를 인식하면서 이에 대한 민감성을 유지하는 것은 치료에서 항상 중요하다. 동시에, 외도라는 것이 관계의 이면에 잠재해 있는 더 큰 문제의 한 증상일 수 있으며, 따라서 이러한 부분이 다루어져야 한다는 견해도 중요하게 생각해야 한다. 이러한 이해를 하게 되면 증상에 연연하지 않으면서 앞으로 나아가는 과정을 진행할 수 있다. 상처받은 배우자

쪽에서는 치료자가 외도의 영향을 최소화하면서 치료를 진전시키려고만 한다고 지각하기도 한다. 그렇기 때문에 외도의 부정적 영향에 대한 인식과 함께 외도 전반에 대한 심층적인 이해라는 접근은 배우자들 사이에서 치료자가 균형을 취하는 것이 되기도 한다. 행동 계약은 반복되는 상처나 손상을 어떻게 다룰지 구조화하는 데 도움이 되는 경우가 많은데, 계약이라는 용어로 인해 치료 진전이 방해를 받지는 않도록 해야 한다.

한쪽 배우자의 외도가 미치는 영향은 대단히 파괴적인 경우가 많다. 앞의 시드와 줄리 사례에서 알 수 있듯이 심각한 증상을 낳는다. 사실 나는 외도가 PTSD와 같은 증상을 가져오는지의 여부를 주제로 해서 글을 쓰기도 하였다(Dattilio, 2004b).

흔히 외도가 훨씬 더 심층적인 문제로 인해 나타나는 하나의 증상이라는 생각을 견지하면서, 다수의 전통적인 인지행동 기법들이 커플치료에 활용되었다는 점 또한 주목받을 일이다. 가족 구성원들과 관련되어 있는 상황이라면 가족치료가 활용될 수 있다. 가족치료는 다른 가족 구성원들, 주로는 자녀들인 경우가 많은데, 이들이 외도 사건의 발생 후 치유를 받는 과정에서 적용된다. 외도의 세부적인 내용들까지 다른 가족 구성원들과 공유되지는 않을 것이다. 그렇더라도 소속감과 경계, 불안전감의 문제 그리고 미래의 불확실함 등과 같이, 연관되어 있는 문제들에 대한 자녀의 감정과 사고를 따라가면서 외도의 결과를 다룰 필요가 있다.

◇◇◇◇◇◇◇◇◇◇◇

약물 남용

가족치료자는 가족역동에 역기능을 가져오는 요인으로서 약물 또는 알코올 남용이 존재하는 가족 사례를 접하게 될 것이다. 약물 남용에 대한 치료라는 것이 대개는 남용했다고 지목된 환자(identified patient)를 개인치료 하는 것이지만, 약물 남용의 당사자가 개인치료를 받고 있는 동안 커플 및 가족 치료에서 사용되는 특정한 기법과 개입방법이 적용되기도 한다. 이 절에서는 약물 남용 문제가 있는 커플치료에 도움이 되는 인지행동 개입방법에 초점이 있다.

알코올 혹은 약물 남용 치료에 배우자와 가족 구성원들이 함께 참여하는 경우에 치료 효과가 더 좋다고 하는 가설은 지지를 받아 왔다(Steinglass, Bennet, Wolin, & Reiss, 1987; Noel & McCrady, 1993). 기본적으로 배우자와 가족 구성원들이 치료의 중심은 아니다. 하지만 그들이 커플치료나 가족치료를 찾아왔다면, 약물 남용의 문제가 이들과 밀접하게 얽혀 있을 가능성이 높다. 치료에서는 약물 남용을 촉발한다든가 강화할 수 있는 배우자의 행동과 가족 구성원의 행동이 무엇인지 찾는 것에 중점을 둘 뿐만 아니라, 약물을 남용하는 행동 그 자체의 수정에 주력한다. 배우자와 가족의 행동이 다른 구성원의 알코올 남용이나 약물 사용의 원인은 아니다. 그러나 그러한 행동이 의도치 않게 약물이나 알코올의 사용을 보상하거나 핑계거리로 작용했을 수 있다. 핑계거리를 주는 과정에 배우자와 가족 구성원들이 기여한 부분과 그들이 한 역할을 이해하도록 돕는 한편, 그들이 부정적인 결과로부터 남용 당사자를 보호하는 행동을 하게끔 해야 한다. 이것은 심리도식에 대한 나의 저술에서 일찍이 다루었던 부분인데, 관계 심리도식뿐만 아니라 개인 심리도식 또한 아주 중요하다.

또한 약물을 남용해야 하는 필요를 줄이면서 재발을 방지하기 위해서는, 커플 혹은 가족의 관계를 증진해야 한다는 점이 중요한 부분이다(Paolino & McCrady, 1977). 관계에서 긍정적인 가치와 정적 보상을 증가시키면 약물 사용 행동이 대체될 수 있다. 이 책에서 다루고 있지만, 자기주장 훈련과 문제해결 기술 등의 치료 방법들도 약물 사용 문제의 중심에 있는 관계의 문제들을 다루는 데 아주 중요하다.

또한 알코올과 약물 남용을 다루는 다양한 질문지와 평가 도구들이 있는데, 그 중 하나가 음주방식 질문지(Drinking Patterns Questionnaire: DPQ; Zitter & McCrady, 1993)이다. 이 질문지는 음주와 관련된 항목을 식별하기 위해 배우자 모두가 작성하게 되어 있는데, 각 항목들에 대해 중요도를 매기게 된다. 주요 영역들로는 환경, 직장, 재정 요인, 생리적 상태, 대인관계 상황, 부부 문제, 부모와의 관계, 자녀 문제, 정서적 요인, 최근의 주요 생활 스트레스 등의 10가지가 제시되어 있다(Zitter & McCrady, 1993). 이 도구는 또한 음주를 유도하거나 치료를 후퇴하게 만들 위험이 있는 강화물을 정확히 잡아내기 위해, 음주를 했을 때 어떤 긍정적 결과와 부정적 결과가 발생하는지를 집중적으로 살핀다.

그리고 배우자 행동 질문지(Spouse Behavior Questionnaire: SBQ)도 있다(Orford et al., 1975). 이 질문지는 배우자의 음주를 통제하거나 이에 대처하는 데 이용될 수 있는 다양한 행동들이 나열되어 있다. 최근 1년간 비남용 배우자의 행동 유형과 그 빈도를 측정하는 질문지를 배우자 각각에게 맞는 별도의 형태로 구성하여 따로따로 실시한다. 다시 말하면, 질문지 항목들은 남용 당사자가 아닌 배우자가, 남용 배우자의 음주를 촉발 혹은 강화하거나 재발하는 데 영향을 줄 수 있는 어떤 행동들을 하고 또 얼마나 하는지 조사하는 것이다.

효과가 큰 또 다른 기법들로는 O'Ferrell과 Fals-Stewart(2006) 그리고 Beck, Wright, Newman 및 Leise(1993)가 대략적으로 설명한 것처럼 자극 통제, 수반성 재배치, 인지적 재구성과 대안적 행동의 사용 등이 있다.

관계의 측면에서 반드시 다루어야 할 또 다른 측면은 약물 남용 때문에 생기는 관계역동의 변화에 대한 것이다. 커플 중 한 명이 약물을 오남용하고 있다면, 이 커플은 서로에 대해서나 삶에 대해서 스트레스는 증가하고 즐거움의 수준은 감소하게 된다. 대개 약물을 사용하지 않는 파트너는 상대 파트너의 약물 사용이 늘어날 때 버려진 느낌이나 인정받지 못하는 느낌을 가지게 된다. 왜냐하면 상대가 관계보다 약물 남용에 더 많은 시간을 투자하기 때문이다. 약물을 남용하는 배우자에게 성격 장애가 동반되어 있다면 그 성격의 구조에 따라 폭력의 가능성이 증가하며, 뿐만 아니라 합법적인 것이든 불법적인 것이든 간에, 약물을 택하고 그 약물을 얼마나 오랜 시간 사용했는지에 비례해서 폭력이 발생할 가능성이 높아진다. 관계에 시간과 에너지를 충분히 쏟지 않고 배려를 하지 않는다면, 외부의 도움 없이는 해결하기 어려운 정서적 거리감, 소외 그리고 분노를 낳게 된다.

만일 관계에서 두 명의 파트너가 모두 약물을 남용하고 있다면, 그리고 약에 중독되거나 취해 있지 않으면 애정 표현을 하거나 관계 문제에 대한 이야기를 하기가 어렵다면, 상황은 훨씬 더 힘들어진다. 다시 말하여 이러한 상황이라면 관계에 대한 치료 과정에서 두 배우자 모두에게 따로따로 개별적인 개입이 들어가야 한다. 내담자 개인에게 적용되는 대다수 프로토콜을 커플에게도 사용할 수 있다. Beck 등 (1993)이 저술한 인기 많은 대중서나 Morgillo-Freeman과 Storie(2007)의 훌륭한 저서를 참고하면 많은 도움이 될 것이다.

◇◇◇◇◇◇◇◇◇◇◇
가정 폭력

가정학대와 폭력은 미국을 비롯한 여러 나라에서 발생하고 있다. 미국 내에서 전국가적으로 여성폭력에 대해 조사한 바로는, 여성의 22.1%가 살면서 신체적 폭력을 경험한 적이 있었으며, 7.7%는 가까운 파트너에게 성폭행을 당하였고, 4.8%는 스토킹을 당한적 있다고 응답하였다(Tjaden & Thoennes, 2000). 전형적으로는 대다수의 사례가 여성 파트너를 대상으로 한 남성의 폭력으로 보고되지만, 배우자들 사이에서의 폭력은 쌍방 간에 일어날 수 있음을 유념해야 한다.

치료적 개입이 없다면 폭력의 악순환은 계속해서 일어나며 시간에 흐름에 따라 더 확대되기 때문에, 이런 문제에서 치료적으로 개입하는 것은 대단히 중요하다.

폭력은 그 피해자에게 미치는 영향이 심각한 경우가 많고, 신체적인 건강상의 문제뿐만 아니라 심리적인 문제를 발생시킨다. 가정 내 학대의 희생자들은 사회의 일반적 메시지, 공식/비공식적으로 폭력을 부추기는 '폭력 조력자들' 및 폭력의 가해자 등을 위시하여 다양한 정보들을 통해 만들어진 소위 '인지적 규칙'을 지니고 있다(Hamberger & Holtzworth-Monroe, 2007). 이런 이유로 치료에 참석하는 커플들이 자신에게 학대의 문제가 있다 해도 그런 이야기를 치료에서 항상 말하는 것은 아니다. 가령 Epstein과 Werlinich(2003)는 대학교 클리닉에 커플치료를 받고자 신청하는 사람들 중 단지 5% 만이 현재의 문제가 무엇인지 묻는 개방형 질문지에 학대라고 응답했다고 밝혔다. 따라서 문제를 털어놓을 가능성을 높이기 위해서는, 구조화된 다차원적 평가 절차를 활용하는 평가기법을 사용해야 한다. 배우자들이 자기보고의 평가도구를 작성할 때, 서로 협력하지 말고 따로 떨어져서 개별적으로 작성하도록 지시해야 한다. 또한 개정판 갈등 대처전략 척도(Conflict Tactics Scale-Revised: CTSR; Straus et al., 1996)도 배우자들에게 실시할 수 있는 좋은 평가 도구이다. 구체적인 측정도구 목록은 La Taillade Epstein 및 Werlinich(2006, p. 398)에 수록되어 있다.

결과적으로 지금의 폭력적인 관계를 벗어나 살아남기란 불가능하다는 배우자의 가정을 포함해서, 폭력에 대한 책임을 어디로 귀인하는지 혹은 관계 유지의 책임을 어떻게 귀인하는지 등의 인지를 다루는 것이 중요하다. 의존성과 소속감에 대한 주제는 그 안에 왜곡된 인지가 수반되는 경우가 많으며 이것 역시 다루어야 할 문제들이다. Hanberger와 Holtzworth-Monroe(2007)는 가정폭력의 피해자들과 작업할 때 다루어야 할 몇 가지 영역을 논의했다. 이러한 측면은 피해자와 가해자 모두에게 영향을 미치며 기본적인 관계 역동에도 영향을 준다. 가해 행동을 지속할 위험이 있는 폭력 배우자의 인지를 다루는 것이 매우 중요한데, 이것은 가족의 자녀들에게도 심각한 영향을 미친다.

학대의 주제를 다룰 때 첫 번째로 중요한 단계는 항상 안전을 보장하는 것이다. 이들 관계에서 더 이상의 학대 없이 배우자 둘 모두 안전하다는 것을 확실하게 하는 것이 필요하다. 이를 위한 작업들은 배우자를 분리하여 치료하기, 상대 배우자를 참석시킨 상태에서 치료를 진행하거나 친숙한 사무실이 아닌 다른 장소에서 치료하기, 그리고 계약을 통한 약속하기 등을 통해 이루어진다. 남용과 관련하여 어떤 역동을 지니고 있는지에 따라 배우자 분리가 첫 단계로 취해야 할 조치가 될 수 있다. 또한 안전을 위해 대피 쉼터를 이용하는 계획을 세울 수도 있다.

두 번째 단계는 두 배우자들 모두 동의할 수 있는 치료 계획을 만드는 것이다. 이 단계에서는 위험성에 대한 평가를 진행하고 추후 폭력 발생 가능성 여부를 결정한다. 흔히 신체적 학대를 실제로 가한 가해자가 위험성 평가를 받는데, 신체적 학대를 가능하게 한 과정, 그리고 그것을 악화시키는 과정에서 피해자가 어떤 역할을 했는지를 피해자가 이해하는 것 또한 중요하다. 안전을 보장하는 치료 개입이 결정되고 협력적인 행동 계획이 수립되고 나면, 관계의 역기능을 다루고 돌발적으로 폭력을 발생시키는 도화선을 다루기 위해 전통적인 인지행동 기법들이 적용된다. 배우자 각자에게 개인 심리치료를 받도록 권유하는 것도 중요하다. 대안이 될 수 있는 행동을 주고받는 상호작용의 용어로, 행동의 악화 과정에 대한 인지적 재구성을 하는 것이 좋다. 덧붙여, 폭력을 당한 배우자가 희생자의 위치에서 벗어나도록 돕는 기법과 스트레스에 대한 면역강화 기법이 사용된다.

두 배우자가 같은 방에 함께 있을 수 있는 정도로 치료가 진전되면, 안전하게 폭력의 전제에서 벗어날 수 있게 하기 위해 치료자는 주의를 기울이면서 폭력을 당한 배우자를 가해 배우자 앞에 남겨두는 연습을 할 수 있다.

마지막으로 치료자 자신의 안전을 위해서도 안전 예방책이 필요하다는 점을 모든 치료자들이 이해하는 것 역시 중요하다. 치료자는 신중하게 자신의 본능을 믿고 스스로가 위험한 처지에 놓이지 않도록 할 필요가 있다.

치료자가 자신의 안전이 염려된다면, 이 염려를 사실로서 다룰 필요가 있다. 실제로 치료 시간에 격한 다툼이 일어날 수도 있기 때문이다. 필요하다고 판단되면 폭력을 행사한 쪽의 내담자와의 초기 치료 단계를 스피커폰을 사용하는 방식으로, 별도의 공간에서 수행하여 위협을 줄일 수도 있다.

나아가 각 배우자는 폭력이 악순환 되는 과정에서 스스로의 역할에 대해 가능한 최대의 책임을 질 필요가 있다. 가해자는 자신의 폭력 행동에 근본적으로 책임이 있다. 예방 및 회피 전략을 통해서 피해자는 자신의 안전을 확보하는 조치를 취할 책임이 있으며, 폭력이 예상되는 경우라면 그 상황에서 탈출하여 자신의 안전을 도모해야 한다.

공감적으로 관계 맺기

Andrew Christensen과 그 동료들은 공감적으로 관계 맺기(empathic joining), 객관성을 유지하기(unified detachment) 및 관용을 베풀기(tolerance building)의 측면을 커플과의 워크숍에서 강조한다(Christensen Sevier, Simpson, & Gattis, 2004). 저자들은 치료자가 커플의 문제와 연합된 감정을 끄집어 낼 것을 제안한다. 이 경우에 학대가 교환되는 역동과 관련될 것이다. 처음에는 숨겨져 있다가 나중에 커져서 마침내 학대를 폭발시키게 되는 표현되지 않은 감정들이 표현될 수 있도록 표면으로 가져오는 것이다. 역동이 뒤틀어져 나타나기 전에 서로에게서 더 건설적이고 연민이 담긴 반응을 끌어내고자 하는 것이 이러한 접근의 목표이다. 파트너들이 경험하는 '굳어있는 감정'과 '경직된 사고'를 언어로 표현하여 문제들을 논의하게 하고 나서,

냉혹함의 이면에 있는 연약하고 취약한 사고와 감정을 보도록 하는 것이다. 이 연습은 커플 내담자들에게 사고와 정서 사이의 균형을 잡을 수 있게 도와준다.

객관성 유지하기

객관성 유지하기에서 강조하는 바는 공감적으로 관계 맺기에서 정서에 초점을 두는 것과 반대로 문제로부터 객관적인, 이성적인 거리를 두는 것에 있다. 공감적으로 관계 맺기는, 배우자들이 상대방의 상처에 주목하고 서로 돌보도록 하면서 배우자들 사이에서 진행 중인 전투의 양상을 바꾸어 준다. 객관성 유지하기 방법은 기본적으로 자신들이 진행 중인 전투를 관찰하면서 배우자들에게 다른 관점을 만들어 내도록 돕기 때문에 배우자들이 보다 좋은 위치에 설 수 있게 해 준다. 객관성 유지하기의 방법을 사용할 때 치료자는, 어떤 행동의 연속이 문제가 되는 상호작용(예: 남용)을 만들어 내는지 커플에게 그 일련의 행동에 대한 기술적인 분석(descriptive analysis)을 하게 한다. 따라서 그러한 상호작용을 감소시키고 치유할 수 있는 구체적인 행동의 탐색이 가능하다.

객관성 유지하기와 공감적 관계 맺기는 모두 정서적 수용을 증진하지만, 객관성 유지하기 방법은 문제에 대한 객관적 분석에 초점이 있는 반면, 공감적 관계 맺기 방법은 문제에 대한 정서적 탐색에 초점이 있다는 점에서 개념적으로는 분리된다고 저자는 말하고 있다(Christenen et al., 2004, p. 302).

치료자는 배우자들에게 어떤 사건이 일어났는지 들으면서 연속된 상호작용에서 나타나는 자신들의 중요한 행동이 무엇인지 배우자들이 분명하게 알게 하고, 그 행동이 자신들의 평상시 패턴과 어떻게 유사한지 혹은 얼마나 다른지를 명료화하게끔 배우자들을 돕는다(객관성 유지하기). 뿐만 아니라 상호작용의 다른 지점들에서 각기 경험한 배우자들의 정서적 반응 또한 탐색하도록 도울 수 있기 때문에(공감적 관계 맺기), 저자들은 이 두 가지 전략을 치료자가 함께 사용하여 내담자를 도울 수 있음을 역설한다. 관계 알아차리기의 증진, 즉 역할이나 관계 방식에 정서를 가급적적게 개입시키면서 부정적인 관계 역할과 상호작용 방식을 비판단적으로 인식하는 길은 이 두 가지 전략을 함께 사용하는 것으로 통한다(p. 302).

관용 베풀기

Christensen의 작업에서 중요한 측면이 관용 베풀기인데, CBT에서 다른 사람들이 '예방접종'이라고도 언급하는 것이다(Meichenbaum, 1977). 이 개념은 문제들이 언젠가는 재현될 것이라는 가정을 중심에 두고 있다. 따라서 미래에 발생할 문제들에 배우자들이 대비하도록 준비시키기 위해서는, 문제의 완전한 제거에 초점을 두는 것은 비현실적이며 그보다는 문제의 관리에 초점을 두어야 함을 강조한다. 저자들은 또한, 치료 회기 내에서 배우자들에게 부정적인 행동을 연기하도록 권한다. 왜냐하면 배우자들이 지각하고 있는 문제 중 분명하게 정의된 부정적 행동을 다루는 방법을 가르치기 위해서이다. 파트너들 중 어느 한쪽이 주요 감정을 느끼고 있을 때, 그 감정을 조절하고 관리하는 방법을 토론하고 대안적인 반응 방법을 모색하며 과격한 언쟁을 낳는 일상의 촉발행동들이 일어나기 전에 스스로를 둔감화시킬 수 있도록 에피소드를 연기하게 하는 절차를 사용한다. 여기에서 목표는, 내담자들이 문제가 되는 행동을 연기하는 것을 따라가면서 치료자가 문제를 적절히 관리하는 데 필요한 지시를 하는 것이다. 나아가, 대개는 배우자들이 그들 사이의 차이를 부정적으로 경험하는데 그 '다름'이 주는 긍정적인 이익에 대해 배우자들에게 분석하게 한다. 이러한 점에서 그들의 전략은 일종의 기능 균형잡기인데, 즉 한 배우자의 관점이 상대 배우자의 반대되는 관점과 균형을 이룬다. 관용 베풀기의 사용에서 커플에게 주는 기본 메시지는, 그들의 문제가 재현될 수 있다는 사실에 대비해야 하지만 또한 이것은 효과적으로 관리될 수 있다는 점이다.

이 개입은 또한 치료의 과정에서는 일종의 재발을 예방하는 기제로 작용한다. 이는 특히 가정 내 학대와 폭력이 있는 상황에서 필수적인데, 이것이 매우 심각한 문제이기 때문이다.

덧붙여, Epstein과 그 동료들(Epstein et al., 2005)은 커플 학대예방 프로그램 (Couples Abuse Prevention Program: CAPP)을 고안했다. 이것은 친밀한 관계의 파트

너 사이에서 발생할 수 있는 폭력의 위험에 중점을 둔 인지행동 모형이다. 이 프로그램은 남용 행동과 그 부정적인 결과에 대한 심리교육, 갈등 중인 파트너들의 효과적인 분노관리기술 사용의 증진, 커플의 의사소통과 문제해결 기술의 개선, 과거의 트라우마와 무너진 신뢰로부터의 회복, 파트너들의 상호 지지 및 긍정적 활동의 공유 증가에 초점을 두고 있다.

다음은 10주 CAPP 프로토콜 및 회기 내용의 요약이다. 경험적 연구는 아직 초기 단계이지만, 현재까지 긍정적인 결과가 나타나고 있다(LaTaillade et al., 2006).

- **초반 회기**: 초기의 두 회기 동안, 배우자들에게 인지행동치료 프로그램을 개관하고 회기들의 구조(예: 이전 회기에서 정했던 과제 검토)를 안내한다. 치료의 초점이 될 현재의 문제들뿐만 아니라 강점에도 초점을 두면서 배우자 사이의 관계 경험들이 조사된다. 덧붙여 배우자들은 비폭력 계약(언어적 공격을 줄이는 약속 포함)을 한다.

  나아가, 배우자들은 분노관리의 인지 및 행동 전략을 구체적으로 배우며, 이외에도 자기-위로 절차, 타임아웃, 분노-유발 사고의 인지적 재구성 등에 대해서도 배운다(Epstein & Gaucom, 2002; Heyman & Neidig 1997). 건설적 형태의 의사소통과 파괴적 형태의 의사소통 각각의 결과가 어떤 것인지에 대해 배우자들에게 추가 교육이 이루어지며, 배우자들은 갈등 방지를 위한 효과적인 전략(예: 부정적 메시지를 던지는 배우자에게 똑같이 부정적으로 응답하기보다는 달래는 말을 하기)을 배운다. 회기와 회기 사이에서는 정해진 과제를 하면서 분노 관리 전략을 연습한다.

- **3, 4회기**: 이 두 회기 동안, 배우자들은 표현하는 기술 및 반응하는 기술을 배우고(Baucom & Epstein, 1990; Epstein & Baucom, 2002; Dattilio & Padesky, 1990) 연습한다. 새롭게 획득한 기술은 상대적으로 심각하지 않은 주제들에 적용하여 연습하기 시작한다. 연습이 좀 더 진전되면, 중간 정도 내지 심각한 갈등을 빚는 주제들을 가지고 그 기술을 연습할 수 있도록 주제의 중요도를 키운다. 이 회기 동안 과제는 중점적으로 분노관리 기법을 계속 사용하면서 의사소통을

연습을 추가한다.

- 5~7회기: 다섯 번째 회기에 들어서면 배우자들은 학대하지 않으면서 갈등을 해결하는 문제해결 기술을 배운다(Baucom & Epstein, 1990; Epstein & Baucom, 2002). 내담자들은 의사소통 기술과 문제해결 기술을 연결하는 것을 배우며 이러한 기술을 점차 갈등적인 주제에 적용해 보는 연습을 한다. 관계에서 배우자들이 중요하게 생각하는 영역에 이러한 기술을 적용하는 것에 역점을 둔다.

  문제해결을 방해하는 배우자들의 부정적인 인지를 파악하여 수정하는 데 특히 더 주안점을 둔다. 각 회기가 마무리되는 시점에는, 한 주 동안 수행할 과제에 대한 계획을 세우고 필요하다면 언제든지 분노관리 기술을 사용할 것을 환기한다.

- 8~10회기: 프로토콜의 마지막 회기들에서, 배우자들은 의사소통과 문제해결 기술을 계속 적용한다. 관계의 회복과 증진을 돕는 전략들이 보충된다. 치료자는 과거 가정 폭력 등의 외상적 사건에서의 회복에 역점을 두며, 관계에서 공동의 이익을 위해 배우자들이 함께 노력할 때 인내심을 기를 필요가 있다는 점 또한 강조한다. 학대의 피해자인 배우자가 외상적 증상(예: 놀람 반응과 불안 반응, 방어적 철수 등)을 계속 나타낸다면, 치료자는 가해를 한 파트너에게 공감적이고 지지적인 태도로 상대 배우자가 그 증상에 더 효과적으로 대처할 수 있게 적절히 돕도록 격려한다.

Novaco(1975)와 Meichenbaum(1977)이 저술한 스트레스 예방과 분노 조절에 관한 훌륭한 문헌은 치료자들에게 도움이 된다. 폭력적인 성격에 관한 Dutton(2007)의 저술 또한 치료자에게 추천한다.

◇◇◇◇◇◇◇◇◇◇◇
인지행동치료 시 유의점과 제한점

다른 형태의 치료처럼, 인지행동 치료에서도 금기사항과 한계가 있다. 앞서 주목한 바대로, 인지행동 커플치료는 어느 다른 치료 접근보다 잘 통제된 효과 연구가 가능하다(Baucom, 1987). 이러한 연구들은 의사소통 훈련, 문제해결 훈련 및 행동 계약이 포함된 프로그램을 같이 사용할 때 관계의 불편감을 감소시키는 데 상당히 효과적인 전략임을 보여 준다.

그러나 인지행동 모형을 적용할 때 고려해야 할 유의점들이 있다. 이들 중 한 가지는 인지행동 원칙을 적용하는 데 있어 훈련과 기술의 중요성이다. 인지행동치료는 방대한 연구, 훈련, 연습을 필요로 하며 치료자가 이론 및 접근법에 대해서 풍부한 배경 지식이 있어야 한다. 가족 구성원들이 서로의 사고, 정서, 행동에 영향을 줌과 동시에 영향을 받는다는 점을 고려하면, 이러한 개입들은 체계 이론을 배경으로 해서 가장 효과적으로 사용되었다. 효과적으로 CBT 기법을 적용하기 위해서는 이러한 관점도 고려해야 한다(Dattilio, 2001a; Leslie, 1998).

엄밀한 의미에서, CBT는 단선적(직선적인 인과론)인 경향을 띠며 커플과 가족에게 미치는 효과적인 영향이 적을지도 모른다. 왜냐하면 가족치료가 인지, 정서, 행동이 서로 영향을 주고받는 순환성을 다루어야 하며 개별로서가 아닌 하나의 체계로서 커플이나 가족을 다룰 필요가 있기 때문이다. 개인의 과거 탐색을 중요시하지 않는 일부 인지행동치료자들은 원가족과 관련한 문제들에서 특히 저해요인이 될수 있다.

무엇이 합리적인 사고인지 혹은 균형 잡힌 사고인지에 대한 치료자의 생각을 내담자에게 부과함으로써 치료자의 힘을 그릇되게 사용할 가능성 또한 있을 수 있는 또 다른 한계이다. 때로 내담자들은 치료에서 치료자의 가치와 목표를 받아들여야 한다는 압력을 느낄 수 있다. 어떤 배우자나 가족 구성원에게는 직면적 방식이 매우 힘들게 느껴질 수 있는데, 굳건한 치료적 동맹이 형성되지 않았다면 더욱 그럴 수 있다. 치료자는 내담자의 가정을 내담자 스스로 탐색하도록 도와야 하며, 내담자가 무엇을 해야 하는지 혹은 무엇을 하지 말아야 하는지에 대해 일방적으로 강의하지 말아야 한다.

과거 인지행동치료가 가장 많은 비판을 받았던 영역 중 하나가 치료에서 정서와 정동이 어떻게 다루어지는지와 관련된 것이었다. 인지행동의 접근이 감정을 작업하는 것에 불편함을 느꼈던 현장 실무자들의 마음을 끌었을지도 모른다. 따라서 CBT는 정동적, 정서적 측면에 좀 더 역점을 두는 방향으로 나아가야 하며, 특히 이러한 부분이 요구되는 사례의 경우 더욱 유념해야 한다. 이 논제는 2장에서 더 심층적으로 다룬다.

인지행동 접근에서 때로 문화적 민감성이 간과되기도 한다. 다양한 문화를 가진 집단에 CBT를 적용할 때의 결점 중 한 가지는, 내담자가 자신의 기본적인 문화적 가치에 문제제기하는 것을 주저하는 상황과 관계가 있다. 예를 들면, 일부 지중해와 중동지역의 문화는 종교, 결혼, 가족 및 아동 양육 등에 관해 엄격한 원칙을 가지고 있는데(Dattilio, 1995), 이것은 인지행동치료에서 논박(잘못된 생각에 근거한 사고에 반격하기)하라는 제안과 상충될 수 있다. 가령 내가 이집트에서 작업했던 한 사례에서는, 남편이 지닌 동기에 문제를 제기하라고 아내에게 제안했지만 이러한 나의 제안이 전혀 먹혀들지 않았다. 나중에 나는 그러한 행동은 이집트와 중동 및 아시아 지역 문화의 대부분에서 금기라는 것을 알았다. 이 일은 수년 전에 일어난 것이고 시대의 조류가 어느 정도는 변하고 있겠지만, 다양한 문화들에서 여전히 표면화될 수 있는 주제이다.

또한 지적 능력의 제한을 받는 커플과 작업하는 경우, 인지행동 접근 안에서 인지적 목표를 설정할 때 치료자는 어려움에 봉착할 수 있다. 내담자가 지적인 한계가 있거나 통찰력이 부족하다면 인지적 전략은 이에 맞게 수정되어야 하며, 아니면 인지적 전략을 포기하고 행동적 개입방법을 적용해야 한다.

인지행동 접근의 범위 안에서 유연성을 유지하는 능력은 치료자의 가장 큰 자질 중 하나이다. 치료받는 커플 혹은 가족이 어떤 특성을 지니고 있는지에 따라서 때로 치료자가 의도를 가지고 내담자를 공격하거나 과도하게 교육적인 방식을 취하면서 교훈을 얻게 하려는 방법을 사용할 수도 있다. 물론 이것은 요구들이 다양하기 때문에 각각의 요구에 맞게 수정되어 다루어져야 한다.

일반적으로 인지행동 치료자가 유연하면 할수록, 커플 및 가족과의 작업을 더 잘할 수 있다. 이 접근의 한 가지 미학은 특히 커플 및 가족과의 치료 작업에서 다른 양식들과 잘 통합될 수 있다는 점이다.

◇◇◇◇◇◇◇◇◇◇◇
위기의 커플 및 가족

위기 상황에 처해 치료를 찾아온 가족과 만나는 경우가 종종 있다. 만일 위기 상황에서의 회기가 치료자가 가족과 만나는 첫 만남이라면, 두말할 것 없이 프로토콜은 전형적인 과정과는 상당히 다를 수밖에 없다. 위기 상황에서는 보통, 커플이나 가족의 세부적인 내력을 조사하거나 이들의 전반적인 기능에 대한 사례개념화를 만들 기회를 갖기가 어렵다. 그렇기 때문에 위기를 다루는 수정된 방법이 사용되어야 하는데, 역기능과 직접적으로 연관되면서 상황을 위기로 격화시키는 현재의 사고와 행동을 표적으로 하는 것이 적절하다.

이런 상황에서는 당장의 위기를 완화하는 데 주력해야 하기 때문에, 당면한 상황이 어떤 것인지에 따라 이에 맞게 수정된 형태의 점진적 절차가 추천된다. 상황의 폭발성이 감소될 수 있도록 점감기법을 사용하고 계약을 도입하거나 혹은 비상시의 문제해결 기술을 가르치는 등, 다수의 인지적 또는 행동적 전략을 전면에 배치한다. 이것은 불꽃이 어느 정도인지를 알아내기 위해 연기를 걷어내고, 개인적인 심리도식이나 공동의 심리도식을 식별하기 위해 도로를 포장하는 것에 비유될 수 있는데, 이 지점에서 인지적 재구성이 전개된다.

수정된 점진적 절차

위기 상황에서 사용되는 전략은 전형적으로 입원 환자들을 위해 제안되는 것들과 유사하지만(Miller, Keitner, Epstein, Bishop, & Ryan, 1993), 여기에서는 위기 상황을 위한 CBT로 조정되었다.

1. 당면한 위기를 정의한다. 문제의 성격에 대해 그리고 보통의 가족에 대해 가족 구성원들이 몇 가지 수준에서 합의를 이루도록 시도한다. 이 과정은 위기가 가족 구성원들에게 미치는 영향과 위기를 처리하는 구성원들의 방식을 평

가한다.

2. 가족 단위로 들어가서, 나타난 증상의 변화 및 수정 혹은 가족 구성원들이 상황을 처리하는 과정의 변화 및 수정을 만들어 내려 노력하면서 명확하고도 직접적인 태도를 유지한다.

3. 커플 또는 가족 구성원들의 일반 역동에 대해, 그리고 그들이 어떤 기준을 가지고 위기를 다루는지에 대해 정보를 모으고 이해하려고 노력한다. 원가족이라든지 혹은 과거 관계들에서 유래하는 문제들을 철저하게 조사하고 다음 단계로 넘어간다.

4. 현재의 위기 또는 이와 유사한 상황과 관련이 있는 배우자의 원가족이나 부모의 원가족에서 연유하는 심리도식을 찾아내고, 이러한 것들이 전반적인 상황에 어떻게 직접 영향을 주는지를 파악한다.

5. 심리교육과 인지적 왜곡을 확인하는 다양한 방법을 사용하여 자동적 사고와 심리도식의 개념을 소개한다. 역기능적 사고 기록지를 소개하고 정서와 행동을 수정하는데 이것을 어떻게 사용하는지 안내한다.

6. 행동 계약을 사용하는 것에 대한 동의, 커플과 가족에 대한 지지 방법 및 추가적인 치료 대안(이를테면, 약물치료를 위해 의사를 찾아가기) 등을 안내한다.

7. 현 위기를 완화시키기 위한 노력으로 행동 계약에의 동의라는 개념을 소개한다. 위기가 지속된다면 이 개입은 여러 차례의 회기에서 계속 진행되어야 한다.

8. 심리도식의 영속적인 재구성과 행동 변화의 실행을 지향한다.

9. 대화의 기술을 다루고 문제해결 전략을 증진시킨다.

10. 향후 닥칠 수 있는 위기 상황에 대한 예방의 도구로서, 앞에 언급한 전략들의 이행을 강화한다.

11. 상담이나 심리치료가 계속되어야 할지 어떨지를 결정하고, 필요하다면 적합한 곳에 의뢰한다.

영속적인 심리도식과 행동 변화에 초점을 두기에 앞서, 부부 또는 가족 위기의 폭발성을 진정시키는 것이 필수적이다. 커플 또는 가족 구성원들이 위기를 효과적

으로 다루는 법을 배운다면, 발생할 수 있는 어떤 다른 위기로 치료가 궤도를 벗어
날 가능성이 줄어들며 영속적인 변화에 초점을 맞출 수 있다. 위기 가족에 대한 자
세한 사례연구를 보려면 그리고 구체적인 기법과 개입을 더 분명히 알고자 한다면
Dattilio(2007)를 참고하면 좋다.

간혹 위기는 변화의 추동력으로 작용한다. 즉, 커플 혹은 가족은 상황이 곪아 터
져서 위기가 온 다음에야 자신들의 역동이나 갈등을 다루기도 한다. 그렇기 때문에
치료자는 위기가 커플 혹은 가족 상황에 대해 무엇을 말해 주는지에 초점을 둘 필요
가 있다. 그런 사례들에서 치료의 분위기는 미세하게 다를 수 있다.

◇◇◇◇◇◇◇◇◇◇◇
동성 커플과 그 자녀들

동성 커플과 그들의 자녀와의 작업은 전문적인 문헌들에서 점점 증가하고 있
는 논제이다. 동성 커플은 이성 커플과 같은 여러 이유로 치료에 온다(Dattilio &
Padesky, 1990). 결과적으로 여러 가지 이성 커플에게 적용하는 동일한 개입을 환
경에 따라 약간씩 수정하여 적용한다. 치료자는 커플 및 가족이 동성의 결합 시 직
면하게 되는 특별한 문제들과 압력이 있음을 인식해야 한다. 흔히 동성 커플을 둘
러싼 잘못된 믿음에 치료자도 익숙해 있다는 점은 중요하다(American Psychological
Association, 1985).

동성 관계에서 발생하는 가장 두드러진 주제 중 한 가지는 아마도 개인이 외부의
압력에 노출된다는 것이다. 관계에서 갈등이 있을 때 고립이라는 스트레스가 추가
되는 것이 문제이며, 특히나 가족으로부터, 친구로부터 혹은 직장 동료로부터 고립
된다. 또 다른 스트레스는 자녀 입양과 확대 가족과의 관계 등이다. 그들이 경험하
는 갈등의 많은 부분이 이성 커플들이 경험하는 것과 아주 흡사하다는 것을 인식하
도록 돕는 것은 중요하다. 좀 더 자신들의 관계를 정상적이라고 느끼도록 돕는 것은
전형적으로 치료의 중요한 측면이다.

모든 치료자가 동성 커플 치료 경험을 가지고 있지는 않다. 따라서 필요하다면 다

른 치료자에게 의뢰하는 것도 고려해야 한다.

◇◇◇◇◇◇◇◇◇◇

비전형적 형태의 커플과 가족에 대한 자문

대다수 치료자는 전형적인 치료 양식에 초점을 두면서 치료를 찾아오는 커플과 가족을 대한다. 그러나 전문가 훈련을 쌓아나가고 있는 치료자에게 표준적인 치료 영역을 벗어나는 비전형적인 사례의 경우 자문이 필요하다. 위기 상황을 다루는 것도 그러한 경우들 중 하나인데, 이는 앞의 절에서 논의한 내용이다. 그러나 개입을 위한 다른 형태의 자문들도 있다.

다른 치료자의 자문

정신건강 전문가들은 간혹 다른 전문가와 계약을 맺고 그 사람의 의견을 듣거나 사례 자문을 받기도 한다. 어떤 경우에는 자신들의 치료 과정에 대한 다른 전문가의 의견을 듣고 싶어 하는 커플이나 가족 구성원 스스로가 이러한 요구를 하기도 한다. 이런 사례에서는 보통 몇 번의 횟수로 제한하여 자문 치료자가 방문하고 평가를 수행하여 치료의 과정과 방향에 대한 의견을 제공하게 된다. 그런 경우에, 평가의 방법들은 그 전문가에게 위임되고, 이를 통해 변화를 위해서 어떤 개입이 필요한지와 더불어 진전이 이루어지고 있는지 아닌지에 대한 의견도 제공된다. 자문을 의뢰받은 치료자는 치료의 전체 범위로까지 확장하지 않으면서 CBT의 기본 원칙을 여전히 고수할 수도 있다. 의뢰받은 치료자는 평가에 대한 일반적인 틀 안에서, 4장과 5장에서 부분적으로 제공한 지침을 사용하여 평가한다. 즉, 자신에게 의뢰를 한 치료자를 항상 존중하면서, 경계를 넘지 않고, 내담자들 모두가 준비되지 않은 상태에서는 치료를 진행하지 않는다.

자문을 제공하는 치료자는 의뢰한 치료자와 전화로나 직접 만나서 이야기해야 하며, 평가와 권고에 대해 기록한 보고서를 이어서 제공해야 한다.

법정 자문

부부 또는 가족 상황에 관한 조치로 명령을 내린 법원이 커플과 가족들(양육권과 관련된 상황에서)에 대한 전문가의 의견을 구하기 위해 때로 치료자에게 의뢰를 할 수 있다. 가령, 미국의 많은 주 정부와 지역에서는, 한쪽 배우자가 이혼 소송을 했는데 상대 배우자는 그 행동에 이의를 제기하는 경우에서처럼 배우자들이나 가족 구성원들이 특정한 상황에 놓여 있을 때 그들을 위해 법으로 정해진 상담을 받도록 되어 있다. 이런 경우 치료자는 문제가 되고 있는 특정 관계가 회복 가능한 것인지의 여부 및 권고되어야 하는 사항이 무엇인지에 대한 신속한 평가(보통 3회기에서 5회기 사이)를 제공한다. 치료자는 또한 그러한 자문을 의뢰받은 내담자들에게 비밀유지의 한계와 법원에 보고서를 직접 제공하게 된다는 점에 대해 알려야 한다.

단기 입원환자 자문

병원의 정신과, 약물 및 알코올 재활센터 그리고 여타의 보호시설 등에서는 치료를 받으려고 시설에 들어온 환자들을 위해 부부 및 가족 문제를 다루는 가족치료자들을 활용하는 경우가 많다. 그런 개입은 입원 환자가 시설에 머무르고 있는 동안 지속적인 치료 자문을 받도록 구성되어 있거나, 치료에서 해결되지 않고 남아 있는 문제들을 다루기 위해 외출해서 간단하게 몇 회의 외부기관 치료가 진행되기도 한다. 이와 관련해서는 Wright, Thase, Beck 및 Ludgate(1993)가 저술한 입원환자 가족치료의 장에서 더 자세하게 논의되어 있다.

다시 한 번 말하자면, 법정 자문에서처럼 내담자들에게 비밀유지의 한계를 인식할 수 있도록 해 주어야 하며, 연관된 다른 건강관련 전문가들과의 협력 및 자문의 필요성에 대해서도 내담자가 이해할 수 있도록 해 주어야 한다.

원가족 자문

가끔 치료자는 원가족을 위한 자문 요구 또한 받게 된다. 앞에서 기술한 것처럼 그런 자문은 James Framo(1992)가 소개한 것과 같이, 다른 양식의 가족치료들에서 더 흔한 일이다. 원가족 방문은 커플 또는 가족치료의 과정에서 대개 두 가지 환경 아래 발생한다. 어떤 경우에는 구체적인 문제를 다루기 위해 한 배우자 혹은 한쪽 부모가 치료자와 함께 자신의 원가족을 만나기로 선택할 수 있다. 다른 경우에는 전체 개입이 한 명의 내담자와 관련이 있는 것으로, 이 내담자는 특정한 사건에서부터 가족 역동에 이르기까지 수많은 주제를 다루기 위해 특정 원가족과 만나기를 희망한다. 예를 들어, 20여 년 전에 자신의 부모 및 형제자매들과 다투고 사이가 틀어졌다며 우울증을 호소하면서 개인치료를 찾아온 한 남자가 있었다. 이 내담자는 이제 그들에게 연락을 취해서 재회하기를 원했다. 내담자의 부모님과 형제자매에게 치료자가 직접 접촉을 했고 그들을 원가족 회기에 초대하였다. 그런 회기를 주선하는 것이 매우 어려운 경우들이 있는데, 그런 경우 전화 상담으로 연결하는 것이 좋다. 주어진 요건에 따라서 주말 마라톤 회기가 진행될 수도 있다. 이는 가족 구성원들이 먼 곳의 다른 지역에서 오게 될 때 필요하다(이런 이유로, 원가족 회기를 하기에 휴가 시즌이 가장 적기일 수 있다).

앞에 언급한 내담자의 경우에서처럼, 쓸 수 있는 시간이 제한되어 있다는 점 때문에 역점을 두어야 할 구체적인 영역이 신속하게 포착되어야 한다. 이러한 이유로 대부분 위기 자문의 사례에서와 같은 형식이 사용된다. 집중해야 할 초점은 보통 단일한 문제로 제한되는데, 근친상간에서부터 별거, 한 가족 구성원의 죽음 등에 이르기까지 어떤 것 하나가 주제가 될 것이다. 이러한 초점은 대개 문제의 해결 및 상호작용의 재연결 이상이며, 치료가 어떻게 계획되는지에 따라 한 명의 가족 구성원 혹은 모든 가족 구성원이 지속적으로 방문하게 되는 상황으로 변할 수 있다.

다른 환경에서는 가령 한 부모가, 원가족 전체와 만나는 대신에 자녀 한 명을 포함시켜 자신들 둘을 위한 특정 자문을 원할 수도 있다. 어떤 사례에서는 몇 차례의 회기 동안 전체 원가족을 만나 더욱 많은 것을 다루기도 하지만, 제한된 자문이 유익한 경우도 있다. 어느 것이 더 내담자에게 도움이 되는지에 대한 판단은 치료자에게 맡겨두어야 한다.

　상대 배우자를 포함시키지 말아달라는 요구에 따라 부부치료에 배우자 한쪽만 참여하게 되는 경우도 생길 수 있다. 이것이 흔한 일은 아니지만, 그 상대 배우자가 치료에 참여하는 것을 거부한 경우가 아니라면 이러한 요구는 힘과 통제의 주제와 관련된다(6장의 '장애물 및 변화에 대한 저항 다루기'에 논의되어 있다). 다시 한번 말하지만, 치료자는 그러한 상황에서 치료적인 대화의 전환를 하고 윤리적 판단을 해야 한다. 제한적이기는 하지만 때로 치료적 성과를 얻을 수도 있다. 이렇게 하는 것이 추후에 배우자나 다른 가족 구성원들을 치료에 참여하도록 유도하는 전주곡이 되기도 한다.

　치료자가 별거 중인 가족 구성원들을 만날 수도 있다. 대개 별거로 가장 고통을 받는 가족 구성원들이 별거에 대처하기 위해서나, 별거 중인 가족 구성원(들)과 재결합하는 방식을 알고 싶어서 치료에 온다. 이러한 경우 치료자는 별거 중인 구성원(들)에게 직접 접촉해서 치료에 참여하도록 요청할 수 있다. 치료자가 모든 가족 구성원들을 함께 모이도록 하는 데 성공하든 못 하든, 이 책의 앞에서 논의했던 대다수 CBT 기법이 이 상황에도 적용될 수 있다. 특히 심리도식의 주제, 심리도식이 별거와 관련되어 있는 방식 및 가족 구성원과의 분리를 가져오는 경직된 신념 등에 대해 적용해 볼 수 있다. 치료자가 가족 구성원들을 함께 치료에 참여시키는 데 성공하면, 심리도식에 초점을 맞춘 접근은 가족 구성원들에게 존재하는 왜곡된 신념과 정서적 상처를 다루는 데 있어 아주 효과적이다. 이러한 과정은 전형적인 가족치료의 형태에서는 벗어나 있다. 왜냐하면 시간이 제한되어 있는 상황 때문이며, 또한 곧 폭발해 버릴 수 있는 환경으로 인해 특정 가족 구성원들이 철수하기 때문에 이런 상황에서 치료자가 이들에게 침투할 수 있는 기회가 적기 때문이다.

◇◇◇◇◇◇◇◇◇◇◇◇

다른 치료자와의 협력치료

　협력하여 함께 내담자를 치료하는 다른 치료자를 두기로 치료자가 결정할 수도 있다. 커플을 치료할 때, 나는 종종 나의 아내인 Maryann과 함께 작업하는데, 아내는 뛰어난 재능을 지닌 심리치료자이다. 이러한 방식은 가족치료에서보다 커플치료에서 더 전형적으로 사용된다. 하지만 각각의 치료에서 사용될 수도 있다. 커플들은 성별과 연관된 문제들에서 균형을 맞추기 위해서나 혹은 폭넓은 관점을 제공받을 수 있을 것이라는 생각에서 남편-아내로 구성된 치료 팀이 자신들과 함께 치료 과정에서 작업하는 것을 더 생산적이라 생각하는 경우도 많다.

　금전적인 문제도 있고 실행 계획상에서 고려할 점들이 더 있다는 점에서 협력치료자를 두고 치료하는 것이 어려운 경우들이 많지만, 이렇게 할 수 있다고 하면 훨씬 효과적인 경우가 많다. 협력치료는 동성의 협력치료자와 함께 진행될 수도 있다. 만일 동성 커플에서처럼, 내담자들이 동성으로 이루어진 치료 팀을 원한다면 특히 그럴 것이다. 남성-여성으로 구성된 협력치료 팀이 치료적 결합에서 가장 좋다고 시사하는 연구도 있다(Sonne & Lincoln, 1965).

　협력치료를 진행하는 사례에서 치료가 적절하게 조율되지 못한다면, 협력치료는 더 복잡한 치료 상황을 만들면서 어려움을 가중시킬 수 있다. 그러나 노련한 협력치료 팀의 구성원들이 함께 작업하며 치료에서 일관된 방식을 사용한다면, 이들의 공유된 경험과 통찰이 치료적 예후를 증진시킬 것이다. 이 주제에 대한 좀 더 폭넓은 논의는 James L. Framo(1992)의 저서에 잘 나와 있다.

◇◇◇◇◇◇◇◇◇◇◇◇

복합적인 수준에서의 치료

　어떤 사례들은 복합적인 수준에서 치료자의 작업이 이루어져야 한다. 복합적 수준의 작업이란 한 가지 영역 이상에서 가족뿐만 아니라 개인을 작업해야 함을 의미한다.

다음은 우울증 병력, 자살 행동 및 발모광(만성적 머리카락 뽑기) 등으로 고통을 받고 있는 여성 청소년을 데리고 치료에 찾아왔던 한 가족과의 치료 사례이다. 이 사례는 청소년기 자녀 문제와 관련한 가족의 스트레스뿐만 아니라 인지적, 정서적, 행동적 문제들을 다루기 위해 기법들이 어떻게 조합되는지를 보여 준다. 또한 추후 이어지는 외래치료는 물론이고 자녀의 정신병리와 관련하여 입원 문제에 대한 자문도 다룬다.

릴리안의 사례: "제 머리카락을 뽑을 수밖에 없게 해요." [1]

릴리안은 불안할 정도로 자살 생각을 많이 하여 자발적으로 입원한 후, 병원 정신과에서 의뢰했던 15세 소녀이다. 병원 입원 중, 그녀는 우울하고 불안했으나 담당 의사와 치료 팀에게 우호적이고 협조적이었다. 그녀가 자신의 머리카락과 눈썹을 뽑기 시작했다는 보고도 있었다. 잠들기 전 20mg의 플루옥세틴(fluoxetine)과 50mg의 트라조돈(trazodone)을 복용했다. 몇 주 후, 자살생각이 멈추었다고 말하였으며 개인치료, 집단치료 및 작업치료에 참여하였다. 릴리안은 일주일만 더 머물렀다가 퇴원해서 부모님에게로 돌아갔다. 그녀는 정신과 의사와 심리치료자에게 외래로 후속 치료를 받았다. 불행히도, 릴리안과 부모는 그 치료가 썩 효과적이었다고 생각하지 않았다. 특히 릴리안과 부모님 사이의 긴장감의 문제와 릴리안의 충동적인 머리카락 뽑기 문제에서 더욱 그러했다. 따라서 그 가족 주치의는 나에게 그 가족을 의뢰해서 자문을 받고자 했다.

릴리안과 부모님과 함께 한 첫 회기에서, 부모님은 나에게 릴리안이 머리카락과 눈썹을 뽑고 면도칼로 자신의 팔 표면에 상처를 내고 있었다고 말했다. 듣자 하니 그녀는 남자 친구와 결별을 했는데 그녀의 표현에 의하자면 '진정한 사랑'의 상실로 인해 매우 고통스럽다고 했다.

릴리안은 자신이 '가족 문제' 때문에 일찍이 열네 살에 자살 시도를 했었다고 말

---

1) 엘스바이어사의 승인을 얻어 Dattilio(2005d)가 이 사례를 처음 인용하였다.

했다. 그녀는 주요 우울장애로 진단 받았으며, 후에 기분부전장애로 재진단되었다. 또한 강박적 충동장애의 진단도 받았다. 릴리안의 어머니는 전에 받았던 딸의 치료가 특히 불만족스럽다고 했으며, 그 이유로는 치료 과정에 자신이 충분히 포함되지 못했다고 느끼기 때문이라고 했다. 혈액 검사, CT 촬영, 추가적인 진단 검사를 포함하여 부정적 결과를 가져올 수 있는 것과 관련된 모든 의학적 정밀검사를 받았었음을 알려주었다.

초반의 가족 회기에서, 릴리안은 죄책감을 줄이기 위해서뿐만 아니라, 자신의 분노를 표현하기 위해서 머리카락을 뽑기 시작했다고 말했다. 부모 앞에서 그렇게 터놓고 이야기하는 것이 10대들에게 흔치 않은 일이지만, 릴리안은 자신이 보살핌을 받지 못했다고 말하는 지점에서 매우 분노했다. 릴리안은 부모님과 함께한 그녀의 삶에서 모든 것이 그리고 남자 친구와의 관계에서 일어났던 모든 일이 자신의 잘못이라고 느꼈다. (또한 그녀는 남자 친구와의 관계를 다루는 데 불안감을 경험했다.)

배경 정보를 통해 릴리안이 외동이고 늘 매우 독립적이었음을 알게 되었다. 좌절감과 분노 때문에 그녀는 열네 살부터 머리카락을 한 올 한 올 뽑기 시작했다. 머리카락 뽑기를 멈추려고 해 보았지만, 불안과 우울로 그런 행동을 자제하기가 어려웠을 것이다. 그녀는 강박적 사고로 고통스러웠으며 '원치 않는 머리카락'을 다시 뽑아야 한다는 강박을 느꼈다. 그녀는 또한 '나는 실패자다.'와 '나는 어리석다.'와 같은 사고를 했다. 덧붙이자면, 그녀의 사고에는 완벽주의적인 측면이 있었다. 릴리안은 머리에서 까만 머리카락만 뽑았다. 어머니가 릴리안이 아주 까만 색깔의 머리카락을 지니고 있다는 것(그녀의 머리카락은 붉은 기가 있는 금발이었던 것과 달리)이 아이러니라고 말하자, 그녀는 조용해지면서 아무런 말도 하지 않았다.

가족치료 회기는 어머니, 아버지 그리고 릴리안을 포함하였다. 우리는 릴리안의 가족 역동을 탐색하기 시작했다. 릴리안은 자신이 상당한 죄책감이 있었으며, 머리카락 뽑기는 자신의 삶에 항상 침투적이었던 어머니에 대한 분노와 적의의 표현 그 이상이었다고 설명했다. 또한 그녀는 어머니의 요구에 너무 수동적이고 복종적이라고 느꼈던 아버지에게도 다소 화가 났다. 릴리안은 어머니와 대립할 때 아버지가 자신을 더 옹호했어야 했다고 느꼈다. 릴리안은 아무런 행동도 하지 않는 아버지가 자신을 버린 것이라고 간주했다.

치료의 초반 단계는 가족 내부의 긴장감에 초점을 맞추었고 릴리안이 자기−학대에서 벗어나는 것에 역점을 두었다. 릴리안의 증상들은 노출 및 반응방지 기법의 인지행동 접근을 사용하여, 개인 회기에서 별도로 다루어졌다.

릴리안의 어머니는 강압적이고 침투적이라는 인상을 주었는데, 하지만 이것은 부부관계가 시작되었던 이후로 남편이 그런 수동적인 역할을 취했기 때문에 이런 태도로 전개된 것으로 여겨졌다. 그녀는 릴리안이 인생에서 성공하도록 항상 아주 엄하게 릴리안을 밀어붙였는데, 어머니의 이러한 점이 자신이 완벽주의적인 신념 체계를 발달시킨 이유라고 릴리안은 믿었다. 어떤 면에서는, 어머니의 요구에 릴리안은 순응하고자 했다. 그러면서도 동시에, 그녀는 어머니의 침투에 분노했으며 어머니의 기대에 부응할 수 있을 거라고 느끼지 못했다. 이런 꼼짝할 수 없는 고착된 느낌은 그녀가 말그대로 자신의 머리카락을 잡아 뽑도록 내몰았다.

불행히도, 릴리안의 아버지는 그저 아내와 딸에게 동조하면서 그들과 평화를 유지하려고 노력했고 이렇게 함으로써 가족 내에서 평형상태를 유지했다. 동시에, 그는 아내와 딸 각각에 맞서는 것을 피하려고 애썼다. 아버지가 그런 수동적인 자세를 취했기 때문에 릴리안과 어머니 사이의 이런 상황이 치료에서 쉽게 노출되었다. 아버지에게 대화에 참여하도록 반복해서 격려했고 치료 과정 안으로 천천히 아버지가 좀 더 합류하게 하면서, 아버지에게 그의 수동성에 대해 조금씩 환기시켰다. 이것은 남편에 대항하여 힘과 통제권을 얻기 위해 더러 애썼던 아내 쪽의 상당한 저항에 부딪혔다. 이러한 저항이 지속되어, 나는 가족 내에서의 문제들 중 하나가 그녀와 남편 사이의 힘의 불균형이라는 것을 반복적으로 알려주어야 했다. 흥미롭게도 이 치료 단계에서, 릴리안은 부모의 다툼에 끼어드는 대신 상징적으로 다른 곳에 정신을 팔고자 하는 것처럼, 자신의 머리카락 뽑기가 증가되었다고 보고했다.

놀라운 일이지만 초반의 저항에도 불구하고 릴리안의 부모님은 나의 제안에 마음을 연 것 같았다. 나는 그분들의 관계에서 힘과 통제권을 둘러싼 갈등을 다루는 부부치료를 별도로 받을 것을 제안했다. 또한 자신들의 분노와 적대감 및 각자의 충족되지 않은 욕구를 다루는 방법에 집중하였다.

릴리안과의 개별 작업에서 대부분은 노출(in vivo exposure) 및 반응방지 기법을 사용하였는데, 이것은 CBT에서 발모광(trichotillomania, 강박적 머리 뽑기) 치료를 위해 선택하는 기법이다. 그녀에게 불안을 느끼라고 하면서, 뽑고 싶은 마음이 강하게 드는 자신의 머리 위 머리카락에 계속해서 릴리안을 노출시켰고 동시에 뽑는 것을 자제하도록 지시했다. 그리고 나서 불안의 수위가 원래의 수준으로 감소할 때까지 불안이 가라앉기를 기다리라고 지시받았다. 자신의 몸을 베거나 할퀴는 것과 같은 자기-손상 행동을 하고 싶은 마음이 들게 하는 동기는 어떤 것이든 같은 방식으로 다루어졌는데, 위계의 등급으로 나누어서 하는 것이 기본이다. 릴리안이 초조하고 우울해질 때, 인지적 재구성 기법은 그녀의 사고와 정서의 처리 및 이에 대한 도전을 돕는 데 유용하였다. 가령, 그녀는 자기 스스로에게 만들었던 진술을 지지하는 증거를 따져보고, 이를 5장의 '자동적 사고의 검증 및 재해석'과 관련하여 논의했던 인지적 왜곡과 비교 검토해 보고자 역기능적 사고 기록지 사용 방법을 교육 받았다.

릴리안의 아버지에게도 코치의 역할을 하면서 그녀를 도와달라고 요청했다. 릴리안의 어머니에게는, 직접 관여하지 말고 남편이 릴리안과 함께 작업하는 것을 지지해 주도록 부탁했다. 이것은 가족 내의 힘과 통제권이 균형을 맞추도록 작용했으며 릴리안에게 아버지와의 유대감을 형성시켜 주었다. 릴리안은 또한 머리에서 까만 머리카락만 뽑는 행위가 자기 삶에서 어머니를 뽑아내는 상징적인 방식일 수 있다는 관점을 다루었다. 이것은 아버지가 어머니에게 맞서는 것을 두려워하는 것을 보면서 릴리안이 학습한 것으로 보였다. 결국 그녀는 자기-파괴적인 방식으로 저항한 것이었다.

좀 더 개방적으로 자신을 주장하는 방식으로 어떻게 릴리안의 자기-파괴적 행동을 변화시킬 수 있을지를 그녀에게 가르치는 것이 나의 목표였다. 결과적으로, 우리가 작업한 부분은 릴리안이 어머니에게 자기주장을 더 하면서 맞서는 것이었다. 6장의 '행동적 기법'에 나와 있는 자기주장훈련 방법을 사용하여, 릴리안과의 개별 회기를 몇 회 진행했다. 우리는 체계적인 역할연기의 방법을 활용했다. 내가 릴리안이고 그녀가 어머니라고 가정하면서 먼저 그녀에게 시범을 보였다. 그런 후 역할을 바꾸어서 내가 어머니 역할을 하고 그녀는 딸로서 나에게 자신을 표현하였다. 치료는 또한 릴리안이 완전한 존재가 아니며 어머니의 기대를 모두 충족시키는 것은 결코 가능하지 않다는 사실을 수용해야 함을 강조했다. 이러한 목표는 개별 회기와 더불어 공동 회기를 진행하면서 달성되었다. 또한 공동 회기는, 결국 릴리안의 아버지가 좀 더 자기주장을 하게 되는 통로로 작용했는데, 이로 인해 릴리안의 어머니는 자신의 행동의 방향을 바꾸고 자기주장을 좀 더 적게 하는 것이 가능해졌다. 처음에는 나의 개입들이 가족의 평형 상태를 깨트리는 것인 만큼 이러한 변화들을 만드는 것에 대한 강한 저항이 분명히 있었다. 릴리안의 어머니는 관계에서 자신이 '나쁜 사람'이 되었다고 느꼈으며 모든 것이 그녀의 잘못이라고 내가 암시하는 것처럼 느꼈다. 나는 그녀가 더 드러내 놓고 표현하는 부모였기 때문에 비난의 대부분을 그녀가 받는 것일 수 있음을 암시했다. 하지만 이것은 가족역동의 결과이자 남편의 결정에 따른 것이라고 나는 설명했다. 자녀를 훈육하는 과정에서 남편은 스스로를 부차적인 역할로 설정했기 때문이다. 새로운 상호작용 방식을 개발하고 힘과 통제감이 이제까지와는 달리 균형을 이루도록 가족 구성원들의 방향을 돌리기 시작하자, 그들은 내가 안내하는 방향을 수용하고 의미 있는 몇 가지 변화를 만들기 시작했다.

이것은 여러 수준에서 어려움이 있었던 흥미로운 한 가족의 사례이다. 한 가지를 들자면, 부정적인 행동 교환을 부채질하는 명백한 인지적 왜곡이 있었다. 그러나 가족 구성원들이 정서를 표현해 온 방식과 위기를 다루었던 방식도 다루어야 했으며 릴리안과 어머니 사이의 애착 문제도 다루어야 할 또 다른 중요한 문제였다. 관계의 균형을 회복해 나가면서, 릴리안이 아버지뿐만 아니라 어머니와의 유대를 형성하도록 돕는 방향으로 치료의 상당 부분이 할애되었다.

Chapter 08

인지행동치료의 발전

인지행동치료(CBT)와 잘 조화될 수 있는 다수의 치료들이 개발되었다. 일부 저자들은 이러한 치료가 자신들만의 완결된 개입방법이라고 주장할 수도 있겠지만, 나는 이러한 방법들이 CBT 접근을 한층 더 발달시킨 것으로 보는 것이 적합하다고 생각한다(Hofmann, 2008; Hofmann & Asmundson, 2008; Dattilio, 2009).

◇◇◇◇◇◇◇◇◇◇
수용-기반 기법

새롭게 등장한 치료기법들은 심리적 사건들을 열린 마음과 수용의 태도로 자각하는 자세를 촉진한다. 내담자들이 '대놓고 부정적'이고 비합리적이거나 심지어 정신병적이기까지 할지라도 말이다(Hayes, 2004). 수용(acceptance)이라는 용어는 다양한 심리적 과정 및 상호작용 행동을 묘사하는 데 사용되어 왔다.

Hayes에 따르면 수용전념치료(Acceptance and Commitment Therapy: ACT)의 원칙적 목표는, 정서적 회피, 인지적 내용에 대한 지나치게 융통성 없는 반응 및 행동 변화를 만들고 전념할 수 없는 것 등을 다루는 것이다(Hayes, 2004).

커플 및 가족과 작업할 때, 수용은 한 개인 내에 있는 심리적 현상으로서만 간주되지 않으며, 배우자들 사이에서, 가족 구성원들 사이에서 혹은 대인관계 접촉들 사이에서의 거래 과정으로 간주된다. 수용은 타인에게 인정받거나 혹은 그렇지 못하는 자신의 사적인 경험에 대한 반응이다. 이것은 사고, 감각, 정서, 각성의 경험, 욕망 혹은 욕구 또는 다른 내적 자극일 수도 있다(Fruzetti & Iverson, 2004).

수용의 한 형태는 관계에서 불편감을 인내하는 것과 관련이 있다. 불편감을 야기하는 처음의 자극이 다른 반응을 가져오는 다른 자극으로 변형되는 것에 초점이 두어진다. 이런 점에서, 자극은 불편감에서부터 만족감에 이르기까지 변형된다. 스트레스의 수용이란 자기 자신의 가치관에 일치하는 방식으로 혹은 자신의 목표를 달성하기 더 쉬운 방식으로 살아감을 의미한다. 수용의 최소 측면은 문제가 존재한다는 인식 및 그 문제가 관계 상황에서 연관되는 방식과 관련된다. Fruzetti와 Iverson(2004)은 다음과 같이 수용의 몇 가지 요소를 정의하였다. (1) 문제의 현상은 그 사람의 인식 안에 있다. (2) 경험치에 상관없이(기쁘거나 불쾌하거나, 원했던 것이거나 혹은 원하지 않았거나) 개인은, 경험을 변화시키기 위해서 혹은 경험을 낳는 자극(들)을 변화시키기 위해서 일반적으로 자신이 지닌 자원을 조직화하는 데에만 집중하지는 않는다. 그리고 (3) 개인은 현재의 사사로운 경험과 그 경험에 선행하는 자극(들) 사이의 관계를 이해(그것의 정확성이나 진실성에 무관하게)하고 있다. Fruzetti와 Iverson(2004)은 계속해서 (1) 변화에 따른 수용과 (2) 순수한 수용이라고 하는 두 가지 수용의 수준을 말하고 있다. 순수한 수용은 단순한 인내나 진솔한 혹은 근본적인 수용과 관련되며, 그러한 수용에서는 부정적인 경험이 중립적인 경험이 되거나 심지어 긍정적인 경험으로 변형된다.

수용의 원칙들은 갈등 중인 커플치료에서 유용하기 때문에 추천되고 있다. Christensen 등(2004)은 수용의 개입이 커플에게 자연스럽게 상대방을 정서적으로 더 받아들이게 하는 조건을 만든다고 말했다. 그들은 다양한 전략의 사용을 제안하는데, 공감적 참여(empathic joining)도 그중 하나이다.

◇◇◇◇◇◇◇◇◇◇◇
마음챙김

마음챙김(mindfulness)은 서구의 연구자 및 치료자들이 광범위하게 연구해 왔지만, 원래 불교와 동방의 다른 종교 체계에서 나온 개념이다. 마음챙김은, 전부라고 할 수는 없어도 대부분의 성공적인 치료에서 한 요소라고 할 수 있다. 왜냐하면 마음챙김이 사색을 강조하고 자각하는 주의를 증진시키도록 역설하기 때문이다. 마음챙김은 현 시점에서 개인의 경험에 대한 주의의 방향으로 정의되어 왔는데, 이러한 주의는 호기심, 개방성 및 수용의 특징을 가진 방식으로 이루어진다(Bishop et al. 2004).

최근에는 마음챙김이 친밀한 관계에 대한 작업에도 적용되어 왔다. 관계에서 생기는 불편감을 이해하는 하나의 방식으로, 거부적이고 취약한 정서를 배경으로 부적응적인 정서 목록들이 나타난다고 보는 것이다. 마음챙김 개념은 현재의 순간에 개방적이고 수용적인 주의이다. 이러한 주의는 거부감이 드는 정서를 더 잘 수용하고 덜 회피하는 태도를 키워준다. 이 방식은, 더 반응적이고 상대적으로 건강한 반응 양식을 가능하게 해 준다(Wachs & Cordova, 2007). Wachs와 Cordova(2007)의 연구는 마음챙김 정서 목록과 부부 적응 사이의 이론적 관계를 탐색했다. 기혼자 커플을 표본으로 한 연구에서 연구자들은 자기-보고된 마음챙김과 정서적 기술과의 관련성을 조사하였다. 정서적 기술이란 정서를 인식하고 포착하기, 공감하기 및 화가 나는데도 불구하고 사려 깊은 반응을 하기 등과 관련이 있다. 또한 연구자들은 자기-보고 형식으로 측정한 마음챙김과 관계 만족도 사이의 연관성을 조사했다. 그리고 마음챙김과 관계 만족도 두 변인 모두를 상세히 살펴보았다.

연구 결과, 정서적 기술과 마음챙김은 모두 부부 적응과 상관이 있었다. 또한 기술을 요하는 정서관련 목록들, 구체적으로는 분노 표현의 조절뿐만 아니라 정서를 포착하고 소통하는 것과 관련된 요인들은 마음챙김과 부부관계의 질 사이를 완전히 중재하였다. 이러한 연구 결과는 정서적 관용을 키울 필요가 있다는 이론적 근거를 제시해 준다. 또한 현재의 경험에 주의를 지속하는 것은 자신의 사고와 감정을 가까이에서 접하게 해 주며 나아가 자신의 정서 경험을 더 편안하게 느끼도록 해 줄 수 있음을 시사하고 있다. 마음챙김의 개념은 자각하는 주의라고 하는 주의의 성격을 역설하며, 이러한 주의가 정서 반응을 더 적응적으로 하게 해 주는 조건을 어떻게 만들어 내는지 그 방법을 강조한다. 의식의 내용에 대한 보다 상위 수준의 이러한 인식 형태는 이미 '상위인지수준의 인식(metacognitive awareness)'이라 불려왔다(Teasdale et al. 2002).

마음챙김은 커플과 함께 이들의 공감 수준을 다루는 데 매우 적합하다. 나아가, 마음챙김을 사용하여 공감 수준을 탐색하는 작업은 타인의 감정에 조율하고 이에 관심을 갖는 것이 현재의 순간에 주의를 기울이는 것과 같은 종류의 기술이라는 고찰로 이어진다. 공감이라는 구성개념은 다른 사람의 정서적 상태를 민감하게 관찰하고, 그 사람이 느끼는 감정을 자신도 같이 느끼고 있다는 것을 내비치면서 타인에게 자신의 감정을 반영하는 개인의 능력이다(Johnson, Cheek, & Smither, 1983).

몇몇 다른 저자들은, 마음챙김이 낭만적 관계의 질을 고양시키는 데 상당한 가치를 지님을 시사하였다. KabatZinn(1993)과 Welwood(1996)는 마음챙김이 관계에서의 조율, 연결 및 친밀함을 증진시킴을 보였다. 낭만적 관계 만족도 및 관계 불편감에 대한 반응에서 마음챙김의 역할에 대한 연구도 이루어졌다. 그 결과, 마음챙김이 낭만적 관계의 안녕감에 큰 영향을 주는 역할을 할 수 있음을 나타내면서, 마음챙김이 관계 만족도와 관련이 있음을 다시 보여 주었다(Barnes, Brown, Krusemark, Campbell, & Rogge, 2007).

마음챙김은 주의와 자각을 강화시키는 데 유용하며, 이 두 가지는 모두 대인관계에서 중요한 것이다. 커플 구성원들 사이에서의 성공적인 의사소통을 위해 주의 깊은 적극적 경청 또한 그 중요성이 강조되고 있다(Bavelas, Coates, & Johnson, 2000, 2002). 대기자 목록을 무선 할당하여 구성한 통제집단의 커플들에게 마음챙김에 기반한 관계 증진 8주 프로그램을 적용하여, 마음챙김 기술을 고양시키기 위해 설계된 개입의 효과를 조사하는 연구들이 수행되었다. 이 연구 결과는 건강한 낭만적 관계 기능을 증진하는 데 있어서도 마음챙김의 효과를 뒷받침하였다. Carson, Carson, Gil 및 Baucom(2004)은 이 개입이 커플들의 관계 만족도, 친밀도, 상대방에 대한 수용, 관계 불편감 및 다른 관계 결과물들에 긍정적인 영향을 끼쳤다고 밝혔다. 개입은 또한 개인들의 안녕감에도 긍정적인 영향을 주었다.

Shapiro, Schwartz 및 Bonner(1998)가 수행한 또 다른 연구에서는, 8주간의 종단 연구를 통해 마음챙김에 기반한 스트레스 감소 및 마음챙김 수준의 증가가 자기-보고로 측정한 공감(self-reported empathy)의 증가와 관련이 있음을 밝혔다. 공감은 특히 관계의 유지에 영향을 미치며, 긍정적인 적응 행동을 예언하고, 궁극적으로는 관계 만족감으로 이끈다(Davis & Oathout, 1987, 1992; Hansson, Jones, & Carpenter, 1984).

또 다른 방식으로 마음챙김은 관계에서의 적응에 기여한다. 즉, 마음챙김을 하는 배우자가 더 낮은 수준의 부정적인 정서 및 행동을 보이는 관계를 맺는 경향이 있다는 것이다. 마음챙김은 긍정적 정서성과 정적 상관을 지니며 부정적 정서성과는 역상관을 보인다. 이것은 애정을 기반으로 하는 동반자 관계에서 마음챙김을 하는 사람의 부정적 정서성이 불균형적으로 우세한 경우가 더 적음을 시사한다. 부정적 정서성은 관계에서의 갈등과 환멸감의 예언자이다(Carrere & Gottman, 1999).

Chapter **09**

사례

◇◇◇◇◇◇◇◇◇◇◇
은퇴의 함정

워든(Warden)과 비올라(Viola, 그녀는 Vie-로 불리기를 선호)는 44년간 결혼생활을 이어오고 있는 60대 후반의 부부이다. 그들에게는 30대 후반인 아들과 딸, 두 명의 자녀가 있는데 자녀들은 모두 결혼하였다. 손자들도 몇 명 있었다. 워든과 비는 모두 Pennsylvania Dutch라고도 하는 독일계 펜실베이니아 사람으로 자랐다. Pennsylvania Dutch는 19세기 초반에 미국으로 건너온 초기 독일 이주민들의 후손들로, 펜실베이니아 북동쪽 지방의 근면한 문화를 지니고 있다.

비와 워든은 자신들이 꽤 괜찮은 결혼생활을 했으며 가정을 꾸리는 일상적인 스트레스 외에는 별다른 어려움을 전혀 경험하지 못했다고 말했다. 그들은 다투는 일이 거의 없었다고 회상했다. 그들이 모두 은퇴하기 전까지는.

직장 일에 몰두하면서 가정을 꾸리고 있을 때, 부부들은 종종 꽤 잘 기능한다. 그러나 인생 후반에, 자녀는 성장하고 배우자 둘 모두가 은퇴 연령에 도달하게 되면, 부부들은 예전보다 더 많은 시간을 함께 보내게 되며, 더욱 강렬한 관계로 내몰리고 때로는 적응의 어려움을 경험하게 된다. 서로 상대방의 신경을 건드리고 어떤 경우에는 상대방이 다시 일을 갖거나 혹은 집 밖에서 시간을 더 보내주기를 바라게 된다는 말은 이 배우자들에게서 처음 듣는 것이 아니었다. 치료에서 한 여성이 그런 상황을 '은퇴의 함정'이라고 불렀던 것이 기억난다. 자신들의 노후를 즐기면서 아주 다정하고 마음이 잘 맞는 커플로 소개되었던 워든과 비의 사례가 분명 이 경우에 해당했다. 불행하게도, 첫 회기 동안 워든과 비는 서로 끝낼 준비가 되어 있으며 자신들이 결혼생활을 유지할 수 있을지 어떨지 모르겠다고 말했다.

워든의 직업은 큰 회계 회사에서 비용 평가사였고, 비는 고객 주문을 받아 직물을 제조하고 디자인하는 일을 했다. 두 명 모두 가정생활뿐만 아니라 자신의 일을 사랑했으며 항상 마음이 꽤 잘 맞았던 것으로 보였다.

워든이 50대 후반에 먼저 퇴직했다. 이때가 결혼생활에서 어떤 문제가 시작된 시점 혹은 그들이 다투기 시작한 시점이다. 비는 워든이 매일같이 집에 있게 되면서부터 평소 때보다 더 초조해한다고 느꼈다. 처음에는 남편이 천식 때문에 복용하는 콜티코 스테로이드를 너무 많이 복용해서 그런가 생각했는데, 남편이 가끔 사소한 일에도 '벌컥 화를 내는' 것이 그 때문이라고 느꼈다. 비는 자신이 마트에서 샐러드 드레싱을 잘못 사와서 워든이 장광설을 늘어놓기 시작했을 때의 일을 예로 들었다. 그녀는 결혼 초반 워든의 모습이, 비록 아주 가벼운 행동이기는 했지만 살짝 이와 유사했었다고 말했다. 그러나 은퇴한 이후로는 더 악화되어 워든의 분노폭발이 더욱 빈번해졌다고 했다.

비는 워든보다 몇 년 더 직장생활을 했다. 그녀가 마침내 은퇴를 했을 때, '엉망이 되었다.' 비와 워든은 자신들을 추위를 피해 남쪽에서 겨울을 나는 노인을 뜻하는 '눈 새(snow birds)'라고 불렀다. 그들은 북동부에서 여름을 보내고 사우스캐롤라이나에서 겨울을 보냈던 것이다. 풍경과 기후가 변했어도 그들은 계속 말다툼을 했는데, 그들의 다툼이 지난 몇 년간 악화되어 왔다고 이구동성으로 이야기했다.

"제가 문제가 있다는 걸 압니다. 그렇지만 나만 그런 것은 아니에요. 아내에게도 많은 문제가 있어요."라고 말하면서 워든이 먼저 자백했다. 또한 워든이 우울증으로 힘들어하고 있다는 것이 비가 느끼는 바였다. 이 부부는 자신들이 꽤 잘 지내면서 일과 자녀에 열중했었을 때인 직장 생활 기간이 그립다고 말했다. 그때에도 가끔 골치 아픈 일들이 발생하기는 했는데, 그런 경우는 대개 워든이 과음을 했을 때였다. 워든은 결혼 생활 중 처음 7년에서 10년 정도 음주를 했으며 스스로 술에 너무 의존적으로 되었다고 느끼고서 단주를 했다. 결혼 생활 중에 물리적이거나 언어적인 학대는 결코 없었으며 단지 말다툼을 했던 것이라고 부부는 확인해 주었다.

비에게는 사소한 것이라고 여겨지는 것들에 대해, 워든은 너무 과하게 걱정을 하곤 했다. 예컨대, 워든은 결벽증이 있었는데 별 문제가 없는 모든 일에 흠을 잡았다. "예전에는 서로에게 잘 맞추곤 했는데 이젠 더 이상 그렇게 안 되는 것 같아요." 그들은 부부상담을 받을 생각을 전혀 하지 않았다고 했는데, 왜냐하면 그렇게 하면 자신들의 부부관계가 실패로 되어 버리는 것 같고 또 자신들의 문제는 자신들의 힘으로 해결할 수 있어야 한다고 느꼈기 때문이었다. "우리는 독일계 펜실베이니아 사람입니다."라고 워든이 말했다. "우리는 자기 빨래는 자기가 하죠." 비는 늘 워든이 아주 강압적이라고 느꼈지만, 그것을 그저 받아들였다. 때로 그녀는 워든에게 편지를 쓰기도 했지만 편지를 절대 건네주지는 않았으며, 자신의 감정을 표현하려고 동성의 친구랑 이야기하는 일도 전혀 없었다. 그녀는 워든에게 절대 그렇게 할 수 없다고 느꼈다. 왜냐하면 그렇게 하는 것이 워든을 불안하게만 할 뿐이기 때문이었다. 그들은 각자의 일이 자신들에게 피난처였으며 대부분의 다툼을 피해가게 해 주었다고 인정했다.

그러나 워든이 은퇴한 후로, 비는 그가 훨씬 더 강압적으로 변했다고 느꼈다. 또한 그녀의 친구들뿐만 아니라 그녀의 직장 일과 관련된 것들을 자신에게 말하기 시작했다고 느꼈다. "아무데도 피할 곳은 없고 가끔 덫에 걸린 느낌이죠."라고 비가 말했다. 워든은 자신도 똑같은 것을 느꼈다고 하면서 큰 소리로 말했다. "아내는 늘 자신이 바라는 대로 내가 해 주길 기대합니다. 그런데 나는 아내가 원하는 것이라도 어떤 것은 하고 싶지 않거든요." 그는 지겨워졌고 우울하게 되었다고 말했으며 혼자 폭발해 버릴 것 같은 느낌이라고 말했다. 워든은 또 불평했다. 사우스캐롤라이나에 있을 때, "비는 '노인들'과 사교하는 걸 좋아합니다. 나에겐 따분한 사람들이죠. 아내는 그게 만족스럽겠지만 전 뭔가 다른 게 필요합니다."

대략 40분간 이 커플의 이야기를 경청한 후 나에게는, 비와 워든이 피상적으로 보이는 문제로 불평하고 있다는 생각이 들었다. 나는 그들의 문제가 수년간 지속되어 온 이면의 권력 투쟁을 표상하는 것이 아닐까 하는 의문이 들었다. 그들을 조금 더 탐색해 보기로 결정하면서, 힘과 통제의 이슈를 제기하는 것은 자제했다. 나는 "장년기의 원숙하신 두 분이 그런 피상적인 문제를 해결할 수 없는 것처럼 보이는 걸 어떻게 설명할 수 있을까요?"라고 물었다. 비는 말했다. "모르겠어요. 저희 둘 다를 지치게 하는 게 그거예요. 저는 항상 워든에게 그렇게 관용적이었는데, 이제는 한계점에 도달했다고 생각해요. 더 이상 참지 않죠. 남편은 이런 상황에 자신이 어떻게 해야 할지 모릅니다. 결과적으로 남편은 화가 치밀고 저는 남편의 행동을 참을 수 없고, 그래서 제가 자리를 떠버리죠." 워든이 은퇴한 후로 바쁘게 지낼 만큼의 활동을 하지 않았으며 그렇기 때문에 그가 빈둥거리며 시간을 보내고 걱정하면서 사소한 일에 열중하게 되었고 이것이 워든을 비참하게 만들었다고 비는 믿었다.

워든은 항변했다. "빈둥대면서 혼자 있는 거 나 좋아해. 집 주변에 할 일도 있고, 그래서 즐겁다고. 나는 사우스캐롤라이나의 따뜻한 기후가 좋지만, 북동쪽을 더 선호해. 사우스캐롤라이나에 할 일이 많이 있지만, 내가 좋아하는 일들은 없다는 것이 문제이고, 우리가 분열되었다는 게 문제지." 비는 이때 큰 소리로 말했다. "그게 전부가 아니죠. 워든은 냉소적이고 신랄한 비난을 많이 하는데, 견디기가 힘들어요. 그가 버럭 화를 내버리기 때문에 거스를 수가 없어요, 절대. 금방이라도 깨져버릴 살얼음판을 걷는 것 같고 나라는 존재는 없어요." 이 말을 하면서 비가 울기 시작했다. 자신의 일부를 잃어버린 것처럼 느꼈으며 다시 '온전한 인간'이 되기 위해서는 워든을 떠나야만 하는 게 아닐까 하는 느낌이었다고 울면서 말했다. 그의 아내가 울기 시작한 순간의 워든을 나는 관찰해 보았다. 그는 꼭 야단맞은 어린 아이처럼 자신의 의자에 깊숙이 몸을 집어넣었다.

아내의 말에 대한 그의 자동적 사고가 무엇이었는지 묻자, 그때 그가 좀 더 큰 소리로 말했다. "음, 아내는 생각 없이 말을 함부로 하는데 이게 저를 화나게 하는 거죠! 얼마 전에 우리가 손주들을 방문했어요. 손주들이 이웃집 개를 좋아했는데 아마도 그 개가 그 무렵 죽었나 봐요. 그런데 비가 아이들에게 건넨 첫 번째 말이 뭐였

냐면 '아, 이웃집 개 소식을 들었는데 안됐구나'였어요. 물론 아이들은 복받쳐서 울기 시작했죠. 저는 혼자 생각했어요. '대관절 아이들한테 가서 꼭 그렇게 말해야만 했을까?'" 워든의 생각으로는, 타이밍이 나빴고 그 개가 죽었다는 것을 아이들도 이미 알고 있었기 때문에 비가 군이 그 이야기를 꺼낼 필요가 없었다. 말도 안 되는 행동이었다. 그때 비가 끼어들면서 말했다, "워든, 나는 그냥 느낀 것을 말했을 뿐이야. 그게 뭐가 그렇게 나빠?" 그녀는 워든을 가리키면서 말했다. "당신은 당신이 하는 모든 말을 비교하고 따져야 하지만 나는 그렇지 않아. 당신은 항상 내가 틀린 말을 하고 있다고 말하지. 워든과 함께 있으면 나 자신을 잃어 버려요. 내가 무엇을 느끼는지 말할 수가 없어요. 내가 말하는 모든 것을 그는 통제하고 싶어 해요. 그렇게 하는 것이 옳다고 그가 믿기 때문이죠."

여기서 나는 그들 둘 다 멈추게 하고 말했다. "두 분은 단지 서로를 참을 수가 없고 서로의 차이점을 참을 수 없는 거네요, 그렇죠?" 배우자들은 아무런 말없이 고개를 숙였다. 나는 말했다. "지난 세월 동안은 주의를 분산시키는 것들이 있었기 때문에 서로를 참을 수가 있었는데, 지금은 더 많은 시간을 함께 보내고 있어서 두 분에게 집중 조명이 비춰지고 있는 것 같네요. 두 분의 차이점들은 부각되는데, 서로의 다른 점을 인내하는 능력은 여기 없군요. 그렇지만 저를 의아하게 만드는 것은 이 차이점을 다루는 전략을 찾는 것이 두 분에게 왜 그토록 어려운가 하는 것입니다. 두 분은 각자가 그렇게 능력 있는 분들이신데, 이 장애물은 극복할 수가 없군요."

두 사람 모두 나를 빤히 바라보았다. 마치 그들 모두 대답을 알고 있지만 내 앞에서나 그들 스스로 인정하고 싶지 않다고 말하는 듯했다. 나는 두 사람을 응시하면서 말했다. "두 분의 마음속에 있는 생각을 말하실 필요가 있다고 생각합니다. 두 분의 얼굴이 저에게 많은 것을 말하고 있는데도, 두 분은 행동으로 나서지 않는군요." 워든은 곁눈질 하면서 말했다. "누가 더 멀리 오줌을 누나 하는 시합 같아요. 우리는 상대방에게 굴복하지 않으려 하는데 그 이유는 모르겠어요. 미친 짓이에요! 삶의 중년기에 우리는 여기서 개, 고양이처럼 싸우고 있어요. 얼마나 어리석습니까!"

우리가 분명 정지 상태에 있었기 때문에 기어를 바꿔야겠다고 결정한 것이 이 때였다. 이런 점에 대해 그들이 생각하기를 바랐고 고민해 보기를 원했다. 관계에서 뭐가 잘못되었는지에 대한 불만 세례를 듣고 난 후, 나는 종종 하곤 하는 질문을 그들에게 했다. "두 분의 관계가 어떻게 돌아가고 있는지 저에게 말씀해 주시겠어요?"

비가 먼저 대답했다. "대개 그렇듯이, 우리 둘 다 즐거운 어떤 일을 하고 있을 때는 사실 잘 지내요. 그리고 심각한 일이 아니라면, 또 어느 정도 가벼운 일인 경우라면 우리는 실제로 좋은 시간을 보내지요. 심하게 다투는 것은 조금 더 복잡한 일일 때 그러는 것 같아요." 나는 그들이 함께 잘, 즐겁게 지내는 일들의 예를 들어 주길 요청했다. 그들은 친구를 방문하거나 카드놀이, 대개는 브릿지 게임을 하면서 즐긴다고 말했다. 또한 함께 영화를 보러 가고 손주들을 보는 것도 즐거워했다.

이 긍정적인 주제들을 오래 이야기할 수는 없었다. 비가 불평을 다시 꺼냈기 때문이다. "워든은 모든 것을 그저 보기 좋게 포장하려고 하죠. 그는 사람들이 듣고 싶어 하는 말을 하는데, 저는 그냥 사실 그대로를 말해요. 하지만 워든이 저를 쏘아볼 때 그것은 '닥쳐'라는 말이고 저는 그게 화가 나요." 나는 비의 말에 대한 확인을 바라면서 워든을 바라보았고, 워든은 아내가 사람들에게 말할 때 좀 더 자제해야 한다고 생각하기 때문에 아내가 하는 어떤 말들은 짜증이 난다고 말했다.

비가 스스로 느끼는 것을 말하는 것이 어떤 피해를 가져오는지 워든에게 물었다. 워든은 비가 일부러 상처가 되는 말을 한 적은 없으며 또 비가 항상 문제를 일으키는 것은 아니라는 점을 인정했다. 그들에게 상대방의 행동에 대해서 임의 추론(arbitrary inferences)을 하는 경향이 있어서, 이것이 그들이 내내 경험하고 있는 갈등을 만들어 내고 있는 것이 아닐까 하는 나의 생각을 소개했다. 비가 계속 이야기했다. "우리가 어딘가로 외출하게 될 때면, 워든은 어떤 말을 하지 말라거나 문젯거리를 만들지 말라고 저에게 미리 준비시키곤 했어요. 이런 것이 정말 저를 화나게 했죠. 그는 '이 말은 꺼내지 마, 또는 그것에 대해서는 어떤 말도 하지 마.'라고 말해요. 나는 혼자일 때 훨씬 더 편안함을 느껴요. 이러한 변화는 상상하기도 어려워요."

첫 회기를 진행하면서, 이 커플에게 정확히 어떤 일이 일어나고 있는지에 대한 나의 개념화를 확장하고자 했다. 왜냐하면 많은 불평이 다른 사람들만큼 심각한 것은 아니라고 보였기 때문이다. 하지만 동시에 더 심층적인 수준에서 이 배우자들의 사고가 자리하며, 이것은 각자의 원가족에서 연유했을 것으로 보였다. 이것에 대해 좀 더 조사하기로 하면서 그들의 배경에 대해 각자 말해 달라고 요청했다.

비는 외동딸이었다. 부모님은 폭풍우가 몰아치는 격렬한 결혼생활을 했고 항상 서로 상대방의 신경을 건드렸다. 그녀는 말했다. "저희 어머니는 워든과 비슷하고 제 아버지는 저와 상당히 비슷해요. 저는 아버지를 더 좋아했고 자라는 동안 항상 어머니에게 화가 나 있었죠." 비는 계속 말했다. "저는 자라서 제 어머니와 결혼했다는 것이 재밌어요. 이 점을 어떻게 생각하세요?" 나는 이런 일은 사실 흔하지 않으며, 사람들이 종종 자신의 원가족에서 유래하는 긍정적인 속성과 부정적인 속성을 배우자에게서 찾는다는 점을 그녀에게 상기시켰다. 워든의 행동이, 어머니와의 상호작용을 연상시키며 반응을 하도록 촉발시킨 경우가 있는지 비에게 생각해 보도록 했다. 그럴 법하다고 비는 느꼈다. "워든과 다툴 때, 제가 아직도 엄마와 싸우고 있었던 것일지도 모르겠어요." 비에게 그 점에 대해 생각해 보고 치료 과정의 후반부에 다루자고 제안했다.

비는 계속해서 말했는데, 워든이 자신을 아버지와 비교한다는 것이었다. 그녀는 아버지가 밖에서 친구들과 음주를 하고 돌아오면 그녀를 상당히 성가시게 하기는 했지만, 그렇다고 아버지가 학대를 하거나 경멸스러운 행동을 하지는 않았다고 기억했다. 비가 워든의 음주를 힘들어하고 있었다는 점에서, 이것은 다루어야 할 또 다른 영역임을 비에게 일깨워 주었다. "속마음을 말하고 흉금을 터놓고 솔직해라, 그래야 진정성 있는 사람이 되는 것이다."라는 신념을 지니도록 그녀에게 영향을 끼친 아버지를 자신과 동일시하고 있다고 비가 나에게 말했다. 비는 이야기를 다음과 같이 보충했다. "제 어머니는 워든이랑 비슷했어요. 어머니는 본인이 느낀 대로 말하지 않으셨고 돌려서 말씀을 하셨거든요. 진짜 감정은 마음속에 묻어 두죠." 비는 이렇게 마음속에 쌓아두는 것들이 나중에 공격적인 방식으로 표출하게 되는 이유라고 믿었는데, 비가 보기에는 워든이 하는 것과 흡사한 방식이었다. 처음에 워든에게 끌렸던 점이 무엇이었냐고 묻자, 그녀는 첫 만남에서 워든이 한결같고 성실하며 친절한 사람으로 생각되었다고 말했다. 또한 워든이 아주 가정적인 남자가 될 것이라고 생각했고 항상 무엇이 옳은 것인지 알고 있어서 그녀에게 말해 줄 것이라고 생각했다는 것이다. "워든은 저에게 부모님 두 분을 살짝 연상시켰어요. 그래서 그와 함께한다면 편안하기만 할 거라고 추측했죠. 제 부모님도 워든을 좋아하셨고, 그 점은 저에게 청신호였죠."

워든의 부모님은 비의 부모님들과 정반대의 분들이었다. 그의 부모님은 사이가 좋으셨다. 그는 사남매 중 셋째였다. 그는 부모님을 엄하셨지만 항상 침착하셨다고 기억한다. "부모님은 자신들이 듣기 싫은 말을 저에게도 절대 하지 않으셨어요. 감정을 안에 묻어 두셨죠." 워든 가족의 심리도식은 이랬다. "문제를 일으키지 말아라. 네가 속이 타더라도 다른 사람 기분을 상하게 하지 말아라. 이것은 우리가 살면서 지켜야 할 좌우명이다." 자신의 감정을 마음 안에 묻어 두고 다 말하지 않는 이유가 이것이었다는 사실을 워든은 분명하게 알 수 있었다. 자신이 감정에 압도될 때 나중에 폭발하게 되는 사실 또한 이것과 연결 지을 수 있었다.

이 정보의 대부분은 워든과 비를 면담하면서 얻었지만 아니라, 원가족 척도(Hovestadt et al, 1985)의 질문들에 대한 답변을 통해서도 도출되었다. 흥미롭게도 두 명 다 원가족에 대한 친밀감이 거의 없다고 표시했다. 공감이나 정서에 대한 민감성 또한 낮은 것으로 나타났으며, 이것은 치료의 뒷부분에 다루어져야 할 영역이었다.

첫 번째 회기를 진행하면서, 그들의 원가족의 신념이 어떻게 전해 내려와서 그들 자신의 신념 체계를 형성하게 되었는지에 대해 워든과 비가 다소간 이해하도록 도왔다. 원가족 심리도식은 우리가 성장하는 동안 영향을 주지만, 훗날 우리 자신의 결혼 생활에 반드시 작동하는 것은 아니라는 점도 그들에게 알려주었다. 우리는 관계에 긍정적인 영향을 미치는 방식에서 이 신념들의 수정 가능성 및 행동 변화의 가능성을 탐색하기 시작했다.

접수 면접을 마치고, 워든과 비에게 할당된 과제를 해올 것과 자신들의 치료 목표를 적어 오도록 요청했다. 또한 관계에서 변화가 필요하다고 느끼는 측면들과 각자 상대방이 변화해야 한다고 느끼는 점에 대해서도 목록을 구성하라고 했다. 이 과제는 서로 협력하지 말고 하라고 지시했고, 두 번째 부부 회기에서 이 과제를 자세히 논의하겠다고 설명했다. 관계 문제에 대해 각자 어떤 관점을 가지고 있는지에 대한 추가 정보를 얻기 위해, 부부 회기 사이에 한 사람씩 따로 방문하여 만남을 가질 것이라는 점 또한 그들에게 알려주었다. 그리고 관계신념 척도(Eidelson & Epstein,

1982)와 함께 부부태도 조사(Marital Attitude Survey) 개정판(Pretzer et al. 1991)을 각자 완성하도록 했다. 이것은, 교착 상태에 빠져서 계속 충돌하게 만드는, 이면에 있을 수 있는 경직된 신념에 대한 추가 정보를 얻기 위한 것이다. 또한 자신 및 상대 배우자가 변화할 수 있다고 인식하는지와 관련된 그들의 신념에 대한 정보를 얻고자 함이었다.

개별 회기

별도로 비와 가진 개별 회기에서, 숙제로 내주었던 두 가지 검사에 대한 반응결과지를 비가 건네주었다. 그리고 우리는 그녀의 치료에 대한 목표를 정리했다. 그녀는 워든과 정말로 더 잘 지내고 싶고 둘이 어떤 공통점을 지니고 있는지에 대해 좀 더 알고 싶다고 말했다. 워든이 지적했던 부분을 좀 더 참자고 생각했으나, 워든이 지금처럼 냉소적이지 않아야만 자신도 그렇게 할 수 있다고 느꼈다. 그녀가 줄곧 초조해 보여서 왜 그런지 이유를 묻다가, 매일 상당한 통증을 유발하는 근육통으로 고생하고 있다는 말을 들었다. 비는 계속해서 워든과의 성관계를 할 수 없다고 말했는데, 질 삽입이 너무 고통스럽다는 것이었다. 결과적으로, 비의 성적 욕구는 저하되었고 성적인 면에서의 부부관계는 지난 2년간 매우 나빴다. 비는 이런 점이 워든을 불안하게 만들었을 수도 있을 거라고 느꼈다. 비가 인식하는 바는, 이런 점이 분명 관계의 문제들을 더 악화시켰다는 것이었다.

관계에서의 긴장감을 감소시키는 것이 개입의 우선순위가 될 필요가 있음을 느낀다고 비에게 말했다. 그리고 긴장을 좀 덜어내기 위해 스스로 뭘 할 수 있는지 물었다. "아마도 이런 모든 것을 좀 내려놓고 일일이 반응하지 않는 것이 아닐까요. 잘 모르겠네요." 몇 가지 예를 들어 달라고 하자, 가끔 워든의 말이 신경에 거슬리지만 내버려 둔다고 말했다. 좀 다른 관점을 취하면서 워든의 말이 자신에게 무엇을 의미하는지에 관한 자동적 사고를 탐색해 보라고 비에게 제안했다. 이때 나는 역기능적 사고 기록지를 그녀에게 소개하고 함께 연습을 했다. CBT 모형을 비에게 교육하고 그녀의 자동적 사고가 어떻게 감정과 행동에 영향을 미치는지를 설명했다. 그러고 나서, 워든이랑 같이 거실에 페인트칠을 하고 있었는데 목조에 보호 테이프를 붙이는 일을 워든이 너무나 꼼꼼하게 해서 그녀가 짜증이 났었던 상황을 알려주어 이 사례를 가지고 작업을 했다. 비는 그의 강박과 그로 인한 많은 시간 낭비 때문에 자신이 불안해졌다고 회상했다. 눈을 감고 그 상황을 떠올려보면서 마음속에 어떤 생각들이 스쳐 지나갔는지를 떠올려 보라고 하자 그녀는 말했다, "항상 모든 것이 그렇게 통제되어야만 하지. 왜 남편은 가끔이라도 가만 내버려 두지 못할까? 보통 사람들이 하는 것처럼." 종이 위에 이 모든 생각을 적으면서 비와 작업을 했다. 이러한 작업의 결과가 [그림 9.1]에 나타나 있다.

스스로에게 말하고 있었던 것과 그 말이 자신에게 무엇을 상기시켰는지에 대해 비가 생각하도록 돕는 데 약간의 시간을 들였다. 누가 이와 유사한 결벽증으로 그녀를 불안하게 했었는지, 그리고 어떻게 이 결벽이 어머니가 자신을 통제하는 수단이라고 지각했는지의 질문은 우리가 그녀 자신이 지니고 있는 어머니의 이미지를 다루게끔 문을 열어 주었다. 이 시점에서 우리는, 비가 워든의 행동 위에 어머니의 통제 욕구에 대한 그녀의 분노를 겹쳐놓으면서 워든의 행동이 자신을 통제하고 있는 것이라고 해석하는 것일 수 있다는 점을 이야기했다. 사실 워든의 행동이 그저 일을 만족스럽게 잘 해내고자 하는 그의 방식일 뿐인 경우에도 말이다.

그때 비에게 제안을 했는데, 이 이야기를 자동적 사고의 문제를 다루었던 역기능적 사고 기록지 작업으로 다루어 보도록 하였다. 워든은 자신의 어머니가 아니라는 점과 어머니에게서 느꼈던 그런 감정을 워든의 행동에 부과하는 것은 공정하지 못하다는 사실을 구분해 가면서 하도록 했다. 우리는 그녀의 어머니와 아버지에 대해 이야기를 했고 그녀가 부모님의 행동에 대해 느꼈던 감정을 남편이 보인 유사한 행동에 겹쳐 놓는 경향이 얼마나 있었는지 이야기했다.

또한 이러한 감정을 구분하고, 워든이 그녀의 어머니나 아버지가 아닌 별개의 사람이며, 부모님과의 관계에서 경험했던 부정적 정서를 부모님의 행동과 유사하다고 해서 워든의 행동에 연관시킬 수는 없다는 점을 그녀에게 명확히 상기시켜 주는 데 도움이 되는 주제를 개별 회기에서 다루었다. 원가족에서 유래한 자신의 미해결 문제를 어떻게 해결할지, 특히 부모님이 이미 돌아가셨음에도 불구하고 여전히 남

작성법: 기분이 나빠지고 있을 때 자신에게 질문한다. "지금 내 마음속에 무엇이 스쳐 지나가고 있지?"
그런 후 떠오른 생각이나 심상을 가능한 한 빠르게 자동적 사고 칸에 적는다.

날짜 시간	상황	자동적 사고들	정서(들)	예측	대안적 반응	결과
	기술하기: 1. 불쾌한 감정을 낳은 실제 사건 2. 불쾌한 감정을 낳은 사고, 공상 또는 회상의 흐름 3. 불쾌한 신체 감각	기술하기: 1. 불쾌한 감정(들)에 선행한 자동적 사고(들) 적기 2. 자동적 사고(들)를 얼마나 믿는지 평정하기 0~100%	기술하기: 1. 슬픔, 불안한/ 분노 등등의 감정을 구체화하기 2. 정서의 강도를 평정하기 0~100%	1. 이분법적 사고 2. 과잉일반화 3. 정신적 여과 4. 긍정적인 면 배제하기 5. 결론으로 비약하기 6. 의미확대 혹은 의미 축소 7. 정서적 추리 8. 해야만 한다 진술 9. 낙인찍기와 잘못 낙인찍기 10. 개인화	1. 자동적 사고(들)에 대한 합리적 반응 적기 2. 대안적 반응을 얼마나 믿는지 평정하기 0~100%	1. 자동적 사고를 얼마나 믿는지 재평정하기 0~100% 2. 이어지는 감정을 구체화하고 평가하기 0~100%
	워드와 거실 페인트칠을 하려 했었는데, 워드이 지나치게 꼼꼼하게 보수 테 이프를 사용하려 들었다.	왜 그렇게까지 소심하게 해야만 하지? 왜 좀 편안하게 할 수 없는 걸까?	좌절함 불안함	의미확대 긍정적인 면 배제하기	그저 집을 더 꾸미려고 하는 워드의 방식이 겠지. 그렇게 하는 게 그에게는 더 기분 좋고 통제감을 느끼는 걸 거야. 그리 나쁜 일은 아니잖아. 편안하 게 반응들이 필요가 있어. 그 런 사소한 것에 왜 나는 이렇 게 화를 내지?	불안과 걱정들이 감 소함

대안적 반응의 작성을 돕는 질문: (1) 자동적 사고가 사실이라는 증거가 무엇인가? 사실이 아니라는 증거는 무엇인가? (2) 다른 설명이 있는가? (3) 일어날 수 있는 최악은 무엇인가? 내가 그것을 견디어 낼 수 있는가? 일어날 수 있는 최선은 무엇인가? 가장 현실적인 결과는 무엇인가? (4) 내가 무엇을 해야만 하는가? (5) 자동적 사고를 믿은 결과는 무엇인가? 내 생각을 변화시킨다면 그 결과는 무엇이 될 수 있는가? (6) 만일 (사람 이름)가 이 상황에 있고 이 생각을 하고 있다면, 나는 그 사람에게 뭐라고 말할 것인가?

[그림 9.1] 비약 역기능적 사고 기록지

아 있는 부모님에 대한 적대감과 분노를 어떻게 해결할 수 있을지에 대해서도 이야기했다.

개별 치료 과정에서 드러난 또 다른 문제는, 그들이 은퇴한 지금 그녀와 워든이 모든 시간을 함께 보내야 한다고 비가 느끼는 문제였다. 우리는 이것이 얼마나 비현실적인 기대였는지에 대해 이야기했으며, 아마도 그녀가 처음에 이런 식으로 밀어붙였기 때문에 역효과가 나서 관계의 긴장감이 유발되었을 것이다. 비가 계속해서 말했다, "남편이 은퇴한다면 하루 종일 함께 보낼 거라고 믿었죠, 그런데 그것이 비현실적인 생각이었던 것 같아요." 역설적으로, 그렇게 하려는 시도가 이제는 워든과 함께하는 시간을 줄이고 싶어 하도록 만들었다는 관점을 가지고 우리는 이야기했다. 그들 사이에 약간의 공간을 두는 것이 오히려 둘이 더 좋은 관계로 지내면서 각자 자신의 시간을 즐기도록 해 줄 수도 있다는 나의 생각을 전달했다.

마지막으로, 섬유근육통의 문제를 다루면서 자신의 신체 질병을 통제하지 못하는 것에 대한 느낌이 어떻게 그녀에게 좌절과 불안을 가져다주었는지를 다루었다.

회기의 나머지 부분에서는, 내가 제안한 개입들을 관계에 적용하는 것을 비가 순순히 받아들였는지에 대해 평가하고자 했다. 그녀는 치료에 기꺼이 참여했다고 말했으며 내가 주도했던 개입에 마음을 열고 임했다고 확인시켜 주었다. 자신이 워든을 정말 사랑하며 문제의 해결을 원한다는 점 또한 피력했다. 다만, 여러 가지 일들이 최근의 관계에 그토록 긴장감을 주고 있다는 점에 약간 좌절감을 느꼈고, 해결책을 찾을 수 있을 수 있을까 하는 점이 의문스럽다는 것 정도의 고민이 있었다. 우리는 인지적 왜곡이 어떤 역할을 하는지, 그리고 그러한 왜곡이 얼마나 강력한 것인지에 대해서도 이야기했다. 또한 그녀가 자신의 인지적 왜곡이 떠오르면, 그때마다 역기능적 사고 기록지를 사용하여 그 왜곡을 가지고 연습을 하도록 했다.

워든과의 개별 회기

워든을 만나 그와의 별도 회기를 진행하였다. 비와의 개별 회기에서 그녀에게 사용했던 것과 같은 질문 과정을 진행했고 인지행동 모형을 교육했다. 또한 역기능적 사고 기록지를 설명해 주고 워든에게 자신의 문제를 다루도록 했다. 워든은 자신이 일하지 않게 된 이후로 몸이 '근질근질'했다고 했으며 완전히 은퇴 해버린 것이 잘못한 것은 아닌지 의문이 들었다고 말했다. "제가 '행동파'라서 파트타임으로라도 일을 했다면 좋을 텐데, 저는 그냥 바쁘게 지내야 돼요. 제가 집안일을 하는 것이 가끔 아내를 미치게 한다는 걸 알지만, 저는 어디에서 비정규로라도 일해야만 하기 때문에 어쩔 수 없어요." 회기 중에 워든은, "선생님도 아시겠지만, 제가 그렇게 똑똑하지는 못해요."와 같이 자조적인 말을 하곤 했다. 나는 이것이 그가 사용하는 간접적인 대화 방식으로서, 부부관계에서 많은 잘못이 자신에게 있다는 것을 스스로도 알고 있음을 의미한다고 보았다. 그런 자기비하적인 말들은 자신이 '그렇게 나쁜 사람이 아니다.'라는 공감을 받고 싶은 그의 방식이기도 했을 것이다. 우리는 시간제 일을 구하는 것이 그에게 그렇게 나쁘지 않다는 생각을 논의했으며, 그것이 아니라도 그의 에너지를 다시 쏟아부을 수 있는 취미를 찾는 것은 어떨지 논의했다.

나에게는 그가 완벽주의자로 보였는데, 이 문제 또한 다루었다. 워든은 자신이 '회계사'였으며 완벽은 항상 그의 기본 구조 안의 일부분이었다고 수긍했다. 나는 그것이 나쁜 것은 아니라고 말하고, 다만 아내와의 관계에 있어서는 그것이 항상 최선은 아닐 수 있다고 제안했다. 상황에 대한 그의 관점을 변화시키는 것과, 모든 것이 항상 완벽한 것이 왜 그렇게 자신에게 중요한지 그 이유를 다룰 필요가 있겠다고 말했다. 역기능적 사고 기록지를 사용하여 그의 왜곡된 신념에 도전하기 시작했고, 일부 행동을 느슨하게 해 보면서 무슨 반응이 일어나는지를 보자고 제안했다.

워든이 질문지에서 반응을 보였던, 특히 부부태도 질문지에서 반응했던 부분은 자신의 삶이 구조화되어 있어야 한다고 느끼거나 혹은 부부관계에서의 상황들이 아내의 태도 때문에 너무 비구조화되었다고 느꼈던 것들에서 연유했다. 이러한 것이 관계에서 통제 요소라는 점을 워든이 수긍하면서 결혼에서의 긴장을 느슨하게 해 줄 대안적인 행동을 고려해 보라는 나의 제안을 그는 진지하게 숙고했다.

두 번째 공동 회기

워든과 비를 함께 만난 두 번째 회기에서 우리는, 개별 만남에서 논의되었던 내용들과 연관시켜 우선 관계에서 긴장을 감소시키고 몇 가지 합의점을 찾는 데 목표를 두었다. 긍정적인 상호교환의 측면에 집중하기 위해서는 먼저 관계에서의 긴장을 감소시키는 것이 최우선 순위라는 점에 둘 모두 전적으로 동의했다. 그들은 함께 지내는 시간에서의 긴장을 최소화하기 위해 각자 자기시간을 보내면서 개인적인 활동을 즐기도록 해 보자는 데에도 동의했다. 설령 보수가 없더라도 바쁘게 지내면서 일에 집중하도록 시간제 일자리를 얻을 수 있는지 워든이 알아보기로 한 것도 이런 맥락에서였다. 워든은 비의 친구들이랑 함께 있을 때 늘 즐겁지 못했기 때문에, 비의 친구들이랑 비 혼자서 시간을 보내기로 한 것도 같은 이유이다. 그들에게 각자의 역기능적 사고 기록지를 공유하고, 자신들의 사고와 수많은 왜곡을 어떻게 재구성할지를 상대방과 공유하도록 제안했다. 둘 다 상대방이 정보를 처리하는 과정을 보면서 깔깔대고 웃었다는 점이 흥미로웠으며, 변화하기 위해 노력하는 상대방의 모습을 적극 지지하는 것으로 느껴졌다.

비의 섬유근육통 문제와 이것이 얼마나 그녀에게 고통스러운지 또한 다루었다. 놀랍게도, 워든은 이 문제에 매우 민감하게 반응했고 상당히 걱정하는 듯 보였다. 워든이 자신의 감정을 표현하면서 지지를 보일 수 있는 영역이 바로 이 부분이었다. 그가 불안해졌을 때 어떻게 해야 할지에 대해 우리는 논의했다. 마음속 얘기를 하고 싶어 하는 비에 대해서뿐만 아니라 특히 성관계와 관련된 문제들에 대해서 이야기했다. 상호교환의 일환으로, 이들은 관계에 대해 자신들이 가지고 있는 기대에 얼마간의 예외를 두면서 '양보하고 받아들이는' 연습을 했다. 가령 내가 워든에게 제안한 것은, 아내에게는 자신이 하고 있는 생각이 적절한지 어떤지 개의치 않고 생각을 표현하는 경향이 있다는 사실에 대해 좀 관용을 보이라는 것이었다. 비가 말한 것을 워든이 책임질 필요는 없으며, 부정적인 결과가 발생한다면 이것은 비의 책임이라는 것을 워든이 깨닫는 데 이러한 논의가 도움이 되기도 했다. 동시에 비에게는, 남편에게 매번 잔소리나 핀잔을 듣기보다는 차라리 뭔가를 말하기 전에 남편에게 먼저 자문을 구해 보는 것이 어떨지 물었다. 상대방의 말에 힘들어하는 대신 그들이 조화롭게 서로에게 자문 역할을 실제로 어떻게 하는지 흥미롭게 지켜보았다.

이 회기는 상당히 성공적이었다는 생각이 들었다. 우리가 논의했던 과제를 생각해 보라고 했고 10일 이내에 만나자고 제안하고 회기를 마쳤다. 아주 놀랍게도, 그리고 다소 유감이지만, 워든에게서 전화 메시지를 받았는데, 전화가 왔을 때 나는 왜 다시 오지 않겠다고 결정했는지 물었다. 워든은 그들에게 모든 일이 꽤 잘되어 가고 있어서 추가로 회기를 더 할 필요가 있나 하는 생각이 들었다고 답했다. 모든 일이 잘되고 있다니 좋은 일이라 생각한다고 말했다. 그러나 상황을 매듭 짓지 않고 남겨놓는 것이 불편한 마음이라고 이야기했다. 그래서 그 변화에 대해 좀 더 자세하게 함께 이야기할 수 있도록 한번 방문할 수 있겠는지 둘 모두에게 물었다. 그러자 그들은 지난번에 계획했던 약속대로 오겠다고 동의했다.

워든과 비가 함께 왔으며, 그들은 모든 일이 기적적으로 잘되어 가고 있고 더 이상 다투는 일이 없다고 말했다. 나는 그들에게 조심하라고 이야기했다. 이러한 것이 흔히 '허니문 기간'이라는 것인데, 그들의 상황에 대한 불안감이 감소했기 때문에 모든 것이 자동적으로 더 좋아지는 것일 수 있지만 아직은 여기에 와서 갈등을 다루어야 한다고 말했다. 흥미로웠던 것은, 이 회기에서 관계의 아주 중요한 몇 가지 측면이 표면으로 드러났다는 점이다.

회기를 시작하면서 나는, 그 사이에 서로 어떻게 했길래 관계에서 모든 것이 좋아졌는지 이야기해 달라고 요청했다. 워든과 비가 나에게 알려주기를, 자동적 사고를 관찰하고 자신들이 반응하기 전에 생각하기를 열심히 실천했다고 했다. 그들은 또한 상대방과 의사소통하는 몇 가지 단계를 정했는데, 이것은 이전에는 한 번도 해 보지 않았던 것이었다. 그러나 나에게는 그들이 서로에게 여전히 꽤 방어적이고 회피적이라는 느낌이 들었다. 이 지점에서 나는 얼마간의 위험을 감수하기로 하고, 처음 그들과 함께 작업하기 시작했던 이후로 내내 마음 한편에 도사리고 있던 의문을 제기하기로 했다.

"혹시 서로 친밀해지는 것을 두 분이 피하고 있다는 생각은 안 드시나요? 그리고 이 모든 다툼과 갈등이 실제로는 무엇에 대한 것이라고 생각하세요?" 워든과 비는 매우 조용해졌고 무슨 말인지 잘 모르겠다는 듯 나를 바라보았다. 이때 나는 더 직설적으로 말했다, "두 분이 성장해 오신 과정을 토대로 해서 볼 때, 저는 두 분이 더 친밀해지는 것을 피해 왔다는 느낌이 들었습니다. 사소한 문제들에 치중하면서 이를 논쟁으로 만들어 친밀감 회피에 필요한 이유를 만들어 내고 계신다는 느낌입니다." 비가 말했다, "선생님 말씀이 맞아요. 다른 커플들에게서 저는 무엇보다 강렬한 형태의 친밀감을 볼 수 있는데, 우리 관계에는 이것이 빠져 있구나 하는 생각을 최근에 했죠. 우리는 이런 종류의 친밀감을 가져본 적이 없어요. 하지만 항상 제가 원하는 것이죠."

반대로 워든은, 친밀감이 자신에게 중요하다고 생각하지 않았으며 자신의 결혼에 친밀감은 충분하다고 느꼈다.

여기에서 우리는 그들 각자에게 친밀감이 무엇을 의미하는지 그리고 그들의 원가족에서 이 개념이 어떻게 발달되어 왔는지 논의하기 시작했다. 비에게 전형적인 형태의 친밀감 욕구가 강했고, 그러한 욕구를 워든이 채워줄 수 있다고 느끼지 못했다는 점이 매우 분명해졌다. 기본적으로, 자신이 자랐던 사우스캐롤라이나에서 친구들을 사귈 때 비의 방식은, 자신이 맺은 관계의 상대방에게서 건강한 친밀감을 끌어내는 것이었다. 시간이 지나면서 우리가 결론내릴 수 있었던 것은, 이러한 것이 워든에게는 낯설었고 친밀감을 요구하는 비의 많은 제안이 그에게는 '요구하는 것'으로 잘못 해석되었다는 것이었다. 결과적으로, 그는 공공연하게 통제하고 비난하는 것으로 대응했으며, 이러한 워든의 반응이 그녀를 멈춰 세웠고 현재의 딜레마를 가져오게 된 것이 분명했다.

여기에서 이 배우자들에 대한 나의 목표 대부분은, 이 쟁점을 그들이 인식하게 하고 서로의 욕구를 충족시킬 수 있도록 힘을 합치게 만드는 것이었다. 체계이론에서 말하는 일명 '쫓아가는 자-거리 두는 자 역동(pursuer-distancer dynamic)'(Fogarty, 1976)을 워든과 비는 여러 면에서 보여 주었다. 이 역동은 관계의 두 사람 중 한 사람이 소통과 공유에 대한 압력을 가할수록 다른 사람은 더 거리 두기를 한다는 것인데, 가령 상대가 함께 산책하러 가기를 강하게 원할수록 사무실에 더 늦게까지 남아 있는 것 등이 예가 될 수 있다. 내가 받은 인상은, 워든이 유감스럽게도 정서적인 한계를 지니고 있어서 이 문제를 정말로 다룰 수 없으며, 이것은 비가 수용하면서 인내를 배워야 하는 측면이라는 것이었다. 따라서 이 문제를 다루기 위해 Christensen과 그 동료들(2004)이 권유한 인내 구축하기를 그녀에게 적용했으며, 이와 함께 비가 자신의 내적 공허함을 탐색하도록 도왔다. 나는 이러한 방식이 워든의 용어로 하자면 더 가까이 다가갈 공간을 워든에게 열어주게 되기를 희망했다.

워든은 계속 말했다, "아내가 원하는 것이 뭔지 어느 정도는 압니다. 저에게서 원하는 그런 친밀감과 관련된 영화를 보면서 아내가 종종 표현을 했거든요. 하지만 그건 제 방식이 아니라는 거죠. 내가 그렇게 될 수 없다고 여러 번 아내에게 말했었죠." 우리는 워든이 편안하다고 느끼는 친밀함의 방식을 논의했다. 최선을 다해 노력하는 워든을 비가 수용하도록 돕고, 계속 열심히 노력할 필요가 있다는 점을 워든이 인식하도록 격려하는 데 대부분의 초점을 두었다.

또한 비에게 중요해진 것은, 워든이 자신들의 친밀감 욕구라는 문제를 적어도 기꺼이 다루고 이야기한다는 단순한 사실이었다. 치료에서 앞서 다루었던 내용들뿐만 아니라, 상대방 행동에 대한 잘못된 지각의 핵심에 있는 인지적 왜곡을 우리는 계속해서 논의했다.

이 커플과의 치료에서 어디로 갈 수 있는지와 관련하여 내가 제한을 받고 있다는 사실과, 내가 희망할 수 있는 최선의 목표는 파트너들이 어느 정도의 안정감을 유지하고 그들 사이의 마찰을 줄이는 것이라는 사실을 나는 받아들여야만 했다. 나이 든 내담자들 대부분의 인지적 재구성이 항상 현실적인 것은 아니다. 그리고 내담자들이 자신의 삶을 어떻게 살아왔는지, 그들의 삶의 방식을 어떻게 설정하게 되었는지에 따라서, 치료자는 내담자가 오랫동안 지녀온 뿌리 깊은 사고와 행동 습관을 변화시키려 시도하다 자칫 내담자를 잃을 수 있는 위험이 있다. 나는 이 커플이 치료에 몇 회기나 참석하겠다고 할지에 대한 어떤 통제권도 없음을 인식해야했다. 워든보다는 비가 그래도 규칙적으로 치료시간을 갖는 것을 더 잘 받아들인다고 느끼기는 했지만, 지속적으로 치료를 진행하는 것은 이 커플의 생각과 반대되는 것이었다. 두세 차례 연이어 그들을 만났고, 내가 제안했던 여러 가지 전통적인 인지행동 전략을 그들이 받아들이는 것 같았다. 관계에서의 긴장이완 학습, 친밀감 문제와 각자가 상대에게서 요구하는 것에 대해 더 많은 논의를 하는 것을 배우는 것뿐만 아니라, 자신들의 왜곡된 자동적 사고를 관찰하고 서로에 대한 기대 수준을 조정하는 것 등의 전략이었다.

이것은 치료자가 자신의 접근을 기꺼이 수정해서 치료실 문을 열고 들어오는 다양한 치료 사례들에 부응하는 좋은 사례이다. 이 사례에서, 커플과 더 많은 작업을 하겠다는 것이 나의 의도였지만 파트너들이 저항을 했기 때문에 그럴 수 없었다. 따라서 최소한 그들의 즉각적인 요구를 다루기 위해서는 접근을 수정해야 했으며 이것은 내가 할 수 있는 최선의 시도였다. 만일 내가 이 배우자들을 더 강하게 압박한다면, 아마 이들은 떠나 버리고 치료로 다시 돌아오지 않을 것이라는 게 나의 느낌이었다.

◇◇◇◇◇◇◇◇◇◇◇
식충이 가족

커플 및 가족 치료를 해온 30년 동안, 나는 다양한 방식으로 사례들을 의뢰받았다. 흔히 직접적인 의뢰를 통해 오지만, 때로는 우회적으로 의뢰가 되기도 하는데, 스테이거월트 씨 가족도 이런 경우였다.

어느 날 늦은 오후, 10대 아이 두 명이 공동으로 전화를 걸어왔는데, 전화번호부에서 무작위로 내 이름을 찍었다고 말했다. 그들은 집에서 각자 확장 전화선을 이용하여 전화를 하고 있었는데, 내가 가족치료를 하는지 아닌지를 물었다. 한다고 대답하자, 비용을 물었고 이어서 약속 일정을 잡았다. 매우 어린 목소리였기 때문에 그들의 나이를 물었다. 14세와 16세라고 대답했다. 내가 치료하자면 부모님의 승낙이 있어야 할 것이라고 말했다. 그들은 고맙다고 말하고 전화를 끊었다[이 사례는 Dattilio(1997)에서 처음 제시되었으며, Rowman과 Littlefield의 승인하에 인용되었다].

이들 두 10대에게서 연락이 다시 오지 않았다. 그런데 대략 일주일 후, 그들의 아버지로부터 전화를 받았는데, 그는 가족이 만날 약속을 잡고 싶다고 말했다. 스테이거월트 씨는 곧바로 자신의 두 아이들이 지난주에 나에게 연락했다고 알려주었다. 약속이 정해졌고, 정확히 일주일 후 이 가족을 만났다. 스테이거월트 씨 가족은 호감이 가는, 잘 차려입은 중산층 가족이었다. 첫인상으로는, 뭔가 잘못되어 가고 있다는 의심이 들지 않았고, 여러 면에서 아주 매력적인 가족으로 보였다.

첫 회기에서, 그들이 치료에 오게 된 연유가 무엇인지 그리고 내가 어떤 도움을 줄 수 있는지 물었다. 두 명의 10대 아이들은―16세 아들인 롤리와 14세 딸인 제니스였는데―즉각적으로 그들의 불만을 말로 표현하면서 이야기하기 시작했다. 롤리와 제니스는 아주 침착해 보였다. 그들은 모두 단정하고 적절하게 차려입었으며 인상적인 용모였다. 그러나 그들의 입에서 나오는 말들은 나에게 충격적이었다. "뭘 하라고 우리에게 말하는 부모님 때문에 넌더리가 나요. 차라리 어딘가 다른 곳에 가서 살고 싶어요. 부모님과 이혼했으면 좋겠어요." 나는 너무 놀랐다. 왜냐하면 30년간 치료를 하면서 아이의 입에서 나오는 그런 말을 들어본 적이 없었기 때문이었다. 부모는 가만히 이 열변을 듣고 앉아 있었는데, 스테이거월트 씨 가정에서 이런 노래가 불려진 것이 처음이 아니라는 인상을 받았다.

48세의 제도사인 밥은 자동화 공기업에 다니고 있었는데, 지난 19년간의 결혼생활 동안 이 직업으로 인해 미국 주변에서 수차례 이사를 다녔다. 43세인 아내 캐롤은 요양원의 관리자로서 전일제로 일하고 있었다. 캐롤은, 밥이 승진도 안 되고 혹은 봉급 인상도 두드러지게 없었던 점을 생각하면 자신들이 수 년 동안 그렇게 많이 이사를 다녔던 것이 매우 화가 난다고 후에 나에게 말했다. 부부치료를 찾아왔을 때 이 부부는 3년 동안 긴장되고 소원한 결혼생활을 하고 있다고 말했다. 이 모든 것들이 나에게 너무 빠르게 들이닥쳐서 느긋하게 속도를 늦추어야 함을 깨달았다.

나는 지난 1년여 동안 집안에서 무슨 일이 있었는지 구성원들에게 물었다. 무슨 일이 있었길래 자녀들이 가족치료자에게 연락해서 부모가 이혼했으면 좋겠다는 말을 할 정도가 되었는지 궁금했다. 롤리가 매우 심드렁한 태도로 부모님 쪽을 가리키면서 말했다, "저 두 분은 한 쌍의 '멍청이들'처럼 굴어요." 제니스가 말하기 시작했다. "바보 같아요. 온종일 두 분이 싸우면서, 멍청한 싸움 한가운데로 우리를 끌어들여요. 저는 이걸 견딜 수가 없어요." "이건 공정하지 않아요." 가정불화에 대해 말하면서 제니스는 울기 시작했다.

나는 부모님을 바라보았다. 이런 상황에서 캐롤이 "애들 말이 맞아요. 우리는 끔찍해요! 1년 넘도록 집안에 긴장감이 끊이지 않죠."라고 말하는 것을 보고 충격을 받았다. 나는 곁눈질로, 밥이 눈동자를 굴리면서 시선을 떨구고 고개를 절레절레 흔드는 것을 보았다. "밥, 지금 마음속에 어떤 생각이 스치고 지나갑니까?"라고 물었다. 그는 "말하는 것처럼 그렇게까지 나쁘진 않아요."라고 말했다. "다 침소봉대예요. 이런 헛소리를 그들에게서 내내 듣고 있죠." 캐롤이 그를 쏘아보며 말했다, "밥, 당신은 항상 별거 아니라고 하지. 그렇게까지 나쁜 것은 아니다, 어느 누구의 감정도 문제가 없다고요. 언제 꿈에서 깨어날 거죠?" 롤리가 말했다, "그럼요, 아빠, 우리 가족 전체에서 아빠가 가장 바보 같아요." 나는 자녀들이 부모에게 이렇게 말하는 것을 믿을 수가 없었으며, 심지어 부모가 그런 말을 참고 있다는 것이 충격이었다. 나는 롤리에게 "부모님에게 항상 이렇게 이야기하니?"라고 물었다. "가끔은요." 롤리가 비웃듯 말했다, "하지만 그건 우리가 항상 화가 나 있기 때문이에요. 화가 나면 우리 가족이 하는 것처럼 모든 사람들이 그렇게 할 걸요. 그렇다고 우리가 정말로 그렇게 못된 것은 아니에요. 우리는 모든 일로 지긋지긋할 뿐이에요."

숨을 좀 돌리면서 이 가족에게 정확히 무슨 일이 벌어지고 있는지 이해하려고 노력했다. 지금까지의 초반 인상은 이 가족 안에 상당한 적대감이 있고 경계가 매우 모호하다는 것이었다. 나에게는 두 명의 부모와 두 명의 자녀로 이루어진 가족이 아니라, 마치 네 명의 성인을 만나고 있는 것처럼 느껴졌기 때문이다.

가족치료 훈련 초반기에 내가 몇 년간 학습했던 좋은 기법 중 하나는, 가끔은 침묵을 그냥 그대로 두면서 흘러가는 대로 놔두는 것이 최선이라는 것이었다. 즉, 할 수 있는 만큼은 흡수하고 나머지는 그냥 내버려 두는 것이다. 내가 그렇게 하자, 이때 어머니가 대변인으로 나섰다. "사실 몇 년 동안 이런 문제들이 있었어요. 전혀 새로운 게 아닙니다." 엄마와 아빠가 커플치료를 받기 전에 가정에서의 생활이 어땠는지 좀 이야기해 주기를 요청했다. 이 질문을 밥과 캐롤에게 던졌다. "가족 내의 알력 같은 것이 있나요? 아니면 주로 두 분 사이의 문제인가요?" 답변에서 캐롤은 다음의 시나리오를 말해 주었다.

"사실 한때는 그렇게 나쁘지 않았어요. 밥이 일 때문에 여행을 많이 다녀서 저는 자연스럽게 아이들과 더 많이 시간을 보냈죠. 밥이 집에 돌아오면 피곤해 했고 보통 가족하고 그렇게 많이 상호작용하는 것을 원하지 않았기 때문에, 자리를 떠서 혼자 머무르곤 했어요. 남편도 우리 가족의 구성원이 되게 하려고 제가 노력하자 남편은 험악해지면서 저에게 폭언을 하기 시작했죠." 캐롤은 계속 말했다, "말하자면 이 지점부터 상황이 내리막길이었어요. 점점 더 화가 나는 제 자신을 느낄 수 있었고 그와 단절했어요. 이때가 우리가 잘 지내지 못하고 있을 때였죠. 어떤 시점에서는 정말로 안 좋았는데, 그때 우리는 부부치료를 시작했고 약 8개월 동안 치료를 계속했어요."

치료가 성공적이었는지 어떤지 물었다. "어느 정도는요." 그녀는 밥을 보면서 말했다. 나는 밥이 반응하기를 기다렸지만 그가 아내를 보면서 말한 전부는 "계속해, 당신이 발언권이 있으니까."였다. "음." 캐롤은 말했다, "상황이 더 좋아지기는 했지만, 여전히 남아 있는 문제는 밥이 가끔 저에게 말로 공격한다는 것이에요. 그리고 이제는 아이들이에요. 아직도 저는 아이들이 왜 그렇게 불행한지 이해가 되지 않아요. 제 말은, 우리는 긴장감을 가지고 있지만, 그렇게 나쁘지는 않다는 거죠. 우리더러 이혼하라고 하는 것은 말도 안 돼요."

고개를 저으면서 실실 웃고 있는 밥을 보았다. 밥이 말했다, "기이한 일이죠. 캐롤과 저의 사이는 점점 좋아지고 있는데, 이제는 아이들이 불행하다고 해요. 말이 안 되지 않나요?"

"음, 어떤 면에서는 그렇군요." 내가 말했다. "아마 가족역동이 변화하면서 이것이 모든 구성원들에게 영향을 미쳤기 때문에, 그 결과로 이러한 새로운 정서와 행동의 표현이 생긴 것일 수도 있겠네요."

결혼생활을 회복시키기 위해 밥과 캐롤이 애쓰면서 더 단합하기 시작했던 무렵에 부모에 대한 아이들의 불만족감이 표면화되었다는 것이 나에게 분명하게 보였다. 롤리와 제니스는, 자신들은 좋은 아이들인데 부모가 자신들에게 부당하게 대우했다고 설명했다. 예를 들면, 부모가 주말에 친구들을 만나는 것을 허락해 놓고서는 뒤에 그것을 철회하면서 "음, 네가 이것을 하거나 아니면 먼저 저것을 한다면 외출하게 해 줄게."라고 하면서 조건부 승낙으로 만드는 식으로 계속 마음을 바꾸었다는 것이다. 두 아이들은 이 경우 말고도 앞뒤가 안 맞는 다른 예들이 많으며, 이런 것이 너무나 부당하다고 불평했다. 또한 부모 때문에 '골치가 아프다.'고 불평했다. 이제 그들은 부모님 중 어느 쪽이 어떤 말을 하더라도 더 이상 듣고 싶지 않았다.

가족치료의 기본 원리 중 하나는 부모의 관계에 주요 변화가 있게 되면 전체 가족 체계나 가족의 항상성 균형이 변화한다는 것이다. 이것이 자녀 반란의 핵심이지 않을까 의심했다. 그러나 나에게 흥미로웠던 것은, 이 아이들이 지녔던 자발적인 자동적 사고였다. 특히 자신들이 가정하고 있는 것이 자신들의 권리라는 자동적 사고에 대한 것이었다. 가족 형성의 한 부분을 이루는 경계에 관해 중대한 문제가 있었다. 나는 이 가족 단위에서 일찍이 대물림된 심리도식이 어떤 것인지 궁금해졌다. 이 심리도식이 기본적인 규칙, 규제, 자유에 관해 부모에게 도전하는 것과, 무엇보다 그토록 무례하게 부모에게 반대의견을 말하는 것이 괜찮은 것이라는 메시지를 자녀들에게 주었기 때문이다. 이 부모가 단지 저 자리에 앉아서 자녀들이 하는 대로 놔두는 그런 방식에 호기심이 생기면서도 오싹함을 느꼈다.

이때 밥이 맞장구치면서 이야기를 했다. 부부치료를 받기 전에는 자신들이 자녀 훈육과 경계 설정에 아주 느슨했다고 이야기했다. 캐롤이 여기에 동의하면서 "그 부분을 이야기하자면, 그렇게 행동한 것에 우리는 죄책감을 느끼고 있어요. 그런데 제 생각에, 우리 둘은 이 엉망인 상황을 이제 씻어버리려고 노력하고 있는데 아이들은 점점 커가면서 우리에게 대들고 있는 거죠."라고 하였다. 롤리와 제니는, 과거에는 부모님끼리 어느 것도 의견일치가 된 적이 없었는데, 정해 놓은 집안 규칙이 있는 것도 아니면서 이제 와서 갑자기 둘이 아주 엄격해져서 한편이 되어 지어내고 있을 뿐이라고 하였다. 캐롤은 자신과 밥이 일이 생기면 너무 성급하게 반응하며 대처한다는 것을 인정했다. 이러한 비일관성이 자녀들의 현재의 반항에 큰 영향을 미쳤을 것이라고 나는 생각했다.

캐롤은, 자신과 밥이 부부갈등으로 힘들었을 때 아이들 양육에 대해 많은 의견대립이 있었다고 말했다. 아이들 캠프에 가는 것은 캐롤 자신이었으며 밥은 자신의 캠프에 있었다. 대부분의 내담자들은 대개 내 사무실에서 결국 자신들의 가족역동을 드러내게 되는데, 오래지 않아 스테이거월트 씨 가족이 전투 모드에 돌입하는 것을 볼 기회가 찾아왔다.

어떤 일이 일어나곤 했었는지 캐롤이 말하면서, 캐롤과 두 자녀들은 밥이 언어적인 학대를 한다며 맹렬히 비난하기 시작했다. 밥은 쏘아붙였다, "어떤 언어적 학대를 했다는 건지 말해 봐. 애들이 나한테 말하는 건 어떤데? 쌍욕을 섞어서 나를 부르고 욕설 비슷한 말들을 쓰잖아."

"누가 그렇게 불렀다는 겁니까?" 내가 물었다. "제가 했어요." 제니스가 말했다, "아빠가 저를 아빠의 작은 뚱보 토마토라고 불렀으니까요."

밥과 롤리가 동시에 낄낄대며 웃기 시작하자 제니스는 울음을 터트렸고, 캐롤이 체념하며 말했다, "보세요, 만사가 이런 식이에요. 밥은 항상 제니스의 체중을 가지고 놀려요. 상황을 악화시키기만 하는데도 말이죠. 정말 역겨워요."

가족 구성원들 사이에서 계속되는 이러한 말투가 나에게는 충격적이었다. "두 분은 이런 식의 언어를 사용해도 묵인하시는 겁니까?" 캐롤과 밥 두 사람을 바라보면서 내가 물었다. 캐롤이 민망해하면서 말했다, "음, 제 생각에는 밥이 여러 해 동안 가정에서 욕을 사용하면서 그런 선례를 만들었다는 거예요. 진짜 끔찍한 일이지만, 우리 모두 그러고 있답니다."

롤리가 말했다, "맞아요, 부모님이 우리에게 그렇게 말하니까 우리도 부모님한테 그렇게 말하는 거죠."

이 대목에서 나는 의문이 생겼는데, 밥과 캐롤이 예전의 부부치료를 받고 난 이후 했던 것과 똑같은 방식으로, 이 아이들이 서로 동맹을 형성해서 그들 부모가 한 것처럼 하고 있는 것이 아닌가 하는 것이었다. 그들의 부부치료는 어느 정도 성공했다. 밥과 캐롤 둘에게 결속력이 생겼고 같이 힘을 합쳤는데, 이것이 제니스와 롤리가 한편이 되게끔 하는 데 큰 영향을 미쳤을 것이다. 나는 나의 가설을 제안했다. 아이들에게는, 얼마 전까지만 해도 혼돈의 집안 분위기였고 그런 분위기 속에서 가족이 어떠해야 하는지에 대한 자신들의 생각이 형성되어 있었는데, 지금 와서는 부모의 행동이 달라져서 이들 모두 혼란스러워하고 있다는 가설이었다. 자녀들은 이제껏 자신들이 즐겨왔던 자율성과 권한을 잃어 버린 것을 불행하게 느꼈다.

롤리는 부모를 부모라기보다 친구로 여기곤 했다고 말했는데, 부모님과 함께하는 어떤 관계의 형태를 가져보지 않았다고 했다. 제니스는 여전히 어머니를 어느 정도 친구로 간주했지만 아버지는 '골치 아픈 존재' '얼간이'로 보았다. 그리고 지금은, "엄마가 아버지랑 비슷해지기 시작했고 엄마를 잃을 것만 같아요."라고 말했다.

45분 후에 이 가족의 느낌을 확실히 알게 되었으며 상황이 어떻게 엉망이 되었는지 약간 이해하기 시작했다. 나는 가족치료를 받는다는 것을 어떻게 느끼는지 구성원들 모두에게 질문하기로 했다. 아이들은 자신들이 가족치료를 받아본 적이 한 번도 없었고, 부모님만이 부부치료를 받았음을 처음에 나에게 알려주었다. "이 상황에서 어떻게 벗어날 수 있는지 알고 싶었기 때문에 지금 우리가 여기에 있는 거죠."라고 롤리가 말했다. "그래, 너는 벗어날 수 없지." 내가 말했다, "도망을 치지 않고는 벗어날 수 없는 거지. 그리고 도망을 가는 것도 허용되지 않고."

모든 사람이 어떻게 반응하는지를 보기 위해, 나는 권위적인 자세를 취하는 위험을 감수하기로 했다. 놀랍게도 나의 그런 태도가 비난받지 않았다. "만일 우리가 여기서 문제를 해결할 수 있다면 네가 떠날 필요가 뭐가 있겠니?" "모르겠어요." 롤리가 말했다. "그냥 불가능해 보여요. 우리는 성장하고 있고 더 이상 이곳에 있고 싶지 않을 뿐이에요." "음, 그 점 이해한다." 내가 말했다, "하지만 이 과정에 약간의 기회를 주면 안 될까? 만일 모두의 관계를 위해 상황이 다소 개선되도록 내가 도움을 줄 수 있다면, 너는 떠나지 않고 머무르겠다고 결정할 거니?" 롤리는 조용히 있었지만, 머리를 끄덕였다. 나는 제니스를 보았고, 그녀는 눈물을 글썽이는 듯 말했다, "저는 아무데도 가고 싶지 않아요. 다시 가족이 되었으면 좋겠어요. 하지만 지금처럼은 아니에요."

이때 나는 밥과 캐롤 둘을 바라보고 말했다, "음, 생각해 봅시다. 두 분은 부부치료를 얼마간 받았습니다. 그리고 부부치료는 도움이 되었죠. 가족 모두가 참여하는 치료 회기를 더 갖는다면 어떠실까요?" 밥은 어깨를 으쓱하고는 말했다, "해야죠. 지금 이대로는 좋지 않으니까요." 캐롤이 말했다, "여보, 나는 전적으로 찬성이에요. 치료를 적극 지지해요. 책도 많이 읽잖아요." 우리가 어떤 변화를 만들 수 있을지 어떨지 알아보기 위해 나는 몇 번 만나볼 것을 제안했다. 또한 아이들에게는 보증을 해 주었다, "분명히 말하는데, 만일 상황이 해결되지 않는다면 이혼 신청을 해." 자신들의 처음의 요구가 얼마나 웃기는 얘기였는지를 깨달았다는 듯이 아이들은 낄낄댔다.

그때, 밥이 물었다. "그럼, 여기서 누가 도움이 필요한 거죠?" 내가 말했다, "음, 좋은 질문이에요. 밥, 사실 가족 모두가 도움이 필요합니다. 환자로 표적을 삼을 사람은 여기에 아무도 없습니다. 우리는 가족을 하나의 체계로 봅니다. 이 체계에 많은 좋은 속성이 있다고 확신하지만 그 체계가 지금은 깨져 있는 것이죠. 지금 당장 상황이 돌아가는 방식에 모두가 불행해하는 것 같고, 우리는 가족이 서 있는 지점에서부터 이 상황을 다룰 필요가 있습니다. 그래서 매번 모두 함께하는 만남을 가질 것입니다. 여러분이 좋다고 하면요." "그거 좋은 것 같습니다." 밥이 말했다, "우리들 일정만 맞는다면요."

나는 곁눈질로 아이들이 환히 웃고 있는 것처럼 보인 것에 주목했고, 그것이 아마도 그들이 회기 시작에서 초반에 보여 주었던 것보다 상황을 해결하려는 동기가 진정으로 더 생겼음을 나에게 말해 주는 듯했다.

또한 나는 몇 가지 이유로 이 첫 회기에서 가족에게 숙제를 내주기로 결정했다. 첫째로, 가족역동에 대한 추가 정보를 수집하고 싶었고, 둘째, 그들이 숙제를 하는지 안 하는지를 보고 싶었는데, 왜냐하면 이것이 앞을 향해 나아가기 위해 정말로 동기화가 되었는지를 알려줄 것이기 때문이었다. 그들과 원가족의 중요성에 대해 이야기를 했고, 세대를 넘어 전해진 우리의 신념 체계와 관습을 살펴보는 것이 중요하다는 것에 대해 약간의 이야기를 나누었다. 이 가정의 어머니와 아버지가 자신들이 과거에 어떤 가정 분위기 속에서 양육되었는지 알게 되어 매우 흥미로웠다는 점 또한 말했다.

이와 함께 부모님에게 원가족 척도(Hovestadt et al., 1985)를 작성해 달라고 부탁했다. 이 척도를 작성하게 한 목적은 이들 각자가 원가족의 어떤 특성을 현재의 가족에게까지 적용하고 있는지를 평가하려는 것이었다. 이 검사에서 중점을 두고 있는 부분은 삶에서의 두 가지 핵심 개념인 자율성과 친밀감에 있으며, 이러한 핵심 개념이 친밀감을 어떻게 지각하게 만드는지 그리고 가족관계에 대한 지각을 어떻게 하게 만드는지에 초점을 둔다. 나는 특히 자율성과 경계의 측면에 관심이 있었다. 이 두 개념이 그들의 원가족에서 어떻게 인식되었고, 이 첫 회기에서 내 앞에 펼쳐진 혼동의 장면으로 어떻게 옮겨졌는지가 궁금했다.

가족 구성원 모두에게 가족신념 검사(FBI; Roehling & Robin, 1986)도 작성하도록 했다. 이 검사는 부모와 자녀를 위한 두 개의 동형검사 형태로 구성되어 있으며, 개인이 과거부터 형성해 온 관계에 대한 신념을 측정하기 위해 고안되었다. 부모용 FBI(FBI-P)는 여섯 가지 왜곡된 신념을 평가하는데, 여기에는 파괴, 완벽주의, 승인, 복종, 자기비난 및 악의적 의도가 포함된다. 자녀용 FBI(FBI-A)는 네 가지 신념을 측정하며, 파괴, 불공정, 자율성 및 승인이 포함된다.

유감스럽게도, 아버지의 여행 일정 때문에 2주 후에야 가족을 다시 만날 수 있었다. 그 중간에 가족 구성원 모두에게 완성된 검사지를 나에게 메일로 보내도록 했기 때문에 이것을 정리할 기회를 가졌다. 어머니와 아버지가 자율성과 친밀감의 문제를 다루는 원가족 척도에서 나타낼 반응들이 상당히 인상적이었다. 밥과 캐롤 모두 각자의 원가족에서 친밀감 수준이 낮았으며 가족 구성원들 각각이 각자 알아서 지냈다고 묘사했다. 둘 모두 원가족에서 상당히 경직된 경계선 속에 있었는데, 이것은 상호작용이 거의 없었음을 시사한다. 이들은 모두 원가족에서 갈등으로 힘들었고 애정 표현이 거의 없었다고 보고했다. 특히 이들은 아버지가 명령하는 사람이었고, 아버지가 뭐라고 하면 모든 가족 구성원이 잘 듣고 그대로 행동에 옮겼던 가족 역동을 나타냈다. 그러나 캐롤은, 아버지라는 존재는 상대적으로 가정에 부재했고 어머니라는 존재는 일관성 없는 여자 가장으로 보고했다. 무엇이 허용되는지 혹은 무엇이 금지되는지를 아무도 실제로 알지 못할 만큼 경계가 그렇게 경직되어 있었지만, 규칙과 규제는 느슨했다. 이 모든 것이 어떻게 그들의 직계가족에 하향-침투되는 효과를 가져왔는지는 쉽게 알 수 있었다.

가족신념 검사상에서 모든 가족 구성원들은 완벽주의, 승인 및 복종에서 아주 낮은 평정으로 반응했다. 빈약한 응집성을 지닌 느슨한 가족 구조의 징후가 뚜렷이 보였는데, 그러면서도 흥미로운 것은 더 강한 응집성에 대한 갈망이 존재했다. 무엇이 건강하고 응집력 있는 가족 역동인지에 대해 가족 구성원들은 그저 잘 모르는 것 같았다.

가족은 또한 가족 인식 척도(Family Awareness Scale: FAS)를 작성했다(Green, Kolevzon & Vosler, 1985). 이 척도는 14문항으로 이루어져 있는데 가족구조, 신화(가족이 스스로를 어떻게 보는지), 목표달성을 위한 협상, 구성원들의 자율성 및 가족표현의 특성 등의 영역에서 가족기능(family competence)을 측정한다. 구성원 모두는 가족이 문제해결 능력이 빈약하고 그들 각자의 생각과 감정을 상대방에게 말하는 것이 그다지 명료하지 못하다고 보았다. 또한 가족 구성원들이 자신들에게 잘못이 있고 과거나 현재의 행동에 대한 책임이 있다는 것을 흔쾌히 인정하지 않으며, 모두가 불편한 채로 전반적으로 유리되어 있을 것이라는 점이 드러났다.

자료를 더 종합해 보면, 밥과 캐롤은 자녀양육과 가족의 삶에 대한 심리도식이 서로 유사했으며, 이것은 그들이 같이 자녀를 양육했던 방법에 자연스럽게 영향을 미쳤다. 기본적으로, 그들은 허용과 규제 사이에서 적절한 균형을 맞추지 못했다. 치료에 앞서 밥과 캐롤에게 원가족 척도(the Family of Origin Scale; Hovestadt, Anderson, Piercy, Cochran, & Fine, 1985)를 실시했는데, 이 결과를 통해 그들의 양육방식에 대한 정보를 추가로 알 수 있었다. [그림 9.2]는 그들이 공동으로 지니고 있는 심리도식의 한 예이다.

또한 부모에게 정보공개 동의서를 받았고 과거에 했던 이전 부부치료의 치료자와 연락해도 좋다는 승낙을 받았다. 그런 후, 기회를 만들어 이전 부부치료자와 이야기를 했다. 그 부부치료자는 밥과 캐롤이 친밀감과 관련되어 있는 문제들이 있어서 그들과 커플 작업을 하는 데 많은 어려움을 겪었다고 말해 주었다. 그들은 서로 아주 단절되었고 스스로를 방어하고 있다는 것이 그 치료자의 인상이었다. 그 치료자는 밥이 중요한 정서조절 문제를 지니고 있었고 자신의 취약성에 대한 두려움 때문에 자신의 정서를 숨기고 있었다는 사실도 강조했다.

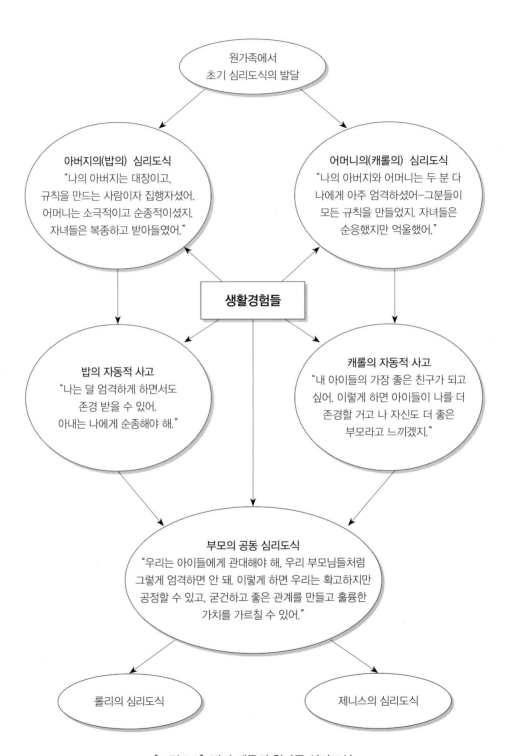

[그림 9.2] 밥과 캐롤의 원가족 심리도식

2회기

이 가족과의 두 번째 회기를 위해 정해 놓은 계획이 있었지만, 중간에 사건이 발생하여 유감스럽게도 원래의 계획은 무산되었다. 그것이 이 가족 문제의 핵심으로 보였으므로 이 쟁점을 즉각 다루는 것은 신중해야 하리라고 생각했다.

치료자: 그래요. 여러분 모두 관계의 회복에 동의하셨다는 점이 기쁩니다. 시작하기 전에, 지난 2주 동안 무슨 일이 있었는지 궁금하군요. 오늘 저녁에 여러분이 이곳에 들어왔을 때 좀 긴장감이 보였어요.

캐롤: 끔찍한 주말이었어요. 우리 가족의 긴장감은 항상 높아요. 정말 우울하죠.

치료자: 아, 그런가요. 무슨 일이 있었죠?

캐롤: 그러니까, 지난주 금요일 밤에 밥이 우리 모두에게 언어 폭력을 사용하면서 시작되었는데…….

밥: (불쑥 끼어들면서) 젠장, 뭐야! 당장 날 못 잡아먹어서 안달이야. 염병할. 엉망이었던 지난주는 내 책임이군, 내 잘못이야!

제니스: 휴, 시작이네. 아빠, 빌어먹을 피자 가지고.

치료자: 잠깐만요! '빌어먹을 피자'가 이 일과 무슨 상관이 있습니까? 알려주세요, 무슨 말인지 전혀 모르겠어요. (아이들이 낄낄대기 시작했다.)

밥: 금요일 밤에, 주말에 늘상 하던 대로 집에 피자를 사가지고 왔죠. 사무실에서 캐롤에게 전화를 했고 우리 둘 다 요리를 하고 싶지 않다는 데 의견이 일치해서, 그래서 제가 피자를 사왔죠.

치료자: 아, 네. 좋은 얘기 같은데요?

밥: 예, 그런데, 제가 현관으로 들어와서, 부엌 식탁 위에 피자를 놓고 옷장에 코트를 걸려고 통로로 갔죠. 그런데 저 세 명이 독수리들처럼 덮치더니 각자 피자 두 조각씩을 집고서 흩어져 버리는 거예요. 나한테는 치즈도 거의 없는 얇고 작은 피자 두 조각만 남겨두고요. 정말 짜증나더라고요. 열 받아서 그들 모두를 '식충이 가족'이라고 했죠. 그들이 은혜를 모른다고 말했어요. 그리고 다른 단어도 몇 가지 쓴 거 같은데…… 모르겠어요. 기억

이 안 나네요.

캐롤: 그러셔, 나는 기억해! 롤리한테 얼간이라고 불렀고 제니스와 나한테는 돼지들이라고 했
잖아. (롤리와 밥이 키득대기 시작했다.)

치료자: 알겠습니다. 어떤 상황인지 이해가 됩니다. 그럼 그 상황으로 들어가서 지난 시간에
못다했던 것을 해 보죠. 아버님, 집에 피자를 사가지고 왔던 금요일 밤으로 되돌아가
보세요. 기분이 어땠었는지 기억나십니까?

밥: 어, 모르겠네요, 피곤하고 허기가 졌고, 누구나 그렇잖아요.

치료자: 또 다른 것은요?

밥: 무슨 말씀이신가요?

치료자: 그러니까, '피곤하고, 배고프고'— 좀 모호한 말이어서요. 당신의 기분에 대해서 더 알
고 싶어요. 그리고 더 중요한 건, 당신의 기분을 에워싸고 있는 생각을 알고 싶군요.

밥: 모르겠는데요. 정말 말할 게 없어요.

밥이 자신의 감정과 접촉하지 못한다고 의심되었기 때문에 게임의 초반인 지금,
밥을 너무 강하게 압박하고 싶지 않았다. 특히나 그의 경계심 때문에, 나는 인지적
수준에서 상황을 다루고 난 뒤에 정서적 요소로 유도하기로 결정했다.

치료자: 그러니까, 집에 피자를 사오고 모두와 나눠 먹기 위해 부엌 식탁에 그것을 내려놓았
군요. 먼저 질문을 좀 드리고 싶네요. 어떤 일이 일어날 것이라고 기대하셨나요? 당신의
기대는 무엇이었죠?

밥: 음…… 모르겠어요, 생각해 보지 않았어요. 아마도 모두 함께 자리에 앉아서 정상적으로
피자를 먹는 것이겠죠. 선생님이 추측하시는 대로요. 사람이라면 다 그렇게 하는 것처럼
요! (롤리와 제니스를 노려본다.)

치료자: 그러니까, 누구나 원래 그렇게 한다. 이것이 당신에게 중요한 영향을 주었네요.

캐롤: 아니, 잠깐만요! 밥은 피자를 내려놓고 외쳤죠, '피자 왔다.' 그러고 나서 외투를 걸려고
갔죠. 밥이 바로 부엌으로 돌아오지 않았기 때문에 그가 뭔가 다른 일을 하고 있었던 게
분명해요. 아이들은 TV를 보고 있다가 뛰어들어 와서 피자를 집었죠. 아이들은 정상적

으로 행동한 거예요. 그리고는 피자를 가지고 가서 먹기 위해 TV 앞에 앉았죠.

치료자: 그러면 밥, 당신이 생각하는 '어떠해야만 한다.'는 기대에 이 상황이 벗어난 것이군요?

밥: 예, 그래요.

치료자: 좋습니다, 그것이 어느 정도 당신을 짜증나게 했다는 것은 의심의 여지가 없군요?

밥: 예. 제가 돌아와서 치즈가 하나도 안 남은 피자 두 조각을 보고서는, 뒤집혔죠.

치료자: 좋아요, 그 순간에 멈춰 보세요! 그때 당신의 마음속에 어떤 생각이 스쳐지나 갔습니까?

밥: (멈추고 잠시 생각한다.) 아, 모르겠습니다. 기억나지 않아요.

치료자: 이렇게 한번 해 보세요. 잠시 눈을 감고, 그 상황 속에 있는 자신을 생생하게 떠올려 보세요.

롤리: 안 돼요. 아빠에게 그렇게 하라고 말하지 마세요. 아빠 잠들어요. (모든 사람이 웃는다.)

치료자: 밥, 눈을 감고 그 장면을 상상해 보세요. 머릿속에 이미지가 떠오르면 알려주세요.

밥: 알겠어요. 내가 거기 있어요(눈을 감은채로 웃으며).

치료자: 좋아요, 이제 입고 있는 옷, 서 있는 장소를 생각해 보세요. 냄새나 그런, 주변 분위기도 떠올려 보세요.

밥: 네. 하고 있어요.

치료자: 상자 안에 얼마 안 남은, 초라한 피자 두 조각이 당신을 응시하고 있어요. 그걸 보면서 어떤 생각이 떠올랐는지 기억할 수 있겠어요?

밥: 네, 생각했어요, '이 식충이들. 아주 늘 이런 식이지.'

치료자: 늘 이렇다구요?

밥: 그렇잖아요. 이 사람들은 자기만 알고 나는 존중하지 않아요. 내가 이 빌어먹을 피자를 집에 가져왔는데 아무도 나와 같이 한자리에 앉지 않죠. 내가 제대로 된 피자 한 조각을 먹는지 어떤지 신경 쓰지도 않고 배려가 없어요. 저한테 그냥 관심이 없어요.

치료자: 그러면 이것과 연관된 심리도식이 무엇인가요?

밥: 무슨 말씀이신지 잘 모르겠습니다.

치료자: 그렇다면 당신의 자동적 사고는 '그들은 나를 배려하지 않는다.'죠. 그 말이 무엇을 의미합니까?

밥: 음, 그들이 나에게 관심이 없다는 것을 의미하죠. 나를 이용만 하고 있어요. 나는 그저 식

권일 뿐이죠.

캐롤: 무슨 소리야, 밥!

치료자: 기다리세요, 캐롤. 밥이 이야기를 끝내도록 해 주세요!

밥: 그게 저예요. 그들은 나에게 쥐똥만큼도 신경 안 쓰죠.

치료자: 그렇다면, 당신의 심리도식 혹은 핵심 신념은 가족 내에서 아무도 당신에 대해 조금도 신경 쓰지 않는다는 것입니다. 그리고 피자를 고르고 돈을 내고 등등 온갖 어려움을 무릅썼는데, 가족이 당신에게 남겨둔 볼품없는 피자 조각은 가족이 생각하는 당신의 가치를 상징하고 있죠, 맞나요?

밥: 네, 한마디로 그렇죠.

치료자: 자, 이제 중요한 질문이 있습니다. '그들은 나한테 쥐똥만큼도 신경을 안 쓴다. 나는 그냥 밥줄일 뿐이다'라고 하는 이 진술을 실제로 뒷받침해 주는 증거가 이 피자사건 이외에 또 어떤 것이 있습니까?

밥: 음, 증거는 많이 있죠. 로버트 스테이거월트의 인생에서 이것은 단지 하루일 뿐이에요. 제 가족은 수년간 저를 이렇게 대우해 왔어요. 직장에서도 거의 비슷하게 치이죠. 가끔 제가 쓸모없는 인간 같아요.

치료자: 과거에 있었던 가족의 행동에 대해서 말해 주세요. 이와 비슷하게 발생했던 다른 사건들이 어떤 것입니까?

밥: 모르겠어요, 여러 번 있었는데.

치료자: 많아요? 분명하게 그렇게 일반화할 만큼 충분히요?

밥: 어, 글쎄요. 아뇨, 많은 건 아니에요. 하지만 그런 일은 있었죠.

치료자: 그렇다면 많은 증거가 있진 않고, 몇 번 발생한 거네요.

밥: 예, 아마도 한 번 정도 더 있는 것 같네요.

치료자: 그럼, 여기에 작동하고 있는 인지적 왜곡이 있을 수 있겠네요?

밥: 아마도요. 하지만 그래도, 이로 인해 화가 났던 게 비합리적인 것이었다고 생각하지는 않아요. 이들은 아주 이기적이었어요.

치료자: 아뇨, 당신하고 그 주제를 논쟁하는 것이 아닙니다. 당신의 피자에 치즈가 얹혀 있기를 기대하고 있었다는 것은 틀림없죠. 그래서 치즈는 하나도 없고 '소스로 덮인 빵' 두

조각이 되어 버린 것이 큰 실망이었죠. 당신이 배가 고픈 상태였기 때문에 분명히 실망이 더 컸겠죠(아이들이 낄낄대기 시작했다). 하지만 이러한 것들이 가족이 전혀 나에게 신경을 쓰지 않는다는 것과 동일한 것이라고 말씀하시는 게, 바로 이것이 정확한 가정이라고 보지 않는다는 거죠.

밥: 음, 그런 거 같아요. 하지만 좌절스러운 일이죠.

치료자: 물론이죠. 하지만 스스로의 가치와 관련해서 말씀하신 내용과 부합되는 정서가 감정적, 행동적 반응 방식에서 중요한 차이를 만들거든요. 역기능적 사고 기록지상에 그것을 구성해 본다면 명확하게 알 수 있어요. 기록을 해 보죠.

가족 전체가 그 예를 볼 수 있도록 나는 이것을 칠판에 적기 시작했다.

상황	자동적 사고	정서(들)	인지적 왜곡
아빠에게는 볼품없는 피자 조각들만 남겨놓고, 자신들은 가장 맛있는 피자 조각을 먹는다.	그들은 나를 쥐똥만큼도 신경쓰지 않아. 나는 그저 밥줄일 뿐이야.	격앙됨/분노, 폄하 당하는 기분	1. 임의적 추론 2. 의미확대 3. 이분법적 사고

치료자: 좋습니다. 그래서 이렇게 구분해 놓고 보면, 일어나고 있는 왜곡을 알아보기도 쉽고 스스로 만들어 내고 있는 주장이 얼마나 잘못된 근거에 기반하고 있는지를 쉽게 볼 수 있습니다.

밥: 네, 알 수 있을 것 같네요.

치료자: 그래서 뒤따르는 감정과 행동이 당신이 반응할 만한 무대를 설정해 주고 다른 가족 구성원들의 반응을 이끌어 내지요.

밥: 그러면 잘못하고 있는 사람이 저군요.

치료자: 아뇨, 전적으로 당신 잘못인 건 아니에요. 그 일이 바로 오늘 발생했기 때문에 가족 사례로 사용하기 쉬워서 이 상황이 부각된 것뿐이에요. 다른 가족들의 사고는 무엇이었는지 살펴봅시다. 캐롤, 밥이 그런 식으로 반응했을 때 어떤 일이 일어났나요?

캐롤: 그러니까, 그가 분명 경솔하게 행동했다고 생각했어요. 제 말은, 저라도 화가 났을 거예

요. 하지만 그가 "얘들아, 치즈가 얹혀 있는 피자 조각을 나한테 좀 남겨 주는 건 어떨까?"라고 우리들에게 말할 수도 있었어요. 왜냐하면 피자가 아직 있었으니까요. 아이들은 아직 다 먹지 않았었거든요. 아이들은 피자를 다시 갖다 놓을 수 있었어요. 아니면 그냥 피자를 다시 주문할 수도 있었죠. 피자가게는 우리 집에서 5분밖에 걸리지 않거든요.

치료자: 그런데 이것이 당신들 세 명에게 어떻게 영향을 주었나요?

롤리: 그러니까, 저는 무슨 일이 있어났는지조차 확실히 몰랐고, 선생님이 아시는 것처럼 다음 상황은 애들한테 고함을 지르고 배은망덕한 얼간이라고 저에게 소리치는 것이었죠. 그래서 저는 돌아버렸어요.

치료자: 제니스? 너는 어떠니?

제니스: 몰라요. 그냥 제 피자를 계속 먹고 있었는데요. (모두 웃는다.)

치료자: 그래도 뭔가 네 마음속에 떠올랐을 것 같은데.

제니스: 그러니깐, 생각했죠, "또 시작이군. 아빠는 항상 모든 사람을 끔찍하게 만들어."

치료자: 그래서 많은 혼란이 야기되었구나. 만일 아빠가 화를 좀 덜 내면서 너에게로 와서 제대로 된 피자 조각을 아빠도 같이 먹자고 말했다면, 너는 어떻게 반응했을까?

롤리: 얼마든지요. 아빠에게 나머지 조각을 드렸을 거예요. 불공평한 것을 저도 원하지 않아요.

치료자: 그럼 아버지를 속이거나 찌꺼기를 남겨주려 하는 고의적인 의도가 없었구나. 너는 실제로 식충이는 아니지 않니?

롤리와 제니스: (낄낄거리며) 아니죠, 아빠가 우리보다 동작이 더 느렸을 뿐이에요. 우리는 굶고 있었거든요.

치료자: 그런 거구나, '자기 것은 자기가 챙겨야 한다?'

롤리: 그런 것보다, 우리는 대부분 함께 뭘 하지 않거든요.

치료자: 좋아, 하지만 아빠가 어떻게 느꼈을지 이해할 수 있겠니?

롤리와 제니스: 네, 짐작 가죠. 제 말은, 우리 모두는 서로를 상당히 경멸해요. 좋지 않죠.

치료자: 그리고 아버님, 당신이 도달한 결론이 좀 과장되었다는 것을 지금은 인식하시나요?

밥: 네, 과장했었던 것 같아요.

치료자: 어머님, 무엇을 생각하고 계시는지. 굉장히 조용하시네요.

캐롤: 네, 그냥 이런 일은 우리 가족에서 흔하게 일어나는 일인데, 하고 생각하고 있었어요. 다

시 말하면, 줄곧 계속되는 일이죠. 그리고 선생님이 오늘밤 여기서 아주 중요한 요점을 지적하셨다고 생각해요. 우리는 아주 성급하게 행동해요. 어떨 때는 그것이 정말 우리에게 심각한 문제를 가져오죠.

치료자: 그래요. 네. 저도 알겠어요. 그런데 지금 당신의 감정에 어떤 일이 일어나고 있다는 생각도 드는데요. 당신은 어떤 위기나 대변동이 있기 전까지는 감정을 잘 표현하지 않다가 매우 격앙되게 감정을 표출하는 것 같습니다.

이 시나리오에서 볼 수 있듯이, 그들의 사고과정을 보면서 발생되고 있는 역동에 대해 생각해 보도록 가족 구성원 모두를 격려했다. 또한 얼마나 쉽게 자신들이 상황을 왜곡할 수 있는지에 대해서도 생각해 볼 것을 격려했다. 더욱 중요하게는, 그들의 사고와, 그 사고가 정서와 연결되어 있는 방식, 그중에서도 특히 사고가 상대방과의 관계에 갈등을 유발하는 방식들 사이의 관련성을 이해하기 시작하는 문을 열어 주었다.

이 가족은 또한 정서 표현에 문제가 있었으며, 특히 친밀감 문제가 있었다. 많은 어려움이 부모와 원가족에서 유래되었으며, 이것이 세대를 넘어 전달되어 정서, 인지, 행동의 수준에서 이 가족의 기능 방식에 영향을 주었음은 의심의 여지가 없었다.

많은 측면에서 아버지가 이 가족의 주도적인 분위기를 정했다고 믿었기 때문에 나는 의도적으로 아버지를 역할 모형으로 이용하기로 했다. 분명 이 전략은 그를 비난 하려는 것이 아니라 이 가족의 중요한 문제를 다룰 수 있는 방법이었다. 어머니는, 독특한 강인함을 지니고 있었으며 스스로에 대한 통제감이 있었는데, 내가 남편과 함께 이런 전략을 짤 때 조용히 지켜보았다. 역할 모형으로 그녀를 선택했을 때보다 재구성 과정의 충격이 덜할 것이라는 게 나의 생각이었다. 더욱이, 그녀에게서 아버지에게로 초점을 이동함으로써 그녀의 권한을 조용히 축소시키기를 나는 원했다. 아직 치료 과정의 초반이었기 때문에, 치료의 이 시점에서는 이렇게 하는 것이 그 반대로 하는 것보다 이 가족에게 덜 위협적일 것이다.

치료자: 그럼, 다른 가족 분들은 어떠신가요? 여러분 모두, 유사한 경험을 얼마나 했던 것 같

나요? 가족에 어떤 상황이 발생했을 때, 당신의 자동적 사고가 정서적으로 반응하는 방식에 영향을 주었던 그런 경험 말이죠.

롤리: 네, 있어요. 하지만 어떤 상황에 대해 제가 그렇게 화가 나면, 저는 멈추고 똑바로 생각할 수가 없어요. 제 말은, 저에게는 천천히 하는 것이 정말 어렵다고요. 다른 사람도 다 그렇게 하지 않는데 왜 제가 이럴 필요가 있는지 모르겠어요.

치료자: 그래, 롤리, 그 점이 중요해. 모든 사람이 상황에서 자신이 생각하는 방식을 살펴보고, 갈등을 일으키는 생각과 왜곡에 도전할 필요가 있어요. 이렇게 할 수 있는 한 가지 방법은, 왜곡된 생각에 빠져 있는 스스로를 포착할 때 다음의 질문을 자신에게 하는 거죠. 우리는 이것을 '당신이 해석한 것에 의문 제기하기'라고 부릅니다.

이 시점에서 나는 가족에게 치료의 모형을 소개하기 시작했다. 이것은 우리가 앞으로의 회기를 어떻게 진행할지 그 전반적 분위기를 알려주는 교육의 의미였다. 이들의 자신의 사고 내용을 이해하는 데 사용하도록 질문 목록을 다음과 같이 만들었다.

1. "내 해석을 지지하는 증거는 무엇인가?"
2. "내 해석과 배치되는 증거가 있는가?"
3. "내가 상대의 동기라고 추정한 것이, 논리적으로 유추될 만한가?
4. "상대방 행동의 동기를 달리 해석할 수 있는가?"

가족 중 누가 신랄하게 말하거나 혹은 자신을 화나게 하거나 짜증나게 하는 방식으로 말했던 경우를 떠올려 보면서, 스스로에게 다음의 질문을 해 보도록 했다.

1. "상대방이 날카롭게 말하면 그 사람이 나에게 화가 났다고 결론을 내리는가?"
2. "상대의 어조를 달리 해석할 대안적인 설명이 있는가? 가령, 그 사람이 감기에 걸렸을 수도 있고 혹은 긴장했을 수도 있으며 아니면 뭔가 다른 것으로 짜증이 났을 수도 있다."

3. "그 사람이 화가 나 있다고 해도, 이것을

- 그 사람이 나를 배려하지 않거나 아니면 어떤 면에서 나를 폄하하는 것이라고 할 수 있는가?
- 혹은 그 사람은 항상 이런 식이라고 결론 내릴 수 있는가?
- 반드시 그 상대방이 나의 삶을 끔찍하게 만들 것이라고 볼 수 있는가?
- 뭔가 일이 잘못되어 가고 있는 것이라고 말할 수 있는가?"

치료자: (전체 가족에게) 이것이 얼마나 도움이 될 수 있을 거라고 보십니까?

캐롤: 네, 도움이 될 것 같아요. 이제 우리는 가족 내에서 천천히 행동하는 방법을 배워야 해요. 그리고 지나치게 감정적이지 않게 이 방법을 사용할 것을 기억해야죠.

치료자: 그래요. 네. 그것은 어려운 부분이죠. 하지만 감정을 무시하라고 하는 것은 아니고요. 왜냐하면 감정은 치료의 중요한 부분이기 때문입니다. 분명히 우리는 감정을 더 잘 조절하는 방법을 학습해야 하지요. 먼저 우리의 사고 내용을 조사하고 그 사고가 감정과 행동에 어떻게 영향을 미치는지를 더 잘 이해해야 우리가 치료를 할 수 있다고 생각해요. 가족은 흥미로우면서도 복잡한 체계입니다. 이 체계는 원칙이나 가정을 작동시키죠. 이 가정들이 우리의 감정과 행동에 중대한 영향을 미칠 수 있습니다.

그러고 나서 Schwebel과 Fine(1994)이 상정한 몇 가지 가정을 간단히 정리해서 스테이거월트 씨 가족에게 계속 설명했다.

- **가정 1**: 모든 가족 구성원들은 욕구와 소망을 충족시키기 위한 자신들의 환경을 유지하려고 노력한다. 그들은 환경을 이해하려고 하며 환경 안에서 가장 효과적으로 기능하는 방법을 이해하고자 한다. 그것은 때로는 설정된 경계를 넘어서는 시험이 되기도 한다(예를 들어, 롤리는 통행금지 시간을 30분 넘긴다). 가족 구성원들은 가족이 작동하는 방법에 대한 자료를 모아 이 정보를 자신들의 행동 지침으로 삼는다. 그리고 가족과 연관된 인지를 구성하고 구체화하는 데 이 정보의 도움을 받는다. 이것은 가족의 삶과 가족 관계를 바라보는 개인의 구성

개념을 발달시킨다. 그래서 롤리의 경우에, 그는 허용치를 넘어서도 벌 받지 않는다는 생각을 갖기 시작할 것이며, 따라서 작은 일로도 규칙들은 깨질 수 있다는 추론을 발달시켜 나갈 것이다.

- **가정 2**: 가족 구성원 개개인의 인지는 사실상 가족 삶의 모든 측면에 영향을 미친다. 이러한 인지를 결정하는 인지적 변인으로는 다섯 가지 범주를 들 수 있다. (1) 선택적 주의(selective attention; 밥과 캐롤이 자녀들의 부정적인 행동에 주의를 맞춘다), (2) 귀인(attributions; 자녀들이 말을 안 듣는 이유에 대한 밥의 설명들), (3) 기대(expectations; 그가 물어보지 않더라도 알 수 있는, 캐롤과 아이들이 어떻게 할지에 대한 밥의 예상), (4) 가정(assumptions; 인생이 불공평하다는 제니스의 관점), (5) 기준(standards; 세상이 어떠해야 하는지에 대한 롤리의 생각).
- **가정 3**: 만족감을 저해하는 '장애물'은 가족 구성원들 개개인의 인지 안에 있다 (가령, 자신이 자녀들의 가장 좋은 친구여야 한다는 캐롤의 신념).
- **가정 4**: 가족 구성원들이 가족과 관련되어 있는 자신들의 인지에 대해서 잘 알지 못한다면, 그리고 이러한 인지들이 구체적인 상황에서 자신들에게 어떻게 영향을 미치는지를 잘 모른다면, 그들은 불편감을 유발하는 영역을 포착하여 이것을 건강한 상호작용으로 대체하기가 어려울 것이다.

이러한 가정들은 가족 구조 내에서 대개 말로 표현되지 않은 채로 그저 존재하며 무의식적인 수준에서 유지된다. 어떤 의미에서 가정은, 자동적으로 발생하고 종종 가족을 작동시키는 규칙을 만든다.

롤리: 하지만 우리의 규칙이나 가정은 전부 다 엉망인 것 같아요. 제 말은, 규칙이나 가정이 우리를 가족에 광분하게 만드는 것이죠. 뭐가 뭔지 대개 우리는 몰라요. 규칙들은 항상 변화하죠.

치료자: 나에게는 명확하게 들리지 않는데, 롤리, 좀 더 구체적으로 말할 수 있겠니?

제니스: (끼어들며) 롤리의 말은 부모님이 너무 많이 뭘 바꾼다는 얘기인 것 같아요. 부모님은 우리를 혼란스럽게 해요. 그때그때 부모님이 옳다고 생각하는 것이 달라요.

치료자: 그렇구나. 제니스. 하지만 롤리가 스스로 말하게 해 보자. 롤리가 스스로 말하는 것이 중요하다고 생각한단다.

캐롤: 맞아요, 선생님 말씀에 찬성해요. 그렇게 하는 것이 공정하다고 생각해요. 하지만 (롤리와 제니스를 가리키며) 너희 두 녀석들은 그걸 이용해서 아빠와 나를 실컷 조종했지.

제니스: 하지만, 보세요. 우리는 애들이에요. 엄마는 뭘 기대하신 거예요?

치료자: 저에게 충격인 것은, 당신과 밥이 자신들을 더 호되게 혼내기를 롤리와 제니스가 기다리고 있다는 것. 하지만 당신들이 혼내기 전까지는 반항하거나 당신들을 곤란하게 한다는 것입니다.

캐롤: 그런데, 아이들이 불평하고 있는 게 그거예요. 우리가 자기들에게 너무 심하게 한다고요. 롤리 말로는 '헛소리'라네요. 우리는 해도 욕먹고 안 해도 욕먹는 거죠.

치료자: 아니, 제가 듣기로는 그게 아닙니다. 너희들(롤리와 제니스에게)은 내가 틀렸으면 바로잡아도 돼. 제가 들은 바로는 부모님의 반응에 비일관성이 있다는 것입니다. 사실상 이것이 내내 문제가 되어 왔다고 생각되네요.

밥: 비일관성이라고요?

치료자: 물론입니다. 제 생각에는, 이럴 수도 저럴 수도 없는 이중구속(double bind) 상태인 것처럼 아이들이 느낀다는 것입니다. 이것이 그들에게는 혼란스럽고 갈등이 된다는 것이죠.

캐롤: 그럼, 다시 말하죠. 저는 그 점에 있어서 미안해하는 사람입니다. 왜냐하면 제가 상당히 입장 번복을 했을 테니까요. 저는 항상 거친 아이 역할을 하면서 싸우고 동시에 아이들의 절친한 친구가 되려고 노력하면서 싸우죠.

치료자: 그리고 제 인상은, 밥이 더욱 완고한 자세를 취하면서 당신 둘을 양극화시키는 방식으로 반응한다는 것입니다. 이런 일이 발생하면, 가족 내에 갈등이 생기면서, 아이들이 원하는 대로 할 많은 여지를 주게 됩니다.

캐롤: 세상에, 엉망이네요. 이 모든 것을 바로잡을 수 있도록 우리를 도와주실 수 있으신가요?

치료자: 당연하죠. 단, 여러분 모두가 같이 최선의 노력을 하신다면요.

이 시점에서 나는 가족들이 치료에 함께 관여해야 함을 재확인했다. 이것은 매우 중요하다. 왜냐하면 이 가족 구성원들 사이에서 권력의 부침과 주도권 다툼은 내가 어떻게 했는지에 따라서 그 힘이 빠르게 약화될 수 있기 때문이다.

연속된 다섯 차례의 회기에서, 나의 초점은 대부분 규칙과 규정에 대한 가족 심리도식을 다루는 데 집중되었다. 더욱 중요하게는, 가족 구성원들이 서로에 대해 진심으로 어떻게 느끼는지를 다루는 데 역점을 두었다. 또한 부모에게, 원가족으로부터의 자신의 경험이 그들이 생각하고 감정을 드러내고 상황을 다루는 방식에 어떻게 영향을 미쳤는지 그 연관성을 관련 짓도록 하였다. 경계라든가 일관성 등의 문제를 다루는 것도 마찬가지였다.

다음은 여섯 번째 회기에서 발췌한 내용이다.

> 치료자: 제니스, 네가 현재 무슨 일을 겪고 있는지 부모님이 전혀 관심이 없다는 점에 대해 방금 뭔가 언급했지. 네 생각을 좀 더 듣고 싶구나.
>
> 제니스: 네, 부모님이 제 몸무게를 가지고 잔소리하는 것이 지긋지긋해요. 제가 비만이고 체중조절을 못한다는 것을 알아요. 그런데 부모님은 내가 먹는 것을 딱 끊고 체중을 빼는 것이 아주 쉬운 일인 것처럼 말해요.
>
> 치료자: 너에게는 정말 감정을 건드리는 문제인 것 같구나.
>
> 제니스: (울기 시작한다) 그래요. 정말 거부당하는 느낌이에요.
>
> 치료자: 다른 가족 구성원이 네 몸무게에 대해 뭐라 하는 것을 들을 때 마음속에 구체적으로 어떤 생각이 스쳐 지나가니?
>
> 제니스: 상처받고 좌절되는 느낌이에요.
>
> 치료자: 좋아, 그것이 네가 느끼는 것이구나. 그런데 그 느낌에 앞선 생각은 어떤 거니?
>
> 제니스: (잠시 생각한다) 글쎄요. 그것이 나에게 얼마나 상처가 되는지 아무도 신경 쓰지 않는구나. 내가 그렇게 할 수 없다는 생각을 하지 않는구나.
>
> 치료자: 좋아! 이 생각이 네가 그 사람들에게 반응하고 행동하는 방식에 영향을 미친다는 점에 대해서는 어떻게 생각하니?
>
> 제니스: 네, 우선은, 저를 더 먹고 싶게 만들죠.
>
> 캐롤: 그랬다고? 그런 줄은 전혀 몰랐는데.
>
> 치료자: 네가 실제로는 분노를 경험하면서 폭식을 하게 된다는 말이니?

제니스: 네. 항상 그랬어요.

치료자: 보복한다는 말처럼 들리는구나. 너를 이해하지 못하는 그 사람들에게 네가 마치 앙갚음을 하는.

제니스: 맞아요.

치료자: 보호하는 것 같기도 하고, 너의 먹는 행동을.

밥: 네, 완전히요! (롤리와 밥이 킥킥 웃는다. 제니스는 울기 시작한다.)

캐롤: 왜 그래, 밥? 내가 말한 게 그거야. 그런 식의 농담, 그건 정말로 관계를 파괴하는 거야.

밥: 알았어, 미안해(아직도 키득거리며). 웃음을 참을 수가 없었어.

치료자: 제가 주목하는 것은, 이 가족에선 웃음이 아주 특별한 목적을 지니는 것 같다는 점입니다.

캐롤: 그게 어떤 거죠?

치료자: 그러니까, 누군가 자신의 감정을 표현한다거나 어떤 약한 면을 보여 줄 때마다 구성원들이 비난을 하거나 비웃고 그것을 조롱거리로 만들어요. 이게 뭘 의미할까요?

롤리: 우리가 혼란스러워서 그런 건가요?

치료자: 글쎄요, 단지 그것만은 아닌 것 같은데요. 여러분이 친밀감을 다루는 데 어려움을 겪고 있는 것이랑 같은 문제 같습니다. 한 가족이면서도 여러분은 논쟁하거나 서로를 조롱하면서 친밀감을 대부분 회피하죠.

캐롤: 아, 전적으로 동감해요.

치료자: 친밀감, 우리의 정서를 표현하는 것과 관련된 가족 심리도식이 어떤 것일까요? 여러분의 가족에게 친밀감은 어떤 형태로 나타납니까?

밥: 그러니까, 그게 장난처럼 표현됩니다. 제가 제니스를 나의 어린 뚱보 토마토 여왕이라고 부를 때처럼요. 사실 저는 그게 사랑스럽다는 것을 의미한 거거든요.

치료자: 네, 하지만 '뚱보'란 말이 애정이 담긴 말이라고 하기는 어렵지 않나요? 어떻게 그것이 애정어린 거죠?

밥: 음, 그 단어는 아니죠.

치료자: 그러니까요, 거기에서 그 단어를 내놓은 것이 무엇을 의미하는 거죠?

밥: 분노요, 아마도.

치료자: 무엇에 대한 분노죠?

밥: 제니스 인생의 유년기가 비만이라는 거죠. 그래서는 안 됩니다.

치료자: 그러면 농담이나 부정적인 말로 위장하지 않고 왜 서로에게 그 생각을 그냥 말할 수 없는 겁니까?

밥: 모르겠어요. 정말 중요한 질문입니다. 그냥, 아주 민감한 주제라고 생각해서 그런 것 같습니다.

치료자: 네, 저도 민감한 주제라고 생각되네요. 그리고 당신이 대화하는 데 어려움이 있다는 생각도 듭니다. 뭐냐하면, 제니스에게 정말 필요한 것이 당신의 위로라고 했을 때, 당신은 그러한 위로를 하는 데 어려움이 있으신 것 같습니다.

밥: 네, 사실이에요, 그런 걸 잘하지 못해요, 제가. 제 아내가 불평하는 것도 그런 거죠, 우리 사이가 좀 나아지긴 했지만요. 그리고 치료에서 이 작업을 해야 한다고 생각해요. 감정을 표현하는 것이 어색한 게 있어요. 제 감정을 편안하게 표현해 본 적도 전혀 없습니다. 저는 애정을 표현하지 않는 환경에서 자랐어요. 그래서 그런 일은 저에게는 그냥 어색한 그런 거죠.

치료자: 그러면, 여러분 개개인의 성장에 도움을 주는 애정 표현 방법에 우리가 역점을 둘 수 있을 것 같습니다. 달리 말하면, 더 생산적으로 당신 자신을 표현하는 방법을 학습함으로써 당신은 성장할 수 있습니다. 그리고 지금과는 분명히 다른 방식으로 당신의 애정을 표현한다면 제니스와 다른 가족 구성원들도 함께 성장하게 될 것입니다.

밥: 가족을 향한 제 사랑을 그들이 오해하게 만들려는 의도는 절대로 없었어요. 이 사람들은 저에게 가장 소중합니다.

처음으로, 나는 밥의 눈에 눈물이 핑 도는 것을 보았다. 그러자 두 자녀들이 폭포수 같은 눈물을 흘렸고 캐롤의 눈에서도 눈물이 샘솟았다. 이 촉발 지점을 목격하는 것은 실로 굉장한 일이었다. 또한 그것이 이 모든 분노와 장난스러운 농담과 조롱 이면에 자리잡고 있을 것이라고 내가 의심했던 많은 감정을 실제로 어떻게 불러일으켰는지 지켜보았다.

이 정도면 이번 회기가 충분히 진행되었다고 보았다. 나는 다시 만나기를 고대한다고 말하고 회기를 마쳤다.

이어진 다음 회기에서는 흥미롭게도, 지난번 그들을 만난 후로 지금 다시 만나기까지 열흘이 지났는데, 가족 구성원들이 상당히 더 차분하면서 상대를 존중하는 상호작용을 보여 주었다. 이 가족과의 대부분의 작업은, 친밀감을 교환하는 새로운 방법을 학습하고 상호존중, 경계, 애정 표현 및 정서조절에 대한 개인의 심리도식과 가족 심리도식을 재구성하는 데 역점을 두었다. 이것이 시간이 많이 걸리고 상당히 힘든 작업이란 점은 명백했다. 1년에 걸쳐 15~20회기를 더 이 가족과 작업을 진행했다. 구성원들이 실로 그 자리에서 버티면서 얼마간 큰 진전을 이루었다는 점이 놀라웠다. 이 가족 구성원들의 한결같은 왜곡 중 한 가지는 감정을 표현하게 되면 자신들의 약점을 상대방에게 노출하게 될 것이라는 두려움과 관련된 생각이었다. 일단 이 주제가 성공적으로 다루어지자, 그들 모두 서로 간에 더욱 생산적인 표현을 보여 주는 방향으로 한걸음 나아갈 수 있을 것 같았다.

결과적으로 치료는 긍정적으로 마무리되었는데, 가족 구성원들은 자신들의 관계가 회복되었으며 논쟁과 다툼이 상당히 감소되었다고 보고했다. 가장 기뻤던 것은 물론, 롤리와 제니스가 부모와의 이혼 신청을 하지 않기로 결정했다는 것이었다.

Chapter 10

맺는 말

최근의 인지행동치료는 과학적, 임상적 발전을 거듭하고 있다. 과학적이고 임상적인 인지행동치료 연구가 급증했으며, 이는 상당히 광범위해서 이 교재의 범위 내에 모두 담기는 어려웠다. 구체적인 주제들에서 더 풍부한 정보를 얻기 위한 방법 및 가장 주목할 만한 정보라고 여겨지는 것을 포함하고자 노력했다. 달리 말하면, 가족치료의 현장은 끊임없이 확장되고 있기 때문에, 독자들은 치료 기법을 강화할 수 있는 것은 무엇이든지 배워서 지식을 계속 확장해야 한다.

인지행동치료와는 다른 접근의 커플 및 가족치료에서도 인지행동치료를 함께 사용할 수 있으며, 인지행동치료는 통합적인 양식임을 염두에 둘 필요가 있다. 따라서 다양한 이론적 지향을 가진 수련생들이 자신이 가지고 있는 접근과 결합해서 인지행동치료를 사용하고자 한다면, 이 책에서 접근하는 방식과 전략이 유용함을 알게 될 것이다[이것은 Case Studies in Couple and Family Therapy: Systemic and Cognitive Perspectives(Dattilio, 1998a)에 아주 분명하게 제시되어 있는데, 거기에서 인지행동치료는 많은 치료적 양식과 자연스럽게 통합된다].

치료자들이 커플 및 가족과의 치료 작업에서 유연함을 유지하면서 동시에 자신의 치료 도구상자에 가능한 많은 치료기법을 추가할 필요가 있음을 이 교재를 통해 전달하고자 했다. 끊임없이 다양한 치료 개입을 배우고자 하는 것은 좋은 치료 작업을 하기 위한 핵심적 요소이다.

마지막으로, 커플 및 가족에게 인지행동치료(CBT) 기법을 적용하는 방법은 매우 다양하다는 점을 명확히 하고자 한다. 내담자가 가장 효과적인 도움을 받을 수 있도록, 치료자들은 자신의 고유한 치료 방식과 함께 효과적인 것으로 입증된 기법과 전략을 혼합하는 것이 좋다. 이러한 것이 좋은 치료를 하기 위해 열과 성을 다하는 것이라고 생각한다. 또한 이런 방법이 도움이 필요한 커플과 가족을 돕기 위해 치료자가 최선을 다할 수 있도록 해 준다.

지난 반세기에 걸쳐 CBT의 우수한 효과가 입증되어 왔기 때문에, 전 세계에서 인지행동치료가 앞으로도 계속해서 커플과 가족을 위한 효과적인 접근으로 존재할 것이라는 점이 희망적이다.

부록 A ··· 커플과 가족을 위한 질문지 및 검사도구

커플을 위한 질문지와 검사도구

- 의사소통 방식 질문지(Communication Patterns Questionnaire: CPQ; Christensen, 1988)

- 부부 적응 척도(Dyadic Adjustment Scale: DAS; Spanier, 1976)

- 개정판 부부 태도 질문지(Marital Attitude Questionnaire-Revised; Pretzer, Epstein, & Fleming, 1991)

- 부부의사소통 검사(Marital Communication Inventory(Bienvenu, 1970)

- 부부행복 척도(Marital Happiness Scale: MHS; Azrin, Master, & Jones, 1973)

- 부부만족도 척도(Marital Satisfaction Inventory: MSI; Snyder, 1981)

- 주요 의사소통 척도(Primary Communication Inventory; Navaran, 1967)

가족을 위한 질문지와 검사도구

• 생활사건과 변화에 대한 청소년−가족 검사(Adolescent-Family Inventory of Life Events and Change; McCubbin & Thompson, 1991)

• 개정판 갈등대처 척도(The Revised Conflict Tactics Scales: CTS-2; Straus, Hamby, Bonley-McCoy, & Sugarman, 1996)

• 가족 적응력 및 응집력 평가척도(Family Adaptability and Cohesion Evaluation Scale: FACES-111; Olson, Portner, & Lavee, 1985)

• 가족 평가도구(Family Assessment Device: FAD; Epstein, Baldwin, & Bishop, 1983)

• 가족인식 척도(Family Awareness Scale: FAS; Green, Kolevzon, & Vosler, 1985)

• 가족신념 검사(Family Beliefs Inventory: FBI-forms P & A; Roehling & Robin, 1986)

• 가족대처 검사(Family Coping Inventory: FCI; McCubbin & Thompson, 1991)

• 가족기능 척도(Family Functioning Scale: FFS; Tavitian, Lubiner, Green, Grebstein, & Velicer, 1987)

• 원가족 척도(Family of Origin Scale: FOS; Hovestadt, Anderson, Piercy, Cochran, & Fine, 1985)

• 가족일관성 및 가족적응 척도(Family Sense of Coherence-FSOC- and Family Adaptation Scales: FAS; Antonovsky & Sourani, 1988)

• 캔자스 가족생활 만족도 척도(Kansas Family Life Satisfaction Scale: KFLS; Schumm, Jurich, &Bollman, 1986)

• 부모−자녀관계 조사(Parent-Child Relationship Survey: PCRS; Fine & Schewebel, 1983)

• 자기보고식 가족검사(Self-Report Family Instrument: SFI; Beavers, Hampson, & Hulgus, 1985)

부록 B ··· 역기능적 사고 기록지

작성법: 기분이 나빠지고 있을 때 자신에게 질문한다. "지금 내 마음속에 무엇이 스쳐 지나가고 있지?" 그런 후 떠오르는 생각이나 심상을 가능한 한 빨리 자동적 사고 칸에 적는다.

날짜 시간	상황	자동적 사고들	정서(들)	왜곡	대안적 반응	결과
	기술하기: 1. 불쾌한 감정을 낳은 실제 사건 2. 불쾌한 감정을 낳은 사고, 공상 또는 회상의 흐름 3. 불쾌한 신체 감각	1. 불쾌한 감정(들)에 선행한 자동적 사고(들) 적기 2. 자동적 사고(들)를 얼마나 믿는지 평정하기 0~100%	기술하기: 1. 슬픔, 불안함/분노 등등의 감정을 구체화하기 2. 정서의 강도를 평정하기 0~100%	1. 이분법적 사고 2. 과잉일반화 3. 정신적 여과 4. 긍정적인 면 배제하기 5. 결론으로 비약하기 6. 의미확대 혹은 의미축소 7. 정서적 추리 8. 해야만 한다 진술 9. 낙인찍기와 잘못 낙인찍기 10. 개인화	1. 자동적 사고(들)에 대한 합리적 반응을 적기 2. 대안적 반응을 얼마나 믿는지 평정하기 0~100%	1. 자동적 사고를 얼마나 믿는지 재평정하기 0~100% 2. 이어지는 감정을 구체화하고 평가하기 0~100%

대안적 반응의 작성을 돕는 질문: (1) 자동적 사고가 사실이라는 증거가 무엇인가? 사실이 아니라는 증거가 무엇인가? (2) 다른 설명이 있는가? (3) 일어날 수 있는 최악은 무엇인가? 내가 그것을 견디어 낼 수 있는가? 일어날 수 있는 최선은 무엇인가? 가장 현실적인 결과는 무엇인가? (4) 내가 무엇을 해야만 하는가? (5) 자동적 사고를 믿은 결과는 무엇인가? 내 생각을 변화시킨다면 그 결과는 무엇이 될 수 있는가? (6) 만일 (사람 이름)가 이 상황에 있고 이 생각을 하고 있다면, 나는 그 사람에게 뭐라고 말할 것인가?

참고
문헌

Abrahms, J., & Spring, M. (1989). The flip flop factor. *International Cognitive Therapy Newsletter, 5*(1), 7-8.

Abrams, S., & Spring, J. (1996). *After the affair: Healing the pain and rebuilding trust when a partner has been unfaithful*. New York: Harper Collins.

Abrams, S., & Spring, J. (2004). *How can I forgive you?* New York: Harper Collins.

Ainsworth, M. D. S. (1967). *Infancy in Uganda: Infant care and the growth of attachment*. Baltimore: Johns Hopkins University Press.

Ainsworth, M. D. S., Blehar, M. C., Waters, E., & Wall, S. (1978). *Patterns of attachment: A psychological study of the strange situation*. Hillsdale, NJ: Erlbaum.

Alberti, R. & Emmons, M. (2001). *Your perfect right*. Atascadero, CA: Impact.

Albrecht, S. L., Bahr, H. M., & Goodman, K. L. (1983). *Divorce and remarriage: Problems, adaptations and adjustments*. Westport, CT: Greenwood Press.

Alexander, J. F., & Parsons, B. V. (1982). *Functional family therapy*. Monterey, CA:Brooks/ Cole.

Alexander, P. C. (1988). The therapeutic implications of family cognitions and constructs. *Journal of Cognitive Psychotherapy 2*, 219-236.

Alford, B. A., & Beck, A. T. (1997). *The integrative power of cognitive therapy*. New York: Guilford Press.

American Psychological Association. (1985). *A selected bibliography of lesbian and gay concerns in psychology: An affirmative perspective.* Washington, DC:Author.

Antonovsky, A., & Sourani, T. (1988). Family sense of coherence and family adaptation. *Journal of Marriage and Family, 50,* 79-92.

Aron, A., Fisher, H., Mashek, D. J., Strong, G., Li, H., & Brown, L. L. (2005). motivation, and emotion systems associated with early-stage intense romantic love. *Journal of Neurophysiology, 94,* 327-337.

Ascher, L. M. (1980). Paradoxical intention. In A. Goldstein & E. B. Foa (Eds.), *Handbook of behavioral interventions: A clinical guide* (pp. 129-148). New York: Wiley.

Ascher, L. M. (Ed.). (1984). *Therapeutic paradox.* New York: Guilford Press.

Atkinson, B. J. (2005). *Emotional intelligence in couples therapy: Advances from neurobiology and the science of intimate relationships.* New York: Norton.

Azerin, N. H., Naster, B. J., & Jones, R. (1973). A rapid learning-based procedure for marital counseling. *Behavior Research and Therapy, 11,* 365-382.

Baldwin, M. W. (1992). Relational schemas and the processing of social information. *Psychological Bulletin, 112,* 461-484.

Barnes, S., Brown, K. W., Krusemark, E., Campbell, W. K., & Rogge, R. D. (2007). The role of mindfulness in romantic relationship satisfaction and responses to relationship stress. *Journal of Marital and Family Therapy, 33*(4), 482-500.

Bartholomew, K., & Horowitz, L. M. (1991). Attachment styles among young adults: A test of the four category model. *Journal of Personality and Social Psychology, 61,* 276-244.

Barton, C., & Alexander, J. F. (1981). Functional family therapy. In A. S. Gurman & P. Kniskern (Eds.), *Handbook of family therapy* (pp. 403-443). New York: Brunner/Mazel.

Bateson, G., Daveson, D. D., Haley, J., & Weakland. J. (1956). Toward a theory of Schizophrenia. *Behavior Sciences, 2,* 251-264.

Baucom, D. H. (1987). Attributions in distressed relations: How can we explain them? In S. Duck & D. Perlman (Eds.), *Heterosexual relations, marriage and divorce* (pp. 177-206). London: Sage.

Baucom, D. H., & Epstein. N. (1990). *Cognitive-behavior marital therapy.* New York: Brunner/ Mazel.

Baucom, D. H., Epstein, B. B., Daiuto, A. D., Carels, R. A., Rankin, L., & Burnett, (1996). Cognitions in marriage: The relationship between standards and attributions. *Journal of Family Psychology, 10,* 209-222. Baucom, D. H.. Epstein, N., Rankin, L.A., & Burnett, C. K. (1996b). Assessing relationship standards: The Inventory of Specific Relationship Standards. *Journal of Family Psychology, 10,* 72-88.

Baucom, D. H., Epstein, N., Sayers, S., & Sher, T. G. (1989). The role of cognitions in marital relationships: Definitional, methodological, and conceptual issues. *Journal of Consulting and Clinical Psychology, 57*, 3-38.

Baucom, D. H., Shoham, V., Mueser, K. T., Daiuto, A. D., & Stickle, T. R. (1998). Empirically supported couples and family therapies for adult problems. *Journal of Consulting and Clinical Psychology, 66*, 53-88.

Bavelas, J. B., Coates, L., & Johnson, T. (2000). Listeners as co-narrators. *Journal of Personality and Social Psychology, 79*, 941-952.

Bavelas, J. B., Coates, L., & Johnson, T. (2002). Listener responses as a collaborative process: The role of gaze. *Journal of Communication, 52*, 566-580.

Beach, S. R. H. (2001). *Marital and family process in depression: A scientific process for clinical practice*. Washington, DC: American Psychological Association.

Beavers, W. R., Hampson, R. B., & Hulgus, Y. F. (1985). The Beavers systems approach to family assessment. *Family Process, 24*, 398-405.

Beck, A. T. (1967). *Depression: Clinical, experimental and theoretical aspects*. New York: Hoeber.

Beck, A. T. (1976). *Cognitive therapy and the emotional disorders*. New York: International Universities Press.

Beck, A. T. (1988). *Love is never enough*. New York: Harper & Row.

Beck, A. T. (2002). Cognitive models of depression. In R. L. Leahy & T. E. Dowd (Eds.), *Clinical advances in cognitive psychotherapy: Theory and application* (pp. 29-61). New York: Springer.

Beck, A. T., Rush, A. J., Shaw, B. F., & Emery, G. (1979). *Cognitive therapy of depression*. New York: Guilford Press.

Beck, A., Wright, F., Newman, C., & Leise, B. (1993). *Cognitive therapy of substance abuse*. New York: Guilford Press.

Beck, J. S. (1995). *Cognitive therapy: Basics and beyond*. New York: Guilford Press.

Becvar, D. S., & Becvar, R. J. (2009). *Family therapy: A systemic integration* (7th ed). Boston: Allyn & Bacon.

Bedrosian, R. C. (1983). Cognitive therapy in the family system. In A. Freeman(Ed.), *Cognitive therapy with couples and groups* (pp. 95-106). New York: Plenum Press.

Bennun, I. (1985). Prediction and responsiveness in behavioral marital therapy. *Behavioral Psychotherapy, 13*, 186-201.

Bevilacqua, L. J., & Dattilio, F. M. (2001). *Brief family therapy homework planner*. New York: John Wiley.

Bienvenu, M. J. (1970). Measurements of marital communication. *The Family Coordinator, 19*, 26-31.

Birchler, G. R. (1983). Behavioral-systems marital therapy. In J. P. Vincent (Ed.), *Advances in family intervention, assessment and theory* (Vol. 3, pp. 1-40). Greenwich, CT: JAI Press.

Birchler, G. R., & Spinks, S. H. (1980). Behavioral-systems marital and family therapy: Integration and clinical application. *American Journal of Family Therapy, 8*, 6-28.

Bishop, S. R., Lau, M., Shapiro, S., Carlson, L., Anderson, N., & Carmody, J. (2004). Mindfulness: A proposed operational definition. *Clinical Psychology: Science and Practice, 11*, 230-242.

Bitter, J. M. (2009). *Theory and practice of family therapy and counseling*. Belmont, CA: Brooks/Cole.

Bless, H., Hamilton, D. L., & Mackie, D. M. (1992). Mood on the organization of personal information. *European Journal of Social Psychology, 22*, 497-509.

Bless, H., Mackie, D. M., & Schwartz, Z. (1992). Mood effects on attitude judgments: Interdependent effects of mood before and after message elaboration. *Journal of Personality and Social Psychology, 63*, 585-595.

Bornstein, P. H., Krueger, H. K., & Cogswell, K. (1989). Principles and techniques of couple paradoxical therapy. In L. M. Ascher (Ed.), *Therapeutic paradox* (pp. 289-309). New York: Guilford Press.

Bowen, M. (1978). *Family therapy in clinical practice*. New York: Jason Aronson.

Bowlby, J. (1969). *Attachment and loss: Vol. 1. Attachment*. New York: Basic Books.

Bowlby, J. (1973). *Attachment and loss: Vol. 2. Separation, anxiety, and anger*. New York: Basic Books.

Bowlby, J. (1979). *The making and breaking of affectional bonds*. London: Tavistock.

Bowlby, J. (1982). *Attachment and loss: Vol. 1. Attachment* (2nd ed.). New York: Basic Books. (Original work published 1969)

Bradbury, T. N., & Fincham, F. D. (1990). Attributions in marriage: Review and critique. *Psychological Bulletin, 107*, 3-33.

Bramlett, M. D., & Mosher, W. D. (2002). Cohabitation, marriage, divorce and remarriage in the United States. *Vital Health Statistics, 23*(22). Hyattsville, MD: National Center for Health Statistics.

Brizendine, L. (2006). *The female brain*. New York: Broadway Books.

Brown, G. W., & Harris, T. (1978). *Social origins of depression: A psychiatric disorder in women*. London: Tavistock.

Bryant, M. J., Simons, A. D., & Thase, M. E. (1999). Therapist skill and patient variables in homework compliance: Controlling the uncontrolled variable in cognitive therapy outcome research. *Cognitive Therapy and Research, 23*, 381-399.

Cahill, L. (2003). Sex-related influences on the neurobiology of the emotionally influenced memory. *Annals of the New York Academy of Sciences, 985*, 168-173.

Carrere, S., & Gottman, J. M. (1999). Predicting divorce among newly weds from the first three minutes of marital conflict discussion. *Family Process, 38*, 293-301.

Carson, J. W., Carson, K. M., Gil, K. M., & Baucom, D. H. (2004). Mindfulness- based relationship enhancement. *Behavior Therapy, 35*, 471-494.

Cassidy, J., & Shaver, P. S. (Eds.). (1999). *Handbook of attachment: Theory, research and clinical applications.* New York: Guilford Press.

Chae, P. K., & Kwon, J. H. (2006). *The psychology of happy marriage.* Seoul: Jibmoon-Dang.

Choi, S. C. (1998). The third-person psychology and the first-person psychology: The perspectives on human relations. *Korean Social Science Journal, 25*, 239-264.

Christensen, A. (1988). Dysfunctional interaction patterns in couples. In P. Noller & M. A. Fitzpatrick (Eds.), *Perspectives on marital interaction* (pp. 31-52). Clevedon, UK: Multilingual Matters.

Christensen, A., & Heavey, C. L. (1999). Interventions for couples. *Annual Review of Psychology, 50*(1), 165-190.

Christensen, A., Sevier, M., Simpson, L. E., & Gattis, K. S. (2004). Acceptance, mindfulness and change in couple therapy. In S. C. Hayes, V. M. Follette, & M. M. Linehan (Eds.), *Mindfulness and acceptance: Expanding the cognitive- behavioral tradition.* New York: Guilford Press.

Cierpka, M. (2005). Introduction to family assessment. In M. Cierpka, V. Thomas, & D. H. Sprenkle (Eds.), *Family assessment: Integrating multiple clinical perspectives.* Cambridge, MA: Hogrefe.

Clayton, D. C., & Baucom, D. H. (1998, November). *Relationship standards as mediators of marital equality.* Paper presented at the Annual Meeting of the Association for the Advancement of Behavior Therapy, Washington, DC.

Cook, J., Tyson, R., White, J., Rushe, R., Gottman, J. M., & Murray, J. (1995). The mathematics of marital conflict: Qualitative dynamic mathematical modeling of marital attraction. *Journal of Family Psychology, 9*, 110-130.

Coontz, S. (2005). *Marriage: A history from obedience to intimacy or how love conquered marriage.* New York: Viking Press.

Coyne, J. C., & Benazon, N. R. (2001). Not agent blue: Effects of marital functioning on depression and implications for treatment. In S. R. H. Beach (Ed.), *Marital and family processes in depression: A scientific foundation for clinical practice* (pp. 25-43). Washington, DC: American Psychological Association.

Crespi, T. D., & Howe, E. A. (2001). Facing the family treatment crisis: Changing parameters in marriage and family and marriage therapy education. *Family Therapy, 28*(1), 31-38.

Damasio, A. R. (1999). *The feeling of what happens: Body and emotion in the making of consciousness*. New York: Harcourt, Brace.

Damasio, A. R. (2001). Emotion and the human brain. *Annals of the New York Academy of Sciences, 935*(1), 101-106.

Dattilio, F. M. (1983, Winter). The use of operant techniques and parental control in the treatment of pediatric headache complaints: Case report. *Pennsylvania Journal of Counseling, 1*(2), 55-58.

Dattilio, F. M. (1987). The use of paradoxical intention in the treatment of panic disorder. *Journal of Counseling and Development, 66*(2), 66-67.

Dattilio, F. M. (1989). A guide to cognitive marital therapy. In P. A. Keller & S. F. Heyman (Eds.), *Innovations in clinical practice: A source book* (Vol. 8. pp. 27-42). Sarasota, FL: Professional Resource Exchange.

Dattilio, F. M. (1993). Cognitive techniques with couples and families. *Family Journal, 1*, 51-56.

Dattilio, F. M. (1994). Families in crisis. In F. M. Dattilio & A. Freeman (Eds.), *Cognitive-behavioral strategies in crisis intervention* (pp. 278-301). New York: Guilford Press.

Dattilio, F. M. (1995). Cognitive therapy in Egypt. *Journal of Cognitive Psychotherapy, 9*(4), 285-286.

Dattilio, F. M. (1997). Family therapy. In R. L. Leahy (Ed.), *Practicing cognitive therapy: A guide to interventions* (pp. 409-450). Northvale, NJ: Jason Aronson.

Dattilio, F. M. (Ed.). (1998a). *Case studies in couple and family therapy: Systemic and cognitive perspectives*. New York: Guilford Press.

Dattilio, F. M. (1998b). Cognitive-behavior family therapy. In F. M. Dattilio (Ed.), *Case studies in couple and family therapy: Systemic and cognitive perspectives* (pp. 62-84). New York: Guilford Press.

Dattilio, F. M. (1998c). Finding the fit between cognitive-behavioral and family therapy. *Family Therapy Networker, 22*(4), 63-73.

Dattilio, F. M. (2000). Families in crisis. In F. M. Dattilio & A. Freeman (Eds.), *Cognitive-behavioral strategies in crisis intervention* (2nd ed., pp. 316-338). New York: Guilford Press.

Dattilio, F. M. (2001a). Cognitive-behavior family therapy: Contemporary myths misconceptions. *Contemporary Family Therapy, 23*, 3-18.

Dattilio, F. M. (2001b). The ripple effects of depressive schemas on psychiatric patients [Letter to the editor]. *Archives of Psychiatry and Psychotherapy, 3*(2), 90-91.

Dattilio, F. M. (2001c). The pad and pencil technique. In R. E. Watts (Ed.), *Favorite counseling techniques with couples and families* (Vol. 2, pp. 45-47). Alexandria, VA: American Counseling Association.

Dattilio, F. M. (2002). Homework assignments in couple and family therapy. *Journal of Clinical Psychology, 58*(5), 570-583.

Dattilio, F. M. (2003). Family therapy. In R. E. Leahy (Ed.), *Overcoming roadblocks in cognitive therapy* (pp. 236-252). New York: Guilford Press.

Dattilio, F. M. (2004a). Cognitive-behavioral family therapy: A coming-of-age story. In R. L. Leahy (Ed.), *Contemporary cognitive therapy: Theory, research and practice* (pp. 389-405). New York: Guilford Press.

Dattilio, F. M. (2004b, Summer). Extramarital affairs: The much-overlooked PTSD. *The Behavior Therapist, 27*(4), 76-78.

Dattilio, F. M. (2005a). Homework for couples. In N. Kazantzis, F. P. Deane, K. R. Ronan, & L. L'Abate (Eds.), *Using homework assignments in cognitive-behavior therapy* (pp. 153-170). New York: Brunner-Routledge.

Dattilio, F. M. (2005b). Restructuring family schemas: A cognitive-behavioral perspective. *Journal of Marital and Family Therapy, 31*(1), 15-30.

Dattilio, F. M. (2005c). Cognitive-behavioral therapy with an East Indian family. *Contemporary Family Therapy, 27*(3), 367-382.

Dattilio, F. M. (2005d). Clinical perspectives on involving the family in treatment. In J. L. Hudson & R. M. Rapee (Eds.), *Psychopathology and the family* (pp. 301-321). London: Elsevier.

Dattilio, F. M. (2005e). Rejoinder to Webster. *Australian and New Zealand Journal of Family Therapy, 26*(2), 81.

Dattilio, F. M. (2006a). Case-based research in family therapy. *Australian and New Zealand Journal of Family Therapy, 27*(4), 208-213.

Dattilio, F. M. (2006b). Cognitive behavior therapy in the wake of divorce. In C. A. Everett & R. E. Lee (Eds.), *When marriages fail: Systemic family therapy interventions and issues* (pp. 217-228). New York: Haworth Press.

Dattilio, F. M. (2006c). Restructuring schemata from family-of-origin in couple therapy. *Journal of Cognitive Psychotherapy, 20*(4), 359-373.

Dattilio, F. M. (2007). Breaking the pattern of interruption in family therapy. *Family Journal,*

15(2), 163–165.

Dattilio, F. M. (2009). Foreword. In N. Kazantzis, M. Reinecke, & A. Freeman(Eds.), *Cognitive and behavioral theories in clinical practice* (pp. xi–xiii). New York: Guilford Press.

Dattilio, F. M., & Epstein, N. B. (2003). Cognitive-behavior couple and family therapy. In I. L. Sexton, O. R. Weeks, & M. S. Robbins (Eds.), *The family therapy handbook* (pp. 147–175). New York: Routledge.

Dattilio, F. M., & Epstein, N. B. (2005). Introduction to the special section: The role of cognitive-behavioral interventions in couple and family therapy. *Journal of Marital and Family Therapy, 31*, 7–13.

Dattilio, F. M., Epstein, N. B., & Baucom, U. H. (1998). An introduction to cognitive-behavioral therapy with couples and families. In F. M. Dattilio (Ed.), *Case studies in couple and family therapy: Systemic and cognitive perspectives* (pp. 1–36). New York: Guilford Press.

Dattilio, F. M., Freeman, A., & Blue, J. (1998). The therapeutic relationship. In A. S. Bellack & M. Hersen (Eds.), *Comprehensive clinical psychology* (pp. 224–229). Oxford, UK: Elsevier Science.

Dattilio, F. M., & Jongsma, A. E. (2000). *The Family Therapy Treatment Planner*. York: Wiley.

Dattilio, F. M., Kazantzis, N., Shinkfield, G., & Carr, A. G. (2011). A survey of homework use, experiences of barriers to homework, and attitudes about the barriers to homework among couples and family therapists. *Journal of Marital and Family Therapy, 37*(2), 121–136.

Dattilio, F. M., L'Abate, L., & Deane, F. (2005). Homework for families. In N. Kazantzis, F. P. Deane, K. R. Ronan, & L. L'Abate (Eds.), *Using homework assignments in cognitive-behavior therapy* (pp. 171–190). New York: Brunner- Routledge.

Dattilio, F. M., & Padesky, C. A. (1990). *Cognitive therapy with couples*. Sarasota, FL: Professional Resource Exchange.

Dattilio, F. M., Tresco, K. E., & Siegel, A. (2007). An empirical survey of psychological testing and the use of the term "psychological": Turf battles or clinical necessity. *Professional Psychology: Research and Practice, 38*(6), 682–689.

Dattilio, F. M., & Van Hout, G. C. M. (2006). The problem solving component in cognitive-behavioral couples therapy. *Journal of Family Psychotherapy, 17*(1), 1–19.

Daveson, D. D. (1965). Family rules. *Archives of General Psychiatry, 12*, 589–594.

Davis, M. H., & Oathout, H. A. (1987). Maintenance of satisfaction in romantic relationships: Empathy and relational competence. *Journal of Personality and Social Psychology, 53*, 397–410.

Davis, M. H., & Oathout, H. A. (1992). The effect of dispositional empathy on relationship behaviors: Heterosocial anxiety as a moderating influence. *Personality and Social Psychology Bulletin, 18*, 76-83.

Davis, S. D., & Piercy, F. P. (2007). What clients of couple therapy model developers and their former students say about change: Part 1. Model dependent common factors across three models. *Journal of Marital and Family Therapy, 33*(3), 318-343.

Dawson, G. (1994). Frontal electroencephalographic correlates of individual differences in emotional expression of infants: A brain systems perspective on emotion. In N. A. Fox (Ed.), The development of emotional regulation: Biological and behavioral considerations. *Monographs of the Society of Research in Child Development, 59*(2-3, Serial No. 240), 135-151.

DeRubeis, R. J., & Beck, A. T. (1988). Cognitive therapy. In K. S. Dobson (Ed.), *Handbook of cognitive behavioral therapies* (pp. 273-306). New York: Guilford Press.

DeShazer, G. (1978). Brief therapy with couples. *International Journal of Family Counseling, 6*, 17-30.

Diamond, G. M., Diamond, G. S., & Hogue, A. (2007). Attachment-based family therapy: Adherence and differentiation. *Journal of Marital and Family Therapy, 33*(2), 177-191.

Doss, B. D., Simpson, L. E., & Christensen, A. (2004). Why do couples seek marital therapy? *Professional Psychology: Research and Practice, 35*(6), 608-614.

Dowd, E. T., & Swoboda, J. S. (1984). Paradoxical interventions in behavior therapy. *Journal of Behavior Therapy and Experimental Psychiatry, 15*(3), 229-234.

Dudek, D., Zieba, A., Jawor, M., Szymaczek, M., Opila, J., & Dattilio, F. M. (2001). The impact of depressive illness on spouses of depressed patients. *Journal of Cognitive Psychotherapy, 15*(1), 49-57.

Duncan, B. L. (1989). Paradoxical procedures in family therapy. In L. M. Ascher (Ed.), *Therapeutic paradox* (311-348). New York: Guilford.

Dunlap, K. (1932). *Habits, their making and unmaking.* New York: Liverright.

Dutton, D. G. (2007). *The abusive personality: Violence and control in intimate relationships* (2nd ed.). New York: Guilford Press.

Eidelson, F. I., & Epstein, N. (1982). Cognition and relationship maladjustment: Development of a measure of dysfunctional relationship beliefs. *Journal of Consulting and Clinical Psychology, 50*, 715-720.

Ellis, A. (1977). The nature of disturbed marital interactions. In A. Ellis & F. Grieger (Eds.), *Handbook of rational-emotive therapy* (pp. 170-176). New York: Springer.

Ellis, A. (1982). Rational-emotive family therapy. In A. M. Home & M. M. Ohlsen (Eds.), *Family counseling and therapy* (pp. 302-328). Itasca, IL: Peacock.

Ellis, A., & Harper, F. A. (1961). *A guide to rational living.* Englewood Cliffs, NJ: Prentice-Hall.

Ellis, A., Sichel, J. L., Yeager, R. J., DiMattia, D. J., & DiGiuseppe, R. (1989). *Rational-emotive couples therapy.* New York: Pergamon Press.

Epstein, N. B. (1982). Cognitive therapy with couples. *American Journal of Family Therapy, 30,* 5-16.

Epstein, N. B., Baldwin, L. M., & Bishop, D. S. (1983). The MacMaster Family Assessment Device. *Journal of Marital and Family Therapy, 9,* 171-180.

Epstein, N. B., & Baucom, D. H. (1993). Cognitive factors in marital disturbance. In K. S. Dobson & P. C. Kendall (Eds.), *Psychopathology and cognition* (pp. -385). San Diego, CA: Academic Press.

Epstein, N. B., & Baucom, D. H. (2002). *Enhanced cognitive-behavior therapy for couples: A contextual approach.* Washington, DC: American Psychological Association.

Epstein, N. B., & Baucom, D. H. (2003). Couple therapy. In R. L. Leahy (Ed.), *Roadblocks in cognitive-behavior therapy: Transforming challenges into opportunities for change* (pp. 217-235). New York: Guilford Press.

Epstein, N. B., & Baucom, D. H., & Rankin, L. A. (1993). Treatment of marital conflict: A cognitive-behavioral approach. *Clinical Psychology Review, 13,* 45-57.

Epstein, N. B., & Eidelson, R. J. (1981). Unrealistic beliefs of clinical couples: Their relationship to expectations, goals and satisfaction. *American Journal of Family Therapy, 9,* 13-22.

Epstein, N. B., & Schlesinger, S. E. (1996). Treatment of family problems. In M. A. Reinecke, F. M. Dattilio, & A. Freeman (Eds.), *Cognitive therapy with children and adolescents: A casebook for clinical practice* (pp. 299-326). New York: Guilford Press.

Epstein, N. B., Schlesinger, S. E., & Dryden, W. (1988). Concepts and methods of cognitive-behavior family treatment. In N. Epstein, S. E. Schlesinger, & W. Dryden (Eds.), *Cognitive-behavior therapy with families* (pp. 5-48). New York: Brunner/Mazel.

Epstein, N. B., & Werlinich, C. A. (2003, November). *Assessment of physical and psychological abuse in an outpatient marital and family therapy clinic: How much abuse is revealed under what conditions and with what relation to relationship distress?* Paper presented as part of the symposium, "Assessment of psychological and physical abuse in couples: What can we learn through different methods?" at the annual meeting of the Association for Advancement of Behavior Therapy, Boston.

Epstein, N. B., Werlinich, C. A., LaTaillade, J. J., Hoskins, L. H., Dezfulian, T., Kursch, M. K., et al. (2005, October). *Couple therapy for domestic abuse: A cognitive-behavioral approach.* Paper presented at the annual convention of the American Association for

Marriage and Family Therapy, Kansas City, MO.

Fadden, G., Bebbington, P., & Kuipers, L. (1987). The burden of care: The impact of functional psychiatric illness on the patient's family. *British Journal of Psychiatry, 150*, 285-292.

Falloon, I. R. H. (Ed.). (1988). *Handbook of behavioral family therapy*. New York: Guilford Press.

Falloon, I. R. H., Boyd, B. L., & McGill, C. W. (1984). *Family care of schizophrenia*. New York: Guilford Press.

Falloon, I. R. H., & Lillie, F. (1988). Behavioral family therapy: An overview. In I. R. H. Falloon (Ed.), *Handbook of behavioral family therapy* (pp. 3-26). New York: Guilford Press.

Fincham, F. D., Beach, S. R. H., & Nelson, O. (1987). Attribution processes in distressed and nondistressed couples: Causal and responsibility attributions for spouse behavior. *Cognitive Therapy and Research, 11*, 71-86.

Fine, M. A., & Schwebel, A. I. (1983). Long-term effect of divorce on parent-child relationships. *Developmental Psychology, 19*, 703-713.

finn, S. E., & Tonsager, M. E. (1997). Information-gathering and therapeutic models of assessment: Complementary paradigms. *Psychological Assessment, 9*(4), 374-385.

Firth, C., & Johnstone, E. (2003). *Schizophrenia: A very short introduction*. Oxford, UK: Oxford University Press.

Fogarty, T. F. (1976). Marital crisis. In P. J. Guerin (Ed.), *In family therapy: Theory and practice* (pp. 55-65). New York: Gardner Press.

Forgatch, M., & Patterson, G. R. (1998). Behavioral family therapy. In F. M. Dattilio (Ed.), *Case studies in couple and family therapy: Systemic and cognitive perspectives* (pp. 85-107). New York: Guilford Press.

Framo, J. (1992). *Family of origin therapy: An intergenerational approach*. New York: Brunner/ Mazel.

Frankl, V. E. (1960). Paradoxical intention: A logo-therapeutic technique. *American Journal of Psychotherapy, 14*, 520-535.

Fredman, N., & Sherman, R. (1987). *Handbook of measurements of marriage and family therapy*. New York: Brunner/Mazel.

Freud, S. (1952). Inhibitions, symptoms and anxiety (A. Strachey, Trans.). In R. M. Hutchins (Ed.), *Great books of the Western world* (pp. 718-734). Chicago: Encyclopedia Britannica. (Original work published 1926)

Friedberg, R. D. (2006). A cognitive-behavioral approach to family therapy. *Journal of Contemporary Psychotherapy, 36*, 159-165.

Fruzetti, A. E., & Iverson, K. M. (2004). Mindfulness, acceptance, validation, and "individual" psychopathology in couples. In S. C. Hayes, V. M. Follette, & M. M. Linehan (Eds.), *Mindfulness and acceptance: Expanding the cognitive- behavioral tradition* (pp. 168-191). New York: Guilford Press.

Gardner, H. (1985). *The mind's new science.* New York: Basic Books.

Geiss, S. K., & O'Leary, K. D. (1991). Therapists' ratings of frequency and severity marital problems: Implications for research. *Journal of Marital and Family Therapy, 7,* 515-520.

Ginsberg, B. G. (1997). *Relationship enhancement family therapy.* New York: Wiley.

Ginsberg, B. G. (2000). Relationship enhancement couples therapy. In F. M. Dattilio & L. J. Bevilacqua (Eds.), *Comparative treatments for relationship dysfunction (pp. 273-298).* New York: Springer.

Glass, S. P. (2000). The harder you fall, the farther you fall. In J. R. Levine & H. J. Markman (Eds.), *Why do fools fall in love?* New York: Jossey-Bass.

Glass, S. P. (2002). Couple therapy after the trauma of in delity. In A. S. Gurman & N. S. Jacobson (Eds.), *Clinical handbook of couple therapy* (3rd ed.). New York: Guilford Press.

Glass, S. P. (2003). *Not "just friends": Protect your relationship from infidelity and heal the trauma of betrayal.* New York: Free Press.

Gleick, J. (1987). *Chaos: Making a new science.* New York: Viking.

Goldenberg, I., & Goldenberg, H. (2000). *Family therapy: An overview* (5th ed.). Belmont, CA: Brooks/Cole.

Goldenberg, I., & Goldenberg, H. (2008). *Family therapy: An overview* (8th ed.). Belmont, CA: Brooks/Cole.

Goldstein, S., & Thau, S. (2004). Integrating attachment theory and neuroscience in couple therapy. *International Journal of Applied Psychoanalytic Studies, 1*(3), 214-223.

Goleman, D. (1995). *Emotional intelligence.* New York: Bantam Books.

Gordon, K. C., & Baucom, D. H. (1998). Understanding betrayals in marriage: A synthesized model of forgiveness. *Family Process, 37,* 425-450.

Gordon, K. C., & Baucom, D. H. (1999). A multitheoretical intervention for promoting recovery from extramarital affairs. *Clinical Psychology: Science and Practice, 6,* 382-399.

Gottman, J. M. (1994). *What predicts divorce?* Hillsdale, NJ: Erlbaum.

Gottman J. M. (1999). *The marriage clinic: A scientifically based marital therapy.* New York: Norton.

Gottman, J. M., & Gottman, J. S. (1999). Marital survival kit: A research based marital therapy. In R. Berger & M. T. Hannah (Eds.), *Preventive approaches in couples therapy* (pp. 304-330). New York: Brunner/Mazel.

Gottman, J. M., & Levenson, R. W. (1986). Assessing the role of emotion in marriage. *Behavioral Assessment, 8*, 31–48.

Gottman, J. M., Notarius, C., Gonso, J., & Markman, H. J. (1976). *A couples guide to communication.* Champaign, IL: Research Press.

Granvold, D. K. (2000). Divorce. In F. M. Dattilio & A. Freeman (Eds.), *Cognitive-behavioral strategies in crisis intervention* (2nd ed., pp. 362-384). New York: Guilford Press.

Green, R. G., Kolevzon, M. S., & Vosler, N. R. (1985). The Beavers-Timberlawn Model of Family Competence and the Circumplex Model of Family Adaptability and Cohesion: Separate, but equal? *Family Process, 24*, 385-398.

guerin, P. J. (2002). Bowenian family therapy. In J. Carlson & D. Kjos (Eds.), *Theories and strategies of family therapy* (pp. 126-157). Boston: Allyn & Bacon.

Guerney, B. G. (1977). *Relationship enhancement.* San Francisco: Jossey-Bass.

Haley, J. (1976). *Problem solving therapy: New strategies for effective family therapy.* San Francisco: Jossey-Bass.

Hamberger, L. K., & Holtzworth-Monroe, A. (2007). Spousal abuse. In F. M. Dattilio & A. Freeman (Eds.), *Cognitive-behavioral strategies in crisis intervention* (3rd. ed., pp. 277-299). New York: Guilford Press.

Hansson, R. O., Jones, W. H., & Carpenter, B. N. (1984). Relationship competence and social support. In N. P. Shaver (Ed.), *Review of personality and social psychology* (Vol. 5, pp. 265-284). Beverly Hills, CA: Sage.

Harvard Health Publications. (2007). *Couples therapy: Methods couples therapists use during couples therapy.* Retrieved from *https://www.health.harvard.edu/press_releases/couples.*

Hayes, S. C. (2004). Acceptance and commitment therapy and the new behavior therapies: Mindfulness, acceptance and relationship. In S. C. Hayes, V. M. Follette, & M. M. Linehan (Eds.), *Mindfulness and acceptance: Expanding the cognitive-behavioral tradition.* New York: Guilford Press.

Hazan, C., & Shaver, P. (1987). Romantic love conceptualized as an attachment process. *Journal of Personality and Social Psychology, 52*, 511-524.

Heitler, S. (1995). *The angry couple: Conflict-focused treatment* (videotape, 73 min.). New York: Newbridge Professional Programs.

Heyman, R. E., Eddy, J. M., Weiss, R. L., & Vivian, D. (1995). Factor analysis of the Marital Interaction Coding System (MICS). *Journal of Family Psychology, 9*, 209-215.

Heyman, R. E., & Neidig, P. H. (1997). Physical aggression in couples treatment. In W. K. Halford & H. J. Markman (Eds.), *Clinical handbook of marriage and couples intervention* (pp. 589-617). Chichester, UK: Wiley.

Hofmann, S. G. (2008). Acceptance and commitment therapy: New wave or morita therapy? *Clinical Psychology: Science and Practice, 15*(4), 280-285.

Hofmann, S. G., & Asmundson, G. J. (2008). Acceptance and mindfulness based therapy: New wave or old hat? *Clinical Psychology Review, 28,* 1-16.

Holtzworth-Munroe, A., & Jacobson, N. S. (1985). Casual attributions of married couples: When do they search for causes? What do they conclude when they do? *Journal of Personality and Social Psychology, 48,* 1398-1412.

Homans, G. C. (1961). *Social behavior: Its elementary forms.* New York: Harcourt, Brace Jananovich.

Hovestadt, A. J., Anderson, W. T., Piercy, F. P., Cochran, S. W., & Fine, M. (1985). Family of origin scale. *Journal of Marital and Family Therapy, 11*(3), 287- 297.

Jacob, T., & Tennenbaum, D. L. (1988). *Family assessment: Rationale, methods and future directions.* New York: Plenum.

Jacobson, N. S. (1992). Behavioral couple therapy: A new beginning. *Behavior Therapy, 23,* 493-506.

Jacobson, N. S., & Margolin, G. (1979). *Marital therapy: Strategies based on social learning and behavior exchange principles.* New York: Brunner/Mazel.

James, I. A., Reichelt, F. K., Freeston, M. H., & Barton, S. B. (2007). Schemas as memories: Implications for treatment. *Journal of Cognitive Psychotherapy, 21*(1), 51-57.

Johnson, J. A., Cheek, J. M., & Smither, R. (1983). The structure of empathy. *Journal of Personality and Social Psychology, 45*(6), 1299-1312.

Johnson, P. L., & O'Leary, K. D. (1996). Behavioral components of marital satisfaction: An individualized assessment approach. *Journal of Consulting and Clinical Psychology, 64,* 417-423.

Johnson, S. M. (1996). *The practice of emotionally focused marital therapy: Creating connection.* New York: Brunner/Mazel.

Johnson, S. M. (1998). Emotionally focused couple therapy. In F. M. Dattilio (Ed.), *Case studies in couple and family therapy: Systematic and cognitive perspectives* (450-472). New York: Guilford Press.

Johnson, S. M., & Denton, W. (2002). Emotionally focused couple therapy: Creating secure connections. In A. S. Gurman & N. S. Jacobson (Eds.), *Clinical handbook of couple therapy* (3rd ed., pp. 221-250). New York: Guilford Press.

Johnson, S. M., & Greenberg, L. S. (1988). Relating process to outcome in marital therapy. *Journal of Marital and Family Therapy, 14,* 175-183.

Johnson, S. M., Hunsley, J., Greenberg, L., & Schindler, D. (1999). Emotionally focused couples: Status and challenges. *Clinical Psychology: Science and Practice, 6*, 67-79.

Johnson, S. M., & Talitman. E. (1997). Predictors of success in emotionally focused marital therapy. *Journal of Marital and Family Therapy 23*, 135-152.

Johnson, S. M., & Whiffen, V. E. (Eds.). (2003). *Attachment processes in couple and family therapy*. New York: Guilford Press.

Kabat-Zinn, J. (1993). Mindfulness meditation: Health benefits of an ancient Buddhist practice. In D. Goleman & J. Garin (Eds.), *Mind/body medicine* (pp. 259-276). Yonkers: Consumer Reports.

Kaslow, F. (1995). *Projective genogramming*. Sarasota, FL: Professional Resource Press.

Katz, E., & Bertelson, A. D. (1993). Effects of gender and response style on depressed mood. *Sex Roles, 29*, 509-514.

Kazantzis, N., Deane, F. P., & Ronan, K. P. (2000). Homework assignments in cognitive-behavioral therapy: A meta-analysis. *Clinical Psychology: Science and Practice, 7*, 189-202.

Kazantzis, N., Whittington, C. J., & Dattilio, F. M. (2010). Meta-analysis of homework effects in cognitive and behavior therapy: A replication and extension. *Clinical Psychology: Science and Practice, 17*(2), 144-156.

Kelly, G. A. (1955). *The psychology of personal constructs*. New York: Norton.

Kelly, H. H. (1979). *Personal relationships: Their structures and processes*. Hilldale, NJ: Erlbaum.

Kerr, M., & Bowen, M. (1988). *Family evaluation*. New York: Norton.

Kidman, A. D. (2007). *Schizophrenia: A guide for families*. St. Leonards, NSW: Biochemical and General Sciences.

Kirby, J. S., & Baucom, D. H. (2007). Integrating dialectical behavior therapy and cognitive-behavioral couples therapy: A couples skills group for emotion dysregulation. *Cognitive and Behavioral Practice, 14*, 394-405.

L'Abate, L. (1985). A training program for family psychology: Evaluation, prevention and therapy. *American Journal of Family Therapy, 13*, 7-16.

L'Abate, L. (1998). *Family psychopathology: The relational roots of dysfunctional behavior*. New York: Guilford Press.

LaTaillade, J., Epstein, N. B., & Werlinich, C. A. (2006). Conjoint treatment of intimate partner violence: A cognitive-behavioral approach. *Journal of Cognitive Psychotherapy, 20*(4), 393-410.

Laumann, E. O., Gagnon, J. H., Michael, R. T., & Michaels, S. (1994). *The social organization of sexuality*. Chicago: University of Chicago Press.

Lazarus, A. A. (1976). *Multimodal behavior therapy*. New York: Springer.

Leahy, R. L. (1996). *Cognitive therapy: Basic principles and applications*. Northvale, NJ: Jason Aronson.

Leahy, R. L. (2001). *Overcoming resistance in cognitive therapy*. New York: Guilford Press.

LeBow, M. D. (1976). Behavior modification for the family. In G. D. Erickson & T. P. Hogan (Eds.), *Family therapy: An introduction to theory and technique* (pp. 347-376). New York: Jason Aronson.

LeDoux, J. (1994). Emotion, memory and the brain. *Scientific American, 270*(6), 50-57.

LeDoux, J. (1996). *The emotional brain*. New York: Simon & Schuster.

LeDoux, J. (2000). Emotional circuits in the brain. *Annual Review of Neuroscience, 23*, 155-184.

Leon, K., & Jacobvitz, D. B. (2003). Relationships between adult attachment representation and family ritual quality: A prospective longitudinal study. *Family Process, 42*, 419-432.

Leslie, L. A. (1988). Cognitive-behavioral and systems models of family therapy: How compatible are they? In N. B. Epstein, S. E. Schlesinger, & W. Dryden (Eds.), *Cognitive-behavior therapy with families* (pp. 49-83). New York: Brunner/Mazel.

Lewis, T., Amini, F., & Lannon, R. (2002). *A general theory of love*. New York: Vintage Press.

Liberman, R. P. (1970). Behavior approaches to couple and family therapy. *American Journal of Orthopsychiatry, 40*, 106-118.

Linehan, M. M. (1993). *Cognitive-behavioral treatment of borderline personality disorder*. New York: Guilford Press.

Margolin, G., & Weiss, R. L. (1978). Comparative evaluation of therapeutic components associated with behavior marital treatments. *Journal of Consulting and Clinical Psychology, 46*, 1476-1486.

Markman, H. J. (1984). The longitudinal study of couples' interaction: Implications for understanding and predicting the development of marital distress. In K. Halweg & N. S. Jacobson (Eds.), *Marital interaction: Analysis and modification* (pp. 253-281). New York: Guilford Press.

Markman, H. J., Stanley, S., & Blumberg, S. L. (1994). *Fighting for your marriage*. San Francisco: Jossey-Bass.

McCubbin, H. I., Larsen, A., & Olsen, D. (1996). Family coping coherence index (FCCI). In H. I. McCubbin, A. I. Thompson, & M. A. McCubbin (Eds.), *Family assessment resiliency coping and adaptation inventories for research and practice* (pp. 703-712). Madison: University of Wisconsin.

McCubbin, H. I., & Thompson, A. I. (Eds.). (1991). *Family assessment: Inventories for research and practice.* Madison: University of Wisconsin.

McCubbin, M. A., & McCubbin, H. L (1989). Theoretical orientation to family stress and coping. In C. R. Figley (Ed.), *Treating stress in families* (pp. 3-43) New York: Brunner/Mazel.

McGoldrick, M., Gerson, R., & Petry, S. (2008). *Genograms: Assessment and intervention* (3rd ed.). New York: Norton.

McGoldrick, M., Giordano, J., & Garcia-Preto, N. (Eds.). (2005). *Ethnicity and family therapy* (3rd ed.). New York: Guilford Press.

McGoldrick, M., Giordano, J., & Pearce, J. K. (Eds.). (1996). *Ethnicity and family therapy* (2nd ed.). New York: Guilford Press.

McKay, M., Fanning, P., & Paleg, K. (2006). *Couple skills: Making your relationship work.* Oakland, CA: New Harbinger.

Meichenbaum, D. (1977). *Cognitive-behavior modification: An integrative approach.* New York: Plenum Press.

Miklowitz, D. J. (1995). The evolution of family-based psychopathology. In R. H. Mikesell, D. D. Lusterman, & S. H. McDaniel (Eds.), *Integrating family therapy: Handbook of family psychology and systems theory* (pp. 183-197). Washington, DC: American Psychological Association.

Mikulincer, M., Florian, V., Cowan, P. A., & Cowan, C. P. (2002). Attachment security in couple relationships: A systemic model and its implications for family dynamics. *Family Process, 41,* 405-434.

Mikulincer, M., & Shaver, P. R. (2007). *Attachment in adulthood: Structure, dynamics and change.* New York: Guilford Press.

Miller, G. E., & Bradberry, T. N. (1995). Refining the association between attributions and behavior in marital interaction. *Journal of Family Psychology, 9,* 196-208.

Miller, I. W., Keitner, G. I., Epstein, N. B., Bishop, D. S., & Ryan, C. E. (1993). Inpatient family therapy: Part A. In J. H. Wright, M. E. Thase, A. T. Beck, & J. W. Ludgate (Eds.), *Cognitive therapy with inpatients: Developing a cognitive milieu* (pp. 154-190). New York: Guilford Press.

Milner, B., Squire, L. R., & Kandel, E. R. (1998). Cognitive neuroscience and the study of memory. *Neuron, 20,* 445-468.

Minuchin, S. (1974). *Families and family therapy.* Cambridge. MA: Harvard University Press.

Minuchin, S., & Nichols, M. P. (1998). Structural family therapy. In F. M. Dattilio (Ed.), *Case studies in couple and family therapy: Systemic and cognitive perspectives* (pp. 108-131). New York: Guilford Press.

Moos, R. H., & Moos, B. H. (1986). *Family environment scale manual* (2nd ed.). Palo Alto, CA: Consulting Psychologists Press.

Morgillo-Freeman, S., & Storie, M. (2007). Substance misuse and dependency: Crisis as a process or outcome. In F. M. Dattilio & A. Freeman (Eds.), *Cognitive- behavioral strategies in crisis intervention* (3rd ed., pp. 175-198). New York: Guilford Press.

Mueser, K. T., & Glynn, S. M. (1999). *Behavior family therapy for psychiatric disorders* (2nd ed.). Oakland, CA: New Harbinger.

Navaran, L. (1967). Communication and adjustment in marriage. *Family Process, 6*, 173-184.

Nelson, T. S., & Trepper, T. S. (1993). (Eds.). *101 Interventions in family therapy*. New York: The Haworth Press.

Nelson, T. S., & Trepper, T. S. (1998). *101 More interventions in family therapy*. New York: The Haworth Press.

Nichols, M. P. (1995). *The lost art of listening: How learning to listen can improve your relationships*. New York: Guilford Press.

Nichols, M. P., & Schwartz, R. C. (2001). *Family therapy: Concepts and methods* (5th ed). Boston: Allyn & Bacon.

Nichols, M. P., & Schwartz, R. C. (2008). *Family therapy: Concepts and methods* (8th ed.). Boston: Allyn & Bacon.

Noel, N. E., & McCrady, B. S. (1993). Alcohol-focused spouse involvement with behavioral marital therapy. In T. J. O'Farrell (Ed.), *Treating alcohol problems: Marital and family interventions* (pp. 210-235). New York: Guilford Press.

Nolen-Hoeksema, S. (1987). Sex difference in unipolar depression: Evidence and theory. *Psychological Bulletin, 101*, 259-282.

Northey, W. F. (2002). Characteristics and clinical practices of marriage and family therapists: A national survey. *Journal of Marital and Family Therapy, 28*, 487-494.

Novaco, R. (1975). *Anger control: The development and evaluation of an experimental treatment*. Lexington, MA: Heath.

O'Leary, K. D., Heyman, R. E., & Jongsma, A. E. (1998). *The couples psychotherapy treatment planner*. Hoboken, NJ: Wiley.

O'Farrell, T. (1993). Couples relapse prevention sessions after a behavioral marital therapy couples group program. In T. J. O'Farrell (Ed.), *Treating alcohol problems: Marital and family interventions* (pp. 305-326). New York: Guilford Press.

O'Farrell, T., & Fals-Stewart, W. (2006). *Behavioral couples therapy for alcoholism and drug abuse*. New York: Guilford Press.

Ohman, A. (2002). Automaticity and the amygdala: Nonconscious responses to emotional faces.

Current Directions in Psychological Services, 11, 62-66.

Olson, D. H., Portner, J., & Lavee, Y. (1985). *FACES-III, Family social sciences*. St. Paul: University of Minnesota.

Olson, M. M., Russell, C. S., Higgins-Kessler, M., & Miller, R. B. (2002). Emotional processes following disclosures of an extramarital affair. *Journal of Marital and Family Therapy, 28*, 423-434.

Orford, J., Guthrie, S., Nicholls, P., Oppenheimer, E., Egert, S., & Hensman, C. (1975). Self-reportive coping behavior of wives of alcoholics and its association drinking outcome. *Journal of Studies on Alcohol, 36*, 1254-1267.

Paley, B., Cox, M. J., Kanoy, K. W., Harter, K. S. M., Burchinal, M., & Margand, N. A. (2005). Adult attachment and marital interactions as predictors of whole family interactions during the transition to parenthood. *Journal of Family Psychology, 19*, 420-429.

Palmer, C. A., & Baucom, D. H. (1998, November). *How our marriages lasted: Couples' reflections on staying together*. Paper presented at the Annual Meeting of the Association for the Advancement of Behavior Therapy, Washington, DC.

Paolino T., & McCrady, B. (1977). *The alcoholic marriage: Alternative perspectives*. New York: Grune & Stratton.

Patterson, G. R. (1974). Interventions for boys with conduct problems: Multiple settings treatment criteria. *Journal of Consulting and Clinical Psychology, 42*(1), 471-481.

Patterson, G. R., & Forgatch, M. S. (1985). Therapist behavior as a determinant for client resistance: A paradox for the behavior modified. *Journal of Consulting and Clinical Psychology, 5*, 237-262.

Patterson, G. R., & Hops, H. (1972). Coercion, a game for two: Intervention techniques for marital coflict. In R. E. Ulrich & P. Mountjoy (Eds.), *The experimental analysis of social behavior*. New York: Appleton-Century-Crofts.

Patterson, G. R., McNeal, S., Hawkins, N., & Phelps, R. (1967). Reprogramming the social environment. *Journal of Child Psychology and Psychiatry, 8*, 181- 195.

Pessoa, L. (2005). To what extent are emotional visual stimuli processed without attention and awareness? *Current Opinion in Neurobiology, 15*, 188-196.

Pessoa, L. (2008). On the relationship between emotion and cognition. *Nature Reviews/ Neuroscience, 9*, 148-158.

Piaget, J. (1950). [Psychology of Intelligence] (M. Piercy & D, E. Berlyne, Trans.). New York: Harcourt, Brace. (Original work published 1947)

Pretzer, J., Epstein, N., & Fleming, B. (1991). Marital Attitude Survey: A measure of dysfunctional attributions and expectancies. *Journal of Cognitive Psychotherapy: An*

International Quarterly, 5, 131-148.

Prochaska, J. O., DiClemente, C. C., & Norcross, J. C. (1992). In search of how people change: Applications for addictive behaviors. *American Psychologist, 47*, 1102-1114.

Psychotherapy Networker. (2007). The top 10: The most influential therapists of the past quarter-century. *Psychotherapy Networker, 31*(2), 24-68.

Regency Films (2002). *Unfaithful. www.unfaithful.com.*

Roehling, R. V., & Robin, A. L. (1986). Development and validation of the Family Beliefs Inventory: A measure of unrealistic beliefs among parents and adolescents. *Journal of Consulting and Clinical Psychology, 54*, 693-697.

Satir, V. M., & Baldwin, M. (1983). *Satir step by step: A guide to creating change in families.* Palo Alto, CA: Science and Behavior Books.

Schore, A. M. (2003). *Affect regulation and the repair of the self.* New York: Norton.

Schore, A. N. (1994). *Affect regulation and the origin of self: The neurobiology of emotional development.* Mahwah, NJ: Erlbaum.

Schore, A. N. (2001). The effects of secure attachment relationships on right brain development, affect regulation and infant mental health. *Infant Mental Health Journal, 22*, 7-66.

Schuerger, J. M., Zarrella, K. L., & Hotz, A. S. (1989). Factors that influence the temporal stability of personality by questionnaire. *Journal of Personality and Social Psychology, 56*, 777-783.

Schumm, W. R., Jurich, A. P., & Bollman, S. R. (1986). Characteristics of the Kansas Life Satisfaction Scale in a regional sample. *Psychological Reports, 58*, 975-980.

Schwebel, A. I., & Fine, M. A. (1992). Cognitive-behavior family therapy. *Journal of Family Psychotherapy, 3*, 73-91.

Schwebel, A. I., & Fine, M. A. (1994). *Understanding and helping families: A cognitive-behavior approach.* Hillsdale, NJ: Erlbaum.

Segal, Z. V. (1988). Appraisal of the self-schema construct in cognitive models of depression. *Psychological Bulletin, 103*, 147-162.

Seligman, M. E. P. (1995). The effectiveness of psychotherapy: The Consumer Reports Study. *American Psychologist, 50*, 965-974.

Senchak, M., & Leonard, K. E. (1992). Attachment styles and marital adjustment among newlywed couples. *Journal of Social and Personal Relationships, 9*, 51-64.

Sexton, T. L., Weeks, G. R., & Robbins, M. S. (Eds.). (2003). *Handbook of family therapy.* New York: Brunner-Routledge.

Shapiro, S. L., Schwartz, G. E., & Bonner, G. (1998). Effects of mindfulness-based stress reduction on medical and paramedical students. *Journal of Behavioral Medicine, 21*, 581-

599.

Shaver, P. R., Hazan, C., & Bradshaw, D. (1988). Love as attachment: The integration of three behavioral systems. In R. J. Sternberg & M. Barnes (Eds.), *The psychology of love* (pp. 68-99). New Haven, CT: Yale University Press.

Siegel, D. (1999). *The developing mind*. New York: Guilford Press.

Smith, T. W. (1994). *The demography of sexual behavior*. Menlo Park, CA: Henry J. Kaiser Family Foundation.

Snyder, D. K. (1981). *Marital Satisfaction Inventory (MSI) Manual*. Los Angeles: Western Psychological Services.

Snyder, D. K., & Aikman, G. G. (1999). The Marital Satisfaction Inventory-Revised. In M. E. Maruish (Ed.), *Use of psychological testing for treatment planning outcome assessment* (pp. 1173-1210). Mahwah, NJ: Erlbaum.

Snyder, D. K., Baucom, D. H., & Gordon, K. C. (2009). *Getting past the affair: A program to help you cope, heal and move on-together or apart*. New York: Guildford Press.

Snyder, D. K., Cavell, T. A., Heffer, R. W., & Mangrum, L. F. (1995). Marital and family assessment: A multifaceted, multilevel approach. In R. H. Mikesell, D. D. Lusterman, & S. H. McDaniel (Eds.), *Integrating family therapy: Handbook of family psychology and systems theory* (pp. 163-182). Washington, DC: American Psychological Association.

Snyder, D. K., Wills, R. M., & Grady-Fletcher, A. (1991). Long-term effectiveness of behavior versus insight-oriented marital therapy: A 4-year follow-up study. *Journal of Consulting and Clinical Psychology, 59*, 138-141.

Sonne, J. C., & Lincoln, G. (1965). Heterosexual co-therapy team experiences during family therapy. *Family Process, 4*, 177-197.

Spainer, G. B. (1976). Measuring dyadic adjustment: New scales for assessing the quality of marriage and similar dyads. *Journal of Marriage and the Family, 38*, 15-28.

Spitzer, R. L., Williams, J. B. W., Gibbon, M., & First, M. B. (1994). *Structured clinical interview for DSM-IV (SCID-IV)*. New York: Biometric Research Department, New York State Psychiatric Institute.

Sprenkle, D. H. (2003). Effectiveness research in marriage and family therapy: Introduction. *Journal of Marital and Family Therapy, 29*, 85-96.

Steinglass, P., Bennet, L., Wolin, S. J., & Reiss, D. (1987). *The alcoholic family*. New York: Basic Books.

Straus, M. A., Hamby, S. L., Boney-McCoy, S., & Sugarman, D. B. (1996). The Revised Conflict Tactics Scales (CTS2): Development and preliminary psychometric data. *Journal of Family Issues, 17*, 283-316.

Stuart, R. B. (1969). Operant-interpersonal treatment for marital discord. *Journal of Consulting and Clinical Psychology, 33,* 675-682.

Stuart, R. B. (1980). *Helping couples change: A social learning approach to marital therapy.* New York: Guilford Press.

Stuart, R. B. (1995). *Family of origin inventory.* New York: Guilford Press.

Sue, D., & Sue, D. M. (2008). *Foundations of counseling and psychotherapy: Evidence-based practices for a diverse society.* Hoboken, NJ: Wiley.

Swebel, A. (1992). The family constitution. *Topics in family psychology and counseling, 1*(1), 27-38.

Tavitian, M. L., Lubinar, J. L., Green, L., Grebstein, L. C., & Velicer, W. F. (1987). Dimensions of family functioning. *Journal of Social Behavior and Personality, 2,* 191-204.

Teasdale, J. D., Moore, R. G., Hayhurst, H., Pope, M., Williams, S., & Segal, Z. (2002). Meta-cognitive awareness and prevention of relapse and depression: Empirical evidence. *Journal of Consulting and Clinical Psychology, 70*(2), 275-287.

Teichman, Y. (1981). Family therapy with adolescents. *Journal of Adolescence, 4,* 87-92.

Teichman, Y. (1992). Family treatment with an acting-out adolescent. In A. Freeman & F. M. Dattilio (Eds.), *Comprehensive casebook of cognitive therapy* (pp. 331-346). New York: Plenum Press.

Terman, L. M. (1938). *Psychological factors in mental happiness.* New York: McGraw-Hill.

Thibaut, J., & Kelley, H. H. (1959). *The social psychology of groups.* New York: Wiley.

Tilden, T. & Dattilio, F. M. (2005). Vulnerability schemas of individuals in couples relationships: A cognitive perspective. *Contemporary Family Therapy, 27*(2) 137-160.

Tjaden, P., & Thoennes, N. (2000). Prevalence and consequences of male-to-female and female-to-male intimate partner violence as measured by the National Violence Against Women Survey. *Violence Against Women, 6,* 142-161.

Touliatus, J., Perlmutter, B. F., & Straus, M. A. (Eds.). (1990). *Handbook of family measurement techniques.* Newbury Park, CA: Sage.

Wachs, K., & Cordova, J. V. (2007). Mindful relating: Exploring mindfulness and emotion repertoires in intimate relationships. *Journal of Marital and Family Therapy, 33*(4), 464-481.

Wagner, T. D., & Phan, K. L. (2003). Valance, gender, and lateralization of functional brain anatomy in emotion: A meta-analysis of findings from neuroimaging. *Neuroimage, 19*(3), 513-531.

Wahler, R. G., Winkel, G. H., Peterson, R. F., & Morrison, D. C. (1971). Mothers as behavior therapists for their own children. In A. M. Graziano (Ed.), *Behavior therapy with children* (pp. 388-403). Chicago: Aldine.

Wallin, D. J. (2007). *Attachment in psychotherapy*. New York: Guilford Press.

Walsh, F. (1998). *Strengthening family resilience*. New York: Guilford Press.

Watson, D., & Tellegen, A. (1985). Toward the structure of affect. *Psychological Bulletin, 98*, 219-235.

Watzalawick, P., Beavin, J. H., & Daveson, D. D. (1967). *Pragmatics of human communication*. New York: Norton.

Watzlawick, P., Weakland, J., & Fisch, R. (1974). *Change: Principles of problem formation and problem resolution*. New York: Norton.

Webster, M. (2005). Speaking from the pained place: Engaging with Frank Dattilio. *Australian and New Zealand Journal of Family Therapy, 26*(2), 79-80.

Webster's New World College Dictionary (4th ed.). (2005). Cleveland, OH: Wiley.

Weeks, G. R., & L'Abate, L. (1979). A compilation of paradoxical methods. *American Journal of Family Therapy, 7*, 61-76.

Weeks, G. R., & L'Abate, L. (1982). *Paradoxical psychotherapy: Theory and practice with individuals, couples and families*. New York: Brunner/Mazel.

Weiss, R. L. (1980). Strategic behavioral marital therapy: Toward a model for assessment and intervention. In J. P. Vincent (Ed.), *Advances in family intervention, assessment and theory* (Vol. 1, pp. 229-271). Greenwich, CT: JAI Press.

Weiss, R. L. (1984). Cognitive and strategic interventions in behavior marital therapy. In K. Hahlweg & N. S. Jacobson (Eds.), *Marital interaction: Analysis and modification* (pp. 309-324). New York: Guilford Press.

Weiss, R. L., & Heyman, R. F. (1997). A clinical- research overview of couples interactions. In W. K. Halford & N. J. Markman (Eds.), *Clinical handbook of marriage and couples interventions* (pp. 13-1). Chichester, UK: Wiley.

Weiss, R. L., Hops, H., & Patterson, G. R. (1973). A framework for conceptualizing marital conflict, a technology for altering it, some data for evaluating it. In L. A. Hamerlynck, L. C. Handy, & E. I. Mash (Eds.), *Behavior change: Methodology, concepts, and practice* (pp. 309-342). Champaign, IL: Research Press.

Weissman, M. M. (1987). Advances in psychiatric epidemiology: Rates and risks for major depression. *American Journal of Public Health, 77*, 445-451.

Weissman, M. M., & Paykel, E. S. (1974). *The depressed women: A study of social relationships*. Chicago: University of Chicago Press.

Welburn, K. R., Dagg, P., Coristine, M., & Pontefract, A. (2000). Schematic change as a result of an intensive-group therapy day-treatment program. *Psychotherapy, 37*, 189-195.

Welwood, J. (1996). *Love and awakening*. New York: HarperCollins.

Whalen, P. J. (2004). Human amygdala responsivity to masked fearful eye whites. *Science, 306*, 2061.

Whisman, M. A. (2001). The association between depression and marital dissatisfaction. In S. R. H. Beach (Ed.), *Marital and family process in depression: A scientific foundation for clinical practice* (3-24). Washington, DC: American Psychological Association.

Whisman, M. A., Dixon, A. E., & Johnson, B. (1997). Therapists' perspectives of couple problems and treatment issues in couple therapy. *Journal of Family Psychology, 11*, 361-366.

Wolcott, I. H. (1986). Seeking help for marital problems before separation. *Australian Journal of Sex, Marriage and Family, 7*, 154-164.

Wolpe, J. (1977). *Psychotherapy by reciprocal inhibition*. Palo Alto, CA: Stanford University Press.

Wright, J. H., & Beck, A. T. (1993). Family cognitive therapy with inpatients. In J. H. Wright, M. E. Thase, A. T. Beck, & J. W. Ludgate (Eds.), *Cognitive therapy with inpatients* (pp. 176-190). New York: Guilford Press.

Wright, J. H., Thase, M. E., Beck, A. T., & Ludgate, J. W. (Eds.). (1993). *Cognitive therapy with inpatients: Developing a cognitive milieu*. New York: Guilford Press.

Young, J. E. (1990). *Cognitive therapy for personality disorders*. Sarasota, FL: Professional Resource Press.

Young, J. E., Klosko, S., & Weishaar, M. E. (2003). *Schema therapy: A practitioner's guide*. New York: Guilford Press.

Zitter, R., & McCrady, B. (1993). *The Drinking Patterns Questionnaire*. Unpublished questionnaire, Rutgers University, Piscataway, NJ.

찾아보기

저자 소개

Frank M. Dattilio 박사는 세계적으로 인지행동치료(CBT)를 주도하는 거장 중 한 사람이다. 그는 하버드 의과대학 정신과와 펜실베이니아 의과대학원에서 교수로 있으며, 또한 펜실베이니아 알렌타운에서 임상 및 범죄심리학과 부부 및 가족 치료로 개업했다. Dattilio 박사는 정신건강 서비스 영역에서 인증받은 심리학 전문가이다. 즉, 임상심리학과 행동심리학 모두에서 미국 심리학 전문가 위원회의 인증을 받았으며 결혼 및 가족치료 미국 연합회의 임상 전문가이다. 또한 세계의 주요 대학들에서 방문 교수진으로도 일하고 있다.

Dattilio 박사는 의학박사인 고 Joseph Wolpe의 지도감독 아래 템플대학 의과대학원 정신과에서 행동치료 훈련을 받았으며, 펜실베이니아 의과대학원의 인지치료센터 박사후 과정에서 장학금을 받으며 연구했는데, 그곳에서 의학박사인 Aaron T. Beck의 지도감독을 받았다.

Dattilio 박사는 커플 및 부부 문제, 불안과 행동장애, 범죄 및 임상심리학 영역에서 250편 이상의 출판물이 있다. 미국, 캐나다, 아프리카, 아시아, 유럽, 남미, 호주, 뉴질랜드, 멕시코, 서인도 및 쿠바 등지에 세계적으로 CBT를 확산시켰다. 그의 저서는 27개 이상의 언어로 번역되었고 80여 개 국가에서 사용되고 있다. 많은 출판물 가운데서도, Dattilio 박사는 『커플 인지치료(Cognitive Therapy with Couples)』, 『가족치료 설계(The Family Psychotherapy Treatment Planner)』 및 『가족치료 과제 설계(The Family Therapy Homework Planner)』의 공동 저자이며, 『인지치료 종합 사례북(The Comprehensive Casebook of Cognitive Therapy)』, 『위기 개입에서의 인지행동전략(Cognitive-Behavioral Strategies in Crisis Intervention)』, 『아동 및 청소년 인지치료: 임상실제를 위한 사례북(Cognitive Therapy with Children and Adolescent: A Casebook for Clinical Practice)』 및 『역기능 커플에 대한 비교치료(Comparative Treatments for Couple Dysfunction)』의 공동 편집자이자 『커플 및 가족 치료 사례연구: 체계적, 인지적 관점(Case Studies in Couple and Family Therapy: Systemic and Cognitive Perspective)』의 편집자이다. 전문가를 위한 청각자료와 영상자료를 제작했으며, 인기 시리즈인 '린다를 위한 5가지 치료접근(Five Approaches to Linda)'도 그중 하나이다. 또한 해외와 국내에서 수많은 전문 저널의 편집위원을 맡고 있는데 『부부 및 가족 치료(Journal of Marital and Family Therapy)』와 『현대가족치료(Contemporary Family Therapy)』가 대표적이다. Dattilio 박사는 심리학과 심리치료의 영역에서 뛰어난 업적으로 전문가 상을 수여받기도 하였다. 현재 펜실베이니아 알렌타운에서 아내 Maryann과 함께 거주하고 있으며, 성인이 된 세 자녀와 8명의 손주들을 정기적으로 방문하면서 지내고 있다.

역자 소개

김진숙(Kim, Jin-Sook)

서울대학교 심리학과를 졸업하고 동 대학원에서 임상 및 상담심리학 전공으로 석사학위와 박사학위를 받았다. 임상심리전문가와 정신보건임상심리사(1급) 및 상담심리전문가 자격을 소지하고 있으며, 현재 서울디지털대학교 상담심리학과 교수로 재직 중이면서 동 대학교 심리상담센터장을 맡고 있다. 부부문제, 성폭력 피해 아동과 가족 지원 프로그램 및 트라우마 치료 등에 관한 다수의 논문과 역서가 있다.

커플 및 가족을 위한 인지행동치료

Cognitive-Behavioral Therapy with Couples and Families

2020년 6월 12일 1판 1쇄 인쇄
2020년 6월 17일 1판 1쇄 발행

지은이 • Frank M. Dattilio
옮긴이 • 김진숙
펴낸이 • 김진환
펴낸곳 • ㈜ **학지사**

 04031 서울특별시 마포구 양화로 15길 20 마인드월드빌딩
대표전화 • 02-330-5114   팩스 • 02-324-2345
등록번호 • 제313-2006-000265호

홈페이지 • http://www.hakjisa.co.kr
페이스북 • https://www.facebook.com/hakjisa

ISBN 978-89-997-1550-1 93180

정가 20,000원

출판 · 교육 · 미디어기업 **학지사**

간호보건의학출판 **학지사메디컬** www.hakjisamd.co.kr
심리검사연구소 **인싸이트** www.inpsyt.co.kr
학술논문서비스 **뉴논문** www.newnonmun.com
원격교육연수원 **카운피아** www.counpia.com